中国直销行业
社会责任报告
2006—2011

中国市场学会直销专家委员会 编著

中国華僑出版社

图书在版编目（CIP）数据
中国直销行业社会责任报告 ：2006～2011 / 中国市场学会直销专家委员会编著
北京 ：中国华侨出版社，2012.1
ISBN 978-7-5113-2009-4
Ⅰ．①中… Ⅱ．①中… Ⅲ．①直销－企业责任：社会责任－研究报告－中国－2006～2011 Ⅳ．①F279.2
中国版本图书馆CIP数据核字(2011)第249427号

中国直销行业社会责任报告 （2006～2011）

编　　者：中国市场学会直销专家委员会
责任编辑：白豫
封面设计：李丽丽
经　　销：新华书店
开　　本：216mm×291mm　16开本　23.5印张　350千字
印　　刷：北京市十月印刷有限公司
版　　次：2011年12月第1版　2011年12月第1次印刷
书　　号：ISBN 978-7-5113-2009-4
定　　价：480.00元
地　　址：北京市朝阳区静安里26号通成达大厦3层　邮编：100028
法律顾问：陈鹰律师事务所
发行电话：010-87937921
网　　址：www.oveaschin.com

《中国直销行业社会责任报告（2006—2011）》编纂委员会

[顾　　问]

俞晓松（全国政协港澳台专业委员会主任 、中国国际贸易促进委员会原会长、中国市场学会会长）

李建中（中华商标协会会长、中国市场学会副会长、国家工商行政管理局原副局长）

[名誉主任]

郭冬乐（中国市场学会副会长、中国社会科学院研究员、博士生导师）

[主　　任]

艾家凯（中国市场学会副秘书长、中国市场学会直销专家委员会主任）

[执行主任]

胡远江（中国市场学会直销专家委员会秘书长）

[编委会委员]

王　义（北京商业管理干部学院教授）

龙　赞（中国市场学会直销专家委员会副秘书长）

梅新育（中国商务部研究院研究员，博士）

余泓江（中国市场学会直销专家委员会培训中心主任）

董伊人（南京大学中国直销研究中心常务主任）

陈得发（北京大学中国直销发展研究中心执行主任，“中华直销研究”中心主任）

李久慈（《直销世纪》主编）

阳林峰（中国市场学会直销专家委员会专家）

林炜益（中国市场学会直销专家委员会专家）

田晓春（中国管理科学学会新营销职业经理人联盟会长）

姚则兵（中国市场学会直销专家委员会专家）

吴培伦（中国管理科学学会新营销职业经理人联盟副会长）

易园翔（中国管理科学学会新营销职业经理人联盟常务秘书长）

[编撰人员]

主　　编：胡远江（兼）

常务副主编：龙　赞　副主编：封　伟

编辑人员：冯　齐　刘　颖　王晓霞　李云蔓　刘兆静　倪志勇　李婷婷　梁拨剑　袁樱菲　李丽丽

[特邀支持机构]

商务部《WTO经济导刊》企业社会责任发展中心　北京大学社会责任与可持续发展国际研究中心

中山大学国际认证与质量提升办公室　中国企业社会责任同盟　直销专业网　中国直销观察网

[特邀企业家审稿成员]

李金元　陈怀德　许瀞予　黄金宝　朱厚丞　张鸣先　王尤山　陈　惠　胡国安　李　道

黄佳林　王君平　孙景业　陈社强　夏　历　于智慧　武　庆　刘　杰　阎玉朋

社会责任关系到直销行业整体形象

中国市场学会副秘书长　直销专家委员会主任　艾家凯

在中国直销法制化6周年到来之际，我们中国市场学会直销专家委员会组织行业专家，通过精细的材料收集、深入的研讨、初稿撰写与数次修订，终于汇成了《中国直销行业社会责任报告（2006-2010）》。

该报告通过“行业篇”、“企业篇”、“人物篇”等三个篇章分别展示直销行业与企业的最新面貌，让社会和读者分别从民生、经济、教育、公益等方面来全面了解中国直销企业所承担和履行的社会责任。

因此，通过该报告的编撰与出版，将为直销行业和各直销企业打造“三大核心价值”。

一是“正面形象宣传价值”。即通过社会责任案例的丰富呈现，消除社会上对于直销行业认知上的误解，还原对中国直销行业、企业和直销从业群体客观、公正的看法；完整、正面展示直销从业群体的健康风貌，提高中国直销行业、直销企业和从业人群的受尊敬指数，营造行业发展更好的政策法律、生态人文环境，推进行业的可持续发展。

二是“行业与企业凝聚力价值”。即通过直销行业社会责任报告的编撰，使从事直销行业的千万群体首次完整了解行业的社会贡献，增强其对行业、对企业的荣誉感和忠诚度，形成巨大的内部凝聚力量。

三是“业绩生产力价值”。 即通过对直销行业社会责任、对直销企业风采、对直销人物的宣传展示，形成文化教育力量，全面提升行业与企业业绩生产力。

由于中国的特殊国情，直销业的形象还没有得到完美的呈现，一些人甚至还对这个行业存在误解，这就需要直销界在专心做好业务拓展的同时，更要眼光向外，关注社会、关注民生；回报社会，造福一方。

与此同时，站在行业的高度，以各种形式展现行业的正面形象，促进直销企业与社会各界的和谐融合，也是直销学术理论界义不容辞的责任。

由于种种原因，报告一定有一些不尽如人意的地方，或者说需要继续改进的地方，但是希望大家通过这份报告了解直销行业履行社会责任的状况，对直销行业有更加深入的认识和客观评价。

相信通过大家的共同努力，直销行业的明天会更美好！

中国市场学会直销专家委员会

向直销行业履行社会责任的企业、个人致敬

顾问

俞晓松
全国政协委员
中国市场学会会长
中国国际贸易促进会原会长

高铁生
中国市场学会理事长
国家粮食储备局原局长

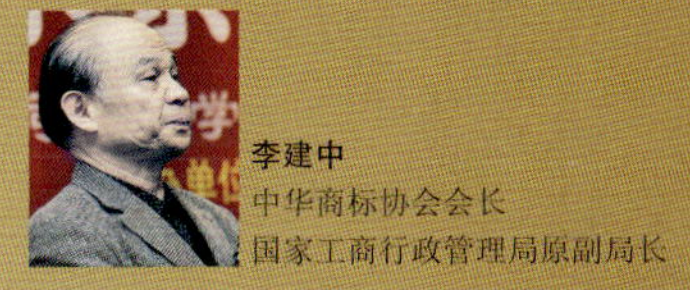

李建中
中华商标协会会长
国家工商行政管理局原副局长

主　任：艾家凯（中国市场学会副秘书长《直销规范读本》主编）

秘书长：胡远江（中国直销理论研究权威、CCTV 专访学者）

副秘书长：龙　赞（直销媒体专家、《全国商情》杂志副总编）

培训中心主任：余泓江（中国青年演讲家、杰出培训专家）

核心专家成员

周大建：国务院发展研究中心局长
朱开来：国务院发展研究中心环境研究所所长
李必达：国家工商行政管理局公平交易局原局长
王学政：国家工商行政管理总局法制司原司长、现巡视员
吴　雁：国家工商行政管理总局直销管理司处长
陈　新：国家工商行政管理总局公平交易局原打传办主任
薛荣久：中国 WTO 研究会会长
郭国庆：中国人民大学博士生导师、教授
郭冬乐：中国市场学会副会长兼秘书长
荆林波：中国社会科学院财贸所所长助理
杨　谦：北京商业管理干部学院院长、教授
孙选中：中国政法大学商学院院长、教授
刘凯湘：北京大学法律系教授
于维香：商务部 WTO 研究院教授
梅新育：商务部研究院博士
龙传人：绿色分销网 CEO、教授
孙树侠：中国保健协会食品营养与安全专业委员会会长
秦永楠：中国经济体制改革研究会管理科学研究所所长
宁立志：武汉大学法学院博士
倪跃峰：北京理工大学管理与经济学院博士、副教授
肖汉超：武汉市消费者协会秘书长
张源达：上海交通大学经济管理学院博士后
姚则兵：中国管理科学学会研究员
阳林峰：中国直销行业著名培训专家
林炜益：大连理工大学教授
陈得发（中国台湾）：中华直销管理学会理事长
关德园（美国）：世界华人文化与经济发展中心董事局主席

目 录 Content

第一部分
直销行业的社会责任综述

一、中国直销行业的发展与现状

（一）中国直销行业发展历程回顾

1990年以前，个别传销公司以偷渡方式进入国内。

1990年：中国直销元年

1990年1月23日，美国直销巨头雅芳公司投资2795万美元，与广州化妆品厂（1996年12月31日中方股东由美晨股份有限公司吸收合并）合资成立“中美合资广州雅芳有限公司”。同年11月14日，雅芳正式投产开业，雅芳在中国的第一家分公司——广州陵园西分公司也开始了雅芳在中国的首次业务，“雅芳小姐”作为中国第一批直销员正式闪亮登场。这一年，大街上偶尔出现的“雅芳小姐”已经成为时尚前卫的代名词，她们也顺理成章地成为改革开放后新中国的第一批美丽使者——很多中国女人的第一支眉笔、第一支唇膏都是由她们推荐的，当然化妆技术也是由她们免费传授。

雅芳正式进入中国市场，不但宣布了一种新的营销模式在中国的出现，更宣布了一种新的财富思维在中国的衍生，拉开了中国直销业风云20年的序幕。

1991年：安利决定投资中国

1991年9月，美国直销巨头安利公司与广州方面签订30年试运行合同，决定投巨资建设工厂。

两大巨头的相继进入，让更多的行业公司开始注意庞大的中国市场，也包括很多非法传销公司。

1992年：商机初显

1992年春，邓小平“南方谈话”，相关政策和环境逐渐成熟，外商投资者疑虑打消。值此东风，广州雅芳1至5月也以营业额同比增长3倍的业绩向国外同行传出利好信号。

这一年，安利开始在广州加紧兴建占地5.8万平方米的生产基地。有不少台湾和香港企业开始进入大陆市场，而内资传销企业也开始了首批筹建。在中国直销业迅速发展的华丽外表下，暗藏的是政府对直销业的管理空白。

1993年：鱼龙混杂

1993年，美籍华人陈得福将仙妮蕾德引入内地，这几乎是当时市场上唯一的华人传销企业“正规军”，导致加盟人员众多而门庭若市；同年，一位台湾人手提两台兴田公司的摇摆机进入到广东惠州，分别卖给了一个赤脚医生和一个文盲老太，文盲老太以常人无法想象的速度借助台湾兴田公司的“五级三阶制”在全国传起了爽安康摇摆机。这时的中国迎来了真正开放的市场，国民积极找寻机会以提升经济和社会地位的热情恰好遇到了传销这一出口，中国直销迎来了第一个小高潮。一些在境外被围剿已久的传销公司，开始打着独资、合资旗号鱼贯进入中国大陆；国内的一些机构在窥探到其中的奥妙后，也纷纷做起了传销生意。据当时资料统计，截至1993年底，全国诞生传销公司近200家，从业人员不少于100万，并迅速在30多个城市扩张。该年，以珠宝饰品传销为主的北京龙权成为中国政府部门取缔的首家传销公司，性质一致的台湾部瑞成为工商机关查处的国内第一起传销欺诈案件。从此打击传销伴随了中国直销的所有岁月。

1994年：首发管理通告

1994年，完美等外资企业开始营业，市场更趋热辣。内外资非法传销开始抬头，民众难分黑白，盲目跟风，追求一夜暴富。政府对直销市场的梳理和管理经验缺乏，中国直销市场初显乱象。

这一年，鸿安聚富珠宝传销案、上海美乐适传销案、重庆钻石传销案、沈阳墓地传销案等案件相继东窗事发，上海、北京地方政府相继出台关于传销的限制政策。当年八、九月份，国家工商局相继发出《关于制止多层次传销活动中违法行为的通告》和《关于查处多层次传销活动中违法行为的通知》，指出要坚决取缔擅自开展的多层次传销。需要注意的是，当时只是查传销中的违法行为，并没禁止传销。

1995年：传销狂潮下的立法需求

这一年，国务院发布第九个“五年计划”，增强了外资企业投资信心，安利正式在中国内地开展多层次直销，玫琳凯进入中国并在杭州设立首家海外工厂。同时，命悬一线的天狮集团和有“小安利”之称的福州福龙生物正式转型直销。而正是这一年，仙妮蕾德创造了中国直销史的首次业绩爆发，高达6亿美元的惊人业绩至今让很多实力企业难以企及。

但政府对直销行业采取的规范措施并未收到实效，传销开始从沿海触及内地城市。3月28日，政府宣布成立“多层次传销管理条例”立法工作机构；9月22日，国务院办公厅发出《关于停止发展多层次传销企业的通知》，限制多层次传销的发展；10月17日，国家工商行政管理局印发《国家工商行政管理局关于审查清理多层次传销企业的实施办法》，打击传销有了暂时的法律依据。

1996年：行业进入“准入”时代

1996年4月29日，中国首次批准了41家企业可以开展传销业务，并颁发了《准许多层次传销经营意见书》；10月10日，政府出台《关于进一步加强对多层次传销企业监督和管理的通知》，取消其中4家公司经营资格，而各省市核准了近600家单层次传销企业。

6月26日，上海市传销行业召开第一次会议，首次向全社会公布了行业守则，中国传销人期待着自己所从事的行业在政府和市场的双重主导下走入成熟；10月，台湾直销协会组团访大陆淘金，接着台湾兴田旗下摇摆机传销正以几何级数疯狂膨胀，而星沙传销事件的爆发成为中国直销历史上首个重大恶性非法传销事件。

1997年：滑入低谷

1月10日，政府根据实际情况出台了《传销管理办法》，传销终于有法可依了。但这一年的行业现实却几度让人失望，大批来自台湾的“老鼠会”精英们再次登陆中国内地煽风点火，异地炒作公司大量出现，到处是卷款潜逃的传销公司和流动闹事的传销难民，社会治安显示出极不稳定因素，民众反感呼声越来越高。在中央领导的批示下，国家工商局和公安部联合发布《关于严厉查禁非法传销培训活动的通知》，余姚国大等企业被摘牌。

这一年，知名传销企业华良开始抬头，即将接管已快过去的“爽安康时代”；这一年，虽然安利、雅芳和仙妮蕾德等企业业绩再创新高，但淡水爽安康传销事件的爆发让所有的努力都化为泡影，再也挡不住行业滑向低谷。

1998年：全面禁传

中国直销的第二拐点。到1998年初，中国有大大小小的传销公司接近2000家，从事传销活动的人员近1000万人。出台的《传销管理办法》收效甚微，政府监管力不从心，行业几近失控。在这一背景下，中国政府于4月21日出台了《关于禁止传销经营活动的通知》，用“一刀切”的政策将传销活动悉数禁止，中国直销的冰河时代来临。

但基于对外商投资的顾虑，政府甄选安利、雅芳等10家外资企业转型经营，为中国直销留下一丝火种。而其他企业大多陷入彷徨或绝望，坚强地选择转型，天狮等企业选择了海外突围。

1999年：重生之年

这一年，中国改革开放政策开始辐射内陆，GDP增长迅速，中国直销市场劫后余生的企业开始了艰难的转型，雅芳等10家外资企业开始向“专卖店+直销员”的营销模式发展。雅芳在钟彬娴的领导下再次成为中国直销业的排头兵，3月，雅芳第一个产品专卖店在广州建立；而另辟蹊径的安利也成功完成转型并开始复苏，当年销售业绩达到了18亿人民币。

这一年的非法传销也跟着有所露头，10月18日，国家工商行政管理局发布《关于查禁传销及变相传销活动的通知》，之后，先利等大牌传销公司相继被查处。

2000年：重判显示打传决心

新的千年带来了新的可能，整个行业开始跃跃欲试，安利初显王者本色，当年顺利登上年度《中国外商投资企业纳税百强排行榜》，以合法形象第一次彰显了行业的力量。

而非法传销也沉渣泛起，国务院紧急颁布《国务院办公厅转发工商局等部门关于严厉打击传销和变相传销等非法经营活动意见的通知》，进一步加强对传销的打击力度。当曾经落网的原先利负责人张永斌、段登丽因再次组织传销被擒获时，被直接判处死刑，这是中国直销史上第一例因为传销被判处死刑的案件。年底，黑龙江琳达斯化妆品公司总经理张忠朝也因传销诈骗被判处无期徒刑，一系列的重判显示了中国政府的打传决心。

2001年：入世带来解禁希望

2001年12月11日，中国正式加入WTO，承诺3年后取消对“无固定地点的批发或零售服务”的限制，这被直销人普遍看做直销解禁的信号。

2002年：行业首次回暖

在安利等企业的不懈努力下，中国直销市场开始显现出回暖迹象。这一年安利的销售业绩高达60亿元，再次提振了各方对中国直销业的信心。

另一方面，政府依然对非法传销和灰色地带的多层次传销采取高压措施，申奇事件的爆发让一代传奇直销人物吴齐南被彻底从中国直销中抹去、“武汉兴田”案发让爽安康系再度被钉上中国直销的耻辱柱。

2003年：直销立法开始启动

在离承诺全面开放直销的期限越来越近的时候，中国政府开始“双管齐下”：一边继续“直销法”立法一事的调研，召开了第一次“厦门会议”， 7家外资企业受邀出席会议，这次会议的召开无疑向外界预示了直销业春天脚步的临近；另一边政府似乎要赶在“直销法”出台前彻底清算传销和非法的变相传销，接二连三的整治活动使得原本趋于回暖的中国直销再次平添波澜。

2004年：业绩再掀高潮

2004年2月，商务部派8位官员赴美国、韩国和新加坡考察直销立法；5月18日，“关注中国直销开放小组”正式成立；9月10日，“中国直销立法座谈会”在厦门召开，中国直销业走到了第三个十字路口。这次由政府主导的会议基本确定了具有“中国特色”的直销体系，《直销管理办法》终于初现轮廓，政府在注册资金、保证金制度、销售产品种类等方面均制定了较为苛刻的准入门槛，而“外资先行”论则在直销业界引起阵阵波澜。

这一年，安利以170亿的业绩创下中国直销业的惊人纪录，也让中国成为安利第一区域市场。传销活动也在这一年进入高峰期，瑞士基金和神龙数码开创了变相传销新模式，山东众旺和深圳文斌案发在全国引起轩然大波，重庆由2000名大学生参与的欧丽曼传销案引起了温家宝总理的亲自批示，立新世纪因登上“十大传销案”名单注定了其后来的结局……行业开放的信息让直销和传销企业都陷入了莫名的冲动。

2005年：直销重新开放

该年第三季度，《直销管理条例》与《禁止传销条例》破茧而出，让中国直销迎来了“正名”的春天。尽管门槛的高度让许多中小直销企业不得不另觅出路，但名正言顺地迈入直销业仍然是众多有实力企业的迫切追求。

2005年4月8日，雅芳公司成为中国首家官方批准的直销试点企业，获准在北京、天津、广东省全省内进行直销试点。虽然雅芳直销试点引起了原有经销商的强烈反感，并且试点效果并不明显，但却是政府“单层次”导向的重要指标。

2006年：首批直销牌照颁发

2月22日，雅芳获得首张中国直销牌照，随后，如新、宁波三生、宝健等14家直销企业相继获牌。直销牌照的诞生，昭示中国直销企业在16年后最终走向合法化。从此，直销牌照成了主导直销企业命运的力量，实力企业为了获牌前后忙碌，毫无希望的企业则淡出直销业。这一年，中国直销业营业额因百味杂陈而回落。

同年，监管直销的专门机构——直销监管局正式成立，政府开展“鲁剑行动”，在全国范围进行打传，破获蚁神酒业和亿霖特大涉传案，“传销教父”杨玉勇在为“洗白”努力多年后还是终归落网。

2007年—现在　行业在规范、调整中稳步发展。

（二）中国直销行业发展的相关财务数据

年份	直销营业额（亿元）	GDP（亿元）	GDP年增长（%）	占GDP的百分比（%）
1990	0.3	18547.9	3.8	0.001
1991	0.6	21617.8	9.2	0.002
1992	3	26638.1	14.2	0.01
1993	10	34634.4	14.0	0.03
1994	80	46759.4	13.1	0.171
1995	95	58478.1	10.9	0.162
1996	110	67884.6	10.0	0.16
1997	120	74462.6	9.3	0.16
1998	30	78345.2	7.8	0.038
1999	50	82067.5	7.6	0.064
2000	60	89404	8.4	0.067
2001	100	95933	8.3	0.104
2002	124	120333	9.1	0.103
2003	230	135823	10.0	0.169
2004	350	159878	10.1	0.219
2005	410	182321	9.9	0.225
2006	360	209407	10.7	0.172
2007	395	246619	11.4	0.160
2008	490	300670	9	0.163
2009	580	325926	8.4	0.180
2010	650	355259	9	0.183

（三）中国直销行业已经批牌的企业

至2011年12月1日，商务部共公布有28家企业正式获得直销经营许可证。		
序号	企业名称	服务网点核查备案日期
1	雅芳（中国）有限公司	2006-07-24
2	如新（中国）日用保健品有限公司	2006-12-31
3	宁波三生日用品有限公司	2007-02-06
4	宝健（中国）日用品有限公司	2007-03-15
5	新时代健康产业（集团）有限公司	2007-03-15
6	富迪健康科技有限公司	2007-04-11
7	金士力佳友（天津）有限公司	2007-04-20
8	南京中脉科技发展有限公司	2007-04-23
9	安利（中国）日用品有限公司	2007-05-28
10	欧瑞莲化妆品（中国）有限公司	2007-06-27
11	广东康力医药有限公司	2007-06-29
12	康宝莱（中国）保健品有限公司	2007-07-02
13	完美（中国）有限公司	2007-08-17
14	无限极（中国）有限公司（原南方李锦记有限公司）	2007-08-24
15	玫琳凯（中国）化妆品有限公司	2007-09-03
16	北京罗麦科技有限公司	2007-10-26
17	广东太阳神集团有限公司	2007-11-05
18	美乐家（中国）日用品有限公司	2007-11-21
19	天津尚赫保健用品有限公司	2007-12-25
20	嘉康利（中国）日用品有限公司	2008-03-12
21	江苏安惠生物科技有限公司	2008-11-13
22	哈药集团股份有限公司	2008-11-25
23	克缇（中国）日用品有限公司	2009-02-06
24	江苏隆力奇生物科技股份有限公司	2009-07-22
25	葆婴有限公司	2010-07-02
26	绿之韵生物工程集团有限公司	2010-09-15
27	天津天狮生物工程有限公司	2011-03-11
28	爱茉莉化妆品（上海）有限公司	2011-07-11

（四）至2011年12月1日，一些已经获牌但未公示及部分已经在国家商务部直销行业管理信息系统发表申牌声明的企业

湖南炎帝生物工程有限公司

厦门金日集团有限公司

山东安然纳米实业发展有限公司

大连富饶企业集团有限公司

北京红景天技术开发有限公司

长青（中国）日用品有限公司

二、2006年前中国直销行业社会责任评价

从1990年至2006年，中国直销行业从萌芽、混乱到逐步规范，相关企业经过大浪淘沙、此伏彼起，从实力上大部分企业显得十分弱小，因此行业总体上投入社会责任的总量及相关活动的数量都并不令人乐观，但仍然具有一定的亮点。

其特点如下：

（一）不规范的操作制造了直销行业的“负面效应”

2006年前，直销行业最大的败笔是行业参与者一开始就没有履行相关的自律责任，过度炒作，不负责任，涉嫌欺诈等，使该行业在刚刚诞生不久，便遭到了消费者、政府监管部门与媒体的诟病，也为后来的发展埋下了隐患，导致了行业的曲折发展。

（二）相关企业履行社会责任呈现出被动式、零散式的特点

由于这一阶段相关直销企业本身处于原始积累阶段，因此社会公益的投入并没有纳入专门的财经预算，参与社会活动也基本上是采取“被动性、零散性、小额型、短期性”的策略。大部分企业缺乏专业的部门和人才来负责这一领域的工作。

（三）履行社会责任的资金投入总量较少

这一时期，除了少部分企业在社会公益方面有一定的投入之外，大部分企业没有多大投入甚至基本上没有投入，因而相关的活动十分稀少，社会影响较弱。

（四）履行社会责任的参与层面有限

这一时期，直销行业即使有参与社会责任的行为，也只是停留在企业层面，以直销系统或经销商个人名义进行的相关公益活动基本上没有。

（五）对社会责任的认识处于模糊状态

这一时期，大部分参与直销运作的企业对社会责任的认识还停留于初级的、模糊的层面，没有形成系统化、全面化的社会责任格局。

三、2006-2011中国直销行业社会责任的成果总结

2006年以后，随着直销法制化格局的最终形成，直销这个行业第一次以法规确认的合法身份登上我国经济舞台。随着直销批牌工作的开展，正式的中国直销企业诞生了，到2011年10月，有接近30家的企业成为“直销企业家族”成员，还有部分企业正在积极申请牌照。这一背景大大提升了直销行业的社会形象，也大大激发了行业内的成员主动履行社会责任。

（一）直销行业以规范为诉求，积极主动履行相关法律责任。

这一时期，直销行业最突出的行动主要表现在直销行业的自律，各相关直销企业除了遵守企业运行的一般基本法律法规以外，最重要的是遵守《直销管理条例》和《禁止传销条例》，以及其他的直销相关法律规定。

这主要包括三个方面：

一是依法设立直销企业，合法经营；

二是保护直销员和消费者的合法权益；

三是坚决杜绝传销。

在这些方面，直销行业企业做了大量工作，比如说建立企业的直销员培训，部分企业建立了网上订货、直销员个人帐号等制度，有效杜绝了经销商擅自扩大经营区域、私自雇佣他人从事直销行为现象的发生，为行业的健康发展承担了自己的责任。

在保护直销员和消费者合法权益里面，部分企业将退货时间主动延长到60天。

在达到法律要求的基础上，还要严格要求自己。在杜绝传销行为方面，2010年6月，由总部设在广东的雅芳、安利、广东康力、无极限、太阳神、完美共同签订了一个公约，叫做《广东省直销行业自律公约》，充分显示了行业对打击传销的态度。

参加行业诚信体系建设，以自律公约作为准则，加强诚信管理制度建设。在我们调研的每一个直销企业都建立了比较完备的制度。

在讲究质量诚信方面，直销企业做的也比较好，为质量安全创造了一流的技术保障。

同一时期，相关的直销行业社会机构也积极为行业的规范推波助澜，发挥了应有的作用。如在2007年召开的直销产业论坛，2007年出版的《直销规范读本》等。

在2010年，相关直销企业的管理者提出了“阳光营销”的理念，其核心就是希望直销企业的各项行为（包括直销员收入情况、企业与个人纳税情况、教育培训情况等）置于监管部门与公众的监督之下，强调高度透明。这无疑是直销行业主动要求规范的集中体现。

（二）观念突破：直销行业对履行社会责任形成了科学系统的认识。

1.共同认识到履行社会责任是树立直销行业正面形象的关键之举。

对于直销行业来说，行业形象的建立，是一个挑战性非常强，难度系数相当高的工作。主要有5

方面的理由：

首先，直销注重个性化服务，是人与人的直接销售，它不进商场、不进超市、不打广告，主要依靠推销人员的口碑相传，靠他们直接面向顾客进行销售，提供个性化的服务。这是直销最显著的特点，也是直销最大的优势。但是，落在行业形象的建立上，这个特点就成了局限，也就是企业主体的亮相不够，对推销员个人的依赖性过强，人的形象够好、素质够高，行业的形象就好；人的形象不好、素质不高，行业的形象就不好，可控性差。更何况，永远都会有急功近利的人。他们的行为一旦越轨，就会为整个行业带来负面影响。

第二，直销注重的是为所有人提供一个平等的、自主创业的机会。任何人，只要不违反国家的法律法规，都可以来做直销。它工作方式灵活、时间自主，投入少、风险小，所以直销行业往往从业人员数量多，关系也较为松散，流动性也很大。但是，这样一种高度开放的机会，如果培训和管理跟不上，这些人的素质就很难保证，行业形象的建立也是难上加难。

第三，直销工作所具有的挑战性与艰难性。推销可以说是世界上最难、最有挑战的职业之一。世界上有很多成功的推销员，都经历过无数不为人知的挫败和坎坷。在推销的过程中，直销员每天都会遇到很多拒绝和误解，必须不断打气、鼓励，做好心态建设，必须依靠成功榜样的传授和带动。但是，如果这种行为被过度推行，就会朝着夸大渲染、制造群体声势，甚至个人崇拜的方向发展，很可能让旁人侧目，甚至产生一系列问题。

第四，在中国，直销是一个背负历史包袱的行业。直销在中国走过了一段曲折的发展过程，尤其是在行业立法之前，更是概念混淆，给人们留下了很多先入为主的负面印象，这都是行业所背负的历史包袱。在其他行业，很多外资企业进入中国，都是带着光环而来，受到人们的追捧，但是在直销行业就不是这样。所以，在中国建设直销行业的形象，对企业来说是一项很大的挑战，可以说，我们不是从零开始，而是从负数开始，需要付出更多的努力。

第五，就是传销的负面影响。近年来，政府主管部门在打击传销方面做了非常多的工作，但是传销作为一种经济犯罪活动，在一些地区依然存在，并且他们往往打着直销的旗号，或者以资本运作等名义，兴风作浪。对于很多消费者来说，有时候依然不能辨别传销与直销的区别。这也是直销行业在现阶段不得不面临的一个现实。

简单归纳，直销行业共同认识到：直销企业比其他行业企业更需要主动承担社会责任。因为直销行业是一个人脉化的行业，其口碑力量相比于其他行业显得特别推出。只有更多、主动地履行相关社会责任，才能获得社会的认可与支持。相反，如果直销企业只追求经济效益，忽视对社会的贡献与回报，那损失的不仅仅是声誉，而且会直接导致业绩的受损。

也就是说，直销行业的社会责任力等于生产力。直销企业在履行社会责任的同时，每一项对社会与公众的奉献，与其经营业绩有更为内在的联系。

所以，诸多直销企业都认识到，社会责任的履行是企业的使命，是企业工作的重要组成部分。

2. 内外责任并举：共同认识到社会责任有着系统的架构和丰富的内涵

随着直销行业的发展，大家也对社会责任的认识由表及里，有了更为深刻的把握，不再停留于“捐几块钱、搞一两个活动”这种简单的层面，而是认识到企业的社会责任有着丰富的内涵与系统的架构，企业必须进行全方位的规划。

因此，大部分直销企业都能够全面把握企业的利益相关方，包括政府、社会、客户、员工、经销商（合作伙伴）、直销行业、地球环境等，从而制定出与之相对应的策略。

从直销企业与政府的关系角度，体现在积极主动与主管及相关部门开展沟通对话，诚信守法、依法纳税、保障就业；

从直销企业与社会的关系角度，体现在投身社会公益，关爱弱势群体；

从直销企业与客户的关系角度，体现在致力高品质产品的研发，提供安全、高质、高效的产品，提供满意的服务；

从直销企业与员工的关系角度，体现在使员工得到全面职业发展，提供职业健康与安全以及和谐工作环境；

从直销企业与合作伙伴的关系角度，体现在提供创业机会，助力职业发展；

从直销企业与直销行业的关系角度，体现在创新商业模式，支持行业媒体及相关的行业活动；

从直销企业与地球环境的关系角度，体现在倡导环境保护理念，开展各项环保活动等等。

3.共同认识到履行社会责任需要持久、创新的行动

就是要将社会责任本身看做一个可持续发展的系统工程，而不是一个权宜之计，不是一个短暂的作秀，更不是头脑发热、想搞就搞、不想搞就停的间歇式行为。企业履行社会责任，需要持久，需要创新。

我们很高兴地观察到，个别直销企业家提出了“将慈善当成一种习惯”的理念；我们也看到一些企业在规划公益项目时具有高度的系统性、长远性。

（三）直销行业极大地履行了民生责任。

中国是一个有13亿多人的大家庭，食品安全、职业病、环境问题……每项福祉的些微改进，都意味着巨大的资金投入。财政蛋糕虽大，平均到人有限。这种情况下，鼓励更多企业参与民生事业、履行民生责任，十分必要。

在直销行业，不少企业都纷纷在“民生追求”方面坚持从自身做起，恪尽分内之职。对客户负责、对员工负责、对股东负责、对社会负责，均体现了其最基本的民生责任。

1.突出保健理念，推动国人健康工程

中国直销行业一个最大的特点是体现在其产品结构上，保健类产品是直销行业最核心的产品。直销行业是中国保健产业最集中的领域，所有直销企业均有保健类产品的销售。

通过保健产品这一环节，直销行业为国人树立了“追求身体健康、建设健康生活”的全新理念，直接推动了个人健康、家庭健康。

直销行业的健康工程也推动了对中华五千年养生文化的传承，对国学热、养生热起着推波助澜的作用。

2.通过加强科研投入，研制优质产品，强化产品质量。

各直销企业十分重视科研工作，并舍得进行大力投入。

一是聘请相关科研院所的顶尖专家作为研发顾问；

二是花重金直接购买相关研究成果；

三是企业自己成立专门的研究所，随时进行项目攻关；

四是定期召开相关的高峰论坛，推动对某产业的深入探讨；

五是一些企业还成立包括有诺贝尔奖金获得者在内的国际顾问团等等。

通过这些措施，直销行业的新产品如雨后春笋，极大地丰富了消费者的选择。

同时，各相关企业特别注重产品质量，通过各种手段严把质量关。2009年3月，国家质检总局组织的护肤、化妆品产品质量抽查检验当中，抽查到比较好的产品企业有22家，直销企业上榜5家，这个比例也是很高的，显示了直销业产品的整体质量。

3.强化GMP生产车间建设，提升生产环境。

在过去几年，各直销企业特别重视GMP生产车间的建设，许多企业拥有多条GMP线，这极大地保障了产品质量与品质，同时提升了生产环境，有利于生产员工的安全与健康保护。

4.关心员工，创造温暖家庭。

在与员工的关系方面，各相关直销企业十分强调“企业”与“家”的关系，他们关心员工的生活，更关心员工的发展与成长。

许多企业通过丰富多彩的内部活动、旅游活动来凝聚与员工的感情，更通过各项培训，提升员工专业素质，为其创造更加宽广的发展空间。

5.完善制度，突出人性化，提升为广大经销商服务水准。

在与合作伙伴的关系上，各直销企业特别突出人性化这一诉求。

一是确立平等尊重的意识，保障合作伙伴的相关权益；

二是通过各种制度的完善，解决长期以来企业与经销商之间合作的难点，如退货换货制度等；

三是强化服务意识，提升客服水准；

四是加强对合作伙伴的激励。通过奖励电脑、汽车、住房、国际国内旅游等方式，积极对经销商进行回报与激励。

6.提升低碳环保意识，参与环境保护。

直销企业履行民生责任，是一篇越做越深、越做越大的文章。在全球低碳风潮面前，各相关企业也是顺潮流而动，纷纷以主动的姿态投入到环境保护工作之中。

一是企业自身在生产环节注意提升生产环境，降低碳排放，建设绿色产业园；

二是通过宣讲，号召广大员工与合作伙伴树立低碳环保意识，参与低碳活动；

三是一些企业创立专项活动项目，直接践行环保行动。

我们希望，在未来不断铺展的民生画卷上，中国直销企业的表现能成为最鲜亮的底色！

（四）直销行业成功履行了经济责任。

直销行业作为我国流通领域一个新兴的部门，是国民经济的一个组成部分，随着该行业的进一步发展，其发挥的作用也将越来越突出。

在2006-2011年这个时间段，中国的直销行业承接此前的发展惯性，为中国经济的发展做出了应有的贡献。

1.行业业绩整体提升，为GDP增长做贡献。

随着直销企业的批牌，直销行业的整体业绩稳步上升，从2006年的360亿元增长到2010年的650亿元，2011年度预计可超过720亿元，与2006年相比，基本上能够实现翻番的目标，增长速度大大超过了全国GDP，为国家经济发展做出了一定的贡献。

2.直销行业纳税情况良好，为国家税收做出了贡献。

随着直销企业的业绩增长，在“主动纳税”的精神指导下，直销行业的纳税额也大幅度增长。目前，每年的纳税额超过了100亿元。

个别直销企业，由于其发展规模的增长已经成为纳税大户，其纳税额度占到了全行业的半壁江山。

中国最大的直销企业安利（中国）的纳税情况一览表

	2006年	2007	2008	2009	2010
安利（中国）历年销售额（亿元）	120	138	176	201	219
安利（中国）历年纳税额（亿元）	22	27	38	42	52

3.创造大量就业创业机会，为剩余劳动力的安置及再就业工程做出了突出贡献。

在中国经济体制改革过程中，由于下岗等因素而产生的剩余劳动力多达数千万，而直销行业由于其特别的展业模式，可以创造众多的就业创业机会，就为剩余劳动力的安置提供了有效的平台。

据统计，目前全行业约有1000万从业人员，在商务部正式备案的直销员已经达到250多万人。

而一个大型直销企业，其生产基地、物流基地、分公司、服务网点等可安置就业人员达数千人，如果考虑其上下游产业，安置的人员数量就更庞大。这就为地方的劳动力经济直接做出了贡献。

4.积极推进产业基地建设，推动区域经济发展。

2006年之后，各批牌直销企业进入了一个扩大生产规模的热潮阶段，其集中体现是购买土地建设新的生产基地。

各种各样的产业园得到兴建，既提升了企业形象，壮大了企业实力，也使相关直销企业与当地区域经济的发展密切相连，成为推动地方经济发展不可忽视的力量。

在这些企业中，比较突出的是：

天津天狮生物工程有限公司；

完美（中国）有限公司；

宁波三生日用品有限公司；

富迪健康科技有限公司；

无限极（中国）有限公司等。

（五）直销行业极大地履行了教育责任。

直销行业是一个超级教育大舞台，各直销企业通过各种方式，很好地履行了教育责任。

1. 直销企业通过各种产品说明会，对消费者进行健康类的科学普及教育。

中国很多人的保健观念是通过参加直销行业的各类会议而确立的，据统计，直销行业每年接受这种教育的人员数量达500万人。

2. 直销企业通过各种招商会，对消费者进行投资理财教育。

往往在这些招商会现场，直销企业的培训老师会为到会的各界人士剖析当前投资领域的特点与现状，引导大家科学理财，推荐一些可行的投资渠道。

3. 直销企业通过专项培训，提升消费者与经销商的素质。

一是通过讲师专项培训，培训了一大批能够走上讲台进行健康科普教育的生力军；

二是通过店长培训，培训了一大批经营专卖店的管理人才；

三是通过国学教育的专门讲座，提升了员工、经销商及其家庭成员的人文素质；

四是通过“红色之旅”等活动，参观革命根据地、重走长征路、体验革命伟人的丰功伟绩，加强员工和经销商的爱国主义教育，培养爱国情怀。

4. 直销企业在教育培训的实施手段与方式方面与时俱进。

一是充分利用各种会议实施培训，如产品说明会、招商会、研讨会、旅游会议、企业年会、国学讲座会议等；

二是利用音像制品，提高教育培训的普及面；

三是利用互联网，进行远程教育；个别直销企业还建立了自己的专门培训网站，将培训的各项流程全部在网上实现，并与受培训者进行远程互动；

四是建设专门培训基地，使教育培训依托基地，形成成熟而完善的操作流程。

为了提升教育培训的档次，一些直销企业还积极推进“名师工程”，邀请国内外有影响力的专家、著名培训家、国学大师、激励大师深入企业，与企业员工及经销商进行面对面交流。

（六）直销行业成功履行了公益责任。

在公益活动上，直销行业企业投入多、涉及面广，据不完全统计，截止目前直销行业的公益活动投入超过30亿元，参与的公益项目超过5000个，涵盖了教育、扶贫、健康、环保、灾难救助、弱势群体扶助等等几乎所有的公益慈善领域。

1. 公益意识深入人心，各相关企业达到“全员公益”目标。

在直销行业，投身社会公益活动已经是企业管理者、员工、经销商及连带消费者共同的认识，这种认识上的高度一致导致了在直销行业公益活动频繁、参与者众多的局面。除了企业出面组织相关公益活动，一些直销的系统也开始有自己独立的公益运作。

2. 公益行动表现突出，受到了国家和社会的高度赞扬和肯定。

直销行业中安利、如新两家企业与其他不同行业中的46家企业共同获得了2008年中国公益慈善领域最高政府奖“中华慈善奖”最具爱心的外资企业奖。以中国直销业目前的规模和在中国的认知度，这种比例已经很高。

个别企业的负责人还因为公益业绩突出，担任中国扶贫协会等单位的副会长职务。

3. 公益活动时效性：紧跟中国重大事件，显示特别力量。

直销行业特别关注中国的国家动态，往往在重大事件的第一时间投入公益行动。

在2008年的汶川地震及之后的玉树地震，相关直销企业的负责人在第一时间深入灾害现场，并立即组织人员、募集善款，对救援工作及随后的灾民安置、受灾儿童教育等进行全力援助。

在2008年的北京奥运会、2010年的上海世博会、2011年的广州亚运会，相关直销企业以各种形式特别是通过志愿者的加盟服务，来为这几个盛会做应有的贡献。

4. 公益活动抓住热点、难点，显示出亮点。

各直销企业善于分析中国国情，并针对一些热点问题、难点问题有的放矢地开展相关公益赞助活动，显示出引人注目的亮点效应。

如低碳热点，大多数直销企业都在这方面有积极的公益投入；

“希望工程”热点，许多企业赞助兴建希望小学；

西部农村人口的饮水问题是一大难点，一些直销企业积极投入到“母亲水窖”公益项目；

女性乳腺癌、儿童眼睛障碍、受饥儿童、孤寡老人的照顾、留守儿童的教育等，都是社会上客观存在的一些难点问题，难能可贵的是，相关直销企业瞄准了这些问题，并义无反顾地进行公益投入，取得了强大的社会反响 。

5. 社会公益活动的组织化与机制化。

第一是直销企业建立专业的公益慈善机构。

在开展相关公益活动时，各相关直销企业一般是与国家相关慈善机构、行业机构合作，共同开展，如：中华慈善总会、中国红十字会、中国关心下一代工作委员会、全国妇联、中国扶贫协会、中国儿童基金会等。

近几年来，一些有实力的直销企业着手建立自己的专业慈善机构，使公益活动的开展更加具备组织化的特点。

比较突出的有：

安利公益基金会；

广东富迪慈善基金会；

雅芳女性基金会；

天狮公益基金会；

绿之韵慈善基金等。

第二是相关直销企业建立专门的公益队伍及志愿者队伍，保障了公益活动的常态化开展。

（七）社会责任品牌化：专项活动在创新中闪光

据我们观察，在中国各行各业中，直销行业的社会责任品牌已经形成，这主要是各相关直销企业在履行社会责任特别是公益责任的过程中，能够以务实、创新、持久的精神，探索新路径，采用新手段，创新新模式。一些专项活动走进人们的视野，释放出其广泛的影响力。如：“保护母亲河”活动；“爱心手牵手”关爱儿童活动；“粉丝带飘起来”活动等。

（八）行业形象大大改观，从业者受尊敬指数空前提升。

通过直销行业全体企业和从业者的努力及真诚奉献，这个曾经被曲解、误解甚至被嗤之以鼻的行业在近几年形象得到了改观，同时，从业者受尊敬的指数也得到了空前提升。

1. 大众已经将直销与传销真正区别开来。

中国直销行业的发展一直深受传销之害，以前大部分人会将直销与传销等同起来。但目前这一局面得到了根本改观。根据我们的调查，这主要源于两个方面，第一当然是法规层面对直销行业的确认，另一方面则要归功于直销行业主动履行社会责任，以爱与奉献确立了自身的正面“江湖地位”。

大众已经将直销劳动与其他劳动形式平等相待。

大众对直销业的认同无疑会更加推动该行业的发展与壮大。

2. 大众已经将直销行业认定为健康、财富与高品质生活的领域。

在大众看来，直销行业是健康产业最集中的行业，直销从业者是健康专家；

在大众看来，从事直销工作收入会高于其他行业；

大众还认为，参与直销工作的人群其生活品质很高，消费高档保健品、使用高档美容护肤产品，还有工作时间自由等。

3. 大众已经将直销行业纳入到投资创业的渠道和正常理财的品种之一。

大众已经从就业、创业角度接纳直销，并且很多人已经把投资做直销产品当成正常的投资理财品种。许多传统生意的老板开始投身直销行业，并且做出了很大的业绩。

4. 大众认同“直销人”的一些闪光品质与人文精神。

随着直销从业人员的增多，一个新的职业群体即“直销人”诞生了。通过近千万直销人的辛勤劳动和公益奉献，“直销人”这个群体的一些闪光品质和人文精神得到了提炼，并逐渐得到传播和颂扬。

“要像直销人那样！”——这已经成为一句时尚的口号。

直销人的闪光品质主要体现在：

直销人是永远乐观、积极的；

直销人是专业而勤奋的；

直销人是最热情、豁达的；

直销人最珍惜人脉，最强调人际和谐；

直销人最重视彼此合作与团队建设等等。

浩浩荡荡，中国直销21载！

浓情奉献，社会责任历历在目！

中国直销的发展历程，是社会责任不断探索、不断成熟的历程，是行业形象不断改观、不断提升的历程。2006年以来，随着直销法制化的进程，中国直销行业得到了前所未有的发展，直销行业对社会的贡献与回报也开创了全新的里程碑。

总结过去，开创未来。让我们对全体直销企业、对直销行业社会责任的参与者表示崇高的敬意！

第二部分
直销企业篇

安利（中国）日用品有限公司

Amway (China) Commodity CO.,LTD

共享美好生活　共创卓越未来

【公司介绍】

理查·狄维士和杰·温安洛于1959年创建安利，总部位于美国密歇根州亚达城，目前业务遍布全球80多个国家和地区，生产、销售营养保健食品、美容化妆品、个人护理用品、家居护理用品及家居科技产品等450多款产品。2010年，全球销售额为92亿美元，拥有13，000多名员工，300多万名营销人员。

安利（中国）于1995年开业营运，目前经营区域遍布全国31个省区市，是安利全球最大市场。公司拥有员工7，000余名，并为30余万活跃销售人员提供多劳多得的就业机会。公司相继引入了纽崔莱营养保健食品、雅姿美容化妆品、个人护理用品、家居护理用品、家居科技产品共五大系列220余款产品，2010年销售额219亿元，历年累计上缴税费312亿元。截至目前，安利（中国）已经在全国206个城市开设了253家店铺，店铺总面积达24万平方米，并在17个城市设有26个纽崔莱/雅姿体验室或安利生活馆，以卓越品质赢得了广大中国消费者的喜爱和信赖。

公司以“内求团结、外求发展、优化管理、强化服务、重视人才、珍惜商誉、努力实干、创建辉煌”为发展方针，将企业的核心价值观与中国国情相结合，实施因地制宜的发展策略。长久以来，安利致力于不断开拓创新，积极研发尖端高效产品，实行全面细致的质量管理体系，高度注重产品优质，严格执行顾客投诉管理体系，全心全意体贴服务每一位客户。

同时，安利（中国）积极投身关爱儿童、环保宣传等公益事业，打造了“阳光计划”、“名校支教”、“安利环保嘉年华”等多个富有社会影响力的公益品牌，建设了一个拥有187支“安利志愿者服务队”和6万多名注册志愿者的全国最大的企业志愿者队伍。截至2010年底，安利（中国）捐赠、赞助款项累计超过5.1亿元人民币，参与实施各类公益活动6，500余项。

	2005年	2006年	2007年	2008年	2009年	2010年
安利（中国）历年销售额（亿元）	155	120	138	176	201	219
安利（中国）历年纳税额（亿元）	33	22	27	38	42	52

总办事处地址：广东省广州市天河北路233号中信广场41楼 安利（中国）　服务热线 4006 888888

左：理查 · 狄维士　右：杰 · 温安洛

【创办人信念与企业理想】

藉以下宗旨，理查 • 狄维士及杰 • 温安洛开创了安利事业，创办人及其家族成员都相信这些宗旨可以为丰盛人生奠定坚实基础。

自由

自由是人类最自然的一种状态，也是最有益于人们生活、工作、不断成长、赢取成功的一种环境。它赋予我们机会去创建一种有意义、有目标的生活。在安利，我们推崇选择的自由，鼓励人们以各自的方式达至经济上的目标，并致力于帮助人们拓展更广泛的自由。

家庭

家庭是社会最基本的单位，给我们带来爱、关怀和传统。家庭帮助我们树立坚定的价值观，为我们成长设下基础，赋予我们自强不息的力量。安利事业向来尊重和支持家庭；从安利政策委员会的组成，以及很多营销人员与家庭成员共同参与安利事业的情况，就可以体现这一点。

希望

希望赋予我们力量，使我们能够改变命运，迈向美好人生。希望是一种推动力，促使我们憧憬未来，订立目标，取得伟大的成就。我们也可以给他人带来希望，为别人开启通往理想的窗户。安利事业之所以在世界各地广受欢迎，也是因为它能带来希望。

奖励

奖励包含了施与受，不论是作为施者或受者，奖励都有助于我们的成长，而奖励的方式有很多种。最基本的一种，就是对个人的尊重和爱护。奖励也可以是对承担责任者的嘉许，对个人贡献的重视，或是对付出努力的报酬。奖励总结了前一个行动的成果，也促进新行动的开始，因此，奖励有助于提高生产力。奖励是安利事业不可或缺的一部分，因为在安利世界里，我们需要互勉互励，共同成长，开拓事业与人生。

安利创办人所秉持的“自由 • 家庭 • 希望 • 奖励”的信念，是安利做任何事情的出发点。它时刻提醒着我们，安利的目标不仅仅是赢利，而是为更多的人提供机会，将健康、美丽以及品质生活、事业机会带给喜爱它的人们，帮助人们生活得更加美好。

【安利的企业社会责任理念】

黄德荫总裁

作为全球最大的日用品企业之一，“共享美好生活，共创卓越未来”是安利长期秉持的企业社会责任理念。共享、共创体现了安利与他人分享的营销文化，强调团队互助、合作，分享知识，分享产品，分享生活。同时，“美好生活”展现了对现实的追求，“卓越未来”则表达了憧憬的目标。

安利希望通过不懈努力，为消费者营造品质生活、多彩生活和温暖生活，为后人创造一个尽善尽美、永续发展的世界。安利致力与各利益相关方携手，打造卓越的管理、提供卓越的产品、培养卓越的员工、成就卓越的伙伴、建设卓越的社区、倡导卓越的环境，共享美好。

【民生责任篇】

卓越管理

作为一家跨国企业，安利始终奉行统一的、具有普世价值的最高商业道德标准。进入中国十余年来，安利始终将“我们只做正确的事，绝不为成功而不择手段”作为公司管理的首要原则，恪守商业道德，做到诚信经营、遵纪守法、照章纳税，不断追求卓越的公司管理。

恪守商业道德

讲究商业道德、诚实守信是安利尤为看重的优秀品质，诚信经营也是安利始终强调的品行。树立正确的商业道德价值观，商业信息公开透明，倡导公平竞争，是安利作为负责任的企业公民，其道德血液中始终流淌和包含的元素。

诚信守法

安利一直把尊重中国国情、诚信守法经营作为开展业务的基础。为配合政策法规的变化，公司对业务模式进行了多次重大调整，尤其是在直销法规颁布后，公司进行了开业以来最大程度、最大规模的调整与变革，并于2006年12月1日获批直销经营许可。

安利亦始终严格遵守中国的各项反腐条例（同时包括美国《反海外腐败法》）。安利为此制定了科学、规范的工作流程，建立了严格的监控体系和制度，确保流程正常运行。

照章纳税

安利将照章纳税作为履行企业经济责任的重要内容，自进入中国市场之日起，始终坚持合规、按时纳税。截至2010年底，安利累计缴纳各类税款达312亿元人民币。曾四次荣登国家税务总局排定的“纳税百强”。

推动直销行业规范发展

作为直销业的领先企业之一，安利在严于律己的同时，还致力于与业内优秀企业一道推动整个行业的健康发展，倡导行业自律，寻求整个行业与社会的和谐共赢。

营销人员管理

公司严格遵循《直销管理条例》，并制定了营业守则等严格的规章制度，规范营销人员管理，同时开设了安利全球第一个营销人员专属培训机构——安利中国培训中心，为营销人员提供全面覆盖、全程相伴、全面规范的教育培训，努力提升营销人员综合素质。

绿色、有机的产品

产品的绿色、有机特性

从安利创办的第一天起，安利产品即带上了绿色、有机的印记。畅销全球的纽崔莱品牌，坚持“从种子到成品，萃享天然精华”的品质理念，以其天然纯净的品质，引领人们追求健康营养的生活；高端美容护肤品牌雅姿，采用的大多数天然活性成分同样来自纽崔莱有机农场，并以尖端科技打造优质产品，扮美高雅生活；个人护理用品采用天然原料，带来清新健康感受；家居护理产品从配方到包装始终贯彻“绿色生产、保护环境”的理念，采用可快速降解的表面活性剂，采用浓缩配方的同时减少包装材料，降低对环境的污染；家居科技产品让高科技走进日常生活，提供品质享受的同时有效节约了能源。

提供卓越产品

经过半个世纪岁月淘洗，80多个国家和地区

不同文化的历练，安利产品成为全球数百万家庭的信心之选。安利亦始终致力于采用尖端技术研发高端产品，用更天然、更高效的原材料开展产品生产，同时不断完善自身服务，为每一位顾客提供无忧消费体验。

以高端研发做后盾

目前，安利在全球范围内拥有65个研发与质检实验室；全球获得专利超过800项，还有600多项在申请中；在公开刊物上发表的论文和会议上发布的论文超过300篇；与75所大学进行合作；在全球聘用700多位科学家和技术人员。

2004年成立的安利（中国）研发中心拥有完善的研发体系和雄厚的科研力量，专注于健康、时尚、个人护理、家居耐用品等产品的研发，为安利大中华市场乃至全球市场提供产品研发与技术服务。目前，研发中心已经根据中国市场的需要，打造出完备的新产品开发技术平台及专家团队，在新技术研究、配方设计、产品功效验证、临床试验等方面居于业界领先水平。截止2010年底，研发中心共拥有14个专业实验室，共有70余名科学家和技术人员从事相关领域的研发工作，为研发卓越产品奠定了坚实的基础。

（大数字：65个 安利在全球范围内拥有65个研发与质检实验室；75所 与75所大学进行合作；800项全球获得专利超过800项；700多位在全球聘用700多位科学家和技术人员）

纽崔莱从源头确保原材料品质与供应

随着品牌的不断成长与拓展，纽崔莱逐步形成了“纵横结合”的质量控制系统。在纵向一体化方面，纽崔莱依托自有有机农场，开展著名的“从种子到成品”的全程质量管控，并借助经过严格认证的非自有农场种植部分植物原料；在横向整合方面，依托其质量至上的全球供应链体系，精挑细选供应商。“纵横结合”，令纽崔莱从源头确保了原材料的品质与供应。

与害虫共存

大自然是需要生态平衡的，并不是单纯地把害虫驱除就万事大吉了。

——卡尔·宏邦

纽崔莱农场一直坚持不使用农药，而是通过在农场中投放益虫、设置诱饵、陷阱等最贴近自然的方式来驱除害虫。比如，通过瓢虫保护植物原料不被害虫侵害；而对于田鼠等害兽，白天就利用老鹰灭鼠，晚上则让猫头鹰作为农场守护神。但如果让益虫完全驱除害虫，那么益虫最终也会饿死。当虫害再次发生的时候，就没有益虫来帮忙了。因此纽崔莱农场设置了多个5-10平方米、被称为“害虫避难所”的隔离带，为害虫提供藏身之处，并通过夹种释放害虫讨厌气味的金盏花、撒浓缩蒜汁等，避免害虫危害作物。

切实关注生态平衡，纽崔莱今后将继续“与害虫共存”。

安全生产

为保障员工在生产过程中的安全与健康，为员工提供安全的生产环境，安利制定了严格的安全生产管理模式，提出了明确的职业健康安全政策和规章制度。早在2006年，安利（中国）即通过了OHSAS18001（职业健康与安全管理体系）认证。

安利（中国）工厂2010年安全生产数据一览	
总培训小时数	32，830人时
人均安全培训小时数	17小时/年
安全检查	87次
发现及排除安全隐患	320处
年度消防演练参与人次	1，545人次
承包商施工前风险评价	568次
更新危险源	934个
识别并控制风险	104个
重伤死亡事故	0次

注重生产工艺细节

严格的供应商选择

安利（中国）的供应商管理小组由工厂采购部、研发中心和供应商质量发展组构成，在选用每一位合格供应商前，均需通过一系列严格系统的技术评核，并开展供应商质量风险管理，以确保原材料的优质、稳定供应，从而保障安利产品的高质，让消费者安心使用。

纤尘不染的生产车间

安利通过在厂区建造高效的空气过滤器，确保其配料和罐装车间的空气洁净度达到10万级，并且保证厂房内15次/小时的换气数，从而确保产品免受空气中细菌和尘埃的侵蚀，远高于国家GMP标准规定的30万级。

恒温空调仓

为确保将优质产品送达消费者手中，安利物流中心创建了5，000余个恒温空调仓，专门存储对温、湿度敏感的各种物料和成品，并配以强力通风系统，营造出一个理想的存放环境，避免因环境因素而影响物料的稳定性和成品的功效。

高纯度的生产用水

只有高纯度的水，才能生产出高规格、高品质的产品，因此，安利通过精密的“反渗透”水处理设备，其生产用水需经10多道净化处理才能进入生产程序。

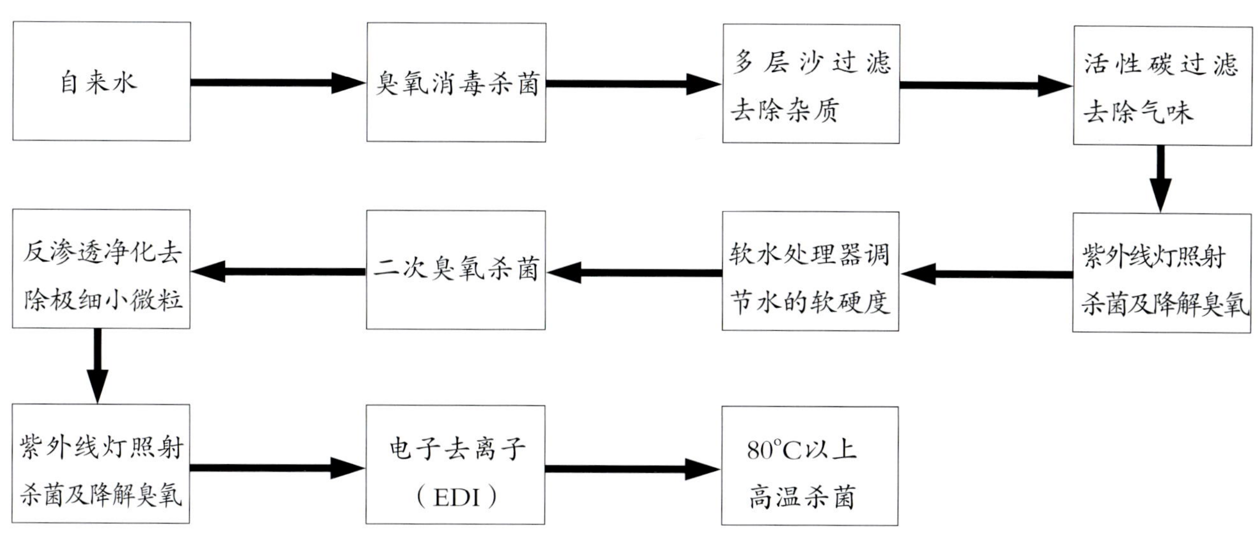

	2007	2008	2009	2010
产品美誉度调查	86%	90%	88%	91%
投诉次数（次）	14，605	9，413	9，076	7，795

周到完善的服务

安利秉承“公开公正、诚信高效、优质服务、持续改进”的售后服务方针，制定了30天退换货制度，并建设了产品反馈服务（PRS）系统，通过了ISO 10002：2004客户投诉管理体系认证，为消费者提供全程无忧的消费体验。

完善的购货保障

安利承诺为消费者提供称心如意的产品，并为消费者提供长达30天的退换货保障：在购货之日起30天内退回未开封且具有销售价值的产品，可获100%现金退款或100%电子券；退回曾经使用或已开封不具销售价值的产品（剩余量至少达一半），可获50%电子券。

（大数字：30天　为消费者提供长达30天的退换货保障；91%服务热线的整体满意度为91%）

产品反馈服务（PRS）系统

为保证顾客在享有安利优质产品的同时享有完善的售后服务，安利创建了产品反馈服务（PRS）系统。该系统是帮助顾客答疑解惑，解决与产品有关的问题的有效渠道；也是公司收集产品的市场信息，跟踪产品质量，进一步提升产品质素的重要参考。PRS系统由安利全国业务部统筹，负责监督、管理、协调各级相关部门，并制定相关政策；区域PRS专员予以配合，指导一线同事的工作；店铺一线PRS专员受理最前线PRS事务。2009年，安利（中国）获得了ISO 10002：2004客户投诉管理体系认证。

顾客之声委员会（Voice Of Customer）

产品质量是企业的核心竞争力之一。安利还设立了由公司高层组成的跨部门联席议事机制顾客之声委员会（VOC）。作为公司管理产品质量相关事务的核心，VOC致力于产品质量管理，包括及时向公司高层传递产品质量重要资讯，快速处理有关产品质量及合法性引发的投诉和事件，保护消费者的合法权益，提高消费者对公司产品的满意度。

质量反馈服务系统流程图

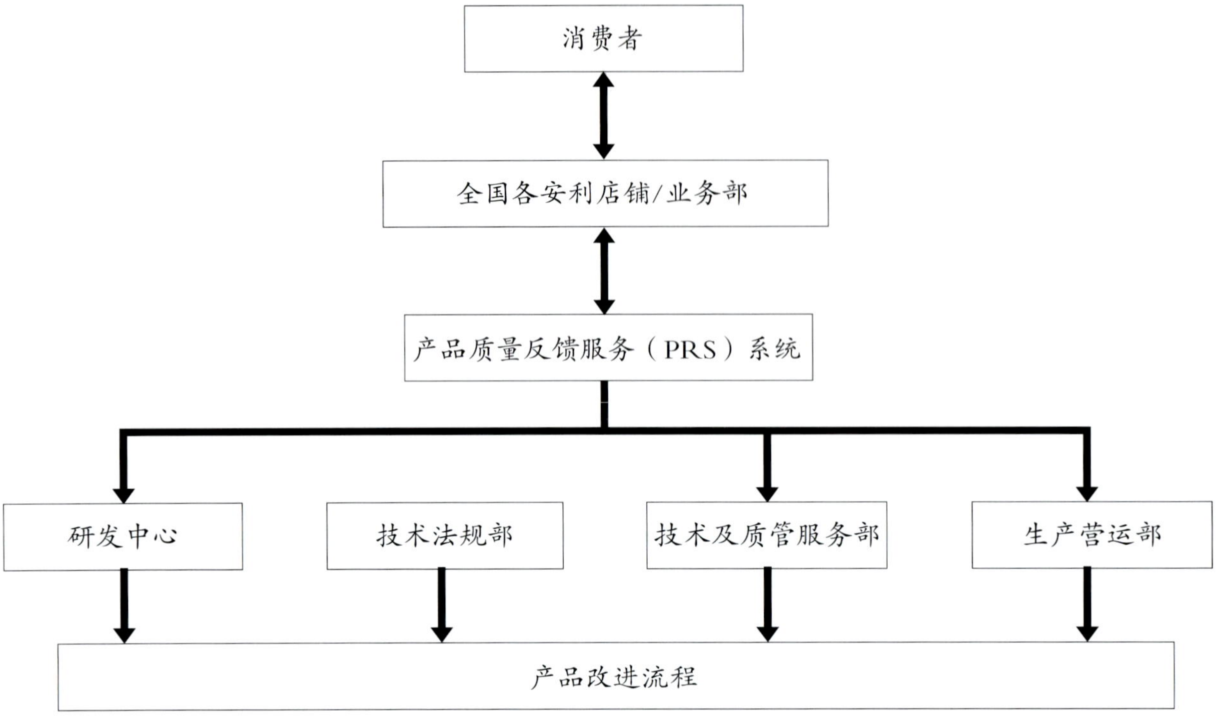

倡导卓越环境

在环保尚未为公众广泛关注时，安利的第一款产品即选择了可生物降解的LOC多用途浓缩清洁剂，开启了公司的环保之路。1989年，安利获得了联合国颁发的“环境保护成就奖”。从创始到现在，从密歇根到中国，安利始终把环保视为自己的天职，致力打造低碳、绿色的卓越环境，推动环保理念的创新。

环保理念和低碳战略

安利（中国）在环保领域始终坚持“内外兼修”，在内部严格管理程序，积极开展环保改进项目，努力实现企业发展与环境改善的共赢；在外部，通过丰富多彩的环保公益活动提升社会公众的环境保护意识，为中国环保事业的进步贡献力量。

在安利，绿色概念被植入产品整个生命周期，通过采用新方法、新工艺、新技术、新设备，减少种植、研发、生产和运输等各个环节对环境的负面影响。

安利的“绿色”生命周期

• 在产品研发环节，对产品是否符合环保法律、法规要求，是否使用合格的原材料及其用量提出严格要求；

• 在原材料采购环节，只有符合公司环保要求才能成为合格的供应商；

• 在生产制造环节，必须符合环境管理体系的要求并得到权威机构的认证；

• 在产品最终废弃环节，则充分考虑废弃物对环境造成的影响。

安利的污水处理

安利广州工厂污水处理系统每天最大可处理300吨的污水，其污水综合排放标准远高于广州经济技术开发区污水管网接纳标准。如出水COD（化学需氧量）指标，环保部门检测报告显示，安利的检测数值平均低于100mg/l，而开发区的排放标准是不高于500mg/l。

安利的低碳发展方针：

• 通过减少自然资源消费量（电力、蒸汽、天然气和水资源）来降低温室气体排放；

• 通过改进生产和物流程序、提高资源循环利用的效率以减少废弃物；

• 通过引进新能源解决方案减少对化石能源的依赖；

• 通过加大绿色产品的使用与供应来减少对环境的影响；

• 通过设立绿色建筑标准来打造低碳的生产和办公环境；

• 绿色生产。

绿色管理

安利通过节约资源、提高能效，推广绿色办公、新能源等措施，降低自身碳足迹，减少对环境的影响，实现自身的绿色、低碳运营。

节能减排

2010年，安利工厂制定了2011年节能减排目标：

• 推进清洁生产和循环经济项目，至少100名员工参与清洁生产培训，至少完成20个循环经济/清洁生产项目；

• 建立ISO14064温室气体盘查体系，完成安利（中国）温室气体盘查报告。

推行循环经济/清洁生产

公司于2006年5月启动循环经济/清洁生产工作以来，全员参与，实现了“节能、降耗、减污、增效”的目的。截止2010年底，已成功实施循环经济/清洁生产项目共234个，节能降耗取得良好成效。公司入选广东省第一批循环经济试点单位，迄今先后获得“广州市第一批优秀清洁生产企业”、“广州市环境友好企业”、“广东省清洁生产企业”、“2009/10恒生珠三角环保大奖绿色奖章公司”（香港工业总会颁发）等荣誉。

安利（中国）循环经济/清洁生产措施及成效

年份	措施	成效
2008年	安利工厂共完成实施了47个循环经济/清洁生产方案	年节水4，777吨，电99万度，蒸汽2吨
2009年	安利工厂共完成循环经济/清洁生产项目49个	年节水5，521吨，电5，953度，蒸汽893吨
2010年	安利工厂共完成循环经济/清洁生产项目97个	年节水129吨，电218万度

绿色办公

安利积极倡导绿色IT的环保理念，采用多项节能措施，全力推行办公场所的节能降耗。

安利（中国）绿色办公措施及成效（截至2010年底）	
措施	成效
以虚拟化服务器为手段，对高耗能、独立型的各类服务器进行集中整合	已有28台虚拟服务器代替284台PC服务器主机，每年可节省电力能耗57万度电（约62万元）
在数据中心对各功能区域实行分区域、分时间段、按场景进行控制	通过缩减照明时间和范围，减少了63.7%的照明用电。每年可为公司节约用电费用7.5万元
全国办公室共部署47台多功能一体机，并回收传统打印机127台、复印机41台和传真机37台	每年减少耗电量18，700度，其先进应用还可以大大减少张纸的消耗（约210万张）
在全国范围内共部署了330台瘦客户终端机	每年节省能耗约135，000度
用1，260台节能液晶显示器替换CRT显示器	每年节省能耗约120，000度
将被替换的设备进行维修清理，并将处于使用期限内的设备捐赠给慈善机构，如需报废的则交由政府环保机构进行环保销毁	赠送338套台式机，15台笔记本电脑；与联想等公司合作处理电脑废弃物3，300余项

废弃物循环利用

安利公司回收再用了70%本应倒入垃圾场的废弃物，其中包括电脑、显示器等电子垃圾。预计到2012年这一数字将提高到95%。

（大数字：57万度　每年可节省电力能耗57万度电（约62万元）；210万张　多功能一体机减少张纸消耗210万张；3，300余项　与环保机构合作处理电脑废弃物3，300余项）

积极投身环保公益

自创立以来，安利（中国）开展了多项大型环保公益活动，并成立了安利环保公益基金为促进生态文明建设和公众环保意识培养做出了积极贡献。

Greenway员工环保平台

2007年，Greenway作为一个安利内部的环保知识学习小组而创立，并逐渐升级为公司内部环保教育和交流的平台。2008年，Greenway正式成为一个CSR项目，开始面向全体员工推广环保理念，倡导员工身体力行，成为环保实践者。

至今，在Greenway的倡导和推动下，安利多个部门联手行动，开展了一系列绿色行动如“绿色物流”、“绿色IT”等环保项目，使环保实践深入到公司各个部门，共同打造绿色安利。

创新环保嘉年华

2009年“世界环境日”之际，安利与中华环

境保护基金会合作，以建设生态文明、普及环保知识、倡导绿色理念为核心内容，启动了环保嘉年华公益活动。作为全国首创的环保互动教育主题乐园，安利环保嘉年华融“互动式”环保体验与“知识型”嘉年华为一体，是环保教育的全新形式。

环保嘉年华以寓教于乐的方式普及环保知识、提高公民环保意识，打造都市绿色新时尚。活动本身不但解决了环保知识学习“化被动为主动”的难题，同时通过互动与体验实现了环保“知”与“行”的有机统一。截至2010年底，该活动已抵达北京、哈尔滨、成都、广州、上海、厦门、石家庄、济南、南京、天津、重庆、沈阳、杭州、武汉、长沙、西安、合肥等17个城市，参与公众约57万人。

Greenway的四大特征

• 创新：环保教育更有吸引力

大力倡导“每天绿色五分钟”的观念，号召员工每天用五分钟学习环保知识；通过网上互动游戏的创新环保宣传形式，融环保的知识性和趣味性于一体，激发员工关注环保的兴趣。

• 宣传：培养员工的环保习惯

通过网上交流平台“i环保”论坛分享员工的环保心得；每月发布“环保电子E刊”，向员工传递环保资讯与理念。

• 改变：从身边的细节开始

以“乐乐熊”形象制作了“节能环保提示贴”，并将其推广至21个职能部门、31个分公司的所有办公室以及全国200多家店铺，提示卡包括双面用纸、节约用电、空调26度等绿色办公的方方面面。

• 行动：让世界绿起来

通过组织“三江源地区生态考察”、“安利碳汇林”种植等环保公益项目，实现了将内部环保活动与外部环保公益项目的有效对接。

安利开展的其他环保活动

• 2008年，与中华环保基金会合作设立环保公益基金，支持环保宣教项目，迄今共投入3，000万元。

• 自2002年起赞助南北极科考，连续9年向“雪龙号”极地科考船赞助家居护理用品、个人护理用品及纽崔莱保健食品。

• 2004—2007年，出资430万，连续四年赞助“地球第三极珠峰环保大行动”。

• 2002年启动“哪里有安利，哪里就有绿色”主题植树活动，2005年在全国30个省实现植树100万棵的目标。

【教育责任篇】

培养卓越员工

卓越的员工是安利引以为豪的骨干支柱，安利致力于为他们提供释放潜能和施展才华的平台，通过培育创新文化和全面的培训项目，确保他们能力的提升和职业的发展，同时通过多重举措积极帮助员工达致工作与生活的平衡。

系统的员工培训

员工培训是安利一项重要且长期的人力资源策略。针对不同级别员工的发展需要，安利设置了丰富的培训课程，以企业文化和价值观为核心、专注于个人发展才能、领导才能和专业才能等方面。目前，安利的培训覆盖到所有员工，并采用混合型的培训方式，实现内部培训与外部培训的相辅相成，课堂学习与在线学习的互相补充。同时，公司还设立了专项培训费用，通过支持教育协助、资助外部职务培训、海外培训、户外拓展培训等形式资助员工参加各种学习。2010年，员工培训总天数超过2.3万个工作日，平均每个员工3天。

安利（中国）员工部分培训项目一览（截至2010年）		
员工培训项目	参与员工人次	培训内容及目标
体验安利	6，759	介绍安利的历史文化、产品及品牌，帮助员工深入理解企业文化，激发骄傲感和自豪感。
经营自我	4，624	透过一系列的互动活动帮助参与者运用有效的分析工具发现自我优势，设定个人成长计划，树立积极正确的心态应对职场挑战，进而达致更佳工作表现。
管理新干线	587	涵盖“个人管理”、“任务管理”、“团队管理”三方面的内容，帮助管理者全面提升管理技能，增强个人的情商管理能力和影响力。

	2008	2009	2010
安利（中国）参与培训员工数（人）	5509	6741	6628
安利（中国）人均培训小时数（小时）	19.5	21	22

积极回馈社会

关注青年人的发展是安利回馈社会方式之一。安利通过在校园内开展校园招聘、阳光育苗职业辅导计划，实习生计划，以及与JA（Junior Achievement，全世界最大、发展最快的非营利教育组织）公益组织（青年成就）开展大学生职业规划辅导等活动，为青年学子的发展提供助力。迄今共吸纳管理培训生和优秀专才近80人，实习生逾百人；“阳光育苗”的足迹遍布全国逾90所高校，共开展主题活动150场，超过45，000位学生受益；并与JA合作开展了一系列如JA志愿者日，职业见习日等活动，帮助学子提升就业准备、求职面试技巧等。此外，安利（中国）员工也是安利志愿者队伍的重要力量，迄今共有5，300多名员工投入到志愿者工作中，志愿服务超过30，000小时。

安心驿站（EAP）

自2007年起，安利（中国）为所有员工专门购买了一项福利型的专业咨询服务——“员工辅助计划”（Employee Assistance Program，简称EAP）。通过向员工及其家属提供免费的个人咨询、心理辅导、面谈协商及专题讲座等服务，帮助员工缓解和预防工作及生活压力。截至目前，共有1，600多人次使用了该项服务。此外，安利（中国）还围绕员工关注热点，定期开展全国性的主题活动100多场，吸引了近10，000人次的参与，以协助员工建立良好的人际关系、和谐的家庭及积极的心态。

（大数字：90所 “阳光育苗”的足迹遍布全国逾90所高校；45，000位 学生受益于“阳光育苗”活动；5，300多名 员工投入到志愿者工作中）

成就卓越伙伴

在安利，创办人家族、营销人员与员工之间是相互信任、相互协作的伙伴关系，这是安利卓越成长不可或缺的重要基石。作为一家杰出的跨国直销公司，安利致力于为来自不同背景和行业的人们提供公平的工作机会，并通过“一路相伴，步步增值”的人才培育计划，为营销伙伴提供持续成长的平台，助他们开启卓越的事业，成就丰盛、精彩、自信的人生。

提供事业舞台

在致力为消费者提供优质产品和服务的同时，安利亦为愿意努力工作的人们提供一个建立事业、成就未来的事业良机，一个发挥潜力、一展所长的广阔舞台。

任何年满22周岁且依法可专职或兼职经商

的人士，不论背景、行业如何，也不论工作经验多少，都可申请成为安利销售代表。在这个公平起步、多劳多得的工作机会中，专注于销售产品、服务顾客的营销人员通过自己的辛勤付出，即可获得公平合理的回报。截止2010年，安利（中国）向营销人员发放报酬累计超过460亿元人民币。

学习成为加入安利的理由

终身学习的理念

在安利，培训是所有营销人员都可以享受到的公共福利，这项福利可满足不同阶段营销人员的学习需要，提升其能力，帮助他们更好地从事和拓展在安利的事业；同时也有助于来自不同教育背景和拥有不同生活经历的营销伙伴深入理解企业文化与价值观，从而在营销中更好地为客户提供服务并传播公司价值。

人才培训体系

安利（中国）于2004年成立了号称“安利大学”的安利全球第一个营销人员专属培训机构——安利（中国）培训中心（简称ACTI），并以ACTI为核心创建了全新的人才培训体系。该体系以“励学兴业 修德致远”为品牌主旨，本着“一路相伴，步步增值”的培训理念，实施有差别培训，分为必修、进修、选修三大种类。对于事业刚刚起步的新人，公司提供企业文化、产品、销售技巧等基础能力方面的培训；对于资深营销人员，公司则致力于提升其管理能力及领导力。

截至2010年底，ACTI共有600余名讲师从事培训工作，并且先后从11所著名学府（如复旦大学、中山大学等）和40家知名培训机构邀请了80余名优秀讲师授课。截至2010年底，ACTI共培训营销人员440万人次。其中2010年的培训人数为

250万余人次，比往年增加37%。每年安利（中国）在人员培训上的投入超过1亿元人民币。

海外进修

为使绩优营销人员进一步开阔视野，安利特别设计了包括营销精英海外进修研讨会、高级营销经理海外进修研讨会在内的进修科目。进修课程让绩优营销人员第一时间掌握公司的最新资讯，感受最前沿的时尚风潮，为营销工作注入新的动能；内容丰富的业务研讨、坦诚互动的同业交流，独具特色的海外文化，亦带给营销人员更丰富的人生阅历。自海外进修计划实施以来，截至2010年，安利绩优营销人员的游学足迹已抵达全球30余个城市，累计80，000余人次携手走出国门，读万卷书行万里路。

安利（中国）教育网

2006年，安利在业内率先推出专为营销人员量身打造的在线教育平台——安利（中国）教育网。经过5年的建设，安利（中国）教育网已成为国内最大的由企业自主推出的在线教育网站之一，共开设课程106门，推出了上百种书籍、光碟等培训资料。2010年共7.8万人次参与教育网相关培训。

营销人员管理

安利严格遵循法规要求，对申请加入人员进行严格的身份审核，对法规禁止人员的加入申请一概予以拒绝。同时，为确保杜绝全日制在校学生的加入，安利规定必须年满22周岁方可申请加入，比直销法规定的加入年龄18岁晚4岁。

安利对十类人说“No”

- 全日制在校学生
- 公务员
- 现役军人
- 教师
- 医务人员
- 境外人员
- 安利（中国）的正式员工
- 法律或行政法规规定不得兼职的人员
- 有刑事犯罪记录者
- 中国政府禁止的任何邪教或非法组织之成员

安利建立了严厉的监管、查证、处罚机制，并推出营销人员《营业守则》，制订了从书面警告到终止合同的八级处分制度。为保证各项规章制度得到切实执行，安利还建立起一支由370余名专职员工组成的监管队伍，同时引入社会监督机制，公布监督热线，完善外部监督体系，借助社会力量共同规范营销人员行为。2010年，公司共处罚违规人员13，552人。

安利（中国）营销人员十项警示

- 严禁团队计酬
- 严禁跨区经营
- 严禁违规培训
- 严禁夸大宣传
- 严禁强买强卖
- 严禁削价售货
- 严禁诱导囤货
- 严禁贬损同业
- 严禁宣扬物质享受
- 严禁曲解业务制度

自律自强在安利

为了夯实安利事业长远发展的基础，2009年安利发起了“自律自强在安利”专项行动。公司营销总监及以上营销领导人代表全体营销人员承诺“自觉恪守法律法规、商德规范和公司章程，尊重顾客需求、团结市场伙伴、珍惜事业机会、提升个人素养、积极奉献社会，用实际行动，共同推动安利事业的长远发展”。公司规定，所有收入达至相关标准的营销人员都必须参加公司的《商道》培训，不完成培训，公司暂不发放其劳动所得。2010年，共有32，000余人参加了《商道》培训。这一专项行动，有效维护了安利市场秩序，稳固了公司事业根基。

【公益责任篇】

建设卓越社区

正如安利创办人杰·温安洛所言："人生最大的快乐是创造财富并与他人分享"，多年来，安利时刻谨记：回馈社会和社区，是一个成功企业应尽的责任。通过以营销人员为主的志愿者队伍，安利积极参与关爱儿童活动，将自身的专业能力和回馈社会的精神不遗余力地向外传递。2011年，安利（中国）更出资1亿元人民币成立安利公益基金会，重点关注和帮扶中国8，000万农民工子女。

积极倡导志愿服务

作为全国最大的企业志愿者团体，安利（中国）已建立了187支安利志愿者服务队，拥有6万多名注册志愿者，为北京奥运会、上海世博会、第四届全国体育大会等提供了专业的志愿服务，并因此荣获了共青团中央、中国青年志愿者协会颁发的"中国百个优秀志愿服务集体"、"中国青年志愿者行动贡献奖"等多项荣誉称号。

与众多机构不同的是，安利将企业管理模式应用于志愿者管理，采取时间（Time）、智慧（Talent）和财富（Treasure）相结合的"3T"模式，辅以专业的志愿者培训，给予志愿者更自由的时间，通过他们的专业知识，结合安利的资金支持、经营模式和项目管理能力，提供最专业的志愿服务。这样，既提高了志愿者的积极性，增强他们的服务能力，又提升了志愿活动的专业性和高效性。

走上上海世博大舞台

凭借在志愿者管理方面的成功经验，安利（中国）于2009年底获邀成为"中国2010年上海世博会志愿者专业支持机构"。针对世博服务周期长、志愿者队伍庞大的特点，安利制订了"SOE体系"，即融合标准（Standard）、运营（Operation）和激励（Encouragement）三者的解决方案。该体系强调了项目的优越性、合作性、专业性和创新性，突出了项目规划的整体性、统一性和特色性，制定了灵活、人性化的志愿者权益保障机制，持续激发志愿者热情，从而打造了一支高水准的世博志愿者队伍。

安利还身体力行参与世博，成立了包括50个巡查小组在内的“安利世博会志愿者督导队”，督导走访总人次达1，958人次，走访总时长达1.5万小时，递交了总字数达7万字的周报告，全程为志愿者管理和监督提供了有力支持。凭借世博志愿者项目为世博做出的突出贡献，安利（中国）荣获“2010上海世博会志愿者工作突出贡献奖”，入选“2010年度中国慈善事件”，并被授予“2010年度中国慈善推动者”荣誉称号。

（大数字：187支　安利拥有187支志愿者服务队；60，000余名　拥有60，000余名注册志愿者）

安利志愿者的四大特点

庞大的人员规模

安利拥有187支志愿者服务队；拥有6万余名注册志愿者；累计志愿服务小时超过126万小时。

广泛的服务领域

开展的服务范围从重大赛事、公共活动服务如北京奥运会、上海世博会、广州亚运会，到弱势群体救助如“冬日暖阳志愿服务大行动”，从2008南方雪灾、汶川地震救灾服务，到“72小时志愿者社区服务计划”，领域非常广阔。下图为

2008年汶川地震期间，将受伤群众送上通往武汉爱心专列的绵阳安利志愿者。

较高的专业水平

与共青团中央、中国青年政治学院等专业志愿者管理、培训机构合作志愿者培训项目；获邀担任“中国2010年上海世博会志愿者专业支持机构”、“第四届全国体育大会志愿者专业支持机构”、“2010天津夏季达沃斯论坛志愿者专业支持机构”。上图为参加上述培训项目的安利志愿者在中国青年政治学院结业合影。

有效的激励体系

在全国范围内开展十佳志愿者、优秀志愿服务队等评选活动。

“爱心手牵手”关爱儿童公益活动

2003年，安利在全球发起“爱心手牵手”关爱儿童行动，旨在通过安利公司、员工、营销人员和顾客，以“一个帮助一个，一个带动一个”的形式，为全球贫困、残障等弱势儿童提供生活、成长、学习和娱乐所需的各种资源。迄今，这一行动已为儿童公益事业捐赠超过1.4亿美元，为全球800万儿童带去希望与机遇。

在美国“爱心手牵手”项目大背景下，安利（中国）开展了一系列儿童公益项目，包括捐资400万元兴建或援建15所希望小学，4000多名学生受益；捐资1，800万元设立救助孤残儿童的“安童基金”，受益人数1200多人，救治病残儿

年份	2007	2008	2009	2010
安利（中国）公益活动数目（项）	815	948	1，075	1，015
安利（中国）公益活动投入（元）	1，900万	8，300万	7，300万	1.6亿

童250多名；投入660万元开展帮助城市打工子弟的“阳光计划”，受益儿童达65，000人次；资助中国发展研究基金会的“儿童发展项目”，基金会根据项目撰写的政策建议“为贫困农村寄宿生增加生活补贴”被财政部、教育部采纳；投入2，100多万元开展“名校支教”计划，资助研究生支教志愿者为西部留守儿童提供教育支持，受益儿童达40万人。截至2010年底，安利（中国）共赞助、参与各类儿童公益活动近2，100项，受益儿童超过115万人。

（大数字：800万　为全球800万儿童带去希望与机遇；2，100项　安利（中国）共赞助、参与各类儿童公益活动近2，100项；115万人　中国受益儿童超过115万人）

回到家乡，回到母校

杨莉红所在的宁夏西吉县三合中学是“安利名校支教”项目的帮扶学校，来自复旦大学的支教老师不仅教会了她课本上的知识，带来了各种课本以外的书籍，还在生活上、思想上关心她、鼓励她。杨莉红没有辜负老师的期望，考上了宁夏大学计算机系。2010年，这个西吉县的第一个计算机系毕业生放弃了在银川市区工作的机会，回到家乡，回到了母校。她说，是支教老师鼓励了她走上教育道路，虽然她不是志愿者，但她希望能传承志愿者无私奉献的志愿精神，为西部的教育事业尽一份绵薄之力。

安利公益基金会汇聚爱心

商业通过创造财富，为人们提供更好的生活，但是并不是所有人都能分享到这份成果。为了将安利中国的公益慈善事业开展得更专业、更系统，2010年起，安利（中国）开始筹备成立安利公益基金会。

2011年1月，安利公益基金会经中华人民共和国民政部批准正式登记注册。安利公益基金会是由安利（中国）捐资1亿元人民币，根据《基金会管理条例》发起设立的非公募基金会。这也是国内第一家由民政部主管、有跨国企业背景的非公募基金会。5月31日，基金会在北京正式举行了成立仪式。

安利公益基金会是安利（中国）履行社会责任的新举措，回报社会的新平台，扎根中国的新承诺。基金会将传承安利（中国）的公益精神和公益行动，汇聚安利（中国）员工、营销人员以及社会各界的爱心和力量，以专业化的操作方式，为社会传递温暖，促进人与社会的和谐发展。

宗旨

汇聚爱心，传递温暖，促进人与社会的和谐发展。

愿景

帮助人们拥有更美好的生活，成为中国新时代公益事业的实践者和倡导者。

使命

安利公益基金会致力于促进社会和谐，帮助人们实现参与奉献、共同分享的美好生活。安利公益基金会汇聚多方力量，帮助贫困儿童获得更好的生活、教育和发展机会，为他们的未来创造无限可能；通过开展志愿服务活动，传递志愿精神，倡导负责任的生活态度；通过研究、合作、交流等形式，引领公益组织的能力提升，推动中国公益事业的可持续发展。

社会各界寄语安利公益基金会

安利公益基金会的成立，对于弘扬慈善精神、促进公益慈善事业的可持续发展，有着积极的意义，民政部将尽力为安利公益基金会的发展提供支持和帮助。

——民政部副部长 姜力

安利公益基金会的成立，是推动中国公益事业向前发展的一件盛事，也代表着企业履行社会责任的一种新的高度。

——中国妇女发展基金会秘书长 秦国英

安利公益基金会的成立，在中国基金会历史上，或者说在中国公益慈善的历史上，都具有标志性的意义。并且随着历史的发展，我们会越来越看出它的示范作用，它的带头意义。

——北京师范大学公益研究院院长 王振耀

倾情关爱农民工子女

农民工徘徊在城乡二元体制的夹缝中，他们的子女生活学习等各方面条件都相对较差，以致于在身体发育水平、精神世界完善、基础素质培养等方面滞后于其他同龄人，缺少全面发展的机会。安利公益基金会传承安利（中国）十六年来最具特色和持续价值的项目，并参考国家“十二五”规划在社会民生领域的关注重点，周密调研后，把主要关注对象清晰地锁定为农民工子女，开展“春苗营养计划”、“彩虹支教计划”、“阳光成长计划”三个主要项目，分别从身、心、智三方面为农民工子女创造良好的成长环境。

春苗营养计划

合作机构：中国关心下一代工作委员会

项目内容：为中西部贫困地区的寄宿制学校建设营养厨房，并培训专门的营养师，保证孩子们能吃上搭配合理、营养均衡的饭菜。该计划将在未来3年内投入5，000万元人民币，为中西部10个省份的贫困地区小学捐建1，000个春苗营养厨房，预期受益儿童将到达50万。

通过该计划的实施，安利公益基金会希望探索出一条政府、社会公益组织、学校等多方力量协力解决贫困地区寄宿制学校学生营养健康问题的有效模式，并通过其复制及示范效应带动社会更多力量推动这一问题的根本解决。

彩虹支教计划

合作机构：共青团中央

项目内容：以小额资助的形式支持研究生支教志愿者在支教地开展改善教学设施、活跃校园文化、农村扶贫开发等工作。未来三年，将投入1，700万，资助80所高校的2，100名研究生志愿者，受益儿童预计达60万人。

阳光成长计划

合作机构：中国儿童少年基金会

项目内容：聚焦在孩子们的心理成长，为打工子弟学校捐建阳光图书馆、开办阳光兴趣课堂，开展流动儿童素质教育和心理疏导等活动。未来三年将投入1，200万元，建设100所阳光图书馆，每个图书馆每月开展10个小时的阳光兴趣课堂，受益儿童预计为40万。

（大数字：5，000万元 “春苗营养计划”未来3年内投入5000万元人民币；2，100名 资助80所高校的2，100名研究生志愿者；100所 未来三年将投入1，200万元，建设100所阳光图书馆）

【企业荣誉篇】

耕耘中国市场15年，安利赢得了广泛的社会认可和赞誉。截至2010年底，安利（中国）累计获得各类嘉奖近4，500项，其中2010年达750余项。从社会责任到优质产品，从人力资源到高效营运，方方面面的奖项不仅彰显出安利的卓越成就，亦成为鞭策安利不断前行的动力。

安利（中国）2010年获得的部分奖项

奖项类别	所获奖项	颁奖机构
社会责任	三度荣获“中华慈善奖”（2010/2008/2005）	民政部
	2010年度中国慈善推动者奖	民政部
	四度蝉联“最具责任感企业”（2007-2010）	中国新闻周刊、中国红十字会
	第八届“中国青年志愿者优秀奖”十项表彰	共青团中央、中国青年志愿者协会
	妇女慈善奖	中华全国妇女联合会、中国妇女发展基金会
	世博突出贡献奖	上海世博会执行委员会
	广州亚运和亚残运多项志愿服务奖项	广州亚运会、亚残运会志愿者工作部
	2010企业社会责任特别大奖	中国外商投资企业协会
	中国儿童慈善奖	中华全国妇女联合会、中国儿童少年基金会
	2010低碳中国•领军品牌	人民网
	第一财经企业社会责任榜•杰出企业奖	第一财经传媒集团
	“低碳时代”企业社会责任奖	南方报业传媒集团
	社会公益大奖	中国公共关系网、《京华时报》
	三度入选胡润企业社会责任50强（2008-2010）	胡润研究院
优质产品	2010年全国食品安全示范单位	国家工商总局、质检总局、科技部、农业部等
	四度荣获《读者文摘》信誉品牌维他命/健康补充品类中国区白金奖，并获至尊奖（2006/2008/2009/2010）	美国《读者文摘》
	雅姿时光面霜荣膺“2010瑞丽美容大赏 金牌抗老化乳霜”	《瑞丽服饰美容》
	雅姿时光面霜获《时尚COSMO》2010年度全效修复面霜大奖	《时尚COSMO》
人力资源	2010年度中国大学生“提供领导力发展机会”十佳理想雇主	优兴咨询
	三度蝉联中国最佳人力资源典范企业（2008-2010）	前程无忧
	蝉联中国杰出雇主（2009-2010）	荷兰联合调查机构
	店铺营运培训体系荣获中国管理学院专项金奖	中国管理案例联合中心、《北大商业评论》
高效营运	中国物流杰出贡献十大企业奖	《现代物流报》
	中国物流行业最满意十大品牌	《中国联合商报》
	中国金牌物流服务典范奖	《中国经营报》
社会影响	“2010年度卓越表现奖之最具竞争力企业奖”	《中国经营报》

天津天狮集团有限公司

TIENS GROUP CO.,LTD

民族企业脊梁铸造全球大爱

【公司介绍】

1995年李金元先生于中国天津创立了天狮集团有限公司（以下简称“天狮集团”）。天狮集团1997年进军国际市场。如今，天狮集团已经成为一家横跨生物技术、健康管理、酒店旅游、教育培训、电子商务、金融投资、房地产等诸多领域，融产业资本、商业资本和金融资本于一身的跨国企业集团。天狮集团业务辐射全球190多个国家，在110个国家和地区建立了分公司，并与全球众多国家的一流企业结成了战略联盟。天狮集团创新研发的营养保健食品、保健用品、美容护肤品、家居用品等多元化产品，为全球3000多万个家庭的稳定消费群体带来高品质的生活，使之拥有健康、快乐、美丽与富足！

秉承“大健康产业”发展战略，天狮集团建设的天狮国际健康产业园及国际大学占地4.2平方公里，总投资将达到170多亿元人民币。天狮国际健康产业园是一个集产品研发、中试孵化、生产制造、医学健康研究、酒店、会展经济等于一体的综合性产业园。其中有以国际标准的研发中心、质检中心为依托的“大健康科技创新体系”；以现代化的生产车间、自动化仓库为依托的“大健康生产物流体系”；以泰济生医院国际健康管理中心、酒店、会议中心为依托的“大健康服务体系”；以天狮国际大学为依托的“大健康教育体系”等等，以上相关项目已经部分投入使用。天狮将打造一条集聚人才流、物流、资金流、信息流为一体的健康产业链，进而将天狮国际健康产业园发展成为“真正的大健康产业集群基地”，为天狮集团打造更加坚实的事业平台和更加广阔的发展空间。

天狮集团始终奉行“来源于社会，服务于社会”的公益理念，义不容辞地承担企业社会责任，截止到目前为止，天狮集团慈善及公益事业的投入已超过15亿元人民币。

高素质的人才队伍和本地化、制度化的管理成就了天狮国际化的战略目标。天狮拥有一支学习型、创新型、礼仪型的战无不胜的国际化团队，在全球拥有10000多名管理人员。各类专业人才中具备硕士以上学历的雇员达35%以上。

目前，天狮集团正以“新置换理论”、“消费创富、经营消费更创富”等先进理论为基础，以“经营化的思想，精细化的管理，精细化的服务”为理念，以完善的经营管理体系和优秀的制度为保障，秉承“大健康”发展战略，以必胜的信心，为中国民族事业，阔步迈向世界500强！

总部地址：天津市武清开发区新源道北18号　电话：0086-22-82124400

【责任力真谛】天狮的社会责任观

一、责任源泉

根植于天津广袤商业沃土，源自沧州狮城铁狮精神，1995年，李金元先生怀着一个朴素的信念——“选择健康产业，是我们对生命的敬佩！”，投身高科技健康产业，创立了天狮集团。天狮的成长，凝聚了创始人李金元先生的心血，李金元先生“刚柔并济”的企业家性格，潜移默化地影响着天狮企业的风格。

创业的艰难，培养了李金元先生坚韧的意志、战略的思考、敏锐的洞察、果决的执行能力，其刚强的硬汉形象更造就了天狮的企业精神——不畏艰难，知难而上，勇于开拓。历经十六年，天狮集团已经成为一家横跨生物技术、健康管理、酒店旅游、教育培训、电子商务、金融投资、房地产等诸多领域，融产业资本、商业资本和金融资本于一身的跨国企业集团。

在成长中，李金元先生一直感怀父母“助人为乐”的谆谆教诲，秉承中国优秀传统文化思想，以“仁爱”的精神和“上善若水”的胸怀，履行一个社会公民的责任。在李金元先生的倡导与影响下，历经十六年积淀，天狮用爱心，信心，责任心为人类的发展提供一个全新的“大健康”发展理念与模式，它不但传承和发展了中华五千年养生文化，更注重以人为本，倡导和践行中国传统养生之道“清、调、补、防”的养生理论及“治未病、缓渐老、关爱环境 ”的健康理念，同时结合西方现代高科技术，真正用健康的产品和健康的管理与服务，为健康事业注入勃勃生机，在人类探索生命与健康的道路上不懈努力追求，这也正是天狮为了更好地履行企业社会责任的一种诠释和体现。天狮关注人的健康、关注企业的健康、关注行业的健康，更关注社会的健康，在大力发展健康产业的道路上，天狮用多年的行动沉淀了天狮特有的爱心文化和品质文化DNA，并将其融入企业践行社会责任的种种努力中，以真正地实现产业发展，爱心传递与社会责任的有机结合。

天狮在承担责任的过程中，注重内外兼修，用爱心、用诚信、用尊重、用分享，履行企业公民责任：对内，严格自律，创新发展，从生产、质检、研发等方面持续投入为人们提供安全可依赖的高品质绿色健康产品，实现自身健康可持续发展；对外，通过创新发展理念和强大企业实力，引领和推动大健康产业发展，并秉承“感受爱、创造爱、传播爱”的慈善理念，通过全球范

围内对“环保”、“教育”、“慈善”等公益事业的投入，履行促进社会健康和谐的责任。

二、品牌核心：“家·天下”

“家•天下 ”就是集家成天下，视天下为一家。

将千千万万的家庭凝聚在一起，形成一种伟大的力量，这才是天下的意义，而把全天下每一个家庭都看作一个团结的大家庭，才是天狮广纳天下的胸怀。

在李金元先生大健康战略引领下，天狮的发展，不仅是天狮打造世界品牌的历程，也是天狮持续履行企业社会责任的历程。天狮始终坚持“全球一体，天下之一家”的全球观、坚持“拓展营销，集家成天下”的发展观，坚持“和谐社会，为天下之家”的人本观。天狮来自东方，天狮属于世界，天狮传承古老的智慧，天狮拥有现代的胸怀。这正是天狮品牌核心“家•天下”的完美体现，更是从根本上注释了天狮那颗拳拳博爱之心无穷动力的强大来源。

在“家•天下”品牌核心指引之下，全球天狮人秉承“非凡创新”、“至上责任”、“卓越团队”的品牌核心价值观，践行“全家分享，全球共享”的品牌口号，以“为全世界消费者提供优质的产品、教育和事业机会，提升生活品质，促进社会和谐”为使命，牢记“健康人类，服务社会”的经营理念，持续付出，默默耕耘。健康、美丽、财富、成功、快乐、幸福，天狮，承载着“引领大健康产业行业发展”的理想与决心，承载着天狮人“履行企业社会责任”的梦想与使命，翱翔寰宇，一往无前！

三、责任力体系

企业社会责任（Corporate social responsibility，简称CSR）是指企业在创造利润、承担了法律和经济上义务的同时，还承担了“追求对社会有利的长期目标”的义务。企业的社会责任要求企业必须超越把利润作为唯一目标的传统理念，强调要在经营过程中对人的价值的关注，强调对社会的贡献。天狮正是遵循这样的思想，将企业社会责任视为天狮的魂魄。

一个人有一个人存在的理由，一个企业同样有一个企业存在的理由，天狮的存在理由就是要承担某些责任，而在承担责任的过程中，天狮注重内外兼修，用爱心、用诚信、用尊重、用分享，履行企业公民责任：对内，严格自律，创新发展，从生产、质检、研发等方面持续投入为人们提供安全可依赖的高品质绿色健康产品，实现自身健康可持续发展；对外，通过创新发展理念和强大企业实力，引领和推动大健康产业发展，并秉承“感受爱、创造爱、传播爱”的慈善理念，通过全球范围内对“环保”、“教育”、“慈善”等公益事业的投入，履行促进社会和谐健康的责任，更通过打造国际化的大健康产业事业平台，为全球消费者提供优质绿色的健康产品和健康管理与服务，传播绿色健康生活理念，倡导健康生活方式，提升人类生命质量，分享优质品质生活。

正是基于天狮对生命科学的尊重，对人类

健康事业的无限追求，对爱心事业的传递与弘扬，对履行社会责任的持之以恒，天狮把企业的社会责任分为四个层次：“对人类生命健康的责任”、“对企业健康可持续发展的责任”、“对行业健康发展的责任”、“对促进社会和谐健康的责任”。

1. 对人类生命健康的责任：传承中华五千年养生文化，以传统 “清、调、补、防”的养生理论和“治未病、缓渐老、关爱环境”的健康理念，融汇全球生命科学与现代高新生物科技成果，用健康的产品和健康的管理与服务，为人类的生存注入勃勃生机，真正实现“大健康”理念所诠释的生命意义，所传递的生命精髓，使人们实现健康、美丽、幸福、快乐的一生。

2. 对企业健康可持续发展的责任：落实和谐发展观、科学发展观，将企业顺利发展壮大，成为来自中国优秀的全球化企业集团。最终的目的就是为全球的事业参与者提供一个卓越的健康事业平台，并能够获得长期稳定的收益，进而实现企业可持续健康发展，实现天狮“引领大健康产业发展”的企业理想。

3. 对行业健康发展的责任：一方面，天狮坚决拥护法律法规与行业规范，为维护行业健康的发展环境而努力；另一方面，天狮以创新的发展理念和强大的企业实力，成为行业标杆，树立行业标准，引领和推动大健康产业新发展。

4. 对促进社会和谐健康的责任：天狮的“大健康”理念倡导爱和人文关怀，通过参与“环保”、“教育”、“慈善”等公益事业，将“感受爱、创造爱、传播爱”的慈善理念在全球范围内进行传播，力所能及地解决一些社会发展过程中凸显出来的临时状况，促进和推动构建和谐健康社会关系，努力为实现社会长效和谐健康发展贡献自己的力量。

这种对社会责任的理解，就是天狮“大健康”产业的精神溯源，引领天狮一路前行。

四、天狮对企业社会责任的理解：

1. 企业履行社会责任，是一种文化的积淀，是一项长期的、可持续的系统工程。社会责任的履行，要将中华传统文化与企业精神相结合，将企业文化与品牌核心价值观相融合，将“爱心文化”和“至上责任”融入天狮人的血脉、融入天狮人的心灵，成为天狮文化力和品牌力的“DNA”。

2. 企业社会责任需要主动地参与，而非被动的强制。责任在公众的认知中，是一种准则，是一种义务，是一把标尺，而天狮人更愿意将责任视为一种给予，一种付出，一项不容置疑、不求回报的权利，倡导人文关怀。

3. 企业社会责任，在公益慈善方面，不应以营利为目的，应当坚持其非功利性，坚持为社会谋福祉、求发展、为促进社会和谐做出天狮人应有的贡献。

4. 企业社会责任应倡导与实践并重，身体力行与理念传播并行，爱心需要更多社会力量的支持与参与，天狮在履行企业社会责任的过程中，不仅“感受爱”、“创造爱”，更“传播爱”，倡导更多爱心力量的参与。

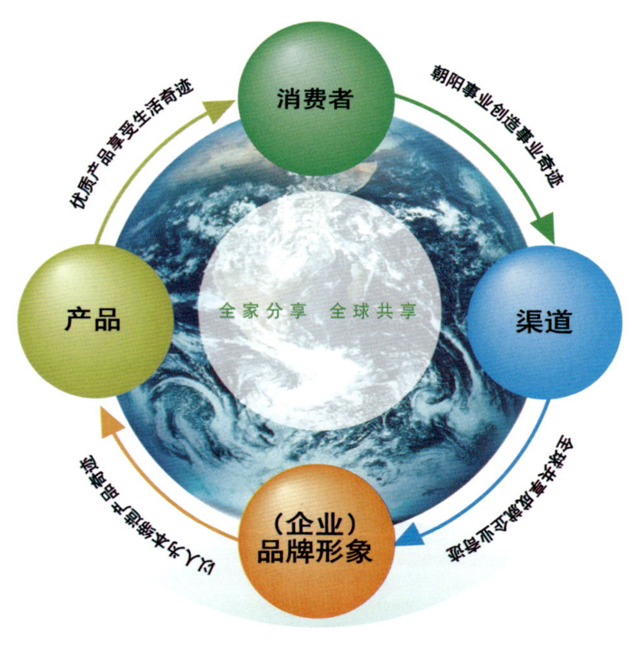

【社会责任践行1】对人类生命健康的责任

传承中华五千年养生文化，以传统“清、调、补、防”的养生理论和“治未病、缓衰老、关爱环境”的健康理念，融汇全球生命科学与现代高新生物科技成果，用健康的产品和健康的管理与服务，为人类的生存注入勃勃生机，真正实现“大健康”理念所诠释的生命意义，所传递的生命精髓，使人们实现健康、美丽、幸福、快乐的一生。

传承中华养生文化

中华传统养生文化有着数千年的历史，在发展过程中融合了自然科学、人文科学和社会科学诸多的因素，集中华民族数千年养生文化于一身，以独特的理论体系为基础，以丰富的临床经验为特点，在世界传统养生文化中举世无双，为中华民族的繁衍昌盛和保健事业做出了巨大的贡献，从天地人，宇宙，自然，四时，人的身与心，形与神，情志与德行等等全方位统一的视角积累了丰富的中国的养生之道文化，《黄帝内经》、《伤寒杂病论》、《论衡》、《千金要方》等医学论著，都反映了中国古代中医及其中医治病防病走过的艰难历程和取得的辉煌成就。

天狮集团基于对中华五千年养生文化的传承和发展，遵从中国传统养生之道“清、调、补、防”的养生理论及“治未病、缓衰老、关爱环境”的健康理念，为全球消费者提供品质精良、信誉度高、融自然之精华和高科技之成果于一身，符合世界流行趋势的名牌产品，为不同年龄、不同生活背景的人们提供多元化的产品选择和服务。

在传承中华养生文化的过程中，天狮集团整合内外部资源，联合权威行业协会，组建专家顾

问团队，挖掘中华养生文化宝贵财富，并搭建了高层次的学术交流平台。由天狮集团发起，中国保健协会、中华健康管理学会、社会医学国际信息组织等国内外权威行业协会鼎力支持，多国卫生部官员和众多业界专家、顾问、学者积极参与的“天狮大健康产业高峰论坛”，成为业界交流中华养生文化，探讨大健康产业发展的盛会。

健康产品惠泽万家

在许多国家，天狮产品不仅是高品质、绿色健康产品的代名词，其严格的企业标准，甚至高于许多国家的国家标准。天狮认为，诚信经营，为消费者提供安全高质量的健康产品是企业必须承担的基本社会责任，也是对人类生命健康的尊重。这是用诚信和尊重融合的天狮品质文化，更是天狮为全球消费者提供优质健康产品，圆梦大健康产业发展的永恒追求。

天狮集团秉承“寓健康人类之意，走科技创新之路，取持续改进之法，赢顾客满意之心”的质量方针，采用国际标准的管理体系，综合各国的法律法规，全力打造出天狮集团全球质量管理和食品安全防护体系，产品安全管理达到国际先进水平。作为中国第一家通过HACCP食品安全管理体系认证的大型保健食品生产企业，天狮集团随后还通过了ISO9001质量管理体系认证、ISO22000食品安全管理体系认证、国家药品和保健品GMP认证、ISO17025国际实验室管理体系认证等。此外，天狮尊重不同宗教信仰消费者的宗教文化，还取得了伊斯兰教的哈拉（HALAL）认证和犹太教的犹太（KOSHER）认证，部分产品还通过了美国FDA标准、欧盟产品标准、日本厚生省标准等相关标准并达到绿色环保要求，在全球几十个国家获得了国家市场准入资格。天狮产品实现了从供应链源头采购到最终顾客使用各个环节全方位系统化的网状管理体系，并打入当地主流市场，满足了不同民族不同信仰的各国消费者的需求，为其提供高品质、可信赖的健康产品。

目前，在全球，有超过3000万家庭的稳定消费群体，在享受着天狮多元化健康绿色产品与服务，实现健康、美丽、幸福、快乐的高品质生活。

科技创新 服务大众

天狮集团全球研发中心集中了大量拥有博士、硕士学历以及丰富工作经验的专业技术人员，并拥有国际一流的科研开发设备。研发中心承担了国家“十一五”科技支撑计划项目和天津市重点技术创新项目等多项国家及省市级重点科研项目；2005年开始建立的“天狮博士后工作站”，为天狮研发的核心技术创新提供强大助力；经久不衰的天狮钙系列营养保健食品、抗衰老活肤系列、果蔬佳洁宝等一个个市场表现优异的产品，更是见证了天狮集团强大的科技创新实力。

近年来，天狮集团不断加大研发投入，完善研究开发的布局，为实验及中试生产提供更为精良的基础条件。集团陆续投入8000余万元资金，购置了国际先进的仪器及设备，将研发中心建成为拥有三大层级、十七个专业化实验室的大型产品与技术开发平台。2008年，国家发展改革委、科技部、财政部、海关总署以及国家税务总局等五部委经过严格的考核与审查，批准天狮集团全球研发中心成为中国保健品行业首家“国家认定企业技术中心”。

与辉瑞、台塑等全球众多国家的一流企业结成了战略联盟，不仅实现国际大品牌为天狮贴牌生产，更实现了科技领先的优质产品进入天狮营销网络的快车道，为消费者享受优质的健康产品提供了保障。

凭借严格的质量管理体系与强大的科技研发实力，天狮集团打造的“大健康科技创新体系”，为全球消费者享受科技、绿色、优质的健康产品，分享绿色健康生活，提供了高端科研保障。

卓越管理 精益生产

天狮集团以博大精深的中华五千年养生文化为基石，以尖端生物技术为依托，汲取自然精华与高科技成果，引进世界顶级的全自动生产装备，在GMP洁净厂房中，采用先进的工艺技术，为全球消费者提供安全优质的产品，包括营养保健食品、保健用品、美容护肤品、家居用品四大

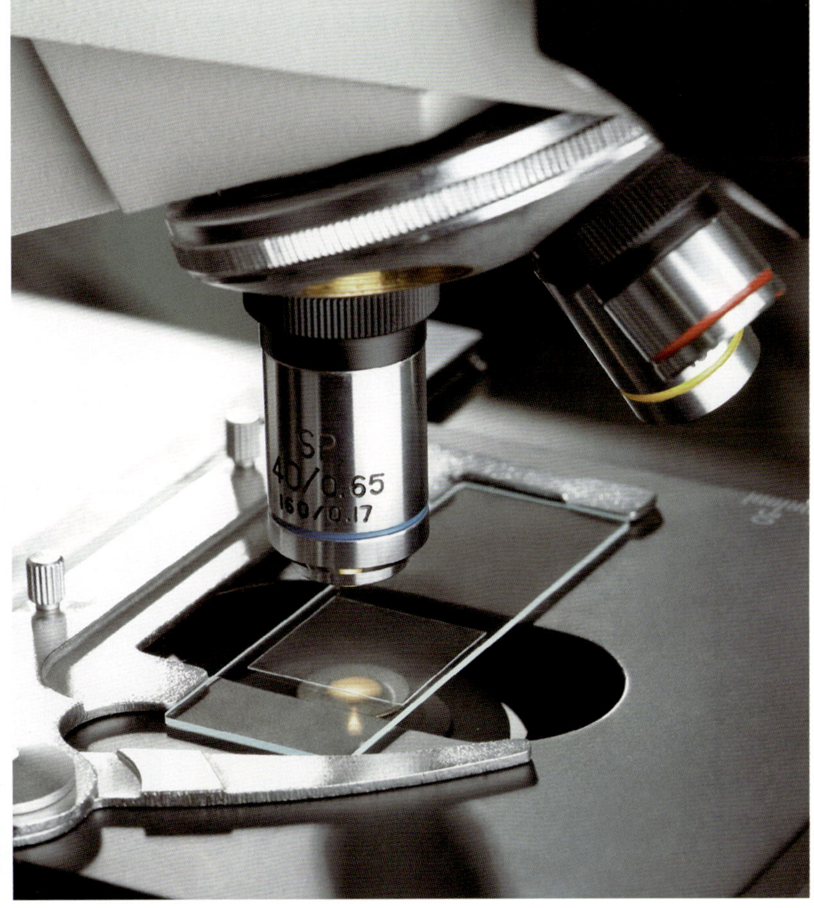

品类。

天狮集团与欧美知名生产设备供应商（如德国AZO、德国GEA、德国BOSCH、意大利IMA、瑞典 NORDEN等）建立了战略合作，引进物料分配系统、高速胶囊填充机、奶粉罐装生产线、自动装箱机等世界顶级的全自动生产设备，采用先进的工艺技术，为生产国际标准的高质量产品提供了保障，为天狮品牌国际市场的良好口碑传播，提供了有力支持。

天狮国际健康产业园生产基地是聚焦全球的示范工厂，采用国际先进的设计理念，在厂房设计、工艺技术、设备设施配置等方面，实现了高端化、高质化、高水平、高标准的目标，达到了欧盟、美国和日本等国际及国家级别的认证标准，并兼具生态、环保和节能的效果。

天狮集团一直致力于打造面向全球的供应链系统，以中国总部的生产基地为核心，以越南、埃塞俄比亚等生产基地为支点，在马来西亚、西班牙、印度、乌克兰、美国、加拿大、墨西哥、巴西、埃及、阿根廷等国家建成了OEM和ODM工厂，形成了辐射全球的生产基地布局和物流基地网络。通过面向全球的信息管理系统和物流分拨系统，将全球各大区域的生产资源统一调配，实现了订单分配、物料采购、生产制造、物流配送等一体化和电子化管理，全力打造“大健康生产物流体系”，真正做到“一键输入，全球回应”，让所有天狮的消费者方便、快捷地享受到安全、天然、健康的绿色产品。

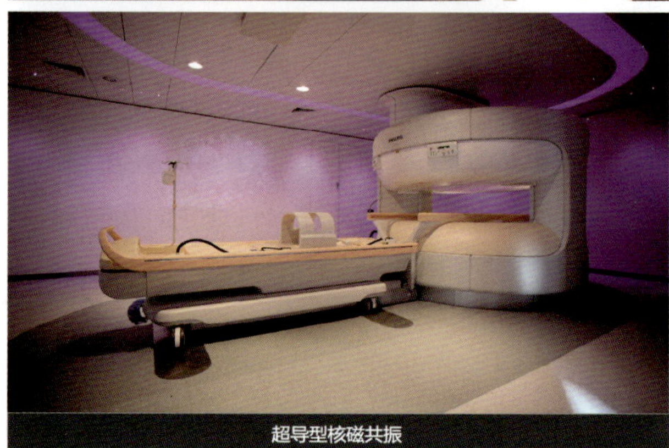

超导型核磁共振

贝克曼全自动生化流水线

济世泰康 生命之光

本着对生命科学的尊重，对人类健康事业的无限追求，天狮立足“大健康产业”，以“治未病”为目标，以最新健康管理理念为依托，投资兴建了集健康检查、分析评估、健康教育、健康咨询、预防干预、养生保健、综合美容、慢性病治疗与管理、远程会诊、全科医疗、协助就医和休闲度假及教学、科研为一体的“泰济生国际医

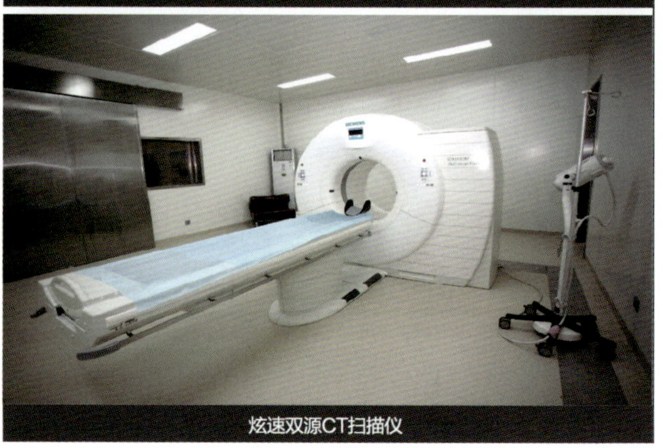

炫速双源CT扫描仪

院·国际健康管理中心”，打造了中西医与高新技术结合的全面健康管理服务体系。

泰济生的“泰”、“济”两字出自中国古老《周易》之中的两卦，“泰”为坤乾卦，即（䷊），表示“阴升阳降，阴阳环抱”，有“吉运亨通”之意；“济”为“既济”卦，即（䷾），坎离既济，表示“水升火降，水火既济”，大事成也，另有济世宏愿之意。唐代医圣孙思邈认为：心为离火，肾为坎水，心火下降，济于肾阳；肾水上升，济于心血。心肾相交，水火既济，人乃健康。而“生”字则有“生命”、“生长”、“生生不息”之意。故泰济生体现了“阴阳平衡，水火既济，人乃健康”之意。

在泰济生国际医院，国际健康管理中心，与设备生产商形成战略合作联盟，世界顶尖设备荟萃于此，拥有当今世界领先、高端的一流设备，正电子发射计算机断层扫描、高场开放式超导型磁共振系统、全自动生化流水线、炫速双源CT扫描系统等，设备配套齐全，超低辐射、绿色安全，准确可靠，计划三年一更新，保持设备世界领先水平，可以检测人体器官早期的各种微小变化，预测和评估人体未来3-5年可能发生的病变，帮助人们尽早发现疾病，为治疗留下巨大空间，做到早诊断、早治疗，不留人生遗憾。

泰济生国际医院，国际健康管理中心专家云集：来自美国、德国、英国、日本、韩国、中国台湾等世界各地的健康管理、医疗、康复、美容等方面的知名专家教授组成会诊团队。远程会诊系统、传统中医养生文化瑰宝、现代最新基因检测技术等使得中西医学与现代高新技术有机结合，形成科学而全面的健康管理与服务体系。泰济生还拥有18位中国工程院院士和9位中医国医大师组成的高素质医疗健康专家团队，提供最安全可靠的全方位服务，将解决“高难”、“高险”、“未病”的诊断，将提供给客户超前的、人性化的保健呵护。

泰济生国际医院，国际健康管理中心配备一流的配套设施，包括可容纳7000多人的国际会议中心、招待3000多人的国际宴会厅、拥有4600多张床位的四星、五星、七星级的温泉酒店，可同时款待9位总统和90多位部长级贵宾的富丽堂皇的华唐酒店，富含多种珍稀矿物质及微量元素的偏硅酸盐矿泉的水疗中心、温室植物园等，更是以人性化的管理与温馨服务，使人们能享受一站式、个性化、高品质的健康管理服务，从而提高生活质量与生命质量。

【社会责任践行2】对企业健康可持续发展的责任

落实和谐发展观、科学发展观，将企业顺利发展壮大，成为来自中国优秀的全球化企业集团。最终的目的就是为全球的事业参与者提供一个卓越的健康事业平台，并能够获得长期稳定的收益，进而实现企业可持续健康发展，实现天狮“引领大健康产业发展”的企业理想。

建立和谐的员工关系

天狮以“知本、制本、情本、人本”作为组织管理原则，坚持“以人为本，用人唯贤，德才兼备”为用人理念，提出了“人才结构国际化、人才素质国际化、人才活动国际化”的三大战略，全力打造一支国际化、专业化、梯队化、召之即来、来之能战、战无不胜的高素质生力军。优秀而忠诚的员工是天狮发展“大健康”产业最为核心的资源，我们始终把员工的利益摆在重要的位置，构建和谐的员工关系，是天狮不懈努力的目标。

在“家•天下”品牌核心指引下，天狮为员工提供良好的事业平台、科学的考评制度与完善的晋升机制，并建立顺畅的沟通渠道，使员工职业规划清晰，绩效考核明确，晋升信息公开，建立和谐的员工关系。天狮严格遵守所在国（地区）的相关法律法规，为员工提供符合法规甚至超越法规所规定的各项福利待遇。天狮为员工提供安全的生产、工作和生活环境，为他们提供系统的培训和培养，为他们提供具有竞争力的薪酬与福利待遇，解决员工的后顾之忧，使之能够全身心地投入工作。

天狮关注员工的身体健康，成立专门的EHS管理部门，获得了ISO14001环境管理体系与OHSAS18001职业健康安全管理体系认证证书，为员工创造良好的工作环境与氛围。一年一度的员工健康体检制度，确保员工发现疾病及时治疗，以健康的体魄快乐工作。对于身患重疾家庭困难的员工，天狮给予力所能及的帮助，为员工个人及家庭分担负担和压力。

天狮在征求员工合理化建议、完善各类企业规章制度的同时，专门设立了企业精神文明建设委员会、奖惩委员会，由集团领导亲自挂帅，推行天狮“十一荣、十一耻”的企业文化行为标准，并对先进人物、先进事迹进行各类表彰，以弘扬正气，鼓励先进，建立和谐的员工关系。

天狮集团荣获 “全国模范劳动关系和谐企业”、“最佳雇主品牌”、 “中国人力资源管理杰出企业”等荣誉，并蝉联“中国最佳雇主企业”奖项。

搭建系统的培训体系

随着天狮“大健康”产业的蓬勃发展，天狮员工培训领域建设的工作也在如火如荼地进行。员工培训历来是企业发展的指明灯和助推器，是企业强劲发展动力的源泉。天狮一直以来重视员工的培训与素质的提升，并将其视为天狮对员工不可推卸的责任，视为企业健康永续发展的关键。天狮的思想坐标就是希望每位加入天狮的人才都能更清晰公司的发展前景与规划，找到自己在公司发展中的位置，坚定自己未来的方向，与天狮共同发展。

2007年3月，天狮集团在香港投资500万港币注册成立了“天狮国际商学院”，这是天狮集团又一个新的战略性里程碑。同年3月16日，香港特别行政区政府正式向天狮集团颁发了“天狮国际商学院”的营业牌照，开始了专业化、系统化、国际化地孵化行业及天狮高级人才。本着在人才培养和发展方面做深、做专、做透的目标，天狮员工培训工作采用现代的教学理念和高质量系统工具，实施分层培训并辅以丰富多彩的教学形式。依据直销行业的特点，学院创新性地构建了天狮特色的“三明治”培训体系，即在明确天狮国际商学院员工培训和发展职能的基础上，以营训项目、专项业务培训和基础职业技能培训为三个主要特点，以集团高级管理人员为主要培训对象，涵盖员工培训所有的工作内容。尤其在近一年半的时间里，在天狮集团全球人才发展战略的指导下，“天狮国际商学院”在培训体系方面产生了质的飞跃。

针对集团高管至基层员工的不同需求，开设了“总裁研修班”、“雄狮训练营”、“飞狮训练营”、“醒狮训练营”、“育狮训练营”等梯队培养项目；根据工作性质与岗位需求，开设了“新员工入职培训”、“外派人员培养”、“经理人技能提升”、“职业化训练”、“海外及业务支持”等培训项目课程。通过外部专家传授和内部高层管理者分享等渠道面向全体员工进行课堂面授、远程教育、海外巡讲、体验式训练和E-Learning全球在线培训。截止目前，天狮国际商学院共举办各类培训超过350场次，培训员工8420多人，年均授课量超过30000学时。

2008年8月8日，由全球人事行政中心主导构建的E-Learning培训平台上线试运行，并被命名为“天狮国际商学院网络学院”，简称“EL平台”，分别在天津、伦敦、新加坡三地服务器部署了集团版、区域版两套中英双语系统。截至目前，EL平台可覆盖全球六大区域，为各属地员工提供在线学习与考试、离线学习与考试、个人学

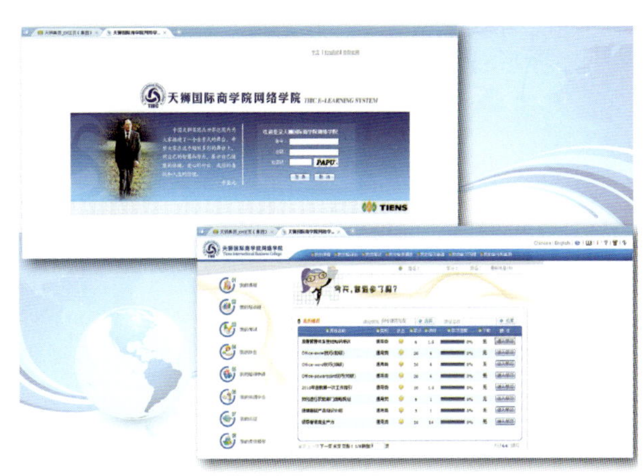

天狮集团为广大员工举办了丰富多彩的文体活动

习履历查询、认证查询、资源下载等服务，并实现了培训管理的全面E化。为集团总部数千名员工和海外6大区域110个国家提供了专、精、尖、鲜的教育培训服务。

鉴于在员工培训方面取得的成绩，天狮集团成为“中国企业教育重点课题研究基地”；荣膺“2009年度中国企业培训示范基地”、“2010中国企业培训创新成果金奖”；蝉联“中国企业教育先进单位百强”等奖项；天狮集团董事长李金元先生荣膺“2009年度中国最关注员工发展企业家”、蝉联“中国十大教导型企业家”荣誉。

组织多彩的文体生活

天狮定期组织各类活动，丰富员工业余生活，倡导身心健康与职业工作相平衡，处理好“健康、家庭、事业”的和谐关系。近年来，连续举办“大力杯”排球赛、TBA篮球赛、“灌篮高手”赛、诗歌赛、卡拉OK赛、趣味运动会等文体活动，并成立了足球、篮球、羽毛球等多支体育锻炼俱乐部和团队，得到广大员工的热烈欢迎和积极参与。

为弘扬中国传统文化，每年的元宵节、清明节、端午节、中秋节、重阳节等传统节日，天狮都面向广大员工及员工家属，举办诸如猜灯谜、舞狮、祭扫、书画比赛、征文比赛等形式多样、喜闻乐见的庆祝活动。每年的天狮生日周年庆典和农历新春之际，组织精彩的大型文艺演出，更是献给广大员工的文艺盛宴。

天狮还将企业社会责任、爱心文化与员工文化生活相结合，每年植树节都组织员工进行绿化植树活动，为环境保护尽一份心意；每年三八国际妇女节，我们会评选出十大“天狮魅力女性”，向女性员工及优秀代表致敬；每年的重阳节，组织员工慰问孤寡老人，献上天狮人的一片爱心。特别是在每年的5月18日“天狮爱心日”，天狮会举办爱心慈善晚会及捐助活动，并评选年度“感动天狮十大人物”以表彰为天狮爱心事业做出贡献的员工和伙伴，号

2010年度"感动天狮十大人物"获奖人员颁奖现场

召更多的员工以他们为榜样，积极参与到天狮的爱心事业当中，"感受爱、创造爱、传播爱"，将天狮的公益责任从企业行为和企业家行为，逐步转变为天狮员工主动自发的行为，为社会公益贡献力量。

张弛有度。天狮还不定期地组织员工旅游休闲与拓展训练等活动，使员工得到充分的放松与休息，同时搭建良好的团队氛围，增强员工的向心力和凝聚力。

打造卓越的事业平台

天狮集团为不同背景、不同行业，有志于独立创业的人们提供了一个有弹性工作时间，弹性工作地点，健康、持续、稳定、诚信的环球健康事业发展平台，实现价值的传递。自1997年进军国际市场，为许多国家的经济建设带去了新的契机，促进了当地的就业，为稳定当地社会秩序做出贡献。通过促进就业，带动经济，使许多人拥有了健康的生活状态，实现了财务自由，提升了生活品质。

天狮集团为全球事业伙伴提供科学系统的培训课程，内容充实丰富，兼具实用性与趣味性。培训内容层层递进，由浅及深，不但涵盖最基础的产品使用培训，大健康理念及养生常识、企业概况，还涉及经济学、管理学、营销学、公共关系学等多种具有创业指导意义的学科，使事业伙伴在获取知识的同时，获得全方位的素质提升与个人成长，培养了积极乐观、百折不挠、自信的人生态度，收获精神财富。

全球化的营销平台，实现了天狮事业伙伴未敢想的生活梦想。每年，天狮举办大型国际年会，邀请全球事业伙伴的优秀代表见证企业盛大

庆典，共谋天狮发展战略，同时还举办高端的教育培训峰会论坛，组织高端旅游考察活动，对优秀事业伙伴进行物质和精神的表彰，以感谢事业伙伴对天狮发展和所在地区经济发展做出的巨大贡献。北京、莫斯科、柏林、曼谷、雅加达等都留下了天狮事业伙伴坚定的步伐和快乐的身影。

天狮还为事业伙伴成立了咨询委员会和顾问委员会，参与到天狮企业发展战略的讨论与经营中来，真正实现事业伙伴与企业同舟共济，共同发展。

聚焦客户的客服系统

“聚焦客户——建立卓越的客户关系文化”是天狮在激烈的国际市场取得竞争优势的核心驱动力之一。天狮重视客户，并努力打造完善的客户服务体系，为消费者提供顺畅的沟通渠道、便捷的服务流程以及明确的客服指导，以此为消费者提供便利，提升价值。

为了高效服务于消费者，在力所能及的范围内，天狮在区域总部建立专门的客户服务中心，搭建专业客户服务团队，组建现代化的客户服务呼叫中心，运用现代科技手段解决消费者遇到的各种难题；在偏远市场，众多统一标识、统一形象的服务网点面向消费者介绍、讲解产品、发布产品信息，提供售前、售中和售后服务，对其进行产品使用培训，同时还可提供退换货服务。

客服工作体现的是软实力，是发展的硬道理，而优质客服工作更是挖掘企业核心竞争力的有效手段，是体现企业专业化素质、市场化理念的最好表现。天狮时刻本着“诚实守信、想其所想、急其所急、真诚热情”的原则服务客户，用感恩的心做好客服工作。

天狮的大客服模式已经把“以人为本”的和谐理念贯穿到整个大健康事业中，我们在产品和服务方面的持续努力赢得了消费者的广泛认可：天狮品牌蝉联中国保健协会评定的“中国保健品10大最具公信力品牌”荣誉；天狮品牌获得“亚洲保健品行业十大最受消费者喜爱品牌”奖项；天狮集团被中国质量检验协会评定为“全国产品质量、售后服务信誉双保障企业”；“天狮牌”系列保健品被中国保护消费者基金会授予“质量、服务双优品牌”称号。

诚信经营 依法纳税

在天狮全球化“大健康”产业的进程中，面对各个国家不同的生活习惯，不同的思维方式，不同的法律法规，不同的文化信仰，天狮始终坚持诚信经营，尊重各国的法律与文化，依法管理企业、依法发展企业、依法保护企业，树立良好的企业公民形象。

天狮集团认为依法诚信纳税是每个公民和企业应尽的义务，是利国、利民、利己的大事、好事，也是企业光荣的责任和义务。因此，天狮集团在各国发展业务的过程中，都积极认真学习税法，提高纳税意识，增强纳税自觉性，严格执

行税法，坚持做到依法经营，正规纳税，受到政府的认可与嘉奖，荣获“中国民营企业诚信100强企业”称号；荣获“中国35行业纳税百强”称号，同时此项荣誉被收录到《中国纳税百强权威集成》书册中。

依法纳税，合法经营，是天狮回馈社会的最基本的途径，是企业信誉的重要标尺，同时也是企业持续健康发展的重要保障。

物流保障 通达全球

在集团统一战略部署下，天狮物流人员以“标准化、专业化、信息化”为工作方针，以“安全、快捷、及时、灵活”为服务目标，设计全面有效的综合物流解决方案，构建一体化物流网络信息平台，确保产品在全球各区域配送畅行无阻，更好地服务和支撑天狮全球营销网络的健康快速发展。

天狮物流已完成全球市场的整体网络搭建。在集团总部依托规模宏大的天狮国际健康产业园自动化立体仓库，其中集成了自动仓储系统、垂直升降货柜、电子标签、数字化拣选系统等一系列国际领先仓储与分拣技术，为产品安全、快捷地输送到全球市场提供了强有力的保障。在中国国内华北、华东、西北、西南各片区的重点交通枢纽城市分别建立了区域物流分拨中心，全面覆盖近90家分公司的门到门派送业务。在海外市场，规划和建设了东南亚、中亚、欧洲、非洲、美洲地区的区域物流分拨中心，凭借得天独厚的区位优势，实现了商流、物流、资金流、信息流的有效整合，全力保障集团全球化战略的顺利实施。

天狮物流业务发展策略之一是物流资源采购战略外联。即通过与全球知名第三方物流公司的战略合作，借助其成熟的网络资源、信息技术和行业经验，助力天狮全球化发展。在国内，已经与中邮物流建立了战略合作伙伴关系，实现产品门到门配送，并延伸到电子商务领域。在海外，与中外运、DHL、马士基等国内外物流巨头进行了国际物流业务的全面合作，实现天狮产品在跨国贸易中无缝自由流通。

目前，基于天狮国际健康产业园，以现代化的生产车间、自动化仓库为依托的“大健康生产物流体系”已具规模，未来，天狮将借助先进的物流管理设备和丰富的物流管理经验，全力打造集仓储、加工、咨询、规划等专业物流服务为一体的天狮物流品牌。

珍视品牌 打造品牌

天狮集团创业之初，就明确了建设自主品牌的战略目标，立志要打造享誉世界的民族品牌，扬我国威。怀着这种远大的理想，天狮投入大量资金进行品牌战略的梳理和品牌形象的打造，天狮人珍视品牌资产，努力打造世界品牌。

2006年底，天狮集团梳理和建立了“家•天下”的天狮品牌核心，以“非凡创新”、“至上责任”和“卓越团队”为核心价值观，以“全家分享，全球共享”为品牌口号的长期品牌战略，并制作全球化的品牌主视觉，对企业CI/VI进行了统一与规范。天狮集团PORTAL网站也在新品

牌战略和品牌识别系统完成后，开始了升级优化，2007年天狮集团与世界知名软件供应商美国Interwoven公司合作，以其TeamSite内容管理产品为技术核心，开发具有天狮特色的CMS系统，使得天狮集团各分支机构网站管理的本地化成为可能。2007年5月，天狮集团启动全球品牌战略暨新标识发布宣导大会，天狮以一个崭新的国际化品牌形象，诠释更加深刻的品牌内涵。

天狮集团珍视自己的品牌资产，制定了全球品牌商标注册策略，在100多个国家进行了注册申请。天狮梳理了产品体系，形成营养保健食品、保健用品、美容护肤品、家居用品四大产品品类，将主要产品品牌商标“TIENS”商标、TS（时光倩影）、DICHO（悠家）等，按照全球品牌商标注册战略进行注册。同时，天狮还积极在全球进行商标监测，严厉打击有侵犯天狮商标知识产权的行为，维护天狮的正当合法权益。

天狮集团的品牌建设工作，为企业健康可持续发展提供了坚实的保障，并获得多家权威评估机构的认可，近年来，天狮荣获“2007世界市场中国（保健品）年度品牌”称号，荣登《亚洲品牌盛典》“亚洲品牌500强”榜单，获得中国品牌大会“亚洲保健品行业十大领袖品牌企业”荣誉，夺得世界总裁年会“2009中国品牌年度大奖”，2010年荣获“中国品牌全球化贡献企业”、“保健品行业国际影响力品牌”等奖项，并在世界品牌实验室(WBL)发布的2010年度《中国500最具价值品牌》排行榜中，以品牌价值110.58亿元人民币，名列年度保健品行业第1位、天津市第1位。

多元发展 产业集群

随着国际化步伐的加快，天狮在发展“大健康”产业的过程中，积极落实科学发展观，不断加大生产设备、科技研发、人才培养、信息技术、物流网络等各个方面的投入，业务朝着多元化健康发展，目前已横跨生物技术、健康管理、酒店旅游、教育培训、电子商务、金融投资、房地产等诸多领域，为天狮企业健康、可持续的发展提供有力保障。

秉承“大健康产业”发展战略，天狮集团建设的天狮国际健康产业园及国际大学占地4.2平方公里，总投资将达到170多亿元人民币，其中有以国际标准的研发中心、质检中心为依托的“大健康科技创新体系”；以现代化的生产车间、自动化仓库为依托的“大健康生产物流体系”；以泰济生国际医院. 国际健康管理中心、酒店、会议中心为依托的“大健康服务体系”；以天狮国际大学为依托的“大健康教育体系”等等，以上相关项目已经陆续投入使用或在未来几年里得到不断丰富和深化，将逐步形成一条集聚人流、物流、资金流、信息流为一体的健康产业链，进而将天狮国际健康产业园发展成为“真正的大健康产业集群基地”，为天狮集团打造更加坚实的事业平台和更加广阔的发展空间。

已投入使用的天狮国际健康产业园，位于中国天津新技术产业园区武清开发区，占地1平方公里，总投资达到70亿元人民币，是集产品研发、中试孵化、生产制造、医学健康研究、酒店、会展经济、休闲度假等于一体的综合性产业园。2010年，喜获“中国十大最佳健康产业旅游示范园区”殊荣。

天狮国际健康产业园内的泰济生国际医院. 国际健康管理中心是由天狮集团投资兴建的国内

外最大的独立健康管理机构，向全球高端客户提供全面的、高端的、人性化的健康管理服务。泰济生国际医院·国际健康管理中心已荣耀开业，并成为“健康管理示范基地”、“中国骨质疏松天津诊疗基地”、“慢病风险评估与控制标准化基地”、“健康管理实验基地”、“贝克曼库尔特示范实验室”。

天狮正在规划建设一所占地面积达3.2平方公里，建筑面积达210多万平方米，学生达到3万多人的国际大学，预计设立中西医学院、环境工程学院、生物工程学院、工商管理学院等20个学院及其相关的120个专业。该国际大学将培养数以万计的国际化、专业化、复合型人才，实现研发、生产、质检、物流、营销层层叠加，使之成为助推天狮全球化健康事业发展的孵化器。

天狮集团依托业务遍布全球的资源平台和全球2000多万家庭的客源网络，于2009年投资18亿元人民币进军酒店投资、酒店连锁管理，物业管理和旅游行业，并成功打造了奥蓝际德（All-Legend）品牌。目前，奥蓝际德品牌旗下拥有奥蓝际德酒店管理公司及管理酒店项目、奥蓝际德国际会展中心、奥蓝际德五大直营酒店、奥蓝际德物业服务公司和奥蓝际德国际旅行社四大业务板块。

奥蓝际德酒店管理公司荣获2010年中国酒店金龙奖“民族酒店集团最具成长力奖”、2010-2011年度中国饭店金马奖：“中国最具发展潜力酒店集团”。2011年随着超大规模的奥蓝际德国际会展中心在天狮国际健康产业园的落成和运营，奥蓝际德品牌将引起业界的瞩目。

天狮国际健康产业园“大健康产业集群基地”的搭建，不仅为天狮集团更好地履行公民责任，提供了长远的、坚实的战略发展平台，而且逐渐成为中国大健康产业领域的新航母，必将带动全球健康产业的升级。天狮集团在各方面的努力与投入，为的就是积极落实科学发展观，承担企业社会责任，持续为社会做贡献！

泰济生医院国际健康管理中心实景图

天狮国际大学全景鸟瞰效果图

奥蓝际德国际酒店实景图

奥蓝际德国际酒店大厅实景图

【社会责任践行3】对行业健康发展的责任

一方面，天狮坚决拥护法律法规与行业规范，为维护行业健康的发展环境而努力；另一方面，天狮以创新的发展理念和强大的企业实力，成为行业标杆，树立行业标准，引领和推动大健康产业新发展。

天狮集团与微软战略合作

全球化战略
为民族企业国际化提供经验

1995年-2011年的16年间，天狮集团从一家起步于中国天津商业沃土的民营企业，成长为一家横跨生物技术、健康管理、酒店旅游、教育培训、电子商务、金融投资、房地产等诸多领域，融产业资本、商业资本和金融资本于一身的跨国企业集团，业务辐射全球190多个国家，在110个国家和地区建立了分公司，拥有全球2000多万个家庭的稳定消费群体，并一步步实现全球化“大健康”产业的梦想。

天狮集团与中国电信战略合作

在全球化发展战略下，天狮集团在国际认证、建立全球加盟店、接受跨国公司贴牌加工业务、人才国际化、管理国际化、营销网络国际化、资本国际化、融入当地文化、经营理论创新等方面，积累了丰富的经验，为民族企业国际化提供了宝贵经验：

天狮集团与携程网战略合作

适应才有发展

天狮不是套用中国的经验去世界市场做管理，去海外市场经营，而是要适应每个国家的具体情况，适应每个国家的法律，适应每个国家的文化，适应才有发展，不适应就没有发展。在海外，天狮都是严格遵照各个国家的不同标准，进入主流市场，甚至天狮的标准已经成为一些国家的国家标准。人才专业化、本地化、国际化，也为未来的发展创造了条件。

战略联盟

海外市场的消费者需求差异很大，而世界上有许多企业拥有强大的科技研发能力和技术开发能力，天狮用诚信、用强大的产业链优势去置换世界500强公司的产品、技术与管理经验，与辉瑞、台塑、微软、思科、IBM、DHL、马士基、携程、中国电信等国内外优秀企业，建立紧密的战略合作联盟关系。

创建世界级自主品牌

坚持做自主品牌，是天狮跨国经营最重要、也是最成功的经验。经过多年的打拼，天狮在海外拥有庞大的固定用户群，天狮的经销团队力量也日益强大，天狮的品牌已被海外市场广泛认同。在品牌传播的同时，也传播了中华优秀养生文化及健康生活理念，验证了“只有民族的、东方的，才是世界的”。

促进文化交流合作
搭建国际友谊桥梁

天狮的爱心文化和品质文化传递是全球性的，天狮的“大健康”产业发展更是全球性的，作为一家民族企业，天狮致力于传播中华五千年养生文化，以中国传统养生之道“清、调、补、防”的养生理论为支撑，融汇全球生命科学、营

1	2	3
4	5	6
7	8	9
10		

1.柬埔寨首相洪森与李金元董事长
2.缅甸总统吴登盛与李金元董事长
3.美国商务部部长骆家辉与李金元董事长
4.尼日利亚总统古德勒克·乔纳森与李金元董事长
5.斯里兰卡总理贾亚拉特纳与李金元董事长
6.时任阿根廷总理阿尔韦托·费尔南德斯与李金元董事长
7.苏联总统戈尔巴乔夫与李金元董事长
8.时任马亚西亚首相马哈蒂尔与李金元董事长
9.约翰霍普金斯大学公共卫生学院院长Klag教授与李金元董事长
10.诺贝尔奖得主Agre教授与李金元董事长

养保健及医学等领域的最新发现和研究成果，利用现代高新技术，遵循“治未病、缓渐老、关爱环境”的健康理念，通过产品展示会、社区健康理念培训、中华养生知识讲堂等各种形式，向社会大众推广健康的生活方式，承担健康责任。

在这种健康责任的传承过程中，天狮尊重各国的文化，尊重各国的法律法规，尊重各国消费者的习惯。天狮作为中国企业的窗口，与所在国政府政要、主流媒体和行业协会建立良好的关系，传播文化、交流沟通、加深了解，担当“民间外交”使者，搭建连接友谊的桥梁，使各国人民更加了解天狮、了解中国企业、了解中国文化，树立了中国企业在海外的良好形象。

“产、学、研”相结合 推动行业科技水平

天狮坚持“产、学、研”相结合，与国内外知名教育机构、科研院所、专家组织、行业协会建立紧密的战略合作关系，在提升天狮科技研发水平的同时，也积极推动了行业科技水平的发展，奠定了行业领先地位，引领健康产业大发展。

天狮集团全球研发中心集中了大量拥有博士、硕士学历以及丰富工作经验的专业技术人员，并拥有国际一流的科研开发设备。研发中心承担了国家“十一五”科技支撑计划项目和天津市重点技术创新项目等多项国家及省市级重点科研项目；2008年，国家发展改革委、科技部、财政部、海关总署以及国家税务总局等五部委经过严格的考核与审查，批准天狮集团全球研发中心成为中国保健品行业首家“国家认定企业技术中心”；2010年天狮生物发展有限公司在全市上千家申报重点高新企业中脱颖而出，荣获国家科技部“国家火炬计划重点高新企业”称号。

天狮集团力争在规范保健营养食品行业研发、生产和经营方面起到引领作用。2006年，制定了《保健食品用银杏叶提取物》及《银杏叶提取物保健食品》两个标准，2008年12月正式发布施行。

天狮集团注重核心技术知识产品的获得。目前公司拥有专利57项，其中发明专利9项。对天狮集团独具特色的、主打的“钙”系列保健营养食品，已获得3项发明专利，其中国内专利2项，国外专利1项，并连续多年获得十余项权威产品

天狮集团与思科公司战略合作

天狮集团与IBM公司战略合作

天狮集团与惠普公司战略合作

奖项。2010年天狮集团向国家知识产权局申报了43件专利申请，其中申请了18件发明专利，圆满地完成了年度专利试点企业任务计划。天狮集团超前的标准提升战略和强烈的知识产权意识使其对相关产业具有很强的带动性。

在产品检测方面，天狮集团检测中心成为中国检验检疫科学研究院“合作实验室”中第一家企业实验室，双方在科研、实验室检测、信息共享等方面建立战略合作机制，实现科研单位和企业的合作新模式，共同促进中国食品检测行业的良性发展；2010年，天狮集团与中国检验检疫科学研究院再次合作，成立“中国检验检疫科技天狮奖励基金”，旨在共同推动检验检疫科学的发展、促进检验检疫科技人才的成长，提高中国在国际上的学术地位和影响力。行业领先的检测能力，不仅确保天狮产品质量安全，也同时为周边的科研机构、企事业单位提供优质检测服务。

天狮集团还与天津中医药大学建立合作，开展学术交流和人才培养，优势互补，共促发展。

加强信息化投入
树立保健品名企标杆

天狮全球化的“大健康”产业发展，离不开信息化的有力支撑。由于天狮全球110多家分公司所处地理位置、文化水平、基础建设差异巨大，给天狮全面的信息化建设也带来巨大的挑战。为此，我们首先从基础架构上，根据全球业务发展的规划和全球海外110多家分公司的部署情况，在全球四个地区（中国天津、英国伦敦、新加坡、巴西圣保罗）部署了数据中心，并通过MPLS网络搭建了天狮集团全球企业专网，从而提高了全球天狮分支机构的应用系统访问速度和应用系统的适用范围。

其次从应用系统上，为适应天狮集团高速发展的市场需求，支持企业的高速发展，推进企业管理的制度化、科学化、信息化、系统化，从2003年投资建设了ERP系统，作为天狮信息化早期实施的项目，同时从企业内部人力资源管理、知识管理、客户关系管理着手，提高了企业管理水平和能力，这些系统功能日渐优化成熟，而且也为集团后期信息化的项目实施提供了必要的数据基础和人才储备。随着互联网的发展以及业务模式发展战略需求，天狮电子商务项目也从

2006年全面启动实施，从门户网站、电子商务、Call center、OA等多方面同时建设，并与IBM、Oracle、Interwoven、微软、惠普、思科等国际化软硬件供应商合作，结合内部自主开发，打造了一个天狮特有的电子商务平台。

作为民族企业，天狮集团始终坚持全球化发展战略，一直以来在企业信息化方面给予了高度重视，认为信息化是提高企业活力与竞争力的有力武器，也是实现国际化运作的突破点，在企业信息化方面投资近十亿元人民币，连续多年获得国家“信息化建设百强企业”荣誉，为中国保健品行业的发展起到了带头作用和推动作用。

持续理论创新 引领行业发展

“六网互动”理论

以国际人力资源网、国际教育网、国际物流网、国际旅游网、国际资本运作网、国际互联网为基本支点的“六网互动”理论，既有普遍的适应性，又有广泛的灵活性，适应天狮集团进军全球和裂变式发展的需要，建立健全了信息收集、跟踪、反馈、决策机制。以上六网各有自身的网络体系和渠道，又相互联系，互相促进，资源共享，优势互补，实现企业资源的最优整合。

“新置换”理论

所谓置换，可以理解成资源和要素重新组合在不同经营主体之间实现优势互补。新置换理论的内涵是以人力资源开发和运用为基础，以网络营销为基本支点，利用名牌效应，实施跨要素、跨部门、跨产品、跨市场乃至跨国界的“置换”，并在系统性置换中整合企业的内外部资源和优势，实施经营和管理创新，实现要素和资源的重新组合，提高企业竞争力、扩展力和发展力，实现企业跨地区、跨市场乃至跨国家的大规模经营与跨越式发展。

“消费创富，经营消费更创富”理论

以“三网合一、六网互动”的新置换理论为基础，通过旅游研讨、教育培训、国际贸易、信息交流等多种形式整合全球的顾客资源和营销伙伴资源，形成强大的消费营销核动力，跨地区、跨国界、跨行业地吸引和调动社会资源，提升营销团队和个人的竞争力，让客户和营销伙伴实现“消费创富，经营消费更创富”的梦想，同时促进天狮集团的国际化发展。

新理论新方法，天狮人从实际出发，走出了属于自己的现代营销之路，并为行业发展提供了可借鉴的成功的营销理论。

净化市场环境 推进行业规范化运营

天狮集团坚持行业自律，在生产、管理、经

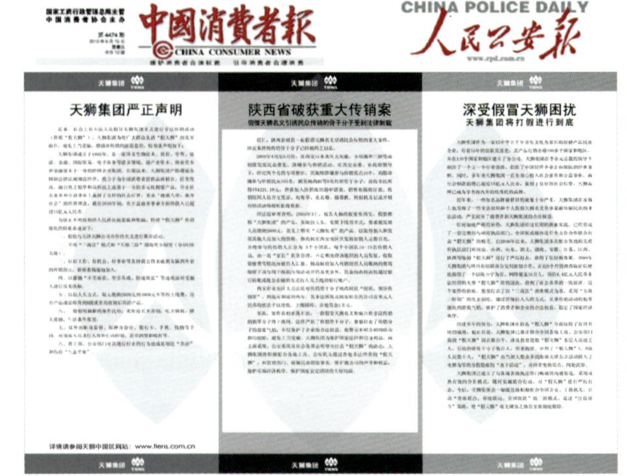
中国消费者报
CHINA CONSUMER NEWS
CHINA POLICE DAILY
人民公安报
天狮集团严正声明
陕西省破获重大传销案
深受假冒天狮困扰
天狮集团将打假进行到底

天津日报

天狮集团严正声明

坚决依法打击传销网络
主动出击扫清传销组织

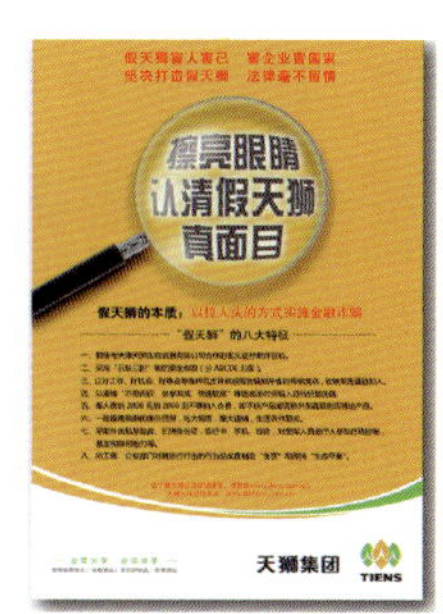

营各个方面所做的努力，把企业之于消费者的诚信做了最好的诠释。经过16年的发展，天狮集团赢得了良好的社会信誉，随着天狮品牌知名度和美誉度的不断提高，一些非法组织和个人假借与天狮集团合作的名义从事非法活动，严重损害了消费者和天狮集团的合法权益，也对社会造成了严重危害。

本着对消费者负责，对行业负责，对社会负责之心，天狮集团近年来积极配合国家执法部门，全面启动全国性的打击“假天狮”行动，对“假天狮”非法活动予以严厉打击。2008年3月19日，根据天狮集团陕西分公司举报，西安市工商局、公安局联手出击打掉一“假天狮”窝点；2008年10月9日，天狮集团联合商洛工商和公安部门开展打假宣传活动；2009年配合西安市委、市政府经过两个月的专项整治，破获以杨尚权为首的聚集藏民传销案；2009年12月10日，天狮集团联合四川省绵阳市公安局，在当地举行了破获“假冒天津天狮特大传销案件侦破”新闻发布会，一个遍布全国十几个省市，发展有十余万人之多，预估非法所得数亿元的“假天狮”非法组织被破获；2010年3月18日，我集团配合怀化市工商、公安部门联手出击，端掉了一非法传销窝点；2010年5月，天狮河南分公司配合驻马店市工商局、公安部门对当地假借天狮名义从事违法活动的行为开展集中打击，共捣毁窝点30多个，教育驱散参与人员240余人；2010年7月，天狮福建分公司配合当地工商机关、公安部门连续摧毁了三个“假天狮”窝点； 2011年1月，天狮陕西分公司配合工商及公安部门端掉了近20人的非法团伙。

天狮集团配合公安、工商等政府职能部门，重拳出击，不仅沉重打击了造假者的嚣张气焰，更是维护了行业健康的发展环境，维护了消费者合法利益，稳定了国家经济秩序。

【社会责任践行4】对促进社会和谐健康的责任

天狮的“大健康”理念倡导爱和人文关怀，通过参与环保、教育、慈善等公益事业，将“感受爱、创造爱、传播爱”的慈善理念在全球范围内进行传播，力所能及地解决一些社会发展过程中凸显出来的临时状况，促进和推动构建和谐健康社会关系，努力为实现社会长效和谐健康发展贡献自己的力量。

促进经济 和谐发展

天狮在110个国家和地区建立了分公司，健康事业的足迹遍及190多个国家和地区。每到一地，天狮都加强与所在国（地区）政府、行业协会、媒体和民间组织的合作，共创商机，同时积极传递科学健康的生活理念和生活方式，在提升就业的同时，拉动当地经济的发展，促进了社会的和谐进步。

天狮集团历来重视与事业伙伴的共同成长。将原材料供应商、ODM、OEM厂商、下游营销网络、消费者等视为事业伙伴，并与之成为一个有机的整体，相互联动、相互支持、相互依存，打造全球化的不断增值的健康产业价值链。天狮全球化健康产业价值链，不仅为原材料和零部件及配套服务的供应商提供了财务支撑，促进了其在管理创新、科技研发、产品质量、客户服务等全方位的提升，也实现了对下游营销网络和顾客价值保值增值的保证。

天狮提出“人才国际化”战略，根据“人才本土化”的要求，天狮在海外聘用当地的基层员工、管理人员，乃至分支机构负责人，部分优秀人士甚至进入了天狮的决策层，为天狮发展献计献策。目前，天狮海外本土化员工达1200多名；同时，天狮为事业伙伴提供了一个弹性工作时间，弹性工作地点，健康、持续、稳定、诚信的环球事业发展平台，使得数以千万计的事业伙伴拥有了永续的事业机会，实现了自我价值；天狮集团凭借自身的营销渠道和企业实力，吸引国内外众多知名企业与天狮强强联合，战略合作，不少企业为天狮ODM和OEM，提供原材料、生产、研发、物流等多方位的服务，同样对促进社会就业、拉动经济增长，起到了积极而长效的作用。

天狮集团将保民生，顺民意，运用经营化的思想、精细化的管理、精细化的服务，来拉动各国内需以赢得各地消费者的信赖，同时提供广阔的事业机会，实现“保就业、保创业、促发展”的目的，履行“促进社会和谐”的企业使命。

倡导低碳 节能环保

地球，万物生灵的母亲，我们赖以生存的家园。人类的过度开发使地球环境遭受极大破坏，只有合理开发和使用各种资源并发展低碳经济，才能实现经济和社会的可持续发展。作为经营健康事业的民族企业，天狮在企业持续经营和发展过程中，积极倡导并践行低碳生活，节能环保，

愿致力于地球环境的保护与改善。

多年来，天狮集团在不断满足消费者需求的同时，将对环境因素的考量贯穿产品的整个生命周期，通过对员工、事业伙伴和社会公众的低碳生活意识和环境保护意识的提升，来改善人们的生活环境。在包装研发方面很好地践行环保的理念，不但节省成本，更符合环保理念和社会需求。发放环保购物袋减少白色垃圾，不定期组织员工、事业伙伴进行植树护林活动，在旅游景区进行环境清理活动，提倡节水和绿色低碳生活等一系列环保举措，从一张纸、一粒米、一滴水，到一个纸杯、一度电、一棵树，处处体现天狮环保意识，践行企业的环保责任。

在中国，每年世界地球日，公司都发布“环保节能倡议书”，组织员工及事业伙伴在全国各城市开展植树活动，倡导事业伙伴开展各项持久坚持的净化环境美化家园的公益活动，如在西安举办“天狮环保行”活动，向路人发送环保宣传单，宣传低碳环保生活，在中国最大的沙漠公园¬——鄯善沙山公园（AAAA级景区）进行的“保护环境，人人有责”公益主题营训活动；在日本，天狮积极参与“Challenge25”（日本政府倡导的一项旨在减少温室气体排放的活动），另外与长野县的东筑摩郡生坂村签订了“森林保护契约”，认养100公顷的林地，组织当地员工和事业伙伴进行森林间伐、植树、采摘等活动，提升员工、事业伙伴的森林环境保护意识，得到生坂村民众的认可与欢迎；在俄罗斯，天狮向戈尔巴乔夫国际绿色环保基金会捐赠15万美元，以帮助其开展各项环境保护宣传项目，提升环保意识，促进当地环保事业的发展。

2011年伊始，天狮积极与世界自然基金会（WWF）展开合作，成为其可持续发展商业联盟企业成员，积极参与“地球一小时”活动，发布“低碳生活，从我做起”环保倡议书、组织环保摄影大赛，开展“绿色家园行动”等一系列环保公益活动。

天狮集团先后于2006年、2007年率先在国内民营保健品行业，自主进行并通过了“ISO14001环境管理体系”认证和“OHSAS18001职业健康安全管理体系”认证，公司在主动承担保护环境这一社会责任的同时，将员工的健康与安全置于举足轻重的地位，不断加大安全生产成本投入，处处体现绿色、环保、健康、安全、和谐的理念，由此获得了联合国生态安全委员会和国际生态安全科学院等部门联合颁发的“国际生态安全最佳企业”荣誉称号，2010年，天狮获得联合国工业发展组织、世界华商协会颁发的“绿色文明贡献企业”，部分产品还获得国家环保部授予的《中国环境标志产品认证证书》。

关注教育 播种希望

天狮集团董事长李金元先生深信报效国家、回馈社会最好的途径是推动教育事业的发展。授人以鱼不如授人以渔，单纯对贫困人口捐赠，并不能从根本上解决问题。教育是整个民族兴旺发展的基础，天狮人的愿望就是通过捐助教育，不仅能救人一时，更能救人一世。天狮人相信爱心的归属和对教育的投入，必将对民族的发展有所贡献，必将促进社会健康和谐发展。

天狮在捐资办学的同时，一直以来关注教育、特别是对民族地区基础教育的投入，在新疆、内蒙、甘肃、湖南、安徽等多个省市建立了20余所天狮博爱小学；2005年于中国红十字基金会成立总额为1000万元的“天狮爱心基金”，同时启动并实施“天狮助学计划”和“天狮西部人才培养计划”；2007年，天狮集团捐资1200万元，正式设立“中国教育发展基金会李金元教育资助计划”，大力资助中国的教育事业；2010年，天狮集团与天津三所高校共同建立“天狮优秀生奖学金”共同推动中国教育事业的发展。

在海外，天狮曾向利比里亚国家公立大学捐

赠价值1万美元的1000把椅子；在南美区域为两所贫困小学捐款4万美元；天狮集团向联合国教科文组织捐赠1万美元；向非洲科特迪瓦捐赠现金3万美元，用于对天狮科特迪瓦学校的建设；向中共中央统战部、中国光彩事业促进会捐赠50万元，在非洲卢旺达建设光彩小学……天狮相信，通过对教育的持续投入，贫困孩子在接受良好教育后，可以自力更生并有能力创造美好生活，更能因自己的经历来帮助更多的人。

早在天狮集团创建之初，急需大量资金的关键时刻，李金元先生就毅然投资数千万元人民币兴建天津天狮学院。该学院于1999年经中国教育部正式批准成立，2008年经国家教育部批准升为本科院校，是天津唯一一所私立高等学府。截至目前，天狮集团已累计投资6.7亿元人民币兴建天津天狮学院，学院现开设适应市场需求的24个热门学科专业，拥有来自全国23个省、市、自治区的近4000名在校生，为社会输送优秀人才。

此外，天狮还成立了天狮国际商学院，引进先进教育理念，为天狮管理团队提供培训服务，成为高级职业经理人的孵化中心，为企业发展提供智慧支持，同时，天狮国际商学院还与众多社会培训机构沟通、交流与合作，不断提升培训水平；规划筹备中的天狮国际大学，总投资将达100多亿元人民币，未来将与剑桥、哈佛、东京、霍普金斯等世界知名一流大学合作，“产、学、研”相结合，培养数以万计的国际化、专业化、复合型人才，为教育事业的发展做应有贡献。

感恩社会 奉献爱心

天狮集团历经十几年风雨沉浮，始终坚持并积极承担企业的社会责任，来源于社会，服务于社会，从中国到世界以极大地热情投身于公益事业当中。截至目前，天狮已累计投入超过15亿元人民币用于社会慈善、公益事业。

在关爱青少年健康成长方面，天狮出资1000万元，用于救治先天性心脏病儿童；向全国学生体质健康标准推广活动组委会捐赠1000万元，用以提升青少年体质；向天津市儿童艺术剧团捐赠350万元人民币，支持儿童艺术事业的发展……

时任全国人大常委会副委员长彭珮云向李金元董事长颁发红十字博爱奖章与证书

如今，通过天狮集团的无私帮助，有众多天真无邪的孩子们得以健康快乐的成长。

在抗险救灾方面，天狮在青海玉树地震发生后，第一时间向灾区首批捐赠款物超过700万元人民币；汶川地震后，天狮争分夺秒奉献爱心，捐赠款物超过2300万元人民币；“非典”期间，向社会捐赠人民币300万元和价值4200万元的保健产品；1998年在长江、松花江流域洪水肆虐之时，天狮集团向受灾同胞捐赠款物2200万元人民币……灾难面前，天狮愿为国为民，排忧解难，风雨同舟。

在关注弱势群体方面，从向公安部见义勇为基金会捐款100万人民币，到出资3000万元在中华慈善总会建立“李金元慈善基金”；从向天津市蓝盾基金协会捐款100万元抚恤公安系统牺牲民警，到向天津市光彩事业促进会捐款160万元关爱贫困民众；从向中国残疾人事业新闻宣传促进会捐赠100万元，到向贫困地区捐赠价值500万元的保健品和药品，用于支持社会主义新农村合作医疗项目的建设……天狮持续奉献爱心，擎起希望。2003年，天狮注资8亿港币，以公司形式在香港注册成立非赢利性的慈善公益机构——“天狮美景国际爱心基金会”，从此，天狮的爱心公益事业得以更加系统化、持续化地运营。

2010年，天狮继续回馈社会，奉献爱心：针对中国各省市频报血荒的情况，组织14个分公司开展献血活动，献血量超过13万6千毫升；通过公安部中华见义勇为基金会，向陕西省见义勇为基金会捐款100万元人民币，体现了天狮集团对见义勇为精神及慈善事业发扬光大的无私奉献；携手著名歌手郭峰组织“天狮•郭峰爱之旅”百场公益汇演，传播爱心文化，募集爱心基金；天狮香港分公司定期向奥比斯(香港)机构捐赠，用于帮助世界各国盲人和眼疾患者恢复光明。

正是因为天狮多年来积极承担企业责任，履行企业义务，李金元先生曾多次荣获“中华慈善事业突出贡献奖”、“中华慈善奖”、“中国最具慈善精神企业家”、“中国十大公益楷模”等荣誉；天狮集团荣获“年度中华慈善奖最具爱心内资企业提名奖”、“中国民生行动先锋”、“红十字会博爱奖章及证书”、“中国扶贫基金会母婴平安120行动项目十周年公益伙伴奖”、“首善志愿者团队服务基地”等荣誉。

促进国际社会和谐

天狮在“大健康”产业发展进程中，传播的不仅仅是中国的养生文化，更心怀“上善若水 厚德载物”的中华传统美德，将天狮“感受爱、创造受、传播爱”的爱心文化在世界范围内进行传播，为促进国际社会和谐，尽绵薄之力。印度洋海啸、巴基斯坦地震和洪灾、马来西亚洪水、非洲贫困孤儿资助等等，都留下天狮爱心的足迹。

天狮曾向越南海洋省锦阳县的贫苦民众捐资兴建房屋，使其安居乐业；向印度洋海啸灾区捐款捐物帮助灾区民众重建家园；巴基斯坦地震后，向巴基斯坦国家红新月会捐赠价值 7 万美金的产品，帮助灾区民众度过难关；资助乌克兰总统夫人国际儿童基金会——“乌克兰3000”国际基金会，提升当地贫困家庭儿童的生活质量；向乌克兰卫国战争老兵基金会捐赠价值99，240元的天狮产品，以改善老人的健康状况；向阿根廷8个少年足球队捐赠运动球衣，并向500个贫穷儿童捐赠一年的周末营养餐；捐助斯洛伐克盲人基金会以帮助当地盲人朋友脱离困境；还曾向科特迪瓦捐赠价值13万美元的保健品和3万美元支票，用于支持科特迪瓦的经济、社会发展……

2010年，天狮一如既往履行着世界企业公民的责任，展现中国民族企业风范：向巴基斯坦洪灾最严重的木尔丹捐赠总价值10万美金的日常生活必需品和天狮产品；向斯里兰卡军队医院捐赠百支轮椅；向南非索韦托孤儿院及艾滋孤儿捐赠超过52万兰特的款物，并资助艾滋孤儿观看世界杯比赛；向斯里兰卡当地佛学院及总统基金会、总理基金会捐赠善款共计57000美金，并向100多名来自贫困地区的孩子捐赠了书本和文具；六.一前夕，俄罗斯区域的各个分公司都展开了不同形式的爱心捐赠活动，共为孤儿们捐赠123万卢布……

2011年3月11日，日本发生9.0级大地震，地震引发强烈海啸，日本多座核电站发生核辐射泄露事件，灾害造成人员和财产损失巨大，天狮集团在李金元董事长指示下，第一时间倡议全球天狮人奉献爱心，共募集爱心捐款近15万元人民币，向日本受灾同事和伙伴传递天狮大家庭的温暖；3月24日，缅甸发生7.2级强烈地震，造成重大人员伤亡和财产损失，天狮集团向缅甸地震灾区捐款缅币20，000，000元（约合人民币152688元）。

天狮集团在全球范围内的捐赠不胜枚举，大到国家，小到个人，不分国籍、不分种族，不分信仰、不分肤色。为了将爱心事业发扬光大，天狮集团董事长李金元先生将每年的5月18日定为“天狮爱心日”，期间，世界各地的天狮分公司都会组织爱心活动。天狮为促进国际社会和谐贡献着自己的力量。

【责任力痕迹】天狮集团慈善大事记

2011年3月，天狮集团向缅甸地震灾区捐款缅币20，000，000元（约合人民币152688元）。

2011年3月，天狮集团向日本地震灾区受灾同事和伙伴捐款近15万元人民币，以传递天狮大家庭的温暖。

2010年11月13日，天狮集团向南非索韦托艾滋孤儿院的孩子们捐赠价值30万兰特的天狮保健产品和2万兰特的现金，并为孩子们送去糖果和玩具。

2010年11月，天狮河南洛阳分公司、安徽分公司、新疆奎屯分公司、广东分公司、河南南阳分公司等14家天狮分公司积极影响总部号召，组织献血活动，向社会奉献爱心，献血量超过13万6千毫升。

2010年10月30日，李金元董事长向斯里兰卡当地佛学院及总统基金会、总理基金会捐赠善款共计57000美金，并向100多名来自贫困地区的孩子捐赠了书本和文具。

2010年8月，天狮集团向巴基斯坦洪灾地区捐赠总价值10万美金的日常生活必需品和天狮产品。

2010年5月，天狮集团俄罗斯区域各个分公司共同展开向孤儿献爱心活动，共捐赠123万卢布。

2010年5月18日，天狮集团捐助30万元人民币与中央财经大学、东北财经大学、天津财经大学三所高校联合设立"天狮优秀生奖学金"，共同推动中国教育事业的发展，造福于社会。

2010年4月30日、5月1日，天狮集团携手郭峰组织爱心捐赠大会，共筹集善款40余万元，此款项用于资助玉树灾区。

2010年4月28日，向陕西省见义勇为基金会捐款100万元人民币。

2010年4月14日，中国青海省玉树县发生地震，最高震级7.1级。震后，天狮集团第一时间组织对青海玉树灾区的捐助活动，首批捐赠款物超过700万元人民币，向灾区遇难同胞表示哀悼，向灾区人民表示慰问，并提供天狮人力所能及的帮助。

2010年4月，天狮集团向越南海洋省锦阳县捐赠1500万越南盾，用于帮助154户无房或房屋严重破损的特困户建立爱心房。

2010年3月2日，天狮集团向斯里兰卡军队医院捐赠百辆轮椅，为那些在过去三十年解放战争中英勇负伤失去肢体的士兵勇士们献爱心。斯里兰卡国总统来贾帕克撒先生和国防部秘书长苟塔巴耶先生接受了捐赠。

2009年9月30日，印尼苏门答腊岛发生里氏7.6级强烈地震，天狮集团第一时间指示当地分公司发扬爱心精神，帮助受灾群众，10月，天狮集团和天狮事业伙伴共捐助约5.5万美元的食品、帐篷、席子等物资并深入到震中最严重和偏僻的乡村去做救助，得到灾区民众的热烈欢迎。

2009年9月25日，中华见义勇为基金会第三届理事会换届暨第十一次理事会会议于北京公安部顺利召开。天狮集团因向基金会捐款100万元人民币的义举，获颁荣誉证书，贾春旺理事长亲自为天狮集团董事长李金元先生颁发了中华见义勇为基金会第三届理事会理事的荣誉聘书。

2008年8月13日，中国医药卫生发展基金会、中国残疾人福利基金会、天狮集团向武警医学院附属医院“爱心救助工程”捐赠仪式，在天津武警医学院附属医院隆重举行。仪式上，天狮集团出资1000万元，用于救治先天性心脏病儿童，这是针对先心病患儿“爱心救助工程”基金会接收到的最大一笔数额的资金。

2008年5月，震惊中外的汶川大地震发生后，天狮集团积极筹备救灾物资，并第一时间运抵地震灾区，以支持地震灾区民众救助与灾后重建工作。天狮集团三批捐赠款物折合现金超过2300万人民币。

2007年12月12日，由天狮集团李金元董事长以个人名义出资3000万元人民币，在中华慈善总会建立以“李金元慈善基金”命名的专项基金，在北京人民大会堂正式签约并启动。该项基金主要用于扶持和帮助贫困地区人民改善生产生活条件、健康水平并帮助提高其素质和能力，实现脱贫致富和持续发展。

2007年12月，为了感谢公安干警所做的杰出贡献，天狮集团向天津市光彩事业促进会捐款160万元人民币，用于天津市公安系统建设，帮助那些因工负伤的公安干警度过难关。

2007年7月31日，天狮集团李金元董事长向中国教育发展基金会捐赠1200万元，正式设立“中国教育发展基金会李金元教育资助计划”，用于帮助天狮学院和天津市其他高等学府的贫困和优秀学生完成学业。

2006年11月，天狮集团向利比里亚国家公立大学捐赠价值1万美元的1000把椅子，以改善其教学设施。

2006年7月，天狮集团捐建的重庆彭水自治县民族中学综合教学楼，竣工揭牌仪式隆重举行。这是天狮集团捐资500万元，与国家民委启动的“天狮西部人才培养计划”中第一个竣工并举行揭牌仪式的学校。

2006年5月，在由中华慈善总会、中国红十字总会、中国残疾人联合会、国家教育部、国家体育总局、共青团中央、中华全国工商业联合会、中国保健协会与天狮集团联合主办的“爱在天地间”大型公益主题晚会上，天狮集团向中国残疾人事业新闻宣传促进会捐赠100万元，向2006年全国学生体质健康标准推广活动组委会捐赠1000万元；在中国红十字会2006“红十字博爱周”启动仪式上，天狮集团向贫困地区捐赠价值500万元的保健品和药品，用于支持社会主义新农村合作医疗项目的建设。

2006年3月，天狮集团向天津市蓝盾基金协会捐款100万元，用于奖励和抚慰天津市公安系统因公牺牲或负伤的公安民警以及社会见义勇为人员。

2005年11月，天狮集团向中华慈善总会捐赠100万元。

2005年10月，在南亚发生百年不遇的7.6级强烈地震灾害后，天狮集团巴基斯坦分公司立刻组织了救灾小组开赴灾区，并号召员工和事业伙伴尽其所能捐助救灾，天狮集团通过当地分公司向巴基斯坦妇女发展部捐赠约5万美元的天狮产品。

2005年5月，天狮集团在北京人民大会堂向中国红十字基金会捐赠1000万元人民币成立“天狮爱心基金”，同时启动并实施“天狮助学计划”和“天狮西部人才培养计划”，1000万元中500万元用于在中国20个省（区、市）援建20所“天狮博爱小学”（天狮助学计划）；500万元用于改善西部少数民族地区的办学条件，帮助发展当地的基础教育事业（天狮西部人才培养计划）。

2005年5月，天狮集团向全国残疾人捐赠320万元的保健产品。

2005年5月，天狮集团向乌克兰总统夫人国际儿童基金会——“乌克兰3000”国际基金会捐赠82，700元；向乌克兰卫国战争老兵基金会捐赠价值99，240元的天狮产品；向阿根廷8个少年足球队捐赠价值

6640元的球衣，并向500个贫穷儿童捐赠一年的周末营养餐，约计20余万元。

2005年4月，在天狮集团南美区域褒奖大会上，李金元董事长向之前参观过的两所贫困小学捐款4万美元。

2005年3月，天狮集团向巴基斯坦国家红新月会捐赠了价值7万美元的产品。

2005年2月，天狮集团及天狮美景国际爱心基金会向中国红十字总会捐款100万元，用于全国社区红十字服务示范市（区）购买急需的服务设备。

2005年1月，据不完全统计，天狮集团共向印度洋海啸灾区捐款捐物价值达400万元。

2004年12月，天狮集团东非肯尼亚分公司向肯尼亚官方一孤儿院捐赠价值5万美元的天狮产品。

2004年11月，天狮集团向“尼日利亚儿童基金会”捐赠价值10，000，000奈拉（折合74，075美元）的天狮产品；秘鲁分公司向利马市政府捐赠1万美元的产品，用以帮助贫困人民。

2004年9月，天狮集团向公安部“我最喜爱的十大人民警察”评选活动赞助人民币150万元。

2004年8月，天狮集团及天狮美景国际爱心基金会向柬埔寨红十字会捐赠6万美元保健品；天狮集团及天狮美景国际爱心基金会向中华慈善总会捐款105万元，用以帮助弱势群体。

2004年7月，天狮集团向中国32个省（直辖市、自治区）的中小学校学生捐赠价值1500万元的营养产品；天狮集团及天狮美景国际爱心基金会通过中华社会文化发展基金会向天津儿童艺术剧团捐赠人民币350万元，此款项将以年为单位，分期捐给天津儿童艺术剧团；李金元董事长为家乡人民捐献了440万，用于地方建设和教育投资。

2004年3月，天狮非洲区域总部向肯尼亚捐赠价值5万美元的保健品。

2003年12月，天狮在香港以公司的形式注资8亿港币，成立了非营利性的慈善公益机构——天狮美景国际爱心基金会，为社会公益和慈善事业，帮助社会弱势群体，改善人民生活品质做出应有的贡献。

2003年10月，天狮集团向国家教育部、体育总局和共青团中央组织的“全国学生体质健康标准推广活动”捐赠1500万元的保健产品。

2003年8月，天狮集团向联合国教科文组织捐赠1万美元。

2003年7月，天狮非洲区域总部向科特迪瓦捐赠价值13万美元的保健品和3万美元支票，用于支持科特迪瓦的经济、社会发展以及天狮科特迪瓦学校的建设。

2003年5月，天狮集团乌克兰分公司向二战老兵基金会捐赠价值1万美元的产品。

2003年4月，在非典肆虐时期，正在非洲考察的李金元董事长提前回国，连夜召开紧急会议，决定向社会捐赠现金300万元和价值4200万元的保健品用于抗击非典。

2003年3月，天狮集团向福建省少数民族捐赠价值100万元的营养保健品；向戈尔巴乔夫国际绿色环保基金会捐赠15万美元。

2003年2月，天狮集团向河北沧州捐赠150万元重铸国宝铁狮。

2002年9月，在北京人民大会堂举行“迎十六大献爱心”大型捐赠活动上，天狮集团分别向中国残疾人联合会、中国妇联、中国老龄委等八个部委捐赠总价值4200万元的健康产品；向德国萨克森州沃尔本县医院捐2万欧元；天狮集团北美区域总部向美国政府捐赠“9·11”赈灾款5万美元。

2002年6月，天狮集团泰国分公司向泰国卫生部捐赠价值52，400美元的天狮产品。

2002年，天狮集团向加纳儿童组织捐赠1亿塞地和价值2亿零40万塞地的产品；向印尼国家SOS儿童村捐赠1亿印尼盾。

2001年8月，天狮集团向俄罗斯航空航天人研究院捐赠价值10万美元的保健产品。

2001年5月，在天狮泰国国际年会期间，天狮集团向泰国皇家爱心基金捐赠3万美元，李金元董事长接受泰皇颁发奖章；天狮集团乌克兰分公司向乌克兰航空航天人研究所捐赠价值2万美元的保健产品。

2000年8月，在天狮首届国际八•三庆典期间，天狮集团向俄罗斯妇女、儿童和残疾人捐赠10万美元的保健品。

1999年10月，天狮集团向“99年中国明星足球队天津表演赛及文艺演出”赞助38万元；向“第34届世界体操锦标赛”赞助100万元。

1999年8月，天狮集团向“第三届国际京昆票友电视大赛”捐赠80万元。

1998年8月，在北京人民大会堂举办的“携手筑长城”大型赈灾义演活动上，天狮集团发扬无私奉献的精神，向遭受洪涝灾害的长江、嫩江、松花江流域的同胞捐赠救灾款物2200万元。

1997年5月，天狮集团在北京召开“天狮集团向边疆扶贫活动新闻发布会”，决定向社会捐赠扶贫款800万元，其中400万元捐助西藏，用于支持教育事业，扶助贫困群众；300万元捐助新疆，用于在喀什、和田地区设立“天狮模范教师奖励基金”、修建小学和打井；100万元捐助中央民族大学附中。

1996年，天狮集团首批投资8000万元兴建天津市第一所私立高等院校——天狮职业技术学院（后更名为天狮学院），截止目前，共投入资金达6.7亿元人民币；天狮集团在河北沧县投资900万元用于兴建学校、修路打井；向天津市慈善协会、残疾人基金会捐款42万元。

【大爱全球 世纪颤音】天狮社会责任未来规划

展望未来，天狮将一如既往地以健康人类为己任，以服务社会为宗旨，立足于中华养生文化，以高端化、高质化、高标准的产品推动健康产业发展，全力打造国际品牌，打造“大健康”产业基地，实现企业的可持续健康发展。

天狮将进一步深化与落实天狮大健康发展战略，通过对“大健康科技创新体系”、“大健康生产物流体系”、“大健康服务体系”、“大健康教育体系”的持续投入，真正打造一条集聚人流、物流、资金流、信息流为一体的健康产业链，进而将天狮国际健康产业园发展成为“真正的大健康产业集群基地”，为生命科学发展与人类健康事业，贡献天狮人的力量。

在“大健康”产业发展战略指导下，坚持全球化发展道路，坚持企业的民族性，坚持传播中华五千年养生文化，落实科学发展观，持续提升自身管理水平，使企业经营行为不断科学化、标准化、规范化，把企业做强、做大，打造民族企业国际化品牌，实现企业的永续发展，承担更高的企业社会责任，做出更多更大的贡献！

展望未来，天狮将一如既往地奉献爱心，“感受爱、创造爱、传播爱”，持续加大在环保、教育、慈善等公益事业的投入，履行公民责任、倡导爱心文化，将天狮的爱传递到每一个角落，为和谐社会贡献自己的力量。

环保方面，天狮集团将加大幅度提升员工、事业伙伴乃至利益相关者的低碳环保意识，倡导优质绿色快乐生活。对内，继续在生产、销售、物流等环节，严把质量关，减少各种污染，并且还将不定期地组织各种植树、环保活动，为美化环境，共建美好家园贡献绵力；对外，积极与世界自然基金会等知名环保组织进行合作，参与相关环保活动，为地球母亲营造良好生活氛围。

教育方面，未来天狮集团将加大对民族地区和落后地区基础教育的投入，并与权威的有影响力的政府组织和NGO合作，扩大活动影响力，号召更多企业和民众的加入；依托天狮学院和即将建设的天狮国际大学，促进科技文化交流，提升教育质量与水平。

慈善方面，天狮集团将继续加强与专业的有权威性的慈善公益组织和团体的合作，为更多生活贫苦的人提供力所能及的帮助，改变他们的现状，提升其生活品质，促进社会的和谐与发展。

企业社会责任已经成为天狮企业的灵魂，融入了天狮人的血液，天狮不仅要成为优秀的中国企业代表，更要做世界级的企业公民！

富迪健康科技有限公司

FOR YOU HEALTHWARE TECHNOLOGY CO.,LTD

大爱无边 以善为道 支撑伟岸责任

【企业概况】

富迪健康科技有限公司是美国富佑集团FOR YOU GROUP L.L.C于1994年在上海设立的一家集科研、开发、生产、销售、服务于一体的现代化企业，投资总额逾1.5亿元人民币。

富迪健康科技旗下主打品牌包括“卡蕾伊”、“阳光靓彩”、“倍尔力”和“艾克罗司”，产品领域涉及个人卫生及生活清洁用品、健康器材及健康用品、化妆品及个人护理品、保健食品四大系列。

富迪健康科技堪称是中国直销行业的老字号，1995年4月，获上海市工商行政管理局第一批批准，成为上海市8家直销公司之一；1996年1月，获国家工商行政管理总局第一批批准，成为全国41家直销公司之一；1998年10月，获国务院三部委联合审批，成为全国仅有的十家“店铺经营并雇佣推销人员”的外资转型企业之一；2006年10月，获中华人民共和国商务部第一批颁发的“直销经营许可证”。

十多年来，富迪一直奉行诚信投资，守法经营，积极履行社会责任，热心慈善公益事业，得到了中国政府的充分肯定和社会各界的广泛认可。目前，富迪已在国内建立了20余家省级分公司，业务遍及全国各地。

【社会责任之源】企业文化的责任力主张

富迪一直秉承“大爱无边，我们所做的一切都是为了爱”的文化理念，专注绿色生活，以善为道，致力于打造世界最被尊敬的500强企业。这一核心理念贯彻在企业对内对外关系，贯彻在企业的人、财、物各个环节。无论是企业领航人、公司高管，还是各部门员工、各地经销商，都积极投身慈善事业，为需要帮助的人送去一份温暖。

地址：上海市徐汇区漕溪路199号 电话：021-64692221 传真：021-64682131

【责任力舵手】君子怀德 心系桑梓

陈怀德先生1964年生，广东化州人，毕业于深圳大学，现任中国扶贫开发协会副会长、中国经济贸易促进会副会长、美国富佑集团董事局主席。大学时代开始经商，先后创办近20家企业，并一直积极投身慈善公益事业，仅2007年至今已累计向社会各界捐赠款物超过2亿元人民币。

陈怀德先生被评为：

2007年度中国扶贫明星人物；

2010中国十大慈善家；

2010中华儿女年度人物；

2011中国慈善排行榜特殊贡献奖。

由于在扶贫开发与慈善公益事业方面的突出贡献，陈怀德先生不仅多次受到党和国家领导人的亲切接见，新中国60周年华诞期间，他还应国务院的邀请到北京参加了60周年庆典系列活动。

董事局主席：陈怀德

人生感言

★人在做，天在看

★做正直的人，做正确的事

★慈善其实是一种习惯

★施比受更快乐，施比受更有福

★我们所做的一切都是为了爱

★永远把帮助别人放在第一位

★人生的价值不在于官大官小，也不在于钱多钱少，而在于你对这个社会付出了多少，贡献了多少

2010中国慈善排行榜发布典礼上，主办单位这样评价："陈怀德先生，他自己都不清楚到底捐了多少钱。20年来，他一直在乐善好施。他是越捐越有，越有越捐。他相信善有善报。他享受那种为善的快乐。"

【社会责任新思维】

2009年国庆期间，陈怀德获邀参加建国60周年庆典

古语云：“穷则独善其身，达则兼济天下”。企业的社会责任担当，是企业无形的财富，是叠加的资产，是企业发展质量的表征，也是企业真正实力的体现。陈怀德是一个具有高度社会责任感的企业家，是一个“兼济天下”的君子，让富迪有着独特的社会责任新思维。

陈怀德认为：人活着，不能够只是为了自己生活幸福，还要对这个社会尽点责任，作为企业公民也一样。企业在创造利润、对股东利益负责的同时，也要承担对员工、对社会和环境的社会责任。

富迪公司一直有一个经营理念，就是要坚持五个利益的保证，保证国家的利益、经销商的利益、员工的利益、社会的利益和公司的利益。否则，如果企业只顾自己赚钱，而随意破坏环境、浪费资源、不尊重员工，这是最大的犯罪。只有做好这五个保证，企业才会细水长流。

而且，富迪公司的核心价值观是“永远把帮助别人放在第一位”，考虑的是怎么去帮助别人，怎样更好地帮助别人。他们从来没有说要赚多少钱，他们的目标不是赚多少钱，他们要做钱的主人，而不是做钱的奴隶。富迪不断扩张企业版图，就是想如何更好地帮助更多的人。

作为一家勇担社会责任的企业，富迪从一开始就明白，收获越大，责任越大。在前进的道路上，富迪会不时地停下来，聆听那些需要富迪帮助的呼声，富迪不时伸出手去，搀扶一把处于困境中的人们。无疑，这是一个负责任的企业所需要贯彻的基本的社会精神。

“授人以鱼，不如授人以渔”，其实最大的慈善就是在最大范围内为需要工作的人们提供就业机会、提供事业平台并帮助他们走向成功。在帮助事业伙伴发展事业的同时，富迪也以自己的实际行动不断地感化大家，努力带出一个有爱心、有能力、有责任感的团队，用富迪集体的力量去为社会做贡献。当富迪的事业伙伴都成功了，他们也能够去带领更多的人担当起更多的社会责任。

富迪要从企业自身开始，带领所有的合作伙伴和员工，成为一个极具爱心的、最具社会责任感的企业，而且用富迪公司去影响更多的企业，一起加入到具有社会责任感的企业公民的行列中来。

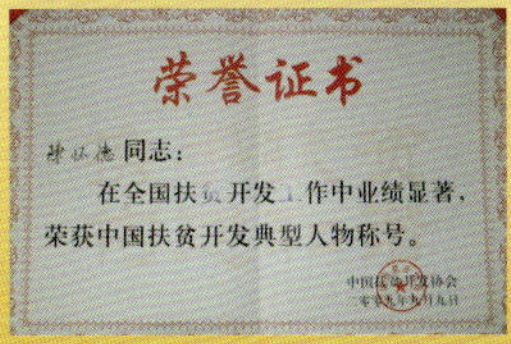

【主要社会职务】

中国扶贫开发协会副会长；
中国经济贸易促进会副会长；
青海省玉树藏族自治州儿童救助协会永远名誉会长；
广东省民营企业权益保障联合会副会长；
广州市越秀区侨商会副会长；
深圳大学首届校友会执行会长；
……

【主要荣誉】

广州市荣誉市民；
纽约市荣誉市民；
美国加州蒙特瑞公园市荣誉市民；
全国先进爱国企业家；
深圳大学杰出校友；
中国扶贫开发典型人物；
2006年度世界华人杰出贡献奖得主；
2007年度中国扶贫明星人物；
2007中国经济百名杰出人物；
2008年度广东省企业文化十大风云人物；
2009全国十大经济新闻人物；
2009中国十大新锐创业领袖；
“中国直销20年”影响中国直销的20个人；
“中国直销20年”慈善楷模；
2010全国青少年新春大联欢电视晚会特殊贡献奖；
2009感动世界华人直销年度人物；
2010中国慈善排行榜十大慈善家
2010中国直销风云榜之风云企业家；
2010中华儿女年度人物；
2011年度中国慈善事业特别贡献奖；
2011羊城慈善奖；
……

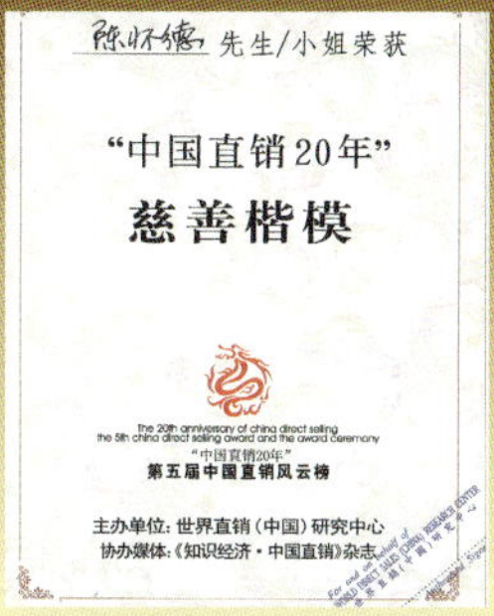

【经济责任】扩大基地建设 推动地方经济发展

富迪上海基地

富迪上海基地

富迪上海基地创立于1994年，位于上海浦东新区内，是富迪个人护理与美容护肤用品生产基地，多年来一直与多家国际专业研发机构联手合作，可迅速掌握国际最新原料资讯、趋势，专研新剂型、新配方、生物科技研发。可生产品项包括膏霜类护肤品、液态类护肤品、生化类护肤品、各类面膜、芳香精油系列产品、香波系列产品等。基地内配有系统化实验设备，以及冻熔循环实验、颠簸实验、产品破坏性实验、皮肤测定仪、安全性测试等装置，可以满足对成品质量全面系统分析和研发新品的需要。

富迪上海基地护肤品生产车间

富迪高明基地

富迪高明产业基地以卫生护理用品生产为主，依山而建、气势磅礴，完全按照现代化生态型花园式生产基地的标准进行规划，拥有全球领先的全自动化一次性成型的卫生用品生产技术，计划配备18条国际最先进的生产线，预计年产值

富迪高明基地

120亿人民币，将大大提升产能和品质，产品的尺寸、样式、功能等都将更趋于多元化、人性化。

高明基地一期工程占地5万平方米，包括生产储运大楼、行政办公大楼、员工公寓大楼、国际培训中心四大建筑和一个天然活水景观湖。

生产储运大楼的玻璃幕墙，采用具有隔热、防辐射、防紫外线等功能的特制玻璃，可使冷光进入室内，将热光反射出去，起到采光、降温、节能、环保的作用，整个设计突显人性化、科学化。

工厂设有产品检测室和微生物培养室，对车间的空气、原材料、半成品和成品的一系列理化性能进行检测与监控，确保生产环境和产品品质符合高端标准；为方便大家参观、考察，还特别设置了参观走廊，供大家全方位、近距离地了解整个生产和包装过程。

在现有厂区的后面还有95亩的二期待开发用地，这里将建成一座生态型产权式酒店。在未来的日子里，就在这片人杰地灵的热土上，让我们共同期待富迪带给我们一个又一个的奇迹！

富迪中山基地

富迪中山生物制药基地位于中山市火炬开发区国家健康科技产业基地内。厂房于2005年10月中旬完工，同年12月通过广东省食品药品监督管理局验收，2006年9月通过胶囊剂GMP认证，2008年3月通过片剂、粉剂及颗粒剂GMP认证。目前，已经获得保健食品GMP证书、保健食品卫生许可证，以及ISO9000：2000质量认证，可以合法生产片剂、粉剂、胶囊剂、颗粒剂等绝大部分营养保健食品，并已获得多款国家功能型保健食品的批准证书。

2010年开始，公司引进多条更先进的保健品全自动生产线、招揽大批行业顶尖人才，并与国内外权威科研机构强强联手，目标就是要以富迪生物制药为基地，不断引进并推出高品质、有特

富迪中山基地

色的营养保健食品，以满足广大消费者对健康食品日益增长的庞大需求。富迪中山基地与富迪上海美容护肤用品生产基地、富迪高明卫生护理用品生产基地一起——三大基地、三箭齐发，为富迪新一轮市场发展和事业腾飞提供强大的推动力和营运保障。

富迪盱眙基地

富迪盱眙基地位于江苏盱眙县富佑盱眙产业园内，地处山水大道旁、高速路口边，交通便利，离县政府才两三公里车程。2011年5月28日，富佑高新科技产业园举行盛大奠基仪式。该项目规划用地1500余亩，首期工程占地200亩，将建设富迪系列产品生产基地和富佑集团综合楼，生产基地预计将于2012年建成并投产，综合楼则在3年之内完成主体建设，包括一座办公大楼和一个5星级酒店及裙楼，裙楼设有一个4，000人规模的超豪华会议厅，所有建筑将按照“比淮安地区所有建筑超前10至20年”的高标准进行规划、设计与建设。项目建成后，将为富迪公司乃至整个富佑集团的多元化发展助力腾飞。

富迪盱眙绿色健康产业园

高效快捷的物流网络

全球一张网，富迪拥有完善的现代仓储与物流管理平台。

富迪公司东北以沈阳仓为中心、华东以金华仓为中心、华南以广州仓为中心、西北以西安仓为中心、西南以成都仓为中心、华中以郑州仓为中心、新疆以乌鲁木齐为中心设有仓储配送基地，将进一步扩大建立省级物流配送中心，不断改进自有仓储中心与专业第三方外包物流服务模式相结合的物流配送平台，建设覆盖全国的强大物流服务网络，做到快速、准确、安全配送，为客户提供一流服务，为市场提供强大的后盾支持。

广 东 省
保健食品GMP证书
CERTIFICATE OF GOOD MANUFACTURING PRACTICES FOR HEALTH FOODS
GUANGDONG PROVINCE OF CHINA

证书编号：
Certificate No.: 粤BGMP20060036

企业名称：中山富迪生物制药有限公司
Manufacturer:
生产地址：
Address:
审查范围：
Scope of Inspection:

经审查，符合中华人民共和国《保健食品良好生产规范》要求，特发此证。

This is to certify that the above-mentioned manufacturer complies with the requirements of Chinese Good Manufacturing Practices for Health Foods.

有效期至 2015 年 02 月 17 日
This certificate remains valid until 02 17 2015

发证机关：
Issued By
Date for Issuing 02 / 17 / 2011　　2011 年 02 月 17 日

广东省食品药品监督管理局制
PRINTED BY GUANGDONG FOOD AND DRUG ADMINISTRATION

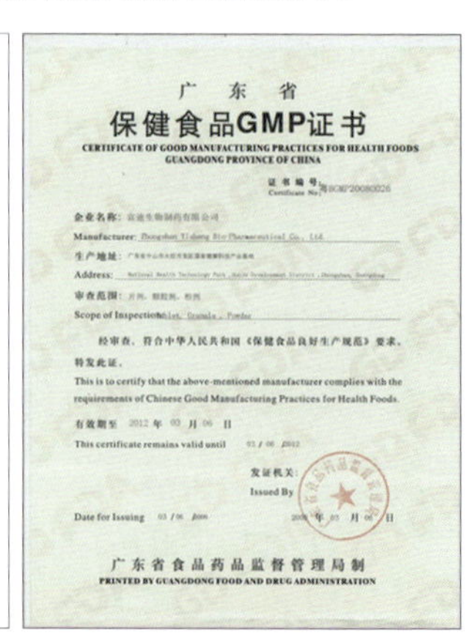
广 东 省
保健食品GMP证书
CERTIFICATE OF GOOD MANUFACTURING PRACTICES FOR HEALTH FOODS
GUANGDONG PROVINCE OF CHINA

证书编号：
Certificate No.:

企业名称：
Manufacturer:
生产地址：
Address:
审查范围：
Scope of Inspection:

经审查，符合中华人民共和国《保健食品良好生产规范》要求，特发此证。

This is to certify that the above-mentioned manufacturer complies with the requirements of Chinese Good Manufacturing Practices for Health Foods.

有效期至 2012 年 月 日
This certificate remains valid until

发证机关：
Issued By
Date for Issuing

广东省食品药品监督管理局制
PRINTED BY GUANGDONG FOOD AND DRUG ADMINISTRATION

以善为道 健康产业大布局

富迪以“一切都是为了爱”为旗帜，加快了健康产业前进的步伐，市场的发展日新月异，仅2009年短短的一年时间，富迪在全国成立了20多家省级分公司，这些分公司为各地规范稳定和扩大市场发挥了非常积极的作用，掀起了富迪市场拓展的浪潮，从中原到华北、从三湘到西南，实现了富迪在全国市场的大布局。

2009年2月21日，富迪江苏分公司在南京开业；

2009年3月，富迪浙江分公司、富迪河北分公司分别在杭州、石家庄开业；

2009年4月，富迪四川分公司、富迪江西分公司在成都、南昌开业；

2009年6月，富迪长城商学院正式成立，富迪科技的系统运作和培训能力得到进一步的专业提升；

2009年8月22日，富迪陕西分公司在西安开业；

2009年9月19日，富迪河南分公司在郑州成立；

2009年10月，富迪在福建、山西、辽宁、湖南四省设立分公司；

2009年12月，安徽、黑龙江、湖北、山东等省级分公司陆续投入运营；

2010年3月，吉林分公司在长春开业；

2010年6月，广西分公司在南宁开业；

2010年9月，云南分公司在昆明开业；

2011年7月，贵州分公司在贵阳开业。

分公司展示（部分）

富迪广东分公司

富迪广西分公司

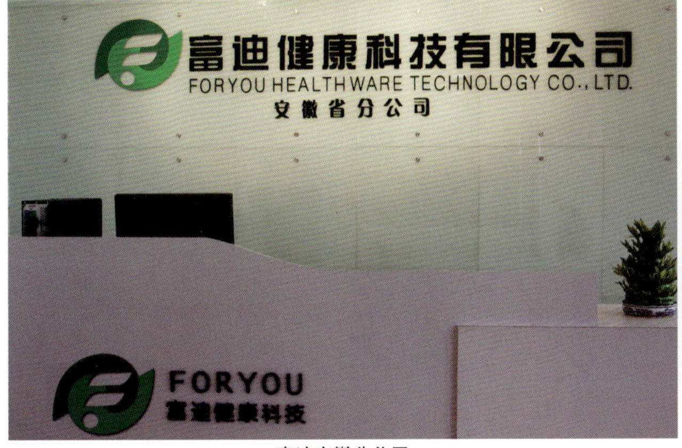

富迪安徽分公司

富迪河南分公司

【民生责任】倡导绿色生活方式 定位环保专家

富迪人对绿色环保的定位

绿 ——生命之色，希望之色，高贵之色；

绿——是自然的原色，更应该是生活的底色。

倡导绿色生活方式、推动环保、提升公众健康和安全是富迪的责任、义务和使命，富迪人愿意为此持续地付出不懈的努力。为此，富迪人对环保责任的定位如下 ：

• 从产前、产中、产后全面履行环保责任

• 遵守各种环保、健康和安全方面的法律法规

• 进一步提升生产技术，持续提升在环保、健康及安全生产方面的表现

• 回收、重复利用资源，节约使用能源，杜绝有害物质排放，减少生产对环境所造成的影响

• 创建安全和健康的工作环境，积极培养员工的环保意识

• 通过定期的评估和审核，督促公司在健康和安全方面取得更大的进步

• 透过赞助、参与环保公益活动，传播环保知识，提升环保意识

富迪人深知，一人的力量是微不足道的，如果每个企业，每个公民都行动起来，迎接我们的生活将是绿色的。

倡导绿色生活方式

以产品多元化 达成绿色环保目标

富迪产品的多元化不只是简单的产品增加，而是有着明确的定位。在产品深度方面，富迪将定位于“女性健康专家”，继续深化已经形成的品牌形象，并有针对性地推出其他女性健康产品。而在宽度方面，富迪将定位成为环保专家，针对人类目前面临的大气污染、空气污染、水污染、电子辐射污染、食品污染五大生存危机，全方位推出各种环保产品，帮助人们抗击这五大污染危机的所带来的种种危害，为人体健康提供全面防护。如：富迪的艾克罗司空气负离子健康器，艾克罗司智能直饮净水机，健克雅防辐射项链，阳光靓彩激能活络刮痧精油，卡蕾伊负离子卫生巾。

同时，富迪更提倡一种全新的、绿色的生活方式，带领广大经销商和消费者从自身做起，从点滴小事做起，让绿色成为一种生活方式，成为我们生活的底色！

艾克罗司智能直饮净水机（EH1型）

健克雅陶瓷刮痧片（防辐射型）

阳光靓彩护肤亮白保湿护肤系列

【教育责任】规范化前提下的动力源泉

培训——企业发展的不竭动力

企业的发展靠的是源源不断地人才，而人才的形成是需要不断的摄取营养和消化再吸收。富迪非常注视企业员工及经销商的教育培训，经常性地开展一些培训，提高广大富迪人的业务能力以及各项素质。

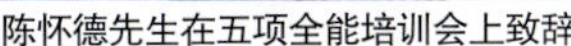

陈怀德先生在五项全能培训会上致辞

五项全能培训

五项全能精英训

2009年9月15日至18日，“长成国际商学院零期训练营”在广东佛山开班，首度推出“五项全能实战训练”课程。此后，“五项全能·营销精英实战训练”即成为长成商学院的经典培训课程，相继在青岛、长春、重庆、武汉、郑州、南京、东莞、沈阳、长沙、杭州、酒泉、天津、南宁、贵阳等地展开，为近万名富迪家人提供了最经典、最实用的专业培训。

领导力特训

2010年6月5日至6日期间，首期“领袖风采·领导力教练特训营”在南京开办，随后接连在龙泉、济南、苏州、九江、合肥、东莞等地展开，为数百名富迪家人开发潜力、提升领导力提供专业培训。

产品讲师训

经过长期的筹备和精心策划，2010年8月13日至15日期间，“产品讲师训（基础班）”率先在郑州举办，随后迅速在广州、沈阳、杭州、南昌、东莞、九江等地展开，通过系列专业课程的传授与实战演练，帮助富迪家人掌握必备的专业技能，为大家成为行业专家并最终成为行业冠军打下扎实的专业基础。

种子营培训

2011年3月，乘着全球年会的春风，首场千人规模的种子营培训在广东成功举办，随后在全国市场形成良好动势，在广西南宁，湖南长沙，江苏常

讲师们与参训学员合影留念

陈怀德先生和胡静理事长共同为签约讲师颁发荣誉证书并合影留念

陈怀德先生为签约讲师颁发荣誉证书并合影留念

州、南通、南京，江西南昌，山东济南，宁夏银川，内蒙古呼和浩特，吉林长春、辽宁沈阳，山西太原、河南郑州，重庆、万州等地举办了几十场种子营培训，为数千学员带来一场场精神盛宴。一系列种子营培训的成功举办，不仅营造了强大的市场动势，更在全国范围内播下了无数梦想的种子。随着这些种子的迅速生根、发芽、开花、结果，必将给富迪人带来更大的惊喜！

丰富的系统工具流 （部分）

为配合教育培训工作的开展，更好地服务业务伙伴，富迪通过系统工具流等方式，为市场提供实实在在的支持，帮助业务伙伴拓展事业，实现自身与企业的共同成长。

【公益责任】将慈善当成一种习惯

富迪公司向舟曲灾区捐赠30万元物资

向广西红十字基金会捐赠15万元

向茂名灾区捐赠善款100万元物资

陈怀德向玉树灾区捐赠物资400万元

频繁的公益活动

公益项目

上善若水，厚德载物。在“把慈善当作一种习惯”的企业掌舵人的引领下，在“大爱无边”企业文化的感召下，富迪人四处扶危助困、广行善举。

西南旱灾、玉树大地震、吉林洪灾、舟曲泥石流灾害……他们第一时间吹响行动号角，深入一线。

救助白血病患儿，资助贫困学子，援建希望小学，关爱妇幼老弱、孤寡伤残……他们捐款、捐物、捐时间，身体力行、无私奉献。

君子常怀德，甘霖润苍生。富迪人用爱的语言与世界对话，用善的行动在神州大地树起一座座爱的丰碑！

专项慈善主题

“粉丝带飘起来”富迪志愿服务行动

2009年7月25日，在人民大会堂，陈怀德先生从第十届全国人大常委会副委员长蒋正华手中接过“中国社区服务企业志愿联盟富迪志愿服务总队”的旗帜并庄严宣誓。这标志着，中国首家社区服务企业志愿总队在富迪正式成立，以“粉丝带飘起来”为主题的富迪社区志愿服务行动正式启动。

“粉丝带”活动是由民政部中国社会工作协会社区工作委员会和富迪健康科技有限公司联合举办的社区志愿者献爱心、送文化、发倡议、捐物资的大型社会公益活动。截至2010年3月，富迪已先后在江苏、陕西、河南、贵州、浙江、重庆、福建、广东、安徽、山西、辽宁、湖南、河北、江西、湖北、黑龙江、山东、吉林等省市启动了以“粉丝带飘起来”为主题的富迪志愿者行动，向当地民政局、慈善总会、妇联等机构捐赠了近千万元的款物，为社区“空巢老人”、残疾人、妇女儿童、贫困大学生等需要帮助的群体送去了温暖、送去了关怀。

抗震、抗旱、抗洪、抗泥石流

近年来，突发性自然灾害在我国各地频发，地震、泥石流、旱灾、洪灾等大肆破坏我们的家园，灾区人民的生命财产蒙受巨大损失。天灾无情人有情。哪里有困难，哪里就有富迪人大爱的身影。

2010年4月14日7时49分，青海省玉树藏族自治州玉树县发生7.1级地震，上万间民房倒塌，数千名同胞罹难。

当地震的消息传来，富迪人第一时间作出反

应，从公司高管，到员工、到经销商，都积极行动起来，通过各种途径和方式，把源源不断的爱心送往灾区。陈怀德先生更是不辞劳苦、不惧险情，亲携价值400万元的物资，率领部分富迪家人深入玉树灾区一线。

2009年秋至2010年春期间，我国西南五省区市遭遇了严重旱灾，连晴高温使受灾地区庄稼大面积枯死，人畜饮水困难。旱情告急！灾情告急！2010年4月，富迪携手广东省富迪慈善基金会向广西红十字基金会捐赠了善款15万元，用于购买20吨大米和2套人饮工程设备，以救助都安瑶族自治县东庙乡、保安乡4个村的受灾困难户，并帮助解决当地数千村民饮水难的问题。

2010年7月，一场罕见的特大暴雨侵袭吉林，造成的直接经济损失达数百亿元。8月7日，甘肃舟曲也因暴雨发生特大泥石流。灾难面前，生命如此脆弱，两地灾难使数百万同胞受灾、逾千人遇难、数百人失踪。8月26日，富迪公司向这两地灾区捐赠价值50万的物资，缓解灾区物资紧缺状况。2010年10月15日，富迪又向遭受台风重创的广东茂名市捐赠了价值100万元的爱心物资。

富迪科技健康有限公司于2009年成立广东省富迪慈善基金会，致力于更专业、更广泛的回馈社会，基金会的宗旨是：践行“兴企报国，兴企为民”的价值观；履行关注弱势群体、关注社会、关注民生的责任和使命；帮扶救困，大力弘扬“安老、扶幼、助学、济困”的慈善精神；促进社会和谐发展。

富迪基金会的慈善项目主要有：扶贫、教育、文化、医疗五个大的领域。

向白血病患者捐赠20万元

20名贫困妇女获得现金和物资捐赠

2007年5月27日，陈怀德董事长与中国扶贫开发协会会长胡富国交换捐赠签约书

资助白血病患者

2011年6月13日，广州市越秀区侨商联合会成立十周年庆典暨慈善晚会，陈怀德先生现场向越秀区侨商会侨爱基金追加捐赠21万元，以救助贫困归国侨裔

2010年5月23日，首届富迪慈善论坛暨慈善盛典在山东淄博召开

【广东省富迪慈善基金会】

广东省富迪慈善基金会
理事长 胡静

胡静女士，一位出色的领军人物，一位拥有无限爱心的慈善大使。生长于浙江，兼具苏杭女的美丽温婉与浙商的精明实干，翻开她的人生履历，一颗金子般闪耀的心灵跃于眼前，奋斗的足迹清晰可见。自1990年从浙江丝绸工学院毕业后，她先后在国内外多家大型企业担任高层管理职务，在潜心经营、管理企业的同时，大力提升企业文化建设，竭力把“爱”的企业文化精神渗入每一位员工的心中，对外更身体力行，积极投身慈善公益事业，在全球范围内为更多需要帮助的人群送去关爱与帮助。

豪华亮丽的富迪慈善之夜

教育

国之大计，教育为本。只有一流的教育，才能培养一流的人才，建设一流的国家。每一个孩子都应该有享受教育的权利，每一个孩子都应该沐浴着教育的阳光。

医疗

健康是人全面发展的基础。医疗卫生服务涉及千家万户，关系到每个人的身体健康。关心、关注医疗卫生事业的发展，是我们的应尽之责。

扶贫

消除贫困、实现富裕，是人类追求正义、公平和平等的永续实践。扶危济贫，是全体社会成员的责任。我们信奉：“财富的集聚就是社会责任的集聚。”

救灾

天灾来袭，生灵涂炭，抢险救灾，我们分秒必争！捐款、捐物、捐时间，行动就是一切。我们坚信：“众志成城，团结可以铸就一个民族最坚实的脊梁。”

志愿者行动

深入基层，勇担责任。用最赤诚的心、最迅速的行动，解决困难群众的实际难题。我们志愿：“无偿贡献时间和精力，推动人类发展、社会进步、社区和谐。”

【经销商伙伴责任】以人为本 提升素质 凝聚力量

富迪首届运动会

2009年11月14日，富迪在深圳大学体育场上，举办了第一届运动会，来自全国各地的千余名富迪健儿在这里同场竞技，上演了一场别开生面的运动会。

开幕式上，各代表队以自己有特色、有创意的方式，演绎自我的精彩。但无论穿红着绿，整齐划一的步伐，豪气荡天的口号，团结奋进的风貌，处处凸显着富迪“军团”的组织性、纪律性。

当天的比赛，既有尽展个人风采的传统田径项目，又有让参与者过足瘾、让旁观者乐翻天的趣味运动项目；既赛出了各项目的冠、亚、季军，又评出了多个团体奖项，让千余名参赛者、近五千名参会者在放飞激情、展现自我的过程中，收获着快乐，收获着友谊。

2009年11月14日富迪首届运动会在深圳大学举行

陈怀德主席为近千名营销经理颁发荣誉证书

营销经理珠海旅游研讨会

2009年6月30日至7月2日，近千名营销经理欢聚海泉湾，参加在这里举办的“富迪首届营销经理旅游研讨会”。

三天两夜的时间里，海泉湾美丽的风景、完备的设施、丰富多彩的娱乐项目，以及公司精心打造的海景路晨跑、加勒比海狂欢夜、“大海的记忆”主题歌舞晚会等一系列精彩的活动，让与会家人尽享富迪事业的尊荣与快乐，并留下了终身难忘的美好记忆。活动中，“地久天长，成就辉煌，一起成功”的呐喊此起彼伏，《梦想启航》、《团结就是力量》、《富迪我爱你》的歌声不时响起，把富迪人的激情与力量、快乐与喜悦、团结与和睦挥洒得淋漓尽致。

黄山九华登峰之旅

2009年8月3日，来自全国各地的百名富迪高级经销商齐聚黄山，开始了“富迪2009营销总监旅游研讨会”的登峰之旅。

在为期三天的时间里，富迪家人们走进画里宏村、品味秀美黄山、感受灵山九华，把富迪人的欢声与笑语、豪气与激情留在了一路走过山山水水间。

黄山登峰比赛

本次旅游活动是一次名副其实的登峰之旅，在攀登两座名山的过程中，家人们不仅领略到当地壮美的自然风景和厚重的历史文化，更是再次亲身体会到了不畏艰难、团结奋进、超越梦想的富迪精神。

这种精神在过去推动着富迪人登上了一座又一座事业的高峰，这种精神也必将引领富迪人走向更加辉煌的未来。

富迪人HIGH动港澳 畅游台湾

2010年5月10日，“富迪HIGH动港澳四天三夜游”活动拉开序幕，首批旅行团近两百人从深圳皇岗口岸入港。在为期两个多月的港澳游活动，来自全国各地的上万富迪家人游香港、走澳门、逛珠海，充分领略东方之珠的奢华瑰丽、世界购物天堂、世界赌城的迷人魅力、浪漫之城的清新秀丽的无穷魔力，更尽情享受和志同道合的伙伴们结伴同游的无限乐趣。

11月11日至16日期间，富迪公司高管又与数百名营销精英走进台湾，携手畅游祖国宝岛，走野柳，游台北，赏台中，徜徉于乡土台南，流连在战地金门，五天五夜，尽享尊荣，在领略台海风情中充分感受富迪的力量！

尽管已回归祖国多年，香港、澳门两个特别行政区在大多数国人心中还是有相当的神秘感，而祖国宝岛数十年来更是多少炎黄子孙魂牵梦萦的地方，港澳游、台湾游活动，让富迪家人们实现了心中多年的梦想，更在结伴同游中进一步坚定了全力以赴做好富迪事业的信心与信念。

畅游台湾

“逐鹿中原·问鼎天下”营销经理郑州之旅

2010年8月18日至20日，富迪2010年营销经理旅游研讨会在河南郑州盛大举行，会上，陈怀德先生正式宣布富迪开启2.0时代，一个崭新的富迪开始迎来一个全新的未来。

活动中，近千名营销精英集结中原腹地，共商市场发展大计，更结伴同游，一起游龙门石窟、访嵩山少林、听天籁禅乐等等。

一座历史积淀的城市，一段风雨同路的精彩旅程，让富迪人洗尽了铅华、除却了浮躁、沉淀了心灵，更统一了思想、协调了步伐。经过风雨洗礼，他们从此多了一份淡定与从容，多了一份成熟与稳重。面对新的发展形势，他们正踌躇满志，誓以“逐鹿中原，问鼎天下”之势而开启富迪事业的新时代！

“凝聚力量·勇攀高峰”营销总监青海之旅

为圆孩子们一个心愿、实现“陈爸爸”当初的承诺，2010年7月6日至8日，陈怀德先生率领百余富迪家人，走进三江之源，与来自玉树怀德儿童福利院的孩子们真情互动，一起度过了一个难忘的夏令营。活动中，富迪人还发起认捐玉树地震孤儿的活动，现场有100多名家人签下认捐书，承诺通过富迪基金会向自己所认捐的每名孤儿每月捐助生活费200元。

美丽、圣洁、质朴、灵秀，信念、团结、感

青海湖畔，富迪家人一起合影留念

红动中国 富迪人重走长征路

动、感恩……青海之行带给富迪人太多、太多的感慨与遐想！玉树孩子们清澈的眼神、艳丽的“高原红”、灿烂的笑容、感动的泪花、感恩的心声，让此行成为富迪人涤荡心灵、坚定信念的一次心灵之旅，进一步稳定了市场、凝聚了力量。

红动中国 富迪人重走长征路

为传承红军长征精神、弘扬富迪大爱文化，2010年9月11日至26日，富迪人发起“红动中国 富迪人重走长征路”活动，从井冈山出发，穿越江西、湖南、贵州、四川、陕西5省，历时16天、行程逾万里而会师延安。

事非经过不知难。在共同经历此次红色文化的彻底洗礼之后，富迪深知，每个企业的发展历程，每个人的生命旅途，都会有自己的“长征”，不一定像红军那样惊天动地，但却同样需要一种精 神：顽强、坚韧，总是抱有必胜的信念。

而今，富迪人早已把这种红军长征精神深深地植入自己的文化中，烙在自己的骨子里。在富迪的2.0时代，在未来的日子里，这种精神必将鼓舞着全体富迪人团结一心、自强不息，共同为打造富迪由大到强的伟大转折而奋勇前进！

营销经理大连旅游研讨会

2011年7月27日，为期两天的“乘风破浪 蓄势远航”2011富迪营销经理大连旅游研讨会精彩继续，在美丽的渤海之滨发现王国主题公园里，与会家人一起进行海滨晨跑、沙滩拓展和篝火啤酒狂欢夜等一系列丰富多彩的活动，在金石滩国家旅游度假区的黄金海岸线上演绎属于富迪人的别样风采。

2011富迪营销总监九寨沟旅游研讨会

九寨沟，一个如诗、如画、如梦、如幻的“童话世界”，一个让人神往的“人间仙境”。

黄龙，散落在雪原上的“人间瑶池”，层层梯田般的美丽水池盛满醉人的绿。

9月10日至14日，2011富迪营销总监旅游研讨会在四川九寨沟、黄龙举行。

美国富佑集团董事局主席陈怀德，广东省富迪慈善基金会理事长胡静，富佑集团常务副总裁董德，富迪健康科技业务总裁信仰东，富迪市场副总裁兼长成国际商学院业务院长吴文广等公司高管，与来自全国各地的数十名营销总监和资深营销精英们一起欢聚成都，唱响红歌滚滚；并走进汶川映秀镇，为映秀小学的师生们带来节日问候与慰问礼品，还一起携手游览人间仙境九寨沟、人间瑶池黄龙景区。经过此行心灵涤荡的富迪家人们带着对生命价值的更深感悟奔赴全国各地，以更饱满的激情去创造更为精彩的人生。

大连旅游研讨会

大家在九寨沟景区门口合影

【公司荣誉】（部分）

2009年4月，被广东省企业文化建设论坛组委会授予“2008十大杰出贡献单位”	2009年4月，向四川绵阳市游仙区柏林镇中心小学捐款荣誉牌匾	2009年4月，被广东省企业文化建设论坛组委会授予“2008年度十大杰出贡献单位”	2009年12月，被世界直销［中国］研究中心授予“中国直销20年最具价值企业”
2009年5月，向中国扶贫基金会捐赠20万元	2009年7月，被中国社工协会社区服务委员会授予“全国社区服务先进企业”	2009年9月，河南省慈善总会授予“志愿中原，爱在社区”称号	
2009年12月，被最爱尊敬的直销企业年度评选组委会授予“2009最受尊敬的直销企业证书”	2010年11月，被中国社工协会企业公民委员会授予“2010优秀企业公民”	2011年1月，被中国扶贫开发协会授予富迪“扶贫杰出贡献企业”	

玫琳凯（中国）化妆品有限公司

MARY KAY CHINA COSMETIC CO.,LTD

玫琳凯的粉色传奇

企业概况

玫琳凯（中国）化妆品有限公司（以下简称“玫琳凯中国”或“公司”）是玫琳凯公司（以下简称“玫琳凯”）在中国的全资子公司。玫琳凯是全球最大的护肤品和彩妆品直销企业之一，由玫琳凯·艾施女士创办于1963年，总部位于美国德克萨斯州达拉斯市。如今，玫琳凯业务遍布全球超过35个市场，全球销售额达到25亿美元，拥有超过200万名销售队伍。

玫琳凯中国成立于1995年。玫琳凯中国在杭州经济技术开发区建有一座占地面积达7.2万平方米、年产量达1.8亿件的亚太生产中心，亚太生产中心也是玫琳凯目前在美国本土以外的唯一一家海外工厂。经过十余年的发展，玫琳凯中国已在全国各主要省市设立了分支机构。

玫琳凯中国自成立以来，一直秉承玫琳凯“丰富女性人生”的全球使命，以及“不求回报地帮助别人”的乐施精神、“你希望别人怎样待你，你也要怎样待别人”的黄金法则、“让我感觉自己很重要”的理念和“信念第一、家庭第二、事业第三”的生活优先次序等核心价值观，并始终信守如下四个不变的承诺：

地址：杭州市经济开发区14号大街（西）35号　邮编：310018　电话：+86 571 86918020

对创始人玫琳凯女士承诺，继续传承并实现她所留下的“丰富女性人生”的使命，保持良好的经营和稳定的赢利，使公司不断成长和壮大。2011年，玫琳凯中国连续第八次蝉联“全国化妆品制造行业经济效益十佳企业”第一名。

对消费者承诺，提供不断满足她们需求的优质产品，以及“美丽到家”服务。玫琳凯亚太生产中心实施了以医药行业GMP为标杆的GMPC（化妆品良好生产规范）管理，并于2006年和2008年先后通过ISO9001：2000质量管理体系认证和最严格的认证之一澳大利亚TGA认证，使每一款玫琳凯产品在安全、质量方面接近甚至达到医药行业的严格标准。玫琳凯每年斥资数百万美元用于进行超过30万次测试，来确保玫琳凯产品能够在质量、安全及效用方面达到最高标准。公司通过专业的美容顾问为消费者提供面对面的小型美容课，让消费者享受到免费的护肤美容方案、个人彩妆指导、不同场合的妆容造型建议、免费产品试用和送货上门服务。公司设立了专业的客户服务中心，为消费者提供每周7天、每天11小时的人工服务及每周7天、每天24小时的自助语音服务。公司还公布了《玫琳凯质量满意保证》，消费者在使用过程中对产品有任何不满，均可依据相关条款退换货。

对玫琳凯人承诺，全方位地发展销售队伍和员工多面的美丽，使他们成为有爱、有生活、有美丽的“美丽多面体”，获得更丰富、更精彩的人生。在玫琳凯，“P”和“L”不仅代表“利润（Profit）”和“亏损（Loss）”，更代表“人（People）”和“爱（Love）”。玫琳凯中国对每一位玫琳凯人都有着四个不变的承诺：幸福生活的保障、独特文化的体验、全面成长的摇篮及社会价值的体现。2011年，玫琳凯中国连续10年连续5次入选《财富》（中文版）杂志“卓越雇主——中国最适宜工作的公司”，也是目前唯一一家连续五次获此殊荣的企业。

对社会承诺，做好规范经营，积极承担企业社会责任，不断引导玫琳凯人，并影响更多人为社会和环境做出贡献。玫琳凯中国以“玫好家园”为主题，在丰富的生命、和谐的社区、友好的世界和绿色的地球等四个领域不断实践对社会的承诺。截至目前，公司在社会公益事业方面的累计投入已超过6210万元，玫琳凯对两个最重要的公益事业合作伙伴——中国妇女发展基金会和中国儿童少年基金会的捐赠，双双突破了1000万元。玫琳凯中国还通过实施玫琳凯志愿者计划，鼓励玫琳凯人积极承担社会责任，体现社会价值，并用“乐施精神”不断感染、影响更多的人。2010年，玫琳凯中国第五次入围上海美国商会企业社会责任奖，之前还曾被中国儿童少年基金会授予“中国儿童慈善奖”、被中华健康快车基金会授予“光明贡献奖”、被中国社工协会企业公民委员会评为“中国优秀企业公民”。

未来，玫琳凯中国将继续信守四个不变的承诺，不断努力成为一家值得尊敬的企业。

麦予甫（Paul Mak）
玫琳凯公司大中国区总裁

麦予甫（Paul Mak）先生于1997年加入玫琳凯公司，自1998年起担任公司大中国区总裁，全面负责玫琳凯在中国大陆及香港特别行政区的管理工作。在其领导下，玫琳凯（中国）化妆品有限公司以“丰富女性人生”为使命，始终信守对创始人玫琳凯•艾施女士、对消费者、对玫琳凯人及对社会的不变承诺，致力于帮助中国女性成为有爱、有生活、有美丽的“美丽多面体”女性。

在加入玫琳凯之前，麦予甫先生曾服务于美国庄臣公司。1990年，麦予甫先生来到中国，负责庄臣公司在华首家合资企业上海庄臣有限公司的生产业务和工程业务，曾历任该合资企业的集团经理、副总监和营运总监。

1981年，麦予甫先生以优异成绩毕业于美国芝加哥伊利诺斯理工学院，拥有化学工程学士学位。

麦予甫先生热心公益，是全球最大的非营利性教育组织JA（国际青年成就组织）中国部的董事会成员，也是JA中国的首位总裁志愿者，为JA中国的发展提供了强有力的支持。

【企业社会责任项目简介】

玫琳凯·艾施女士一直倡导“乐施精神”，即不求回报地帮助他人。“乐施精神”作为公司创立的基础与核心价值观被玫琳凯人传承至今。不求回报地帮助他人，重要的不是金钱上的付出，而是持续的关爱，这就是感恩。在过去近半个世纪中，玫琳凯一直心怀感恩将爱传递给更多需要帮助的人。

在中国，玫琳凯中国始终信守对社会的承诺，在丰富的生命、和谐的社区、友好的世界、绿色的地球等四个领域积极履行社会责任，致力于为人们创建一个“玫好家园”。截至目前，玫琳凯中国已在各项社会公益事业上累计投入超过6210万元。

丰富的生命

玫琳凯通过“授人以渔”的方式，帮助妇女儿童获得可持续发展的能力，让他们拥有更丰富的生命。

1.玫琳凯妇女创业基金：2001年，玫琳凯与中国妇女发展基金会合作创办，通过提供小额无息贷款，帮助下岗女工和贫困妇女创办个体企业，实现脱贫。截至目前，基金总额已达到1471万元，扶持妇女创业带头人374名，已累计为全国20个省份的36728名下岗女工和贫困妇女提供帮助。

2.玫琳凯春蕾项目：2002年，玫琳凯与中国儿童少年基金会合作启动，旨在帮助贫困地区失学儿童重返校园。截至目前，玫琳凯已累计捐款1428万元，在全国共援建了12所玫琳凯春蕾小学。2011年，玫琳凯启动了“春蕾班助学活动”，号召全国的经销商和员工“一对一”定向帮助贫困家庭的学生改善他们的生活和学习条件，并且给予他们长期的关爱。

3.玫琳凯JA志愿者项目：1999年起至今，玫琳凯一直为非营利教育组织JA中国部免费提供办公及培训场所，并鼓励员工积极参与JA中国组织的各项志愿教学活动，帮助中国青少年提升他们的竞争力。

和谐的社区

玫琳凯承诺守法自律，规范经营，同时携手其他直销企业共同推动直销行业健康持续发展，致力于成为一家令玫琳凯人自豪、政府推崇、行业效仿、公众尊重的公司。

1.参与发起并签署直销企业自律公约：2010年4月，玫琳凯参与发起“直销企业自律公约”签署仪式，总裁麦予甫先生亲自出席仪式，并与其他获牌直销企业代表共同签署自律公约，向社会郑重承诺，不仅要依照《直销管理条例》的要求开展运营，而且还要以更高的商业道德为消

费者和直销员服务。

2.广泛宣传直销法规：从2007年起，玫琳凯在社区居民、学校师生及社会公众中持续宣传普及《直销管理条例》和《禁止传销条例》的有关知识。截至2011年4月，玫琳凯已在全国各地累计开展了90余场直销法规宣传活动，独立销售队伍志愿参与超过9400人次。

友好的世界

作为一家在华经营的外资企业，玫琳凯愿意成为中国与世界各国间的桥梁和使者，努力为促进中国与世界各国间的相互了解、相互合作作出贡献。

1）支持政经交流：先后赞助并出席了纪念基辛格首次访华40周年研讨会、中美建交30周年研讨会、第四届中美关系研讨会、中美关系演讲会等高层会议，促进了两国领导人之间的相互交流与相互理解。

2）支持文化交流：全程参与“让世界聆听中国的声音——华夏方言征集令”活动，帮助收集、传播中国方言；赞助世博会活动德克萨斯时装表演和杭州城市日活动。

3）支持学术交流：从2006年起至今，玫琳凯已连续5年参与赞助中华医学会全国皮肤性病学术年会，邀请多位美国专家来华，与中国专家开展学术交流。

绿色的地球

玫琳凯认识到，今天的行为将对人类未来的生活质量产生深远的影响，为此，玫琳凯不断寻求更可持续及更绿色的方案，来保护地球家园。

“Love·自然·Kiss”环保计划：2008年，玫琳凯正式启动“Love·自然·Kiss”环保计划，通过向独立销售队伍、消费者及公众推广精心设计的环保袋，减少白色塑料袋的使用，同时将推广环保袋的收入用于植树造林。截至目前，玫琳凯已通过该计划累计筹款52万元，减少使用白色塑料袋超过1700万个。

玫好家园绿色行动：2009年起，玫琳凯持续开展“玫好家园绿色行动”，将在“Love·自然·Kiss”环保计划中推广环保袋的收入全部用于在宁夏干旱地区植树造林，迄今已累计植树超过8万株，绿化总面积达到774.8亩。

“地球一小时”活动：2009年起，玫琳凯每年均参与由世界自然基金会（WWF）发起的“地球一小时”活动，用熄灯一小时的方式宣传低碳环保理念。

玫琳凯还通过实施“玫琳凯志愿者项目”，鼓励玫琳凯的员工和销售队伍积极履行对社会的承诺，让志愿服务成为玫琳凯感恩生活的方式，用爱去不断感染和影响更多的人。

> 你为他人所付出的一切，最终都会回到你的生命中。
>
> ——玫琳凯·艾施

【玫琳凯中国在追求卓越运作方面的努力】

产能的不断飞跃

1994年，玫琳凯投资2000万美元在杭州经济技术开发区建立美国本土以外第一家工厂。

2006年，投资2亿元兴建的玫琳凯亚太生产中心在杭州经济技术开发区落成。亚太生产中心占地7.2万平方米，拥有18条生产线，年产量可达1.8亿件。

2009年，玫琳凯中国投资1800万元，从德国引进5吨Unimix配制系统，将亚太生产中心的日产能从21吨大幅提升至36吨。

2010年，玫琳凯中国计划投入使用第一条自动生产线，并开始向包括澳大利亚在内的亚太市场供货。此外，玫琳凯中国还计划于2013年完成亚太生产中心的二期扩建工程，届时产能将提高一倍，预计可支持200亿元的销售。

全面的质量管理

玫琳凯将产品质量视作企业的立业之本和企业必须承担的最基本的社会责任，将其作为贯穿于需求调研、配方研发、生产制造、产品测试、物流配送等各个环节的指导原则。

在需求调研环节，玫琳凯每年都与第三方调研公司合作，开展广泛深入的市场调研，以了解目标消费者的真实需求。

在配方研发环节，玫琳凯每年都投入大量资金，以开发出能够真正满足消费者需求的产品。自进入中国市场以来，玫琳凯还专门针对中国消费者的特殊需求研发出适合她们的产品，如植物配方经典护肤系列产品和美白系列产品。

在生产制造环节，玫琳凯亚太生产中心实施了以医药行业GMP为标杆的GMPC（化妆品良好生产规范）管理，使每一款玫琳凯产品在安全、质量方面接近甚至达到医药行业的严格标准。2008年，玫琳凯亚太生产中心通过世界上最严格的认证之一澳大利亚TGA认证，产品获准进入澳大利亚市场。

在产品测试环节，玫琳凯坚持对所有半成品及成品采用与全球标准完全一致的测试标准，该标准高于中国目前通用的国家标准。

在物流配送环节，玫琳凯定期对产品仓储和配送的温度条件进行监测，确保产品在规定的要求下存储和配送。

便捷的送货上门服务

为了让销售队伍能够更便捷地提取订购产品，2005年，玫琳凯中国在已有72家提货点的基础上陆续引入3家快递服务供应商，为部分地区的销售队伍提供送货上门服务。2007年，玫琳凯中国又在全国陆续开设600余家邮政发货点，使偏远地区的销售队伍亦能在附近邮局提取到产品。目前，90%以上地级市的销售队伍均可通过快递或邮政提货点便捷地提取产品，公司将在未来3年内，将这一便捷的服务覆盖到所有销售队伍。

订单的全程可视化

为了帮助销售队伍更好地管理自己的业务，玫琳凯中国计划于2010年实现订单的全程可视化，届时，销售队伍将可通过电脑或手机实时了解到订购产品的流向及目前所在位置。

服务质量的不断提升

为了不断提升物流服务的质量，玫琳凯中国于2009年引入多家仓储、物流及快递服务供应商。玫琳凯中国更将优秀的企业文化延伸至第三方供应商，使销售队伍在产品交付瞬间亦可享受到“黄金法则服务”。

专业的客户服务中心

玫琳凯中国客户服务中心拥有一条为全国消费者服务的800热线和一条为销售队伍服务的400热线。该中心由150位专业的客户服务代表组成，他们为消费者和销售队伍提供每周7天、每天11小时的人工服务及每周7天、每天24小时的自助语音服务。玫琳凯客户服务中心在服务中实践“你希望别人怎样待你，你也要怎样对待别人”的黄金法则，于2009年被中国信息协会和中国服务贸易协会评为“中国最佳客户服务中心”。

【企业荣誉】

2011年10月，玫琳凯中国荣获“光明贡献奖”

2011年10月 玫琳凯荣获“中国儿童慈善奖——突出贡献奖”

2011年10月 玫琳凯中国荣获2010年度浙江省“百强”外商独资企业

2011年7月，玫琳凯大中国区总裁被授予“中国儿童慈善奖——爱心奉献奖”

2011年07月，玫琳凯中国荣获“企业社会责任 优秀案例奖”

2011年06月，玫琳凯中国荣获“2011中国社会责任优秀企业奖”

2011年06月，玫琳凯大中国区总裁被授予“2011直销品牌年度人物•管理贡献奖”，销售副总裁被授予“直销品牌商业明星•最具管理价值职业经理人”

2011年05月，玫琳凯中国荣获“关爱女性企业奖”第一名

2011年04月 玫琳凯大中国区总裁荣获绿色中国年度焦点人物评选“绿色财富领袖奖”

2011年04月 玫琳凯中国哈尔滨分公司荣获“重合同守信用企业”荣誉称号

2011年03月 玫琳凯中国获“最佳公益关怀奖”

2011年01月 玫琳凯中国荣获“2010年度影响力品牌”

2011年01月 玫琳凯中国热心公益受商务部表彰

2011年01月 玫琳凯中国荣获金营销公益奖

2011年01月 玫琳凯中国创新公益屡获殊荣

【玫琳凯中国企业社会责任大事记】

1999

玫琳凯中国开始为非盈利教育组织JA（国际青年成就组织）中国部免费提供办公及培训场所，并鼓励员工积极参与JA中国组织的各项志愿教学活动。此外，玫琳凯中国每年还资助JA中国举办的各种颁奖活动及志愿者联谊活动。

2001

玫琳凯中国与全国妇联合作创办“玫琳凯妇女创业基金”，向下岗女工及贫困妇女提供小额无息贷款，帮助她们创办个体企业，实现脱贫。截至2009年12月，基金总额达到551万元，已累计帮助20个省份的3万名女性实现脱贫。

2002

玫琳凯中国与全国妇联合作开展“玫琳凯春蕾项目”，帮助贫困地区失学儿童重返校园。截至2009年12月，公司累计捐款842万元，在全国共援建10所玫琳凯春蕾学校，并连续资助60个班次、3000人次的贫困儿童重返校园。

2005

玫琳凯中国投资500万元建立了一座日处理能力达150吨的废水处理站，处理后的废水甚至可以用来养鱼。

玫琳凯中国被上海美国商会授予“企业社会公益奖”。

2007

玫琳凯中国入围上海美国商会“企业社会责任最佳实践公司”。

玫琳凯中国荣获由光明日报社颁发的“光明公益奖”。

2008

1月，玫琳凯中国推出“Love•自然•Kiss”环保计划，通过减少白色污染和植树造林等方式，切实回报地球的馈赠。

5月，玫琳凯中国于汶川地震发生后的第一时间向灾区红十字会紧急捐款300万元。此后，公司、员工、销售队伍又向灾区共同捐赠372万元，分别用于为灾区兴建临时住所、印制发放心理康复知识宣传册、向灾区医疗机构提供医用物资及资助灾区女性创业等。

玫琳凯中国入围上海美国商会“企业社会责任奖”。

玫琳凯中国被第一财经授予“中国企业社会责任榜•女性关怀奖”。

玫琳凯中国被中国妇女基金会授予“支持中国妇女公益事业慈善先锋奖”。

2009

玫琳凯中国将在2008年“Love•自然•Kiss”环保计划中筹集的30万元善款，全部用于在宁夏干旱地区植树，共植树420亩、5万株。

玫琳凯中国启动“四川地震灾区重建项目”，自2009年至2011年，每年拨款500万元、总共拨款1500万元用于灾区重建，这些款奖将按计划逐步落实到位。

5月，玫琳凯中国与中国妇女发展基金会、四川省妇联共同启动“玫琳凯四川妇女创业就业培训计划”，玫琳凯中国将在3年内捐款共600万元，帮助四川地震灾区妇女掌握创业就业技能。

7月，玫琳凯中国在搜狐网上启动“玫琳凯春蕾学校爱心手印线上征集活动”，通过向公众征集爱心手印及祝福，将爱心传递给四川地震灾区学童。这些手印及祝福将于2010年初，爱心墙将在玫琳凯最新捐建的两所灾区春蕾学校中落成。

6月，玫琳凯中国启动历时近半年的“放飞粉红梦想，爱心培育栋梁”粉红书包捐赠活动，向全国10所玫琳凯春蕾学校的5500名学生每人赠送一个新书包。

支持

玫琳凯中国被中国儿童少年基金会授予“中国儿童慈善奖”。

玫琳凯中国入围上海美国商会“企业社会责任奖”。

玫琳凯中国被中国社工协会企业公民委员会授予“中国优秀企业公民”。

玫琳凯中国被中华健康快车基金会授予“光明贡献奖”。

2010

4月12日下午，玫琳凯公司大中国区域总裁麦予甫先生代表公司出席了于北京大学隆重举行的“直销企业自律公约”签署仪式，与其他14家直销企业的负责人一起向社会做出郑重承诺。

5月，玉树地震发生后，玫琳凯中国共向灾区捐款100万元。

6月14日，美国德克萨斯州州长Rick Perry一行20余人，应邀来到玫琳凯中国上海行政中心参观访问，受到玫琳凯大中国区域总裁麦予甫先生和全体员工的热烈欢迎。

7月22日，玫琳凯中国高级对外事务总监张晶女士代表公司，应邀出席了在北京召开的儿童慈善工作座谈会，并受到全国人大常委会副委员长、全国妇联主席、中国儿童少年基金会理事长陈至立的亲切会见。

7月27日至29日，玫琳凯“春蕾看世界”活动在上海举行，来自全国各地的40名春蕾女童欢聚上海，共同体验了精彩纷呈的2010世博盛会。

9月，由玫琳凯中国捐款200万元在地震重灾区德阳和广元援建的两所玫琳凯春蕾小学日前双双落成。这是由玫琳凯中国援建的第十一、十二所春蕾小学。

玫琳凯中国紧急捐款10万用于“11.15特大火灾”后续安置。

玫琳凯中国入围上海美国商会“美商会企业社会责任合作伙伴奖”。

玫琳凯中国被中华健康快车基金会授予“光明贡献奖”。

11月5日，发布《2010玫琳凯中国企业社会责任报告》。

宝健（中国）日用品有限公司

PRO-HEALTH CHINA COMMODITY CO.,LTD

稳健发展　公益创新

【企业概况】

宝健（中国）日用品有限公司（以下简称“宝健”）自1996年在中国市场正式营运，是一家专业从事健康理念传播及健康产品生产、销售的大型港资高科技健康企业。它集研发、生产、配送、销售、服务于一体，通过提供营养保健、美容护肤、日化用品等多元化的产品与服务为国民提供全方位的健康保障，满足国人对健康的全面需求。秉承“诚信经营 稳健发展”之精神，经过15年的励精图治，宝健现已拥有自主品牌、产品配方三大系列近百种产品。

宝健产品在研发等方面精益求精。三大系列——宝健营养保健系列、宝芙美容护肤系列、宝馨日用护理系列，专为中国人研发设计，深得广大消费者好评。被选为2008年奥运会中国国家击剑队指定产品合作伙伴，在北京奥运会上，宝健产品力助国家击剑队获得金、银牌。“宝健”牌在中国保健品公信力推选活动中，获得“中国保健品十大最具公信力品牌”。遍布全国各地的宝健健康生活馆、服务中心，为消费者提供统一的产品、统一的价格、统一的服务，最大限度保障消费者的合法权益。

作为中国首都第一家直销企业，目前，宝健已成为首都健康产业领跑者，并在中国率先推行“60天无因退货”、“保质期质量问题换货”的满意保证。在获得稳健发展的同时宝健不忘回馈社会。为了“让希望工程成为企业股东”宝健创新性地提出“3个1%”公益理念，与中国青少年发展基金会共同成立“宝健自主基金”项目（即：宝健每年至少捐出应纳税所得额的1%；广大代理商积极响应号召，自愿捐出个人年收入的1%；员工也纷纷在第一时间自愿捐出个人年收入的1%），并持续以“3个1%”的固定捐赠汇入“宝健自主基金”，帮助100，000名孩子获得希望。此外，宝健还积极参与其他公益事业建设，目前，累计公益捐助已超亿元。

2005年，宝健与共青团中央携手创建“宝健自主创业”项目。遍布全国的500多家宝健健康生活馆，帮助万名同胞实现了创业与就业的梦想。2007年，宝健荣获“最具中国心跨国公司”与“履行社会责任做出突出贡献最佳企业”称号。2009年，宝健应团中央邀请，成为行业内唯一一家“中国青年创业就业基金会”发起单位，计划再为社会提供10万个就业机会。作为良好的企业公民，宝健乐于肩负更多的社会责任，尽己所能地回馈社会。

地址：中国北京经济技术开发区西环南路16号(宝健科技园）　电话：(010) 67819900

【企业文化】

目标 GOAL

专业健康第一品牌

Professional health leading brand

立志以专业地健康品牌、专业的健康产品、专业的诚信形象、专业的健康服务体系打造健康产业第一品牌。

使命 MISSION

健康 成就人生价值

Health, accomplishes the value of life

宝健始终如一地专心致力于以优质的产品和专业的服务为消费者提供全方位的健康保障，并倡导大家摆脱对他人的依赖，获得自主健康，从而实现自己对更高人生价值的不懈追求。

核心理念 PHILOSOPHY

掌握自主 分享关爱 We care we share

人生价值的实现，首先要从掌握自主，完善自身，摆脱对他人的依赖，不成为家人与社会的负担；而后照顾家庭，提升家庭生活质量，进而把关爱带给身边亲朋好友、同事、邻居乃至社会，为更多需要帮助的人们带去幸福，实现自身对更高人生价值的不懈追求。

诚信经营 稳健发展

这是宝健实现企业长远经营目标的两大保障。“诚信经营”是宝健一贯秉承的“良心、信心、耐心和责任心”四心原则的集中体现；“稳健发展”意味着宝健将本着求实的敬业精神，一步一个脚印地成长。

【总裁寄语】

宝健（中国）日用品有限公司 总裁、中国青年创业就业基金会发起人、宝健自主基金发起人、总裁 李道

宝健从1995年刚刚成立起，在社会对直销与保健品行业充满怀疑与挑战中，宝健已经在中国首都稳健经营15年，一步一脚印，掌握自主，实现自我社会价值。

掌握自主——企业的基本责任 面对挑战和质疑，宝健始终不气馁、不放弃，诚信经营、合法纳税、不违章、不违法，诚实守信，严把产品质量关，保障消费者权益，保障员工利益，为社会服务，这是企业的基本责任。

分享关爱——做好基本责任 回报社会来源于社会，回报于社会，宝健积极投身公益事业，推动公平教育和再就业公益工程，帮助数万名有志青年走上自主就业与创业的道路。同时，我们最引为自豪的是在中国青少年发展基金会设立的永久性“宝健自主基金”，创新性的提出“让希望工程成为企业的股东”，“3个1%”的承诺，我们更欣慰地看到近10万宝健爱心志愿者积极参与到此项公益行动，捐出自己的1%。

中国心 宝健情——逆向投资 逆向公益 2009年，面对金融危机，宝健保增长、扩内需、促发展，逆向投资10亿元，为首都经济贡献自己的力量。中国心，宝健情，宝健立足北京，心怀天下，尽自己所能实现人、企业、社会和谐进步，唯有这样，企业才能基业常青。

【基本责任】

优质产品 品质保证

宝健以高度的责任感看待企业的使命和价值，在履行社会责任方面注重回归本源，以“良心、信心、耐心、责任心”为原则，诚信经营、稳健发展，提供优质产品和专业服务，尊重与保障消费者价值最大化，这些基本责任构成企业的坚固基石，也是企业的根本价值所在。为了坚守这份责任，宝健长期坚持并不断审视自己，目前已累计纳税超过10亿元，为打造专业健康第一品牌的目标而努力。

十几年来，宝健始终视产品质量为企业的生命线，致力于为消费者提供高科技、安全、天然的优质产品。产品品质的力量让宝健在品牌云集的市场竞争中，站在优势显著的高地。

宝健特别针对中国人的体质、生活习惯和膳食结构进行大量分析，以科学的配方研发出符合中国消费者健康需求的优质产品。

宝健在产品原料采购方面严格按国家食品卫生、药用辅料标准及国际标准执行并严格遵循质量检验程序，从选种到采摘、从采购到出厂检测，层层把关从源头上保障产品安全。

宝健从国外引进的整套全自动生产线，在完全满足“良好生产规范”（GMP）的条件下进行生产。先进的工艺、精良的设备、严格的生产规范和熟练专业的操作工，为产品天然、高效的品质和优越的安全性能再添了一份坚实的保障。

点滴行动 支持环保

世界上最重要的资源是人类自身以及人类赖以生存的自然环境，推动环保、提升公众健康和安全是每一位宝健人的责任和义务，我们愿意为此持续地付出不懈的努力，积极推动创建环境友好型和资源节约型企业。

为此，宝健致力于多方面的努力：宝健在发展生产、提高效益的过程中，始终秉承“良心、信心、耐心、责任心”的经营原则，实现安全、稳定、可持续的发展，真正以维系人类永续安康为目的。原辅料采购标准严格按国家食品卫生、药用辅料标准以及国际标准执行。

宝健在环保方面的投资占总投资的0.6%，绿化率达到32%，超过了《北京市城市绿化条例》中绿化面积的规定。通过对生产废水、废气、粉尘、噪声、固体废弃物的处理，杜绝有害物质排放，大大减少生产对环境所造成的影响。严格遵守国家政策法规，遵循国家“禁塑令”，塑料袋全部由无纺布手提袋替代。回收、重复利用资源，节约使用能源；宝健产品包装外盒为全部可回收材质，塑料瓶也全部选用HDPE的环保材质，均可回收。

在宝健，生机盎然的绿色随处可见，对环境的爱护是宝健人义不容辞的责任。今天，环保已经成为宝健人的一种信仰、一种态度、一

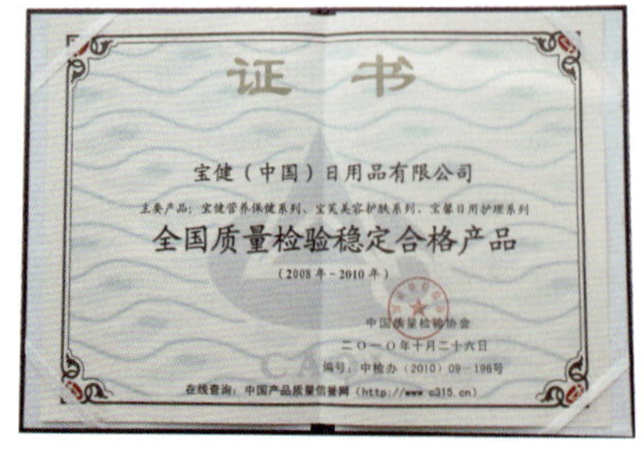

种生活和一种企业经营理念。为创建环境友好型和资源节约型企业，宝健在发展生产、提高效益的过程中，坚持以安全、稳健、可持续发展为原则，致力于共同营造和谐、健康、低碳的工作环境。

以客户利益为先

宝健将服务作为企业生存和发展的生命线，通过构建多角度、全方位的健康服务系统，坚持为每一位宝健消费者提供高品质、高效率的专业售前、售中、售后服务，保障消费者最大权益。消费者是企业经营发展的重要基石，提高对消费者的服务质量成为企业生存、壮大的关键。

宝健秉承“以客户利益为先”的服务理念，凭借完善的管理制度，配以先进的计算机通信技术与现代化的办公设备，建立了系统、专业的售后服务保障体系。

以人为本

员工是企业最宝贵的财富与资源，宝健的发展与成功源于全体员工的共同努力。所以宝健倡导员工秉承“认同他人、推销自己”的人本理念，重视人才培养，努力搭建员工健康成长的职业平台。不断将企业发展的成果和全体伙伴一起分享，构建和谐的劳动关系。

全国500余家服务网点

遍布全国的分支机构，500余家健康生活馆形成颇具规模的全国性服务网络，以统一的形象、统一的售价、统一的服务为每位顾客提供优质的产品和专业的健康咨询。

宝健健康生活馆满足了周边社区每个人健康生活的各个方面，从婴幼儿健康成长，到中老年的高品质生活，照顾到家庭每个成员的健康需求。

一句承诺，终身追求。

顾客满意保障

宝健拥有国际一流先进生产设备，严格执行国际优良生产规范。精湛的制造工艺和严格的质检程序保证每一批产品都具有极其精良的品质。

宝健在行业内首家推出“7天已开封产品无因退货满意保证”、“60天无因退货满意保证”和“保质期内质量问题换货”的服务承诺。

全球专业健康网站

宝健设立了全球专业健康网站，其中“宝健健康管理系统”成为长期消费家庭成员终身专属的健康管理专家，帮助他们获得自主健康。

Call Center(呼叫中心)服务系统

宝健营运总部建立了Call Center(呼叫中心)服务系统，推出消费者800免费咨询热线电话，为客户提供最完备的售后服务保障。

宝健健康网站

【社会责任】

诚信经营 依法纳税

“诚信经营　稳健发展”是宝健实现企业长远经营目标的两大保障，是宝健一贯秉承的“良心、信心、耐心和责任心”经营原则的集中体现。

良心：绝不违背良心欺瞒他人以谋取暂时的利益。信心：深刻的认识和学习，相信自己的选择，以真诚、专业的态度赢得信任。耐心：从基础开始，一步一个脚印地踏实付出。责任心：敢于负责任，才是成功。

宝健始终恪守企业社会责任，遵章守法，诚信经营，不违法、不违章，诚实纳税，目前累计纳税已超10亿元。近年连年纳税更超亿元，首都行业纳税排名第一。

鼓励创业 带动就业

自进入中国以来，宝健依托中国国情、因地制宜，并在此基础上不断开拓创新，融入中国社会，致力于成为优秀的本土化企业公民。宝健积极响应政府号召，在节能减排、低碳环保等方面做出努力与尝试；通过自身搭建的事业平台提供就业机会，宝健帮助政府缓解就业压力，就业创业成功率高达90%以上；2009年，行业内唯一一家“中国青年创业就业基金会”发起单位，未来将为社会提供10万个就业机会；30余次国内、国外旅游研习活动多次谱写历史，给了世界各国了解中国的难得契机，了解到作为中国人的“幸福与尊严”！

2009年，宝健积极响应共青团中央政策，成为行业内唯一一家“中国青年创业就业基金会”发起单位，成为首批共青团中央指定的“青年就业创业见习基地”，并积极推进该项工作。

逆向投资 发展经济

面对金融危机，宝健始终坚信中国稳定的投资环境以及中国经济良好的发展态势。在全球经济跌入低谷的2009年，宝健与北京市政府签订投资协议，追加投资10亿元人民币，有效利用企业内部的合力，促进产业创新，积极吸纳就业。

人生新平台、事业新高度

宝健独特的旅游文化让伙伴们受益匪浅，俗话说：读万卷书不如行万里路。“努力工作、努力享受生活”正是宝健的旅游理念。每年宝健举办的国内、国外旅游研习会议，让积极向上的宝健人在休闲放松的同时，也拥有了一个交流与沟通的平台。到目前，宝健已经带领超过10万人次走出家门、国门、迈向世界；让宝健伙伴们的足迹遍布20多个国家及地区，丰富了宝健人的视野。

2010年4月宝健来到海滨之城——大连，此次大连之行是大连旅游史上接待单一企业旅游规模最大的一次，带动了当地旅游业的经济发展并受到了当地社会各界的热忱欢迎和高度关注。大连政府及大连旅游局都给予宝健超大规模的滨城之旅和完善的服务，而此次大连游为当地带来近2000万的消费大单。

2011年9月，宝健万人旅游团飞赴济洲。为了欢迎宝健人的到来，韩国有了“宝健路”，给与中国游客最尊贵的礼遇。

【公益责任】

宝健自主基金 让希望工程成为企业的股东

宝健始终坚持：有宝健人的地方就有希望！在中国遭受特大灾难时，宝健在第一时间挺身而出，与政府一起共克时艰，为灾区人民送去关爱。无论是1998年洪灾、2003年非典、2008年汶川地震、还是2009年台湾8·8水灾、台湾喜憨儿；宝健人走到哪里，就把希望带到哪里。

截至目前，宝健已在漫漫公益路上跋涉了15年，已在全国捐建、资助学校66所，帮助数万名孩子获得了希望。除此之外，宝健在抗击非典、汶川地震、舟曲泥石流等自然灾害中，第一时间援助灾区，累计公益捐助已超过亿元。

宝健公司每年六一儿童节都给希望小学的孩子们带去节日礼品和学习用品等。在“掌握自主 分享关爱”企业理念的感召下，宝健与中国青少年发展基金会合作，独立捐资设立了永久性“宝健自主基金”，还创新性地提出“让希望工程成为企业的股东”，“3个1%”公益理念，长期承诺每年拨出企业应纳税所得额的至少1%，代理商个人收入的1%、员工个人收入的1%，投入到“宝健自主基金”。2006年，“宝健自主基金”开始关注农民工子女受教育的问题，为了帮助这些父母在外打工的孩子能享受到平等的受教育机会，李道总裁还亲自写信给温家宝总理，提出了很多好的意见和建议。截至目前，宝健已经先后在北京、天津地区资助了20余所农民工子弟就读的学校，用于帮助当地孩子改善学习条件，支持农民工孩子完成学业。

危难时刻显身手

来源于社会，服务于社会，奉献于社会。

共青团中央书记处常务书记王晓授予宝健“全国青年创业实践基地”

宝健自1995年来到中国首都，积极地投入各种赈灾救灾，从1997年张北地震，到1998年洪灾、2003年非典、2005年印度洋海啸、2008年年初雪灾，再到2008年5月为汶川特大地震捐款捐物808万元，以及援助台湾8•8水灾和弱势群体。目前已累计危难救助金额达数千万元。关注艾滋病儿童：2009年5月，宝健副总裁蔡尚荣，宝健山西临汾的代理商，我国艾滋病宣传大使、著名演员濮存昕，青年歌手李丹阳，中国青少年发展基金会副秘书长汪敏等一行走进山西临汾“绿色港湾”，为红丝带小学的艾滋病患儿们送去了节日的礼物和温馨

的祝福。2011年宝健捐助了三所希望小学，至此，宝健希望小学遍布全国。

宝健践行着一个企业公民的社会责任，始终不忘以一颗感恩的心回馈社会。

点燃希望 传递梦想：宝健爱心志愿者

宝健爱心大使桑兰（曾为国家女子体操队运动员）也是"宝健自主基金"爱心志愿者。

"宝健自主基金"成立以来，宝健代理商、员工已纷纷加入"3个1%"公益计划。从2009年起，宝健为了将这一公益理念继续传递下去，在全国开始征集"10万名宝健爱心志愿者"公益活动，10万个1%的爱心将帮助10万个孩子获得希望。

奥运志愿者在行动。2008年奥运会是中国的骄傲，是北京人民的骄傲！为了奥运盛举，宝健的代理商和员工积极报名，参与"奥运城市志愿者"活动。

有宝健人的地方就有希望

宝健资助的农民工子弟学校：

序号	学校名称
1	北京市大兴京豫陈学校
2	北京市大兴龙海学校
3	北京市昌平雨竹学校
4	北京市通州私立博羽学校
5	北京市朝阳新公民学校
6	北京市大兴区魏善庄镇王各庄完全小学
7	北京市大兴区礼贤镇第二中心小学杨各庄完全小学
8	北京市大兴区安定镇通州马坊完全小学
9	北京市大兴区榆垡镇太子务小学
10	北京市丰台区和义学校
11	北京市丰台区承寿寺小学
12	北京市丰台区长辛店中心小学
13	北京市南苑第四小学
14	天津市宁河县芦台镇第一小学
15	天津市蓟县实验中学
16	天津市蓟县城关小学
17	天津市东丽区丽泽小学
18	天津市津南区何庄子小学
19	天津市津南区小站镇东大站村小学
20	天津市静海县万全小学
21	天津市河东区友爱道小学

宝健自1997年起捐建的希望小学

年度	省、市、自治区	序号	学校名称
1997年	河北省	1	河北省张家口尚义县大营盘乡付家村宝健希望小学
	河北省	2	河北省张家口尚义县八道沟乡七甲山村宝健希望小学
1998年	河北省	3	河北省张家口张北县台路沟马连渠宝健希望小学
2001年	北京市	4	北京房山区韩村河镇孤山口村宝健希望小学
2002年	辽宁省	5	辽宁省开原市老城镇宝健崇明希望小学
2004年	陕西省	6	陕西省石泉县红卫乡宝健希望小学
	重庆市	7	重庆市忠县复兴镇东堡村宝健希望小学
2005年	吉林省	8	吉林省长岭县大兴镇宝兴村宝健希望小学
	吉林省	9	吉林省敦化市黄泥河中心宝健希望小学
2006年	四川省	10	四川省仪陇县新政镇东南村宝健希望小学
	河南省	11	河南省封丘县王村乡大马寨宝健希望小学
	黑龙江	12	黑龙江省佳木斯前进区四丰乡南岗宝健希望小学
	山东省	13	山东省济南市长清区马山镇中心宝健希望小学
	江苏省	14	江苏灌南县大圈乡实验宝健希望小学
2007年	山东省	15	山东省平度市麻兰镇大孙戈庄村宝健希望小学
	浙江省	16	浙江省苍南县渔寮乡宝健希望小学
	辽宁省	17	辽宁省康平县张强镇三棵树宝健希望小学
	海南省	18	海南省文昌市蓬莱镇群合村宝健希望小学
2008年	山西省	19	山西省太谷县范村镇宝健希望小学
	福建省	20	福建省闽清县下祝乡宝健希望小学
	广西省	21	广西省宾阳县黎塘镇青山村委里仁宝健希望小学
	广东省	22	广东省恩平市大槐镇大朗宝健希望小学
2009年	福建省	23	福建省莆田市仙游县（李嘉麒）宝健希望小学
	山西省	24	山西省临汾市蒲县黑龙关镇西沟宝健希望小学
	山东省	25	山东省临沂市费县方城镇诸满完宝健希望小学
	浙江省	26	浙江省衢州市常山县青石乡上阁村宝健希望小学
	河南省	27	河南省洛阳市新安县曹村乡宝健希望小学
	贵州省	28	贵州省毕节市黔西县宝健希望小学
	湖南省	29	湖南省浏阳市中和镇草坪完全小学
	辽宁省	30	辽宁省丹东市东港市龙王庙镇宝健希望小学
	黑龙江省	31	黑龙江省哈尔滨市巴彦县宝健希望小学
	四川省	32	四川省资阳市雁江区松涛镇镇盐井小学
	江西省	33	江西省进贤县钟陵乡宝健希望小学
	吉林省	34	吉林省伊通满族自治县宝健希望小学
	陕西省	35	陕西省兴平市南位镇宝健希望小学
2010年	甘肃省	36	甘肃省静宁县甘沟乡祁川中心小学
	安徽省	37	安徽省亳州市蒙城县岳访宝健希望小学
	宁夏自治区	38	宁夏回族自治区彭阳县红河乡黑牛沟宝健希望小学
	辽宁省	39	辽宁省普兰店市特殊教育宝健希望小学
	云南省	40	云南省宣威市热水镇热水宝健希望小学
	湖北省	41	湖北省咸宁市通山县大畈镇宝健希望小学
	内蒙古自治区	42	内蒙古赤峰市巴林左旗县林东镇宝健希望小学
2011年	河北省	43	河北省昌黎县葛条港乡石桥营宝健希望小学
	新疆自治区	44	新疆生产建设兵团农四师六十四团宝健希望小学
	西藏自治区	45	西藏自治区岗巴县宝健希望小学

数据截止至2011年6月

【宝健荣誉】

★ 宝健产品成为自2007年起，就成为了中国国家击剑队指定产品，力助击剑队在2008年奥运会上摘得一金一银，在2011年世锦赛上摘得二金二银；

★ 获得“中国保健品行业十大影响力品牌”“中国保健品十大最具公信力品牌、公信力产品”；

★ 2009宝馨牌日用品用户满意产品；

★ 连年获得保健协会授予的“中国营养、保健食品制造行业效益十佳企业”；

★ 2010年4月，中国公益慈善领域的最高政府奖——“中华慈善奖”2009年度在京揭晓，宝健自主基金凭借持续热衷于公益慈善事业的实际行动，积极倡导3个1%爱心、弘扬“中国心、宝健情”，荣获“中华慈善奖”提名奖，该奖项是由民政部颁发的最高慈善奖项；

★ 2011年1月，开发区2010年度纳税50强企业；

★ 2011年1月，北京市科技研发机构；

★ 2011年2月，可信网站示范单位；

★ 2011年6月，北京市著名商标；

★ 2011年10月，全国质量检验稳定合格产品；

★ 2011年11月，食品安全示范单位。

授予 宝健自主基金：

2009年度“中华慈善奖”提名奖

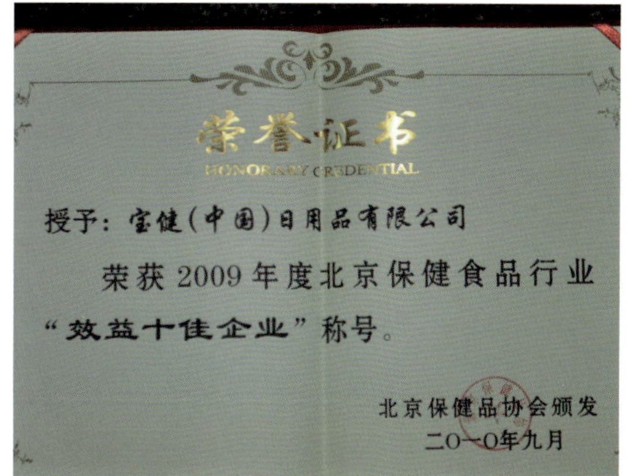

宁波三生日用品有限公司

Ningbo YOFOTO Commodity CO.,LTD

以"爱心1+1"创造社会责任常态化模式

【公司介绍】

宁波三生日用品有限公司成立于2004年，隶属于香港御坊堂药业集团有限公司。三生公司是一家从事健康生活产业的企业，采用三网合一互动营销的创新模式，在全国设有31家省级分公司，并于2009年启动国际市场，拥有极其广阔的发展空间。

公司"致力成为最受人尊敬的国际化企业"，以"提供优质健康生活产品，打造全球最佳事业平台，帮助人们获得健康、幸福、成功的和谐人生"为使命，通过高品质的健康产品和专业的健康服务，为人们缔造健康家庭生活，为营销人员打造"最佳事业平台"。

经过多年的潜心研发，公司已注册了85个商标、10多项专利、65种营养食品和生物基因高科技功能食品、70多款化妆品产品，并向国家食品药品监督管理局成功申报了31种保健功能食品。2004年，占地18000平方米的三生一期工程正式投入使用，成为宁波首个保健食品GMP生产基地，并通过了英国标准协会（BSI）ISO9001质量管理体系认证。2006年，三生公司规划总投资10亿港币兴建总占地面积566亩、设计年生产能力180亿元人民币的三生全球生产基地——三生健康产业园。其中，投资2亿港币、占地面积156亩的健康产业园一区已于2009年5月正式启用。以直销主业为核心，三生公司着手规划和兴建了三生国际运营中心、三生东钱湖游艇俱乐部、三生国际名酒庄、三生湿地主题公园等多个规模宏大的项目，正在创造一个全球化、多产业、集群化的直销产业集群！

地址：宁波市鄞州区石碶镇车何渡村三生健康产业园　服务热线：0574-8745 0888

黄金宝，宁波三生日用品有限公司董事长，新一代甬商的佼佼者。

1997年，他初涉健康产业；1999年，组建了香港御坊堂药业集团；2001年，成立宁波御坊堂生物科技有限公司，建设了宁波首个保健食品GMP生产基地；2004年，成立宁波三生日用品有限公司，以高品质健康产品和创新营销模式，为人们缔造健康生活，提供自主创业的良机；2006年带领三生公司获得浙江省首张直销经营许可证，并成为业内高速成长和创新型企业的代表。

在此过程中，黄金宝收获了亚洲品牌创新人物奖、世界经济华人杰出创新人物奖、2008宁波十佳营销精英、2008十大风云甬商卓越甬商奖、亚洲品牌十大创新人物奖、食品安全管理先进个人、中国优秀创新企业家等众多荣誉，多次受邀出席博鳌亚洲论坛、APEC峰会等国际知名的高端论坛，并成为APEC中小企业服务联盟企业家委员会发起人。同时，担任了宁波市海曙区及鄞州区政协委员、宁波经济理事会副理事长、宁波市国内投资与合作交流协会理事、中华慈善总会永久理事、宁波市海曙区及鄞州区慈善总会理事、甬商联谊会副会长等多项社会职务。

【责任力思维】

黄金宝董事长对企业社会责任思想的解读

“对于企业做多大，我没有一个标准，我的准则是做好、做强。没有好，做得再大也是白搭。”这是三生公司董事长黄金宝常说的一句话。一个“好”字，意味深长。由此也可以看到三生“致力成为最受人尊敬的国际化企业”的愿景所诞生的思想土壤。

在黄金宝董事长的眼里，把企业做“好”，就是企业最大的社会责任。一家以“好”为衡量准则的企业，对员工、对经销商、对消费者、对政府、对社会、对环境，都承担着“做好”的责任。只有在这些方面都做好，才能真正赢得尊敬，也才能让事业迈向全球，并实现基业常青。

所以，三生的社会责任，更多的是如水般润物无声地渗透到了企业日常的每一个动作中。唯有企业得到良好的发展，员工才会有更大的舞台，去实现自己的目标与价值；唯有企业的平台搭建得坚实稳固，经销商才会得到最有力的保障，心无旁骛地去拓展事业，实现各自的人生梦想；唯有不断提供满足消费者需求的优质健康产品，并始终将产品的品质和安全放在首位，才能让消费者放心消费，并通过消费行为获得健康与快乐；唯有企业的诚信与规范，才能实现永续发展，为地方经济多做贡献；唯有企业不断发展壮大，才能与社会分享更多的价值；唯有尊重自然，与自然环境和谐共生，才能拥有更长远的未来。

对员工：提供施展才华、实现自我价值的平台，公司给予的不仅仅是一份工作，更是一个平台。黄董认为，经营企业的最大乐趣是不仅自己获得成功，还要推动别人获得成功，他最乐意看到越来越多的人在这个平台上获得好的生活。这一点，公司老员工的感受尤为深刻，其中有不少人跟随黄董自传统保健品经营开始至今，已经超过了十个年头。而这也让三生拥有了一大批忠诚的员工，2011年1月25日，在公司内部召开的2011年发展规划宣导大会上，五年忠诚奖的获奖员工就有39位，十年忠诚奖的获奖员工有6位。

对经销商：打造全球最佳事业平台。在黄董创业之时，也曾经期望过能有这样一个通向成功的平台。所以，当他的事业越做越大的时候，很希望能为那些渴望创业的人提供一些帮助。他一直觉得，能与人分享的成功才是真正的成功，也才能成就更大的成功。

三生责任观

"'责任'一词，知易行难。因为它不是一时一事的付出，而是持续的行动。救助一个孩子并非难事，但救助更多的孩子就需要我们持续的关注和帮助。这就是三生'爱心1+1'一直在坚持的行动。对社会的责任如是，对自己、对家人、对伙伴、对事业的责任更是如此。当我们许下对梦想的承诺的时候，也肩负起了将梦想变成现实的责任。为消费者提供健康家庭生活所需的优质产品，为三生家人打造最佳事业平台，与世界分享和谐人生，用行动赢得尊敬，都是我们肩头的责任与使命。当我们把它变成持续不断的行动的时候，才能实现共同的梦想。"

这就是他成立三生，为经销商打造全球最佳事业平台的初衷。通过产品、品牌、文化、软硬件实力、管理、服务、培训、激励、市场支持、远景规划等等各个方面来打造三生全球最佳事业平台，和每一位经销商分享健康生活，分享创业良机，分享和谐文化，分享成功事业，并一起创造三生更美好的未来。

对消费者：三生公司的产品涵盖了营养保健食品、日化用品、化妆品、保健器材、小型厨具等多个系列。家庭生活化的快消品，是消费者日常生活中不可或缺的，市场广阔。与此同时，企业所承担的责任也更加重大，因为无论是产品还是服务，都与消费者的健康息息相关。三生高标准的生产基地，严格的品质管控，热情专业的客户服务，都是对三生产品品质和服务的保障。同时，通过各地分公司和服务中心的建设，为消费者提供健康咨询、售后服务、退换货保障等，并建立了市场信息反馈机制，在服务上不断进行自我提升。为了保证产品的品质，生产出能真正让消费者获益的产品，黄金宝不仅亲自参与其中，而且还如"神农尝百草"一般，不顾危险地尝试市面上的各种产品和原料。有一次，他因误尝一种药材而引起全身麻痹，失去了知觉，经医院抢救脱离危险后，却依然不改初衷，正如他自己所说的，"自己都不敢尝试的产品，怎么能卖给消费者？"

对政府：秉承"永续、稳健、规范"的经营理念，三生紧跟国家政策，不仅合法、守法、规范经营，也起到了诚信规范的表率作用。2010年、2011年，连续两年携手社会各界在全国开展"自律赢尊重，规范促和谐"系列活动。通过活动的举行，三生公司不仅向公众进行了普法宣传，提高了广大群众的辨识能力，而且也令企业和经销商更深刻地认识到了自律经营、规范发展的重要性，带领全体三生人以实际行动赢得尊重。同时，也积极推动着行业的健康长久发展，为构建和谐社会贡献自己的力量。

对社会：与社会分享价值，积极回馈社会，实现个人、企业与社会的和谐发展。不仅通过分享三生事业，把事业机会、把和谐文化带给了更多的人，而且积极帮助社会弱势群体，并号召员工、经销商、乃至社会公众的广泛参与和持续行动。

对环境：尊重自然，倡导企业、社会、自然环境的和谐发展。在生产营过程中践行环保理念，做到污水的零排放，产品包装的环保；积极探索产业升级，由健康产业向着有机健康产业发展；做造林绿化的实践者，在企业园区内种植众多名树；带头发起成立中国绿色碳基金鄞州专项基金，并捐资500万元。

2007年9月，在2007亚洲品牌盛典上荣获“亚洲品牌创新人物奖”；

2008年12月，在亚太（投融资）华人经济年会上荣获“世界经济华人杰出创新人物奖”；

2008年12月，在中国杰出营销奖精英论坛暨2008宁波营销峰会上荣获“2008宁波十佳营销精英”称号；

2009年1月，荣获2008十大风云甬商卓越甬商奖；

2009年6月，在DSC年会“2009第二届杰出领袖百人圆桌会议”上荣获“2008-2009年度十佳慈善大使”；

2009年7月，荣获宁波市海曙区“两新”组织“党建之友”荣誉称号；

2009年9月，荣获第四届亚洲品牌盛典“十大创新人物奖”；

2009年11月，荣获2009中国食品安全年会“食品安全管理先进个人”称号；

2009年12月，荣获“中国直销20年之影响中国直销的10大企业家”称号；

2010年1月，荣获“中国直销2009年最受欢迎企业掌门人”称号；

2010年8月，在第五届中国企业发展自主创新论坛上，荣获“中国优秀创新企业家”称号；

2010年11月，在中国直销产业发展论坛上，荣膺“感动中国直销20年·崇高人物奖”；

2010年12月，荣获第六届（2010）中国直销风云榜“最具价值企业家”称号；

2011年4月，当选APEC中小企业服务联盟首届企业家委员会委员；

2011年8月，荣获宁波市海曙慈善奖（个人奖）。

【民生责任】大力夯实生产基础 确保产品安全

三生车间实景图

生产实力

三生公司采用了国际最先进的GMP生产标准，不但对生产的每一个环节、每一道工序作了严格的要求和监控，而且对厂房中环境、空气洁净标准、换气次数、空气压差、温湿度、照度，乃至尘埃粒子数和微生物数都有严格的规定并定期检测。通过严格的工序控制，从原料到生产的每一个环节，再到检验和包装都最大程度地保证了产品的卓越品质。

三生公司采用大量国内外先进的设备和技术，并对生产的每一个过程和细节都精益求精，以品质夯实最佳事业平台的基础。公司还采用最先进的GMP生产标准，而且通过了ISO9001质量管理体系认证及ISO9001：2008转版申请，严格把控从原料选材到生产再到包装的每一个生产环节、每一道工序，最大程度地保证了产品的卓越品质，让消费者充分享受到优质健康产品带来的健康和快乐。

原材料源头保质量

通过与世界知名原材料、产品检测厂商建立了战略关系，以及自建有机种植基地，通过“公司+基地+农户”的模式，实现“产、供、销”一体化，三生公司从原材料的源头采购环节确保了高品质的原材料供应。

三生公司还建立了一套严整的采购管理制度。从采购业务管理和供应商管理两方面来组织采购过程的实施。对于采购业务过程，就销售需求的预测及库存信息及时与相关供应商进行信息交流，从供应商选择、产品试用、到货检验、供应商审计、供应商评定、质量信息反馈、供应商改进及停止供货等方面实施全过程检验把关。

在采购和供应商的管理方面，三生公司根据直销管理的模式，由采购和研发品管部门负责，形成《原辅材料及包装材料采购管理制度》、《原辅材料供应商审核制度》等，为公司统一采购提供了制度保障，实施后采购成本有明显降低，原料质量和配送准确率明显提高。

加快高新技术研发

ISO9001-2008

三生以家庭生活化的产品规划为指导，始终专注于健康产品的研究和开发，先后与国内外多家科研机构、院校合作，成立产品研发中心。研发中心现有由博士、硕士、本科生组成的专业技术队伍，形成了保健食品、食品、生物工程、化妆品、化工、检验检测等各个专业的研发团队。从德国、美国等国家进口先进的研发检验设备。经过多年的潜心研发，已注册了85个商标、10多项专利、65种营养食品和生物基因高科技功能食品、70多款化妆品产品，并向国家食品药品监督管理局成功申报了31种保健功能食品。

2004 中国食品安全年会
支持单位：
中华人民共和国农业部
中华人民共和国商务部
中华人民共和国卫生部
国家工商行政管理总局
国家质量监督检验检疫总局
国家食品药品监督管理局
中国企业联合会
主办单位：
中国食品工业协会
承办单位：
中国食品质量报社
中国·北京

宁波御坊堂生物科技有限公司

由中国食品工业协会推荐，经审查，你单位被认定为2004至2005年度

全国食品安全示范单位

中国食品安全年会组委会
二〇〇四年九月十八日

食品安全示范单位

ISO认证

严格质检每道流程 时刻不忘民生责任

三生公司于2006年7月顺利通过ISO9001：2000质量管理体系的认证评审，并获得英国标准协会（BSI）颁发的质量管理体系认证证书。获得BSI颁发的证书，既说明了三生的管理水平及质量信誉获得了国际权威机构的认可，又意味着三生将在管理、生产、产品、市场、服务等方面更上一层楼。ISO9001：2000质量管理体系认证的通过将成为三生质量管理的一个新起点。公司从以下三主面保证稳定的产品质量：

①原材料验收建立三证制度。

②建立了从采购、仓储、生产到配送、销售等一系列卫生管理制度。

③严格产品制作工艺流程，制订并完善了企业产品标准。

良好的质量管理，有利于公司改进组织效率，降低成本，提供优质的产品和服务，保证产品的卓越品质，为市场和消费者提供放心和满意的服务。

【员工责任】

以人为本 价值分享

员工责任

三生公司坚持“以人为本”的理念，倡导“信任合作、创新永续、价值分享”的价值观，尊重员工人格、体现员工价值、关心员工疾苦、帮助员工进步，努力为员工营造一个和谐、上进的良好工作氛围，以激发员工的工作积极性和创造性。

公司严格执行劳动法等相关法律，与员工签订劳动合同，保护员工合法权益，除了为

新春联谊·武术表演

公司组织员工的拓展训练

每年春节公司组织的拔河比赛

圣诞节公司组织的互换礼物活动

员工提供富有市场竞争力的薪酬制度外，公司还为员工购买社会保险、医疗保险、住房公积金，并每年组织员工体验。为员工提供公寓、免费中餐、免费工作服，不定期为员工发放福利生活用品，给员工创造了一个良好工作何生活条件。年底，公司还为工作满一年以上的员工发放新春慰问金。

推荐工作表现优秀的员工出国考察。

开展丰富多彩的活动：如每月组织员工生日送祝福活动；演讲比赛；象棋、乒乓球、羽毛球、拔河比赛；组织员工旅游。

每年的年三十，公司领导都会与员工一起吃年夜饭，组织员工进行联欢、聚餐、抽奖；年初一为全体员工拜年发红包。

每年圣诞节，组织员工礼物互换活动。

每年母亲节，为身为母亲的员工和员工母亲送上节日祝福。

对于一些家庭贫困或生活困难的员工，公司还会特别关怀，给予经济上的资助。公司曾经有一位保安同事不幸患上了尿毒症，公司得知情况后第一时间帮助员工办理住院手续，并带头发动全体同事为该员工捐款。直到员工治疗后因身体原因不能工作而辞职，公司还坚持给该员工发放了半年的工资。

【经销商伙伴责任】

全面成长 荣耀同行

三生立足于前景广阔的健康产业，以健康产品为主导，开拓全球市场，并通过直销这一创新营销模式，为营销伙伴提供具有无限发展空间的事业良机。每一位三生营销伙伴，都可以通过自己的努力与坚持，从平凡走向优秀，从优秀走向卓越。激情澎湃在梦想之路的每一个驿站里，掌声响起在你所取得的每一个成绩中，在激情、梦想与荣耀里，在鲜花、掌声和欢呼中，你将从默默无闻到星光璀璨，从星光璀璨到钻石闪耀！随着公司的不断发展，你也将和三生一起收获更大的成功，实现更大的梦想！更重要的是，在三生最佳事业平台上，你将同时拥有健康、幸福、成功，实现梦想中的和谐人生。

成立市场管理委员会

为更好地服务市场，公司还从挑选出市场核心骨干成员组建了市场管理委员会、市场发展委员会、市场执行委员会、保健产品推广委员会，就公司的发展战略、市场政策以及公司的最新动态不定期地召开会议；鼓励大家积极献言献策。对于一些好的建议和意见，公司积极采纳。

组织海外旅游

每年一度的海外旅游研讨会，是三生公司对优秀营销伙伴的特殊奖励，是广大营销人员学习提升、开拓国际化视野的最佳机会，更是三生最佳事业平台的又一见证。从2005年到2010年，三生公司相继组织开展了：

2005.10，东南亚之旅；

2007.8，激情东南亚之旅；

2007.11，奇异澳洲之旅；

2009.9，歌诗达邮轮日韩风情旅行；

数千位三生优秀营销伙伴通过自身的努力实现了海外旅游的梦想，携带亲人、朋友一向分享了激情、梦想和荣耀。

进行年度表彰大会/房车奖励

每年，三生公司都会举行隆重的年度表彰大会，为在一年里凭借自己的努力成功晋级的营销人员颁奖授衔。截止到目前，已经有数百位三生营销人员走上了鲜花、掌声簇拥的年会领奖台。对于优秀的获奖人员，三生公司还特别设立了车房基金的奖励，目前，已有近百位三生营销人员领取到了三生公司的豪车大奖。

2009日韩风情旅行

2010年会全景

2009年会盛况

2007激情东南亚之旅

豪车大奖

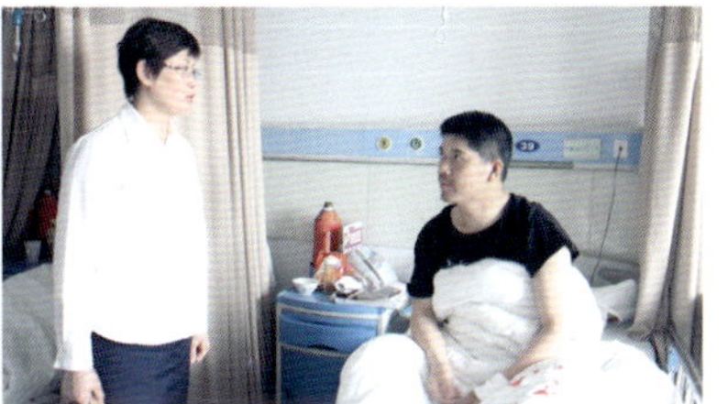
公司领导看望患病员工

OMC共同体第二届大会

【经济责任】打造最佳事业平台 创新商业模式

三生健康产业园

自律赢尊重，规范促发展

三生公司于2006年8月获得由国家商务部颁发的直销经营许可证，成为全国第六家、浙江省首家获得直销经营许可证的企业。

由于行业的特性以及政府对行业的要求，三生公司将遵守《直销管理条例》、《禁止传销条例》、《中华人民共和国反不正当竞争法》、《中华人民共和国消费者权益保护法》等法律法规，作为企业的日常重点工作来抓，从企业自身和要求营销人员遵循合法、公平、自愿、平等、诚信原则，秉持公认的商业道德从事经营活动。为此，三生公司会每年开展学习以“两个条例”为重点的活动，并将每年的9月作为企业全员“普法、学法、守法”活动月。邀请各地政府管理部门领导深入企业召开座谈会，邀请政府领导和法律专家为员工、经销商讲解法律法规知识。在确保企业自身规范自律经营的同时，三生公司还积极与各地政府、社会媒体合作，开展“远离传销、规范直销”大型社会宣传活动，编制发放《如何识别直销与传销》宣传手册，开展《两个条例》有奖知识竞赛、普法送法下乡进社区进学校、抵制传销万人签名等活动，为行业的健康发展创造一个良好的环境，赢得了行业和社会的尊敬。

一期生产基地

三生一期生产基地位于宁波海曙科技工业园区内，占地18000平方米，已于2004年投入使用，是宁波首个通过保健食品GMP审查认证的健康产品生产基地。并通过了英国标准协会ISO9001：2000质量管理体系认证。

三生健康产业园

2009年5月30日，总投资10亿港币、总占地面积566亩的三生健康产业园，迎来历史性的时刻——占地156亩的三生健康产业园一区工程投入使用，其余占地410亩的二区、三区也将陆续动工。全部建成后这里将成为一座集研发、生产、销售、办公、展示、会务等为一体的亚洲最大的健康产品生产基地之一，为全球营销伙伴提供源源不断的高品质产品。

国际运营中心

为适应三生全球市场的发展，为全球三生营销伙伴提供更好的市场支持，三生于2007年底购入了总占地面积43000平米的建设用地作为三生国际运营中心的规划用地，并已规划在此基础上建造总面积达12万平米的办公大楼群。三生国际运营中心将建设

健康产业园内景

国际运营中心

包括三生国际总部办公大楼、三生中国区办公大楼、三生国际区办公大楼、三生国际教育培训中心、三生国际会议中心、员工别墅区在内的等多栋建筑。随着三生国际市场的全面开启，三生国际运营中心的建设已经进入紧密的筹备阶段，即将破土动工。三生国际运营中心的建设将为三生全球市场的开拓提供强有力的支持。

园区绿化建设

为打造常青基业，三生公司已经累计投入数亿资金用于三生健康产业园的绿化景观建设，从国外引进了树龄长达数百年乃至上千年的珍稀名木，以及奇石。苍古秀雅的罗汉松，风姿绰约的红花继木，苍劲挺拔的香樟树，古朴奇美的紫薇等珍稀名贵树种以及造型各异的石头，将三生健康产业园装点得生机盎然，展现出三生健康产业园深厚而大气的风格。

分公司建设

致力成为最受人尊敬的国际化企业，三生从成立伊始就以全球视角规划了国际化运营。三生公司汇集了一大批国内外的高级营销管理和市场营销人才，逐步构建起遍布中国、辐射全球的销售服务网络。目前，三生已经在中国设立了31家省级分公司，并成功地开发了包括俄罗斯、乌克兰、泰国、越南在内的多个东欧和东南亚国际市场。随着三生全球一体化战略的稳步实施，辐射全球的分支机构不仅将三生的优质健康产品和中医药养生文化传播到世界各地，更把三生的事业良机带给全球营销伙伴。

三生创新商业模式

三网合一互动营销模式

利用中国目前最前沿的3G技术和领先的网络平台，结合直销行业特有属性，共同研发了一套拥有自主知识产权、能支持三生直销业务和移动电子商务的软件系统，通过将三生核心的直销业务模式与当前世界最先进的移动电子商务进行完美结合，率行业之先首创了“三网合一互动营销”模式。通过公司、营销人员、消费群体的利益全面互动、产品全方位满足、服务全程锁定，实现企业、营销人员、消 费者的和谐共赢。“三网合一互动营销”是当前直销模式结合现代移动电子商务对原有营销渠道的一次创新性跨越升级，引领了中国直销行业的发展趋势。

中国首个3G商用项目/三生移动电子商务项目

2009年12月27日，三生·联通·三星——3G行业商用战略合作签约仪式在宁波香格里拉大酒店

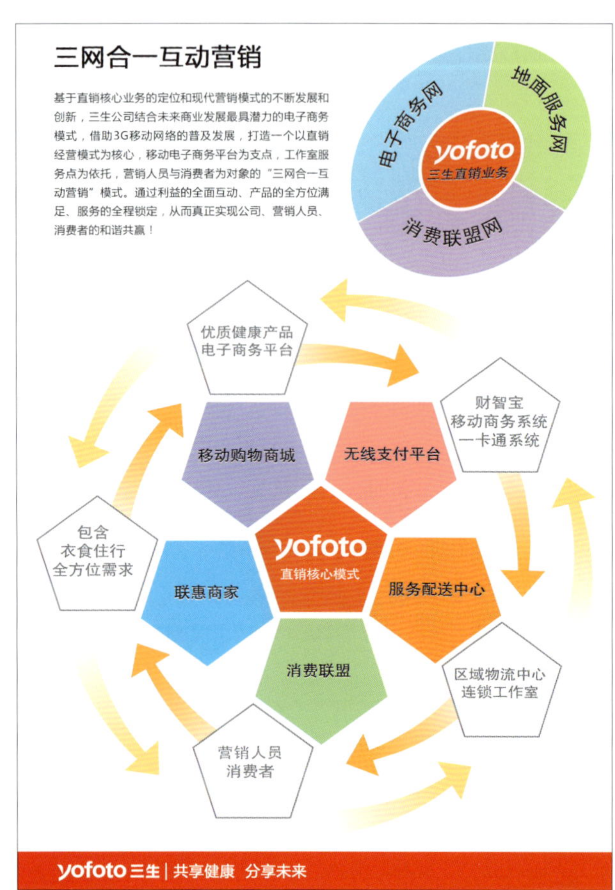

宁波大宴会厅内隆重举行，这是中国首个3G行业商业应用项目，它的正式启动，标志着三生率先进入3G直销时代，开创了一种全新的商业模式。

2010年，三生开启了“二五发展计划”，明确提出了构建“三网合一互动营销”，把握时代潮流，升级营销模式，实现跨越式发展。

2011年，当越来越多的企业开始宣布各自的电子商务计划时，三生早已用自己非同凡“想”的跨时代思维，引领着中国移动电子商务的发展潮流。

三生移动电子商务网站—— 有享网

有享网（www.yofogo.com），健康家庭生活一站式购物平台。有精彩，齐分享。

有享网，诞生于2011年7月，由三生公司旗下宁波三生电子商务有限公司开发成立。有享网致力于打造健康家庭生活一站式购物平台，构建三生“三网合一”全新商业营销模式。

为消费者提供健康、优质、高性价比的家庭生活化产品，为合作伙伴提供更宽广的创业平台。

诚信经营、诚实纳税

三生公司坚持和倡导诚信，强调诚信经营、良心品质、诚实纳税。作为宁波市鄞州区的一家极具成长力的企业，三生的成长速度和创新能力都为地方经济发展做出贡献，荣获2008年宁波鄞州区快速成长企业第一名，2009年鄞州区“双五十工程”雏鹰奖等诸多荣誉。同时，通过遵纪守法和遵守道德规范，潜移默化地影响着供应商和合作伙伴，赢得了社会的尊敬和认可，荣获了“2008亚太区十佳诚信直销企业”、“宁波信用建设促进会会员单位”等称号。

健康身体+幸福家庭+成功事业
三生与你分享和谐人生
yofoto 三生
共享健康 分享未来
http://www.yofoto.cn
4008 822 811

【教育责任】以完善的组织与机制 提升自主创业素质

三生商学院概述

良好的培训对于直销公司至关重要，公司对培训十分重视，并进行了大手笔的投入。为此，公司斥巨资拟在宁波总部建设三生全球培训中心——三生全球商学院，通过与国内外高等学府、培训机构合作，引进国内外行业顶极培训大师，组织一支高素质培训队伍。目前，三生拥有强大的教育队伍，10位国家顶级培训师，各分公司拥有自己独立的培训主任。在培训方面，三生公司拥有自己的独特的优势与创新。三生在行业开创了以公司分层级培训为主体，体系培训为基础，三生远程教育网为辅助的“三位一体的教育培训系统”，三生是第一家具有外籍顾问的公司，并根据不同性别、年龄、经验设置了差异化培训。三生提供给新人一系列完整的培训，打造T字型人才，全面助力三生营销人员迈向成功。

系统教育培训

公司特别设置了不同层次的领导人层级培训计划，为经销商提供从成功起步、个人发展、市场管理、团队领导不同阶段的培训，循序渐进地系统教育培训，帮助大家掌握各种销售技能、

培养他们成为一名优秀的市场领导人；此外，每年优秀经销商均有一次参加公司组织的海外旅游研讨会的机会，通过出国旅游、研讨的方式进行学习。

差异化培训

在系统教育方面，三生的差异化表现在：建有自己的亚洲营销学院，有自己的三生教育系统，开业界先河推出了“OMC共同体”、“富爸爸俱乐部”、“女性CEO俱乐部”、“下一代CEO俱乐部”等一系列具有差异性的课程，致力于将每一个事业伙伴打造成“T”字型人才。同时关注营销人员的子女，为他们树立正确的人生观、价值观，帮助他们就赢在起点。

“三生自主创业工程”培训

2009年，在全球金融风暴的大背景下，三生公司制定并推出了一整套完善的“自主创业工程”计划，相继推出了“个人成功创业推荐会”、“自主创业公益培训会”、“女性创业论坛”等一系列旨在以创业带动就业的活动，给予创业指导和帮助。同时，累计拿出超过5000万的创业资金， 帮助致力于自主创业的营销人员成功自主创业。

“三生健康大讲堂”

作为一家致力于帮助于人们获得健康家庭生活的企业，三生公司不仅为消费者提供优质健康的产品，更关注健康生活理念的灌输和健康产品知识的教育。每年，三生公司都会携手中国保健协会的专家学者，组织公司优秀、专业的产品讲师，在全国开展三生健康大讲堂。截止到目前，三生公司已累计在全国开展健康大讲堂数千场，培训对象数万人。

三生讲师培训

为帮助营销人员更好地掌握产品知识，提升销售技巧及演讲能力，三生公司特别开设了产品讲师训练营，甄选优秀营销人员每年定期参加公司统一组织的产品讲师培训。并从每一期培训班选拔10%优秀产品讲师，进入公司的三生产品健康推广委员会，组建产品健康万里行讲师团，到全国各地进行产品知识的教育推广。截止到目前，公司已经组建起了一支人数近50位的素质过硬、知识丰富的专业讲师团。

虹膜培训：

虹膜仪作为三生公司市场销售有力武器，作为三生公司的特色文化已深入人心。为帮助经销商提高产品销售技能，三生公司联合中国保健协会、中国商业联合会对外联络工作委员会、南京新中医学院、南京虹膜保健咨询服务中心等单位开展虹膜培训。经培训考试合格后，统一授予国家级“虹膜全息技术咨询师”培训证。三生自2005年12月举办了首届虹膜培训以来，已经举办上百场虹膜仪的初级、中级、高级培训，帮助数以万计的经销商掌握了虹膜学的基础知识，提升了产品销售技能。

健康顾问工作室培训：

为帮助广大营销人员低成本、低门槛成功创业，三生公司创新行业推出了健康顾问式加盟方式，并对加盟的健康顾问工作室提供全方位的培训。根据加盟对象的情况，分别给予初、中、高级培训；内容涵盖虹膜仪理论与操作、工作室经营管理、产品健康讲座、事业心态和技能的基础运营培训。从产品知识到销售技巧，从团队建设到店铺管理，从顾客服务到市场开拓等各方面，为经销商提供完备的事业支持和保障。

三生在线教育 “在线直播室”

三生公司率先将互联网和3G技术运用到企业的培训中来，建立了三生远程教育网，网络远程教育通过三生教育网和财智宝移动商务系统，让现在公司的任何培训都可以做到全国网络、手机同步直播、点播，从而让营销人员可以随时、随地、随心地享受移动化网络培训。三生远程教育网提供了从企业文化、事业说明、事业心态、产品知识、销售技巧等全方位的移动视频培训课程，并可观看公司重大活动的网络直播。

三生各分公司教育相关活动

各分公司每月培训会议不低于上百场，内容涵盖产品知识、健康知识、业务基础、事业心态等多个方面。培训在三生企业中占据了战略性地位，各分公司全部设立了会议室，便于培训教育。另外，为了更好服务经销商，三生公司在网上开展了视频教育，并可自由选择直播和点播两种方式。

【公益责任】“爱心1+1” 汇聚爱的力量

三生公益理念

一个人的力量是有限的，但成千上万的人就能汇成澎湃江河；一件事虽小，但无论多么巨大的变化都来自于积少成多。如果我们每个人都奉献一份力量，每一个人，每一个月，参加一次力所能及的公益活动，“1+1+1+1+1+……+1”，长此以往，当我们的爱心最终汇聚成一股强大的社会暖流时，我们所收获的不仅仅是多一分的笑容，多一分的感谢，多一分的希望，还将是整个社会文明程度的提升。

社会公益是三生企业发展的重要组成部分，与社会分享价值，用行动赢得尊敬，正是三生“致力成为最受人尊敬的国际化企业”的愿景所赋予有一个员工的责任。

为此，三生公司不仅在慈善扶贫和赈灾行动中累计捐助款物数千万元，而且一直关注民生，多年来在全国持续开展了“三生高考爱心直通车”、“和谐三生，送福万家”、“爱心1+1基金——先天性心脏病儿童救助行动”等多项主题公益活动。活动无论大小，都有三生人的用心参与，累计参加近100000人次。2011年7月，在中华慈善总会的指导下，三生“爱心1+1”志愿者组织成立。我们相信，未来不仅将有更多的三生人加入到爱心志愿者的队伍中，而且三生“爱心1+1”理念也将带动广大公众的参与，形成互帮互助的良好风尚。

重点公益活动介绍

三生“爱心1+1”基金

2010年10月，三生公司响应中华慈善总会的号召捐款15万元，救助了10名先天性心脏病儿童。在救助首名患病少年胡占峰的过程中，三生董事长黄金宝先生深受触动。了解到全国有数百万先心病患儿，其中很大一部分因家境贫困得不到救助的情况后，三生公司携手中华慈善总会，于2010年11月28日正式成立了三生“爱心1+1”基金，并首批捐款150万元，为更多贫困家庭的先天性心脏病儿童提供救助。

2011年2月，三生积极参加由中华慈善总会主办“为了我们的孩子——千名少数民族贫困家庭先心病儿童救助行动”，通过三生“爱心1+1”基金再度捐款100万元，救助少数民族先心病儿童。

2011年7月-9月，用爱点亮梦想——三生“爱心1+1”公益中国行，在全国开展。通过全体三生人的积极参与，把生命的希望传递给更多的先心病患儿和他们的家人。

截止到2011年8月，短短不到一年的时间，三生已向“爱心1+1”基金注资365万元，成功救助了131位先心病儿童。并且，三生“爱心1+1”基金计划募集资金1000万元，每年救助100名先心病患儿。

扶贫救灾

扶贫助困，三生与爱同行。灾难面前，三生人在行动。从成立至今，三

生慈善扶贫和救灾捐助款物达千万元。

多年来，三生公司一直持续开展扶贫助困的慈善捐助。公司先后向西藏日喀则地区江孜县、比如县的少年儿童捐赠价值60万元的儿童维钙片；向贵州省贫困地区的妇女儿童捐赠价值117.5万元的高钙片；积极参与宁波海曙区慈善总会慈善基金捐助活动，逐步建立起200万元人民币的救助帮困基金；累计向鄞州区慈善总会捐赠120万元慈善基金。

每年春节期间，三生公司都会通过“和谐三生，送福万家”系列活动，为贫困家庭、孤寡老人、孤苦儿童、外来务工者等提供帮助。自2007年开始，这一活动每年都在全国持续开展。通过为贫困家庭和社会弱势群体送去过年物资和新春红包、帮助外来务工者返乡等贴心的关爱行动，将三生人的爱化作一份份新春的祝福，让受助者在欢乐的节日里绽放笑颜。

在突如其来的灾难面前，三生人总是第一时间积极行动，为灾区同胞雪中送炭。2008年，三生为汶川地震灾区捐款捐物265万元，并在全国发起爱心赈灾行动，三生员工和经销商还积极参与到救灾志愿者队伍中。灾后重建，三生还在四川举行了“寻找地震灾区坚强母亲”活动，为地震重灾区的贫困母亲送去了现金和物资。2010年，三生爱心赈灾行动在全国开展，为玉树地震灾区、西南旱灾及水灾地区捐款捐物240万元，与灾区同胞一起众志成城，共度难关。

三生高考爱心直通车

“三生高考爱心直通车”是三生公司长期开展的一项大型公益活动，通过与媒体合作，面向社会征集爱心车辆，为离考点较远、交通不便、家境贫困、家长接送不便等情况的考生提供免费接送服务。自2009年6月开始，三生公司联合《宁波晚报》持续开展这项活动，惠及数以千计的考生，并被选为“宁波最具影响力爱心事件”。

自2011年开始，“三生高考爱心直通车”由宁波驶向全国，为更多考生的梦想助力。在三生人的带动下，全国数千爱心车辆加入到“三生高考爱心直通车”的行列，三生的员工和营销人员，以及社会各界的爱心司机都踊跃参与。高考期间，贴有“三生高考爱心直通车”标志的爱心车辆，成为各地街头一道亮丽的流动风景线。

用心关注民生，“三生高考爱心直通车”活动不仅将继续开展，而且会在未来推广到更多的城市。

低碳环保

三生公司始终坚持企业、社会与自然环境的和谐发展，在生产营过程中践行环保理念，做到污水的零排放，产品包装的环保；积极探索产业升级，由健康产业向着有机健康产业发展；做造林绿化的实践者，在企业园区内种植花草树木。

2010年6月27日，由中国绿化基金会和国家林业局气候办批准设立，以植树造林、固碳减排为目的国内首个县（市、区）级碳汇专项基金——中国绿色碳基金鄞州专项成立典礼，在三生公司健康产业园内举行。作为该基金的率先发起单位，三生公司为专项碳基金捐资500万元人民币，用于发展碳汇林业。

三生公司为改善城市生态、打造绿色和谐人居的积极行动和贡献，受到各界好评，并荣膺中国绿化基金会“2010生态中国贡献奖”。

点滴爱心

三生公司不仅积极捐款捐物，多年来持续开展系列主题公益活动，更将“热心公益、回报社会”落实到了日常的点滴细节里：母亲节，三生“感恩5月”系列活动在全国开展，为每一位母亲送出节日祝福；儿童节，为流动儿童和留守儿童送去了节日礼物，更圆了孩子们去大剧院和海洋公园的梦想；中秋佳节，为敬老院里面孤独的老人送去月饼和节日的问候；教师节，各地三生人通过丰富的活动感念师恩；寒冷的冬日，给需要帮助的社区居民送去棉被等御寒物资；贫困地区的学校拥有了更多的教学设备，盖起了新食堂，孩子们再也不用在露天站着吃饭；身患重病而无法负担医疗费用的贫困家庭，在三生人的爱心援助下看到了生命的曙光；社区的居民们经常能得到免费的健康检测和健康咨询服务；社区图书馆里添了新书，丰富了居民的文化生活；普法宣传和消费知识的宣导，让公众权益得到了更大的保障……

2011.9三生“爱心1+1”新疆行

2010.8三生四川营销伙伴向灾区人民宣传两个条例、奉献爱心

2008.6.1三生志愿者协助发放救灾物资，陪汶川地震灾区儿童过节

【企业主要荣誉】

2006慈善扶贫基金捐赠

宁波市信用建设促进会 NINGBO CREDIT ASSOCIATION 会员单位 二00六年

2006信用建设促进会会员单位

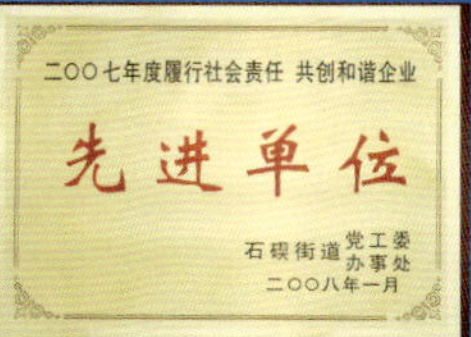

2007年度履行社会责任共创和谐企业先进单位

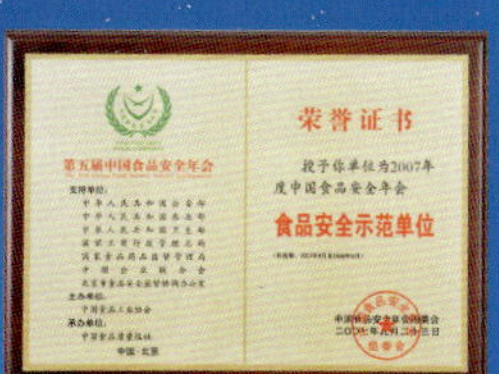

2007 中国食品安全年会食品安全示范单位

2007 第二届亚洲品牌盛典亚洲名优品牌奖

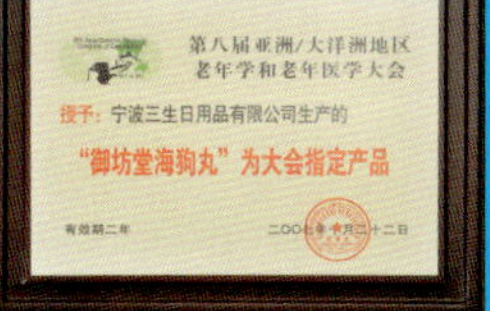

2007 第八届亚洲、大洋洲地区老年学和老年医学大会指定产品

2008亚太区十佳诚信直销企业

2009全国食品药品质量安全诚信示范单位

2009 中国食品安全年会食品安全示范单位

2010 宁波市外商投资企业贡献奖

2010浙江省保健食品行业诚信企业

2010食品安全示范单位

2010直销文化优秀企业

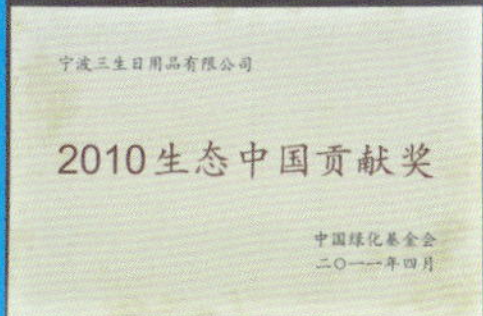

2010生态中国贡献奖

2010中国最受尊敬民营企业

授予 宁波三生日用品有限公司 中国绿色碳基金鄞州专项发起单位

2010中国绿色碳基金专项发起单位

2011千名少数民族先心病儿童救助行动爱心企业

2011 “爱心1+1”志愿者组织

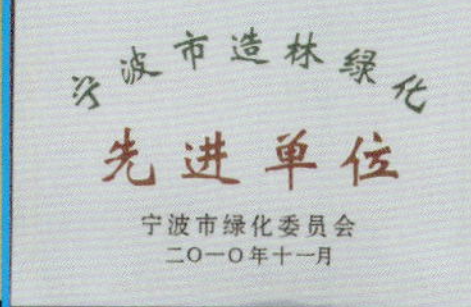

2011宁波市造林绿化先进单位

广东太阳神集团有限公司

GUANGDONG APOLLO GROUP CO.,LTD

高擎社会责任火炬 汇聚红色公益力量

【公司介绍】

阿波罗太阳神是希腊神话中力量与光明的象征，而在今天的中国，广东太阳神集团有限公司舞动着它的光芒，折射着它的责任与力量。该公司成立于1988年8月8日，注册资金近3亿港币，是以生产和销售保健品、食品及药品为主的中外合资企业集团。

2007年2月8日，广东太阳神集团有限公司获得国家商务部批准的第16号《直销经营许可证》，并于2007年11月5日通过商务部直销经营网点备案，2007年11月19日，在东莞胜和广场成立了专门从事直销经营的管理部门——广东太阳神集团直销总部。

经过20多年的发展，太阳神集团已拥有东莞、广州两个GMP厂房和山东海狗产品生产基地，有充足的现金储备和数十种优质、高信誉度、值得信赖的系列产品，得到了社会各界的认可与肯定。

直销总部地址：广东省东莞市南城区胜和广场A栋11楼 总机：86-769-38999555
客服热线：86-769-38999000 传真：86-769-22998098

责任领航力量——太阳神直销领导集体

【太阳神责任竞争力】

经营理念

- 长线规划，步步为营
- 创新求变，模式制胜
- 理性中庸，小康直销
- 抵制诱惑，『剩』者为王
- 合法守信，多赢共生

社会责任

- 自律自省和谐
- 保持政治正确
- 弘扬传统道德
- 传承中国文化

企业使命

- 传承中医文化，打造现代养生帝国
- 打破外资垄断，振兴民族直销产业

文化总则

德不孤 必有邻

文化根源

中国传统文化

【责任之源】民族文化之根

太阳神文化总则——德不孤 必有邻

“德不孤　必有邻”是《论语》中的一句名言，意思是“有道德的人不会孤单，一定会有志同道合的人与之相伴。”

太阳神直销文化之根是以儒家文化为代表的中国传统文化，太阳神坚信只有老祖宗的智慧才能拯救中国民族直销，在这种大背景下，太阳神于2005年确立了“德不孤　必有邻”的企业文化。在6年的发展中，太阳神以“德不孤　必有邻”的文化理念为指导，迅速组建了一支优秀的管理团队，并吸引了无数直销人才和行业精英的加盟，为太阳神的持续稳定发展奠定了良好的基础。

“德”是一切美好事物和高尚理念的总称，太阳神直销文化就是讲“德”的文化，是“聚人”的文化。太阳神将“德”解读为三层意思，即：有信、有恒、有道。

信

信是信用，信任，相信。孔子讲治理国家的首要任务就是建立信用。他说：“人而无信，不知其可”，说明信用非常重要。太阳神直销也讲信，太阳神的信是坚守伦理、合法守信。对所有太阳神直销的利益相关者，太阳神都要讲信用，负责任，要有承诺。太阳神的信主要表现在五个方面：一是让政府和监管者放心；二是让老百姓放心；三是让直销员有信心；四是让员工有未来；五是让投资人有回报。

太阳神直销在迅速壮大的过程中，一直坚定不移地践行着企业的诚信作风，不仅将合法守信作为企业的经营原则，更从行动上兑现着一个企业的社会责任。

一、让政府和监管者放心

太阳神直销从一开始就严格按照国家规定来执行，申请牌照，坚持合法经营，绝不做出格的事情。听党的话，跟党走。因为太阳神坚信：在中国只有跟党走，太阳神的直销才可能有未来，有发展。直销企业不是不讲政治，而是更要讲政治，方向对了，企业才能有更大的发展。

二、让老百姓放心

太阳神坚持中国传统文化，不崇洋媚外；坚持小康直销之道，不夸大财富效应；坚持长久稳定的经营，不抱投机心态；坚持高品质的产品，不做虚假宣传。让老百姓不反对、逐步理解、支持太阳神。

三、让直销员有信心

在这个充满机遇又危机四伏的时代，加盟一个平台是普通老百姓创业成功的最佳途径，而选择一个赢的平台也是走向成功的关键所在。

太阳神运用直销模式为普通老百姓打造了一个最可靠和最低门槛的创业平台，通过提供公平竞争和实现自我能力开发的平台，让平凡的普通人通过公平竞争、通过能力提升来成就自己非凡的事业，获得别人的尊重和社会的承认。太阳神直销员是公司最重要的合作伙伴，努力为直销员提供安全、健康、高效、长久的创业平台是太阳神让直销员实现创业梦想的价值承诺，也是太阳神对直销员有信的体现。

太阳神悠久的历史品牌、强大的企业实力、合法的直销经营资格、独一无二的珍珠店模式无疑为直销员创造了一个可靠的创业平台，与此同时，太阳神更通过各种行动及政策为直销员提升能力、走向成熟、实现梦想创造了良好的机会。

四、让员工有未来

随着太阳神直销事业的迅猛发展，直销总部的人才队伍也不断壮大。太阳神集团作为中国保健品行业的黄埔军校，曾经为大批中国的保健品企业培养了无数的高级职业经理人，太阳神直销也一直将培养专业的高级职业经理人当成企业发展的目标，并为员工的成长、晋升提供广阔的发展空间。

五、让投资人有回报

太阳神直销作为太阳神集团实现战略转型的的重要策略，从一开始就肩负着集团二次腾飞的重任，肩负着太阳神集团成功实现“战略转型，突围直销”的重大使命。而忠诚于投资人，为投资人创造合理的回报，保证股东投资的保值和增值，更是太阳神直销对投资人讲信用的最大承诺。在集团怀汉新董事长提出的“安全、赢利、持久赢利”经营原则的指导下，太阳神直销也提出了直销团队的经营理念和核心文化，并将这种文化和理念不断传承、贯彻给每一个太阳神的直销人。

同时，作为集团最重要的经营团队之一，太阳神直销根据集团的发展战略，制定了符合直销市场的发展规划。坚守伦理，合法守信，不断推动直销市场实现快速发展。直销版块通过6年的坚持和努力，取得了一定的成绩，为集团现代养生产业战略作出了重要贡献。2009年被集团授予“二次创业的先锋团队”的称号，并多次得到怀总及集团领导的高度肯定和认可。

恒

所谓有恒，首先就是有恒心。太阳神“‘剩’者为王”的理念深入人心，这就是有恒的表现。宁可平平淡淡的生，不愿轰轰烈烈的死。太阳神直销6年来一直坚持合法守信、永续经营。

其次是坚持，只有坚持到底的人才能够成为真正的强者和王者。“有恒产者有恒心，无恒产者无恒心”。只有抵制住诱惑，在坚持中不断地积累能力、知识和财富，最终一定可以在这个平台上获得属于自己的永久的财富和自由。

“抵制诱惑，‘剩者’为王”是太阳神直销五大经营理念之一，也是太阳神直销团队不断壮大的法宝。太阳神认为直销企业成功的标志不是你现在有多少个超级网头，有多大规模的队伍，有多好的产品和制度，而是你能够活多久，只要你一直活着，追随你的人就一定有机会发家致富，一定有机会获得成功；只要你一直活着，你就可以抓住机会实现飞跃。

一直以来，太阳神直销坚持着自己的理想和信念，并影响和带动了无数行业精英在太阳神理想主义的坚持中找到了成功的真谛，实现了自己的梦想和价值。

6年来，太阳神直销管理团队的高度稳定已然成为行业的标杆，由此带动了经销商队伍的快速壮大，也吸引了越来越多的业内精英加盟太阳神。而那些跟随者太阳神直销一路走过来、热爱太阳神、忠诚于太阳神事业的老伙伴更是成为了经销商队伍中的领军人物，他们或是系统、团队的高级领导人，或是商务董事、车奖得主，他们都拥有了自己的团队和市场，他们就是太阳神“‘剩’者为王”理念的实践者和受益者。

道

德的第三个方面就是有道。道有大道，大道是道路，是真理，是方向，比如太阳神的和谐直销之道，小康直销之道，有中国特色的直销文化之道，这都是大道。道还有“小道”，“小道”是战术，是策略，是计谋，是竞争之道。比如，太阳神另辟蹊径的“珍珠店之道”。

大道是正，小道是奇，孙子兵法讲过“以正合，以奇胜”。太阳神直销战无不胜，就是因为太阳神坚持了“奇正之道”。太阳神直销一直走在正确的道路上，只要你相信自己的选择，坚持努力地走好太阳神的“奇正之道”，成功就一定不会遥远。

张鸣先总经理
解读太阳神文化

【民生责任篇】品质卓越 共同成长

一、产品安全与质量控制

民以食为天，安全的产品是对民众的尊重，对于任何一家企业而言，品质是立业之本，是持续经营之道。产品的安全是太阳神承担民生责任的首要责任。太阳神从产品研发、原材料采购及生产制作、物流配送四大环节构建了科学严谨的整体品质保障体系。

雄厚的研发实力 保障品质卓越

高学历的研发队伍

经过二十多年的不断吸纳和培养，太阳神集团已拥有了由数十名医学博士、硕士科研人才组成的产品研发队伍。并于2001年设立了博士后科研工作站。

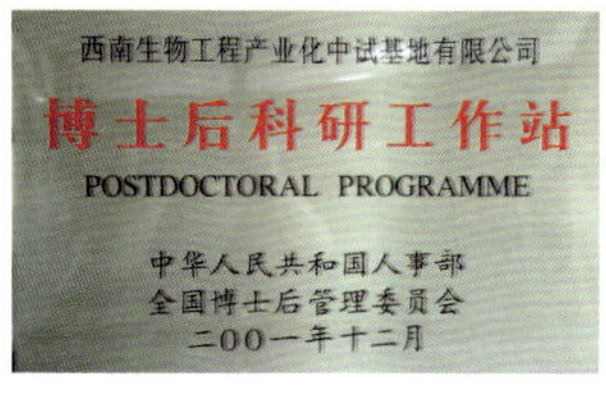

高科技的研发手段

为掌握国内外前沿科技，太阳神集团坚持每年从销售收入中拨出5%的资金作为产品科研基金，与中山大学生命科学院、上海医科大学、西南生物工程产业化中试基地共建了产品研发中心与检测中心；与广东药学院共建了教学基地。

国际性交流 提升专业知识

太阳神与病毒基因工程国家重点实验室、军事医学科学院、美国疾病控制中心等许多权威研究机构有着长期固定的合作研究关系，聘请了美国斯坦福大学生物工程博士后、高级研究员，美国微生物学会会员马炳南先生负责产品的立项和生产。邀请了美国洛杉矶加州大学医疗系副教授惠宏襄博士、国际著名的胰腺病、代谢病和酗酒控制专家史蒂夫-潘多教授（Steven Pandol）来太阳神进行学术交流。

太阳神集团凭借21年来在中国保健品行业的突出贡献，及其在芦荟产品的生产、研发上取得的突出成绩，于2009年9月1日被中国民营科技促进会芦荟产业专业委员会选聘为常务理事单位。太阳神集团产品部经理马炳南先生任常务理事代表。

太阳神宁夏金银花种植示范园

原材料源头控制品质

中药材是太阳神健康产品的重要原材料。现中药材加工企业很难追溯中药材的产地、菌种（种苗）、种植、肥料农药的使用和加工运输过程，对药材种植无法控制，也不能控制在加工过程中使用违禁药物，如硫磺。为此太阳神集团在宁夏设立了上千亩的中草药种植基地，专门负责为太阳神的产品提供纯正的原料。

现代化车间科学生产

太阳神拥有黄江保健品厂、西南生物工程产业化中试基地、太阳神荔城制药有限公司 、太阳神化妆品有限公司、山东天地健生物工程有限公司、荔城制药有限公司，将中华养生文化与现代高科技手段相结合，用国际标准认证确保产品质量。

例如：太阳神荔城制药有限公司于1995年顺利获得药品、保健食品的生产许可证，1997年通过了ISO9002质量认证，2000年取得ISO9001认证；2001年一次性通过片剂、胶囊剂、颗粒剂、输液、水针等5种剂型药品GMP认证。

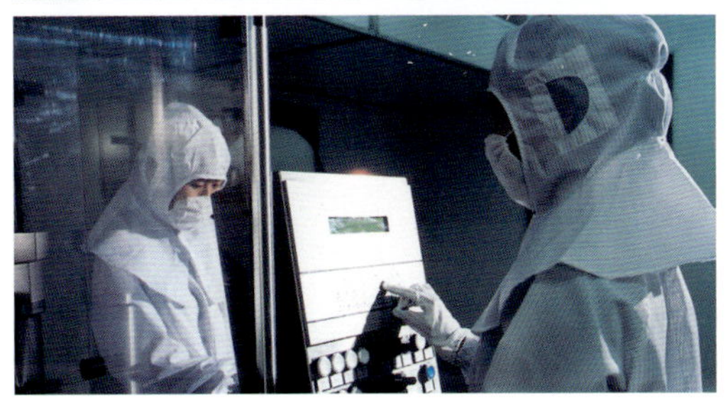

高效快捷的物流网络

太阳神在东北、华北、华南、华东、西南五大区域7个省会城市已经设有仓储配送基地，今后将进一步扩大建立省级物流配送中心，不断改进自有仓储中心与专业第三方外包物流服务模式相结合的物流配送平台，建设覆盖全国的强大物流服务网络，逐步完善并最终全面实现“B TO C”、“宅急送”的物流配送模式，做到快速、准确、安全配送，为客户提供一流服务，为市场提供强大的后盾支持。

关注消费与民生 勇担社会责任

2011年3月12 日，广东太阳神西南基地参加了由泸县人民政府主办，泸县工商局、泸县消科委承办，泸县电视台协办的“3.15”国际消费者权益日活动。

此次参展活动，不仅有效地宣传了太阳神的企业形象，也体现了太阳神对消费者权益的重视。

太阳神西南基地参加泸县“3.15”消费者权益日活动

太阳神质量管理荣誉认证
（部分）
中华人民共和国
药品GMP证书
中华人民共和国
药品GMP证书
广东省著名商标
GUANGDONG FAMOUS TRADEMARK
太阳神
广东太阳神集团有限公司
广东省工商行政管理局
二〇〇四年三月颁
APOLLO
太阳神
中国驰名商标
中华人民共和国国家工商行政管理总局
二〇〇四年十一月十九日
中华绿色环保企业
广东太阳神集团有限公司
中国学生营养与健康
放心品牌
授予：广东太阳神化妆品有限公司
二〇〇三年度
全国质量信用企业
亚洲名优品牌奖
亚洲品牌盛典组委会
2007.9.9

二、保持政治正确 创新党建工作 永远跟党走

与西方直销文化不讲政治、只讲利益不同之处，太阳神直销认为：保持政治领先，听党的话，跟党走，是中国直销行业得以生存与发展的最大保证。在直销团队中，建立党的基层组织，宣传党的领导，发扬党员先锋模范作用是建设中国特色直销文化的基本要求，决不能含糊了事。

从2010年6月29日东莞市首批网络党支部成立， 经过一年多的积极推进，现在太阳神网络党支部共建设了13个党小组，党员200名。其中员工党员28名，经销商党员172名。

三、让员工有未来

创建学习型组织 努力提高员工素质

随着太阳神直销事业的迅猛发展，直销总部的人才队伍也不断壮大。太阳神集团作为中国保健品行业的黄埔军校，曾经为大批中国的保健品企业培养了无数的高级职业经理人，太阳神直销也一直将培养专业的高级职业经理人当成企业发展的目标，并为员工的成长、晋升提供广阔的发展空间。

公司不断完善福利机制，为员工提供良好的工作环境和优质生活，保障员工就业基本稳定。

干部选拔决赛

四、帮扶每一个经销商 实现共同发展

不让一个经销商掉队工程

"不让一个经销商掉队工程"是专门针对直销行业普遍存在的大部份直销人员跟不上发展步伐而出现掉队的"烂尾"现象，通过对直销员进行纵向管理和横向管理，确保关注和关爱，消除直销人员在获取公司资源上的不平等，为直销员提供四大电子支持平台，提高直销员成功创业的概率，减少掉队数量的一项服务工程。

此举有力地保障了太阳神"二五"期间人才成长计划和人才增量计划；同时，通过"不让一个经销商掉队工程"，将太阳神"德不孤 必有邻"的直销文化和"'剩'者为王"经营理念进一步深入到直销员的成长和实践当中，通过实践去更好地理解和传承太阳神文化的精髓，确保了太阳神文化的成功落地。

太阳神庆阳团队为事业伙伴李雪丽献爱心捐款

奖励经销商

与太阳神合作了五年的合作伙伴权录斌说："在与太阳神合作的时间里，太阳神始终考虑我们的合理利益，愿意和我们共担责任，共同成长，这让我们看到了太阳神是一家有社会责任的公司，我们非常愿意和这样一家公司建立长久的战略伙伴关系。"

【经济责任篇】产业升级 造福社会

一、为东莞及珠三角经济发展献力

太阳神作为一家民族直销企业，通过与广大外商投资企业建立良好的交流、沟通，将太阳神直销的优势展现出来，为解决东莞及珠三角企业剩余生产力贡献一份力量。

太阳神希望能为东莞经济转型和产业提升再立新功，为东莞众多制造业提供一条优秀的销售渠道。太阳神直销目前销售的产品只有几十种，相对安利（中国）数百种，安利全球几千种产品，太阳神直销还需要大量优秀的产品加入，凡是符合直销批准种类的化妆品、保健食品、保洁用品、保健器材、小型厨具类优秀产品都可通过合法的方式进入太阳神直销的渠道销售。

太阳神参加广东外商投资企业产品（内销）博览会

二、大力打造直营店

太阳神现代养生直营（东莞）店是太阳神的第一家直营店，它不仅承担着产品展示和退换货服务的功能，更承担着传播和推广中华养生文化的责任。店内除了设有产品展示区还专门设置了一个可以同时容纳120人的会议室，以方便更多的健康顾问学习太阳神的养生文化。随着太阳神东莞首家直营店的开业，意味着太阳神品牌直营店模式的正式启动，也预示着太阳神正一步步迈向打造“东莞直销”的品牌目标。

太阳神呼叫中心

三、提升服务环境

呼叫中心是公司为顾客、业务伙伴提供咨询、服务的重要窗口和沟通平台，是业务伙伴开拓市场的坚强后盾。太阳神公司呼叫中心的推出一定能够为广大健康顾问提供全程无忧的高品质创业服务，让伙伴们紧跟公司步伐，与太阳神一起再创新高！

太阳神直销总部新成立的客服中心是以CRM（客户关系管理）系统为依托，以智能化呼叫系统为平台，以专业化服务系统为纽带的现代化客服中心，位于东莞市南城区胜和广场A栋3楼，总面积2400平方米，计划将在3个月的时间内建成拥有50个呼叫座席，平均每天服务1万人次，月总服务量将达到

太阳神直销总部新客服中心开业

太阳神创新营销——启动珍珠店模式

30万人次的新型客户服务中心。

客服中心将成为继太阳神直销牌照、模式、文化、产品后的第五大优势。

四、创新珍珠店模式 保障消费权独立

珍珠店模式是太阳神根据现代养生产业和直销行业的特点，结合企业自身优势，独创的一种符合现行国家法规的新型营销模式。

它通过将太阳神二十多年专业的保健品牌、优质的保健产品与专业销售渠道结合，在扩大了传统专业销售渠道业务范围和利润来源的同时，构建一个以珍珠店为核心的健康服务系统。在这个系统中，企业做专业的保障，店铺做专业的销售，直销员做专业的推广，消费者享受专业的服务。实现了太阳神品牌价值、直销员推广价值、终端渠道专业价值的完美结合，共同构筑了一个专业化的健康服务平台，为消费者提供专业化的健康服务。

太阳神的珍珠店模式实现了消费者和经营者的两权分离，保障消费者的独立消费权。同时，通过诊所医生、健康馆、美容院等专业的健康服务机构向消费者提供专业的健康服务。凭借模式的创新，让专业的人做专业的事，最大限度地保障消费者的权益，是太阳神直销模式创新的重要体现。

五、加大高新技术投入 提升企业核心竞争力

2011年初春，广东省科技厅、财政厅、国税局和地税局四部门联合发文，广东太阳神集团有限公司顺利通过广东省2010年第一批高新技术企资格认证，荣获“广东省高新技术企业”称号，证书编号为：GR201044000133。

太阳神将以通过广东省高新技术企业认定的契机，充分发挥高新技术企业的优势和模范带头作用，进一步加大技术的投入，加强科研项目的开发力度，积极研发新产品，充实企业创新发展后劲，提升企业的核心竞争力。

六、太阳神荣获黄江镇政府颁发的“纳税特别贡献奖”

太阳神在2010年以纳税金额名列黄江镇第三，东莞第十三的佳绩荣获黄江镇2010年度“纳税特别贡献奖”，不仅显示了公司迅猛的发展态势，也反映了黄江镇政府对公司合法守信经营的肯定，太阳神将再接再厉，积极配合政府的工作，诚信经营，承担起企业应有的经济责任。

【教育责任篇】打造科学的教育体系 开展红色特色教育

一、科学的教育体系

太阳神直销在创业的征程中，逐渐摸索出一条适合企业发展的教育培训之路，打造出了一个科学的教育体系。太阳神肩负着“打破外资垄断、振兴民族直销产业，传承中医文化、打造现代养生帝国”的光荣使命，以振兴民族直销为己任，培养有理想、有文化、有能力的民族直销脊梁，伴随着广大热爱太阳神健康产品和事业机会的伙伴共同成长。

教育宗旨：

“功以学成　德为流远”，倡导“立己达人”。每一位太阳神事业伙伴都能够秉持太阳神直销使命，修德以聚人，为振兴民族直销贡献力量。

教育理念：

秉承“功以学成、德为流远”的教育宗旨，以传播现代养生理念、振兴民族直销为己任，弘扬太阳神直销文化，打造具有竞争力的太阳神直销商体系。

教育目标：

1. 以产品为导向，建立热爱太阳神产品的消费群体，并对其提供亲切周到的售前售后服务；

2. 为踏实肯干的人提供创业良机。

教育人才：

由公司各级领导、教育培训讲师、远程教育专员、会议管理专员、商学院机构和分布在全国各地的受聘讲师以及未来邀请的专家学者共同组成。

教育品牌：

晋级培训、养生保健师培训、高级美容师培训、远程教学、　讲师大赛、会长培训班、新人生成功之路风采展。

太阳神市场讲师大赛

养生保健师培训

教育模板：

由太阳神的讲师开发并传授，目前向市场复制的有晋级培训初级阶段（8堂课）、晋级培训中级培训（10堂课）、养生保健师培训（初中高级系列产品课程40堂）、会议运作系列课程以及会场经营系列课程（10堂）、招商会&大型表彰会议的流程等。

教育节奏：

本着协助并逐渐由市场承担的原则，除单双月按区域分系统交替外，团队建设能力提升

类的晋级培训与养生保健师培训及其它教育品牌均有节奏地开展，有效地带动了市场的会议节奏。

教育基地：

1. 黄江教育基地：被誉为太阳神直销的“黄埔军校”，位于风景秀丽的东莞市黄江镇黄牛埔水库（太阳神口服液生产厂院内），有配套完善的多功能会议厅、宿舍和食堂。同时，随着太阳神现代养生产业园的兴建，未来，黄江基地将迁往新的养生产业园中，届时，基地的各项配套设施也将会更加先进，服务也将更加人性化。

2. 华北教育基地：位于德州——中国太阳谷，是目前世界上最大的可再生能源研发、检测、生产、教育、旅游基地。这里设施齐全，环境优雅，数十项节能技术打造的大、中、小型会议室，小到几十人、大到上万人的会议室几十间，一流的硬件配置和人性化会务服务，可满足不同类型的培训需求。

同时，太阳神还将随着区域会议的运作，逐步建立分布在全国各地的分支培训机构，成为人才队伍建设的后备基地。

会议管理：

负责市场会议的申报、跟进及会议成果分析，并不断出台各项制度和会议管理办法，建立档案及针对性地指导各地各类会场的运作；通过会议管理系统和配票系统达到提高运作各类会议的综合能力，使太阳神直销会议运作更加规范化、系统化、规模化、科学化。

太阳神通过以上各要素的固化与优化，形成了科学的教育体系，达到了帮助经销商进行团队建设并形成自己的专业系统、教育系统、经营系统的目的。

二、红色教育 庆祝建党九十周年

在伟大的中国共产党成立九十周年之际，太阳神网络党支部——中国直销行业第一家网络党支部，通过开展各种活动庆祝建党九十周年，表达太阳神人时刻不忘党带来的好政策，带来的幸福生活，时刻铭记只有紧跟党走、听党的话，企业才能稳健和谐发展。如：在太阳神官网上开辟建党90周年专题活动板块。板块主要介绍“党的奋斗历程”、“党的探索”、“党史知识”等，并倡议太阳神所有党员行动起来参与“红色之旅”活动。

其网络党建工作的开展，率先举起直销行业党建大旗，是践行太阳神直销文化纲领“保持政治领先，听党的话，跟党走”的政治立场，是有效加强直销行业流动党员管理、巩固中国共产党执政力量的有效途径，它必将促进中国直销行业本土化转型、引领直销行业对政治立场的反省和思考。

7月1日太阳神直销商在遵义会议原址纪念建党90周年

【公益责任篇】当太阳升起的时候 我们的爱天长地久

社会公益 勇担责任

责任是衡量一个企业价值的重要组成部分，它包含了很多内容。慈善公益对于我们每个人都是一份社会责任，作为一个负责任的企业，太阳神一直以来都是承担社会责任的践行者。除了在经营上坚持求真务实、诚信发展外，2010年，太阳神公益基金于8月8日成立，给更多有需要的人送去温暖和关爱，在太阳神的家园里，让爱与责任一起传递。

心系灾区 抗震救灾

在得知青海玉树藏族自治州发生地震消息后，广东太阳神集团直销事业部第一时间与青海玉树政府以及东莞市政府相关部门取得了联系，并于15日向事业部全体员工及全国的健康顾问发起了抗震救灾倡议书，呼吁伙伴们团结一心，充分发挥太阳神精神，踊跃捐款，为灾区人民贡献出自己的一份爱心、一份力量。

红色太阳神 爱心在行动

——网络党支部在儿童福利院开展爱心志愿活动

九九重阳担责任，关怀老人献爱心

九九重阳节，为弘扬我中华民族传统文化，对孤寡老人献一份爱心，太阳神邯郸团队伙伴在团队领导人孟淑敏老师的带领下，组织伙伴们走进养老院献爱心活动。

爱在今天 赢在未来

——正合系统坪石团队“给力考生”

在临近高考时期，把“太阳神1号套装”献给考生是对考生们的最大关爱。活动现场，看到家长与学生流露出灿烂的笑容，这是对太阳神健康事业的肯定，也是对团队的鼓舞，更让伙伴们在为学生、家长、学校尽一份力的同时感到无穷的欣喜与快乐。

公益活动

“太阳神现代养生文化万里行”是为了传播普及“现代养生”理念，承担起中国特色直销企业的责任，也为了传承和弘扬中华文化精髓，推动国民健康事业的发展，由太阳神盛势推出的公益活动，并同步推出了“太阳神现代养生操”。

【企业荣誉（部分）】

太阳神铸就金牌辉煌

2003年	广东太阳神化妆品有限公司被评为“2003年度全国质量信用企业”
2004年	广东太阳神集团有限公司获得“中华人民共和国药品GMP证书”
2004年	“太阳神”荣登中国驰名商标宝座，成为全球范围内受国际法律保护的品牌，太阳神是中国滋补饮料类唯一一家获得“中国驰名商标”的企业
2005年	广东太阳神集团有限公司获得“中国学生营养与健康放心品牌”
2007年	亚洲直销十大最具成长力上榜品牌；亚洲名优品牌
2007年	中国直销十大榜样企业
2007年	中国直销九大创新企业第一名
2008年中国直销十大稳健企业	
2008年、2009年	“中国直销十大最具发展潜力企业”
2009年度中国营销杰出企业	
2009年度中国直销成长最快企业	
2009年中国直销“十大企业文化”上榜企业	
2010年十大最具投资价值品牌企业	
2010年最具价值企业	
2010年中国诚信创业示范企业	
2010年最受尊敬的直销企业	
2011年广东省高新技术企业	
2011年直销未来之星·最具增长力品牌企业	

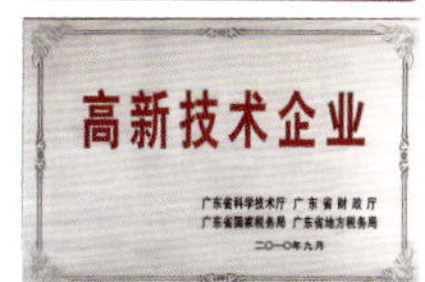

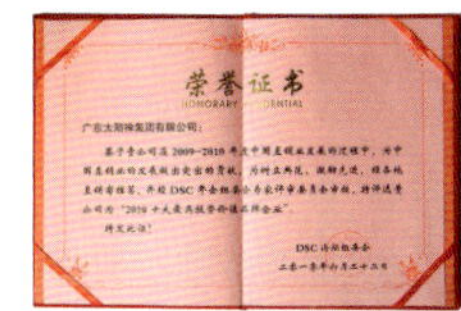

广东康力医药有限公司

GUANGDONG KANGLI PHARMACHEM CO.,LTD

以“阳光营销”理念打造民族健康产业航母

【公司介绍】

广东康力医药有限公司成立于1996年8月，注册于深圳市，注册资本8000万元，是一家集医药、物流、直销、电子商务、加盟连锁、国际贸易于一体的大型国有企业。公司自1996年成立以来，不断发展壮大。2000年成为国家首批8家药品电子商务试点单位之一，获得《国家医药电子商务平台资格证》；于同年获得《国家药品零售跨省连锁试点企业资格证》，是国家第二批9家药品零售跨省连锁的试点企业之一，在超过200家连锁企业中排名第十一位；2004年公司获得《国家第三方医药物流配送资格证书》，2007年1月获得《中华人民共和国直销经营许可证》，直销经营3年多来认真遵守《直销管理条例》等各项有关规定。康力在发展中以“坚韧、务实、创新”的经营理念，成为国家药品经营质量管理规范化的优秀大型医药企业，公司坚持秉承“为健康而努力”的宗旨不断前行。

地址：广东省广州市越秀区沿江东路406号港口中心9层　服务热线：400-8876-809

发展状况

1.产业定位：以健康产品的研发、生产、销售为主线，传播健康理念，传播健康生活方式，打造健康产业；在医药物流的基础上，打造现代化的、流畅有效的国际化物流体系的物流产业；构建以健康产品为主、兼顾其他生活化健康类产品的新型电子商务平台，打造独具特色的电子商务产业。

2.行业定位：力争成为国际物流行业领军企业；国际电子商务创新领先品牌；中国民族直销企业第一品牌。

3.发展历程：

第一步：首创中国第一个现代化的大型江西樟树康力药品物流中心。

第二步：在直销行业发展中创新提出了“阳光营销”理念，积极维护了国家利益和社会安定和谐，为规范直销行业健康发展做出了积极贡献。

第三步：通过阳光营销平台，把直销与电子商务、现代物流、跨省连锁相结合，并以国内的成功模式进军国际市场，打造国际品牌。

4.经营理念：以规范促管理 以管理促效益 以创新求发展

康力在企业经营管理上一直严于律己，严格遵守国家相关的法律法规，规范管理，以管理促进效益增长。在发展的过程中不断在技术革新和管理上创新，整合了跨省连锁经营、电子商务、直销和第三方物流配送。规范化的物流直销模式是康力独创的，也代表了未来营销模式的发展方向。

5.核心竞争力：

（1）核心竞争力之一：顺势疗法的工艺技术

顺势医疗是不同于中、西医的独立、完整的全新医学体系，被称为“21世纪人类征服疾病的武器”。顺势医疗产品具有快速、高效、无毒副作用特点，其产品功效是中西医的几十倍、几百倍。康力香港顺势医疗研究院以陈树祯博士为主的研发精英，大力研发顺势医疗技术，其独特的先进技术为康力研究出优质的健康产品提供了保障，树立了康力健康品牌形象。

（2）核心竞争力之二：对症食疗的特殊配方

对症食疗是康力继承和发扬中华民族五千多年的医学瑰宝和“食药同源”的文化理念精髓，是营养学融合现代医学升华为“营养医学”的结晶。康力对症食疗产品以其特殊的良种培育、特殊的种植环境、特殊的品种配方创造了与众不同的对症性，开辟了一条崇尚自然、返璞归真的养生之道，也满足了现代人的健康需求，是一种全新的健康理念。

发展方向

康力集团将电子商务、跨省连锁、现代物流和直销四大证照融合在一起，为合作伙伴打造了一个大流通平台，提供一个实现创业梦想的高端平台。在产品开发上，康力将实行多元化发展，在吃出健康、用出健康、穿出健康、睡出健康产品领域方面进行研发。同时，康力集团充分利用现有资源，根据自己的行业定位和发展时机，充分发挥康力集团的企业实力和企业资源优势，整合一些在实力方面有代表性的企业，打造企业的多元化发展。

未来的康力集团将在产品的多领域、多元化，品牌的国际化，加快发展的步伐，并积极走横向发展的道路。

集团架构

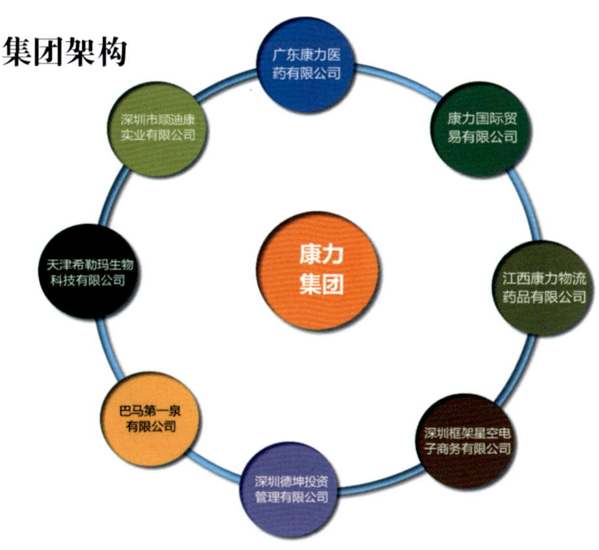

【责任力宣言】

许瀞予 广东康力医药有限公司董事长

春华秋实，岁月如歌。在“为健康而努力”的旗帜下，康力走过了十五年的发展历程。十五年来，康力人紧跟时代发展的步伐，同心同德，孜孜以求，用智慧和汗水谱写了康力公司辉煌的发展史。

1996年，在改革开放的大潮中，康力公司应运诞生。沐浴着改革春风，历经了市场风云，康力一路茁壮成长，如青少年般步入了一条科技启动、市场带动、文化推动，充满活力与激情的创新发展道路。目前，康力公司已经具备了多元化、规模化、集团化发展的组织形态，是国家医药物流、跨省连锁、电子商务试点企业，并拥有直销牌照，这充分体现了政府、社会对我们的认可和信赖。 基于这样的坚实基础， 康力将立足“大健康”领域，聚合精英人才，整合各方优势资源，打造一个创新型的“大流通营销平台”！这是康力未来长远要秉持和坚守的发展目标。

今天，国家把物流业作为十大振兴产业之一，这给康力的未来发展带来千载难逢的历史机遇。我们不仅注重企业的创新发展，还要聚合四大证照的优势，为合作者搭建更为广阔的舞台。

肩有重担，必思进取；心中有爱，就有奉献。康力愿为不断追求健康的朋友们全心全意服务；康力愿为寻求和开拓自己事业的合作伙伴铺路；康力愿为拥有科研成果的科技人才提供展示的舞台。我们的物流是源泉，我们的电子商务是江河，我们的店铺是水库，我们的直销是小溪，把最好的产品传送到每个追求健康的人手中是我们肩负的责任，也是我们对社会应有的回馈。

滔滔江水，洗尽康力公司十五年来的坎坷与铅华；巍巍山脉，激荡康力人壮志凌云的憧憬和梦想。似弄潮人，风口浪尖处更显峥嵘；似开路者，披荆斩棘中愈发坚韧。我希望，所有康力人，在阳光营销理念指导下，不仅可以让消费者享用优质的健康产品，体验细致周到的服务，而且可以传播先进的消费理念，营造和谐的社会人文环境。

面对未来，请跟我们一起用自己的双肩扛起康力创新发展的重任，用开拓进取的精神实现更大的飞跃，用勤奋的双手抒写更加绚丽的诗篇。

海纳百川汇集精英，同心协力共谱华章。康力愿与你携手一路同行！

【责任力之源】企业文化

企业使命：为健康而努力

企业文化是企业的灵魂，是推动企业发展的不竭动力。康力公司在发展中形成了独有的企业文化，这为开辟康力公司产品的创新营销通路提供辅助作用，并为形成康力公司创新营销品牌的发展服务。

康力集团产业定位是健康产业。康力人认为，健康是目标，健康是过程，健康是结果，健康是标准。“为健康而努力”指康力将在人类身体健康、心灵健康、事业健康的路上拼搏、努力。其内涵为：

1．每一款产品都是为消费者身体健康服务；

2．通过有效的教育培训及系统的企业文化，为塑造新一代心理健康的公民而贡献力量，为合作者的心灵健康服务；

3．为创业者提供符合国家相关政策的事业机会，并积极倡导以规范化、阳光化的方式来开展健康事业。

企业理念：爱国、责任、阳光

1. 爱国：身为国有企业的康力集团，是国家建设的中坚力量，维护国家形象和利益是使命。

2. 责任：责任是一种约束，责任更是一种动力。康力始终牢记自己的使命责任，对国家、对社会、对直销行业、对企业、对消费者、对经销商负责，时刻不忘政策、法规，令行禁止。

3. 阳光：康力集团倡导“在阳光下、以阳光的方式、做阳光的事业”，以高度透明的方式、从事国家法律法规准许从事的事业。

企业精神：坚韧、务实、创新

1. 坚韧：康力人在面对困难和挫折时应有坚强、勇敢、积极开拓、锐意进取、战胜困难的精神。

2. 务实：以务实的态度去面对工作、面对人，不推诿塞责、不违背承诺、不夸大功绩、不忽悠产品功效。

3. 创新：创新是企业的灵魂，康力追求创新的格局、创新的理念、创新的模式、创新的方法；以创新的思维看待健康产业、以创新的思维看待直销行业、以创新的思维看待电子商务；在市场拓展中要时时探索创新的方法。

服务原则：坚持从广大消费者利益出发，生产和销售消费者满意的健康类产品。

团队文化：合作、关爱、推崇、学习、快乐、耕耘、感恩

团队文化是维系一个团队紧密度的重要精神武器，更是必不可少的企业工具。康力团队文化需要能够展示创新营销团队的风貌和内在精神世界，以突出康力公司创新营销团队文化的专业性和丰富性，借助于这种丰富多彩、专业规范的文化体系，凝聚康力公司创新营销团队的士气，实现市场开拓的规范性和有效性，最终实现创新营销团队、长期顾客的快速倍增，从而为提高康力公司总体经营业绩提供坚实的保证。

合作文化：倡导各个层面的真诚合作、和谐共处、相互支持；

关爱文化：倡导关爱无处不在；

推崇文化：倡导挖掘亮点、表现亮点、传播亮点；

学习文化：倡导学习型个人、学习型企业；

快乐文化：倡导在快乐中达成目标，倡导快乐是生活本身的目标；

耕耘文化：倡导勤奋、付出和持久的努力；

感恩文化：倡导饮水思源、知恩、谢恩。

文化展示及媒体报道

媒体报道

1. 《新华商》杂志2009年第12期刊登
标题：直挂云帆济沧海
——康力开户直销新格局

2. 《中国直销》杂志2009年12月号刊登
标题：康力航母 正式起航

3. 《赤子 中国骄傲人物》大型刊物刊登
标题：在阳光下营销中心 在阳光下监管
——广东康力医药有限公司 许瀞予

4. 《中国商报 》2010年7月20日第4版刊登
标题：许瀞予　打造中国直销的阳光品牌

【责任体系】康力社会责任体系概述

王君平，知名职业经理人，资深营销专家，广东康力医药有限公司总裁

在康力事业的运作过程中，我们时刻牢记一个民族直销企业的强大社会责任，并将其贯彻到每一个工作环节。

康力的社会责任体系分为三个层面、六大责任。

一、三个层面

1. 企业层面：

一是以规范促管理 以管理促效益 以创新求永续发展。

二是以人为本，教育培训，与经销商伙伴风雨同舟。

2. 产业层面：

一是规范经营，提升服务，力争成为国际物流行业领军企业、国际电子商务创新领先品牌、中国民族直销企业第一品牌。

二是发展顺势医疗，建立独立、完整的全新医学体系，传播健康文化，促进健康产业发展。

3. 社会层面：

一是弘扬“阳光直销”理念，积极维护国家利益和社会安定和谐。

二是心系和谐发展，热心社会公益，做优秀企业公民。

二、五大责任

一是发展民族企业责任：秉承“为健康而努力”宗旨，打造“大流通营销平台”的民族医药企业。

二是培养人才队伍责任：坚持以人为本，培养专业队伍。

三是促进行业发展责任：发展阳光直销，携手共创价值。

四是造福人类健康责任：大力研发顺势医疗技术，造福人类健康。

五是倡导经济责任：诚信经营，积极纳税。

【责任力基石】打造"大流通营销平台"

一、以权威的资质建设平台基础

国家第三方医药物流配送资格证

康力集团于2004年获得国家第三方医药物流配送资格。第三方医药配送已成为现代医药物流的重要发展模式，具有其特有的优势，尤其是第三方配送企业在药品供应链中处于一个特殊位置，有着搜集、网罗上下游客户信息的优势地位，在药品流通市场中具有信息源的作用，是药品生产、经营又一新的信息门户。有了第三方医药配送中心的特有专业优势、信息优势、公司产品将以更便捷，更快速的方式配送给广大消费者。

国家药品零售跨省连锁资格证

康力集团早在2000年获得国家药品零售跨省连锁试点企业资格，是国家第二批9家药品零售跨省连锁的试点企业之一，并且在超过200家连锁企业排名第十一位。

国家医药电子商务平台资格证

康力集团在2000年就成为国家首批8家药品电子商务试点单位之一，具有先进ERP系统。在这一医药电子商务平台上，药品生产者、经营者或使用者通过电子数据信息交换的方式实现了医药信息的共享，使三者紧密地联系起来。

中华人民共和国直销经营许可资格证

康力集团于2007年1月获得中华人民共和国直销经营许可证，是第四家获得直销牌照的内资直销企业，也是商务部颁发出的第15张直销牌照。

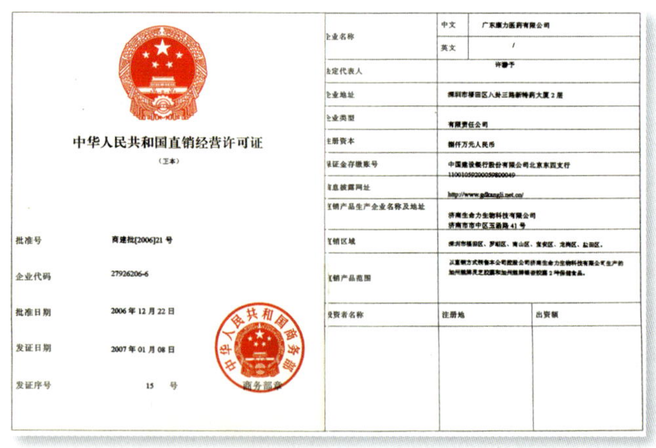

中华人民共和国直销经营许可证

（正本）

批准号	商建批[2006]21号
企业代码	27926206-6
批准日期	2006年12月22日
发证日期	2007年01月08日
发证序号	15 号

中华人民共和国商务部 商务部章

企业名称	中文	广东康力医药有限公司
	英文	/
法定代表人	许[illegible]	
企业地址	深圳市福田区八卦三路新特药大厦2层	
企业类型	有限责任公司	
注册资本	捌仟万元人民币	
保证金存缴账号	中国建设银行股份有限公司北京东四支行 11001059200059800049	
信息披露网址	http://www.gdkangli.net.cn/	
直销产品生产企业名称及地址	济南生命力生物科技有限公司 济南市市中区玉函路41号	
直销区域	深圳市福田区、罗湖区、南山区、宝安区、龙岗区、盐田区。	
直销产品范围	以直销方式销售本公司控股公司济南生命力生物科技有限公司生产的[illegible]2种保健食品。	
投资者名称	注册地	出资额

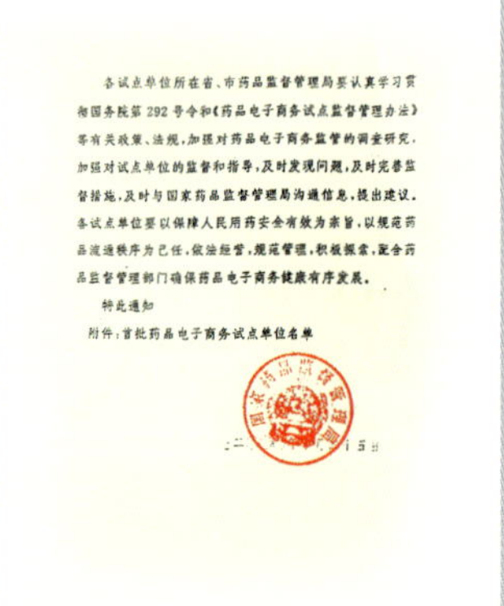

各试点单位所在省、市药品监督管理局要认真学习贯彻国务院第292号令和《药品电子商务试点监督管理办法》等有关政策、法规，加强对药品电子商务监管的调查研究，加强对试点单位的监督和指导，及时发现问题，及时完善监督措施，及时与国家药品监督管理局沟通信息，提出建议。各试点单位要以保障人民用药安全有效为宗旨，以规范药品流通秩序为己任，依法经营，规范管理，积极探索，配合药品监督管理部门确保药品电子商务健康有序发展。

特此通知

附件：首批药品电子商务试点单位名单

二、以优质产品充实平台内涵

康力集团经过15年的发展和积累、沉淀，产品线已经囊括了现代中药、化学药、生物制药、保健品、功能性食品、特色医疗等产品领域。在众多的产品线中，康力集团将产品归类于吃出健康、用出健康等几大类别。在众多产品中，康力的核心产品采用了顺势医疗技术，继承和发扬中华民族五千多年的医学瑰宝和“食药同源”的文化理论精髓，打造了康力健康产品的核心竞争力。

顺势医学

顺势医学技术理论：顺势医学是不同于中、西医的独立、完整的全新医学体系，对大部分急症、慢性疾病、传染病、外伤、疑难病、癌症和艾滋病等均能产生疗效。

顺势医学的优势：安全、无毒副作用；激活、重建机体自愈系统，以达到根本治疗；快速、高效；弥补了中西医不足；顺势疗法能克服西医无法克服的药源性、医源性，药物的混合交叉反应、并发症、抗药性等弊端。

对症食疗

随着时代的发展，人们防病保健意识的增强以及对药物副作用的担忧，传统的“看病吃药”和靶向不强的保健将不能满足现代人们的健康需求，人们呼唤一种全新的健康方式。康力通过多年潜心研究中华民族五千多年的医学瑰宝，吸取中国古代“食药同源”的理论精髓，最终找到了人类健康的真谛——对症食疗。它是中医和西医发展的结合，其理论的基础是营养医学。它将特殊方式种植、特殊环境培育出来的五谷杂粮通过特殊配方进行配比，使其保有谷物原生态的同时又具有治愈各种疾病的奇特功效。

代表产品

加州熊牌灵芝胶囊、银杏胶囊

灵芝、银杏产品是运用“顺势疗法”特殊加工工艺精制而成，并通过物理势能对人体进行保健，无毒无副作用。康力顺势工艺产品是以“重建机体自愈系统” 为根本，“安全无毒副作用”为前提的理念精华，打造人类健康崭新理念。

青草堂五谷香对症食疗

青草堂对症食疗五谷香系列产品以对症食疗为根本，以原生态的五谷杂粮为原料，通过特殊的良种培育，特殊的种植环境，特殊的品种配方造就了与众不同的对症性。产品通过国家农业部绿色食品、无公害农产品指定检测认证机构具有国际公信力的谱尼（PONY）测试。

康力普洱茶

普洱茶是云南特有的地方名茶，历史悠久。是以云南原产地的大叶种晒青茶及特有工艺发酵加工而成。不但有保健减肥作用还有药理作用，据《本草纲目拾遗》记载：“普洱茶性温味香……苦涩逐痰，刮肠通泄……”

顺势TM清爽祛痘护肤套装

本系列产品使用顺势工艺，有效地祛痘，对皮肤进行皮脂管理，逐步改善毛孔粗大和面泛油光等肌肤问题，预防和减少黑头、粉刺的形成，修复受损细胞，从而更好地抵御环境伤害，保持肌肤光洁，清爽不油腻。

顺势TM润白护肤套装

本系列富含天然氨基酸和多种美白营养成分，还特别使用顺势工艺，使各种成分更快地被皮肤组织吸收，加速细胞新陈代谢，令肤色更加均匀，没有黯沉，淡化各种色斑，令肤色晶莹透亮，由内而外透出自然白皙的水润光泽。

三、以立体化的渠道打造平台活力

1. 物流

第三方医药配送已成为现代医药物流的重要发展模式，具有其特有的优势，尤其是第三方配送企业在药品供应链中处于一个特殊位置，有着搜集、网罗上下游客户信息的优势地位，在药品流通市场中具有信息源的作用，是药品生产、经营又一新的信息门户。有了第三方医药配送中心的特有专业优势、信息优势，公司产品将以更便捷，更快速的方式配送给广大消费者。

2. 连锁加盟店

自2000年康力集团获得国家药品零售跨省连锁试点企业资格后，康力集团遍在全国各地建立了连锁加盟药店，一年内达到了300多家。目前，康力集团整合现有资源，建立了青草堂加盟连锁店，这种传统的店铺销售模式为康力集团在渠道建设这块增添了羽翼，截止目前为止，加盟店数量已经达到几百家。

3. 电子商务

在这个平台上，康力集团建立了一套完整的健康档案，而这些健康档案更有利于康力集团了解人们对保健方面的需求，从而更好地服务于广大消费者。此外，有了医药电子商务平台，有利于搜集当前最先进的技术和最及时的产品信息，从而更好地把握市场机遇。康力通过电子商务平台使合作者和消费者更能快速、及时、准确地了解商品信息，购买商品。

4. 直销

直销以面对面且非定点之方式，销售商品和服务，绕过传统批发商或零售通路，直接从顾客接收订单，由直销员在固定营业场所之外直接向最终消费者，这种销售模式更直观、快捷。目前，康力集团作为民族直销企业之一，是国内直销业中率先提出并倡导“阳光直销”理念的企业。

阳光营销理念

“阳光营销”理念倡导依法纳税、守法经营，真正做到了公开、公正、公平，与合作伙伴形成良性互动，真正实现了共赢，其赢利模式即体现了政府规范收税和对直销业的全力保护，也体现了公司持续稳定的发展理念，更体现了广大愿意做直销事业的人在阳光下实现自我价值的愿望。

在“阳光营销”理念的指导下，康力对整合的各类团队的运营数据进行了全面系统的收集和整理，和政府职能部门建立了信息对称的电子商务平台，通过对接能真正起到政府监督服务和企业规范经营的目的，将制定新的直销操作标准。阳光营销意义：

1）注重产品质量和产品理念，制定合理的价格，客观真实地宣传产品的功能功效，杜绝宣传诱导和产品欺诈；

2）规避利用制度进行欺诈；

3）规避利用创富文化进行欺诈；

4）注重内部管理及流程建设；

5）注重人才培养和经销商队伍的建设；

6）重视契约。

7）注重平衡利益关联者的利益；

8）重视与政府职能部门和媒体的沟通。

对行业及社会影响

1）阳光营销将主导行业的政策导向。阳光营销最大限度地减少因信息不对称带来的负面影响，最大程度地放大创新营销正面效应，从根本上符合行业、企业、经销商、消费者和社会公众的利益，也就符合国家和社会的利益。

2）阳光营销引领行业标准和行业未来的发展。阳光营销规避直销负面影响，不但有利于企业，有利于行业，也有利于社会的发展，因此阳光营销必将引领行业标准的提升，这也是直销行业未来健康发展的方向。

四、以宏大的发展目标塑造平台格局

1. 发展前景

渴望健康生活品质已经成为当前时代及未来时代人们的普遍心理，健康而又环保的健康类产品成为了当前人们追求的消费品。康力集团拥有“顺势医学”技术和中华五千年“对症食疗”的营销医学结晶为人们所需的健康类产品提供了保障，满足了人类的需求，为追求健康生活品质的消费人群提供了安全、有保障的健康产品，这是当前社会消费的趋势。如果说健康、环保类产品是人类所必须，而如何将此健康、环保类产品输送到消费者手中成为了占领市场的关键，拥有国家第三方医药物流配送资格证、国家药品零售跨省连锁资格证、国家医药电子商务平台资格证、中华人民共和国直销经营许可资格证四大证照的康力集团为此提供了大流通渠道，为康力集团的渠道建设铺路，为康力集团占领健康产品市场提供了保障。因此，康力集团在未来发展中拥有了广阔的发展前景，在创新中求发展的康力集团在探索人类健康的产品领域中已经占有其他企业无法比拟的优势，康力集团正在为人类的健康需求开创先河。

2. 发展战略

作为我国医药流通领域的大型医药企业，作为为消费者提供健康类产品的国有企业，康力集团知道自己肩负着社会赋予的重要使命，把康力迅速培养成在国际市场具有较强竞争力的现代化医药集团和有中国特色的民族品牌是康力的责任。目前康力正在研究朝着建立完整健康类产品产业链的企业发展战略方向努力，根据外部环境条件与内部资源状况分析，康力集团必须确立“扩张型的整体发展战略”，准确地把握经营方向。通过产品开发，营销模式创新，以及资产重组将企业规模迅速扩张，拓宽产品领域，在阳光营销理念的引导下，将朝“多元化、多领域、国际化”方向发展，为合作者搭建健康、独具一格的“大流通”营销平台，促进企业迅速发展，使其成为中国健康、环保类流通领域的龙头企业。

3. 发展目标

康力集团发展目标：立足“大健康”领域，搭建一个多元化、创新型的“大流通”营销平台。

康力集团发展目标的设定，基本上依据自身特点，并遵循15年发展的历史规律，确定了三年为一个阶段目标的战略规划思路：

第一阶段　（2006年～2009年）准备期：完成“大流通”营销平台发展的基础（包括：资质、产品、制度、经销商、服务和支持等系统的建立和完善）。

第二阶段　（2010年～2012年）开发期：拓展、整合各方面的优势资源，联合共赢、携同发展，搭建并完善“大流通”营销平台（产品线实现多元化、营销渠道实现规模化、运管管理实现科学化、组织发展实现集团化）。

第三阶段　（2013年～2015年）扩张期：通过资本的力量上市。大力开发国际市场，让康力“大健康”系列优质产品走出国门，服务全球亿万消费者。

第四阶段　（2016年　～　长远）发展期：成为国际化“大流通”企业。引领健康、时尚的高品质生活。

【民生责任】为经销商搭建坚实的创业平台

一、科学规划市场

康力公司的市场工作总是贯彻在“有计划、有组织、有安排、有落实”这“四有”基础之上。每年市场工作开展之初，都邀请市场骨干，召开正式的市场工作会议，探讨与规划市场工作的战略与战术。

二、大力启动招商工作

康力公司十分重视招商工作，并对每场招商活动认真组织，力求对消费者负责、对经销商负责。

三、教育培训

康力公司将教育培训视为启动市场、维护市场、发展市场的动力源泉，各种形式、不同层面的教育培训提升了经销商的素质，培养了他们的工作技能。

四、红色之旅：爱国主义活动

作为一家民族健康企业，康力公司特别注重爱国主义教育，并通过丰富多彩的“红色之旅”，让市场精英深入到红色革命根据地，现场感受革命先烈的奋斗历程，珍惜今天，为中华民族的伟大复兴继续拼搏。

五、旅游激励

康力公司将国内外旅游作为奖励优秀经销商的手段，同时也通过旅游活动特别是国际游活动，让他们走出国门、开阔视野，提升境界。

广东康力新疆分公司周年庆典隆重举行

2011年8月的新疆草肥水美，瓜果飘香。在这个美丽的季节，迎来了广东康力医药有限公司新疆分公司周年庆典活动，庆典在乌鲁木齐八一剧院隆重举行。

广东康力医药有限公司董事长许瀞予女士、总裁王君平先生及近千名经销商代表参加了庆典活动。会上，许瀞予董事长和王君平总裁分别发表了讲话，充分肯定了新疆分公司及新疆地区经销商一年来的付出和做出的辉煌成绩。同时也表示，公司总部将不断完善各项服务和支持工作，更好地支持新疆市场的发展。许瀞予董事长更向与会人员宣布了广东康力医药有限公司在生态农业领域的宏远规划，将为经销商提供更大、更广的事业平台，为消费者提供更多更优质的产品。

本次庆典活动还荣幸地邀请到了中国消费者协会副会长母建华先生及来自全国各地十几个省市工商系统领导。与会领导对广东康力医药有限公司“为健康而努力”的企业使命及为中国健康产业所做出的贡献给予了高度评价。

为了感谢所有支持康力健康事业发展的领导和嘉宾，感谢所有经销商辛勤的付出和耕耘，康力公司特别邀请了新疆军区文工团为国际舞蹈节准备的整台文艺晚会为与会嘉宾及经销商进行了盛大演出。整个庆典活动在热烈欢快的氛围中结束。

广东康力新疆分公司成立

[经济责任] 通过资源整合达成健康产业集群

康力公司整合的核心产业
生态纺织产业
黑茶产业
水健康及水处理产业
东北参茸等野生资源开发产业
女性健康用品产业
中医健康产业
军工健康产业
小球藻产业

在“阳光营销”理念的指导下，康力集团广泛进行资源整合，先后与一些具有特色产业的企业进行战略合作，实施强强联合，从而形成了一个无比强大、具有国际竞争力的健康产业集群。

这一举措，有利于为特色产业的发展提供更好的政策环境，有利于中国民族健康产业企业化零为整，达成联盟，显示实力，增强民族产业发展的信心。

【企业荣誉】

荣誉篇

广东省服务企业100强

江西樟树市十强纳税企业

广东康力医药有限公司2007年税收增收奖

广东康力（樟树）药品物流有限公司荣获2005年度纳税贡献奖

广东康力（樟树）药品物流有限公司荣获全省西药批发业十强企业

广东康力（樟树）药品物流有限公司西药批发业十强企业

【责任力历程】 广东康力1996-2010年大事记

1996年8月，广东康力医药有限公司在深圳成立，许瀞予女士任董事长。

2000年8月，成为国家跨省连锁试点单位，同时成立“广东康力医药连锁有限公司”，在全国范围内跨区域开设“康力连锁药店”。

国家食品药品监督管理局批准广东康力医药有限公司为全国第二批跨省药品零售连锁经营试点企业之一。

成为国家首批8家药品电子商务试点单位之一，获得《国家医药电子商务平台资格证》。

2003年4月，获得国家食品药品监督管理局批准的“药品物流第三方配送试点”资格证。

2003年8月，在全国200多家医药连锁公司的排行榜中排名第11位。康力连锁药店已形成了以珠三角为中心，以北京、上海、福州为纽带的全国辐射态势。

成立广东康力医药有限公司药品物流配送中心，选址广东省广州市天河区裕景工业园，投资2000万元，总建筑面积近10000平方米。

2003年10月，成立广东康力（樟树）药品物流有限公司，以BOT模式斥资2亿元人民币在江西省樟树市，建成广东康力（樟树）药品物流中心。

2004年1月，成立直销研究部门，进行国内与国际的直销业务的考察与规划。

获得国家食品药品监督管理局颁发的《药品物流第三方配送资格证》。

2005年2月，制定了“全球一体化”的直销发展战略，并完成全球性发展规划。

2005年12月，广东康力（樟树）药品物流基地荣获樟树市委市政府颁发的年度“纳税贡献奖”。

2006年，正式向中国商务部提交直销经营许可申请。

2006年12月，广东康力（樟树）药品物流基地荣获江西省“西药批发行业十强企业”和纳税新超百万元“特别贡献奖”。

2006年12月22日，中国商务部批准广东康力医药有限公司直销经营许可的资格。

2007年1月8日，广东康力医药有限公司获得商务部颁发的《直销经营许可证》，以中国深圳为核心的直销业务逐步展开。

2007年6月29日期，完成深圳市内六区八家直销服务网点的审批工作。

2007年8月8日，广东康力医药有限公司深圳分公司注册成立。

2007年8月17日，广东康力医药有限公司首批直销培训员获商务部批准。

2007年12月，广东康力（樟树）药品物流基地纳税进入樟树市前十强。

2009年11月28日，广东康力在广州正式启动直销市场。

2010年6月26日，广东康力山东分公司在济南隆重开业。

2010年7月30日，广东康力电子商城启动仪式在江西樟树举行。

2010年8月16日广东康力新疆分公司在乌鲁木齐隆重开业。

康力
为健康而努力

康力F营销体系

以新型纤维的生态纺织产业履行低碳环保责任

【康力F营销体系简介】

“康力F营销体系” 成立于2011年3月，是在广东康力医药有限公司旗下、吸收营销界优秀精英而组建的创新型市场营销平台。以康力公司统一的文化理念为指导，在“为健康而努力”的宗旨下，提出了“为国际生态健康而求索”的口号，将致力于发展中国生态纺织产业和生态健康产业，从而为现代人的优雅生活服务，为全人类的健康事业努力。

康力F营销体系是北京法蕾雅日用品有限公司与广东康力医药有限公司强强联合、战略合作的结果。

北京法蕾雅日用品有限公司组建于2008年，是一家立足生态纺织领域的新兴企业。公司依托北京海畴企业管理顾问公司和深圳君安投资咨询有限公司的专家顾问团队作为智慧援助系统，致力于全球领先的生态纺织和生态健康产业系列产品的研发、生产、推广与

地　址：北京市北四环中路27号盘古大观A座7层　客服电话：400-8102988

销售。

法蕾雅公司确立了“关注生态、关爱家庭、成就健康、缔造财富”的发展使命，立志为全球65亿消费者提高生活品质服务。公司倡导“新时尚、新体验、新视野、新财富、新境界”的合作宗旨，坚持走“国际化、法制化、规范化、专业化、信息化”的企业发展路径，以此建设公司在生态纺织与生态健康产业领域的长青基业。

法蕾雅公司始终坚持创新思想，追求企业的可持续性发展。其中，在产品研发上走科技创新之路；在企业管理上走体制创新之路，努力建设并不断完善公司法人治理结构和现代企业发展机制；在营销模式上坚持走整合创新之路，规划和设计了面向新技术时代和全球营销时代的“空中沃尔玛”式创新营销模式，服务千家万户。

在产品开发上，法蕾雅明确把“绿色、健康、环保、时尚”作为产品理念，以“缔造健康优雅生活”作为品牌诉求，用“显著差异化”和“巨大市场潜力”作为衡量标准，不断拓宽和优化企业产品线，从而在产品领域建立法蕾雅的核心竞争力。

在企业成长与发展战略上，法蕾雅坚持两条腿走路的发展模式：一方面，公司坚持走产业化发展之路，努力在生态纺织产业领域和健康产业领域做大、做强、做精、做专；另一方面，公司还将全力推进资本化运营之路，通过资源整合，在未来10年内建立全球范围深具生产力和竞争力的“生态纺织与生态健康”科技交流、产品营销与服务、个人与组织创业、投资增值的卓越平台与品牌。

2011年3月15日，广东康力F营销体系成立暨法蕾雅三周年庆典在北京九华山庄隆重召开，三千名法蕾雅经销商齐聚京城，共襄盛况。直销专业网作为此次大会的战略合作伙伴，对此次大会进行了全程网络视频直播，共有2000多网友通过直销专业网在线观看了此次视频直播。

广东康力董事长许瀞予、执行总裁王君平、董事长助理戴三省，北京法蕾雅公司总裁刘尚线、执行总裁牛超、副总裁邵兵等两家公司的领导；法蕾雅顾问、国家工商总局公平交易局原局长、著名书画家李必达、法蕾雅公司战略顾问、中国经济商业学会常务理事、中国直销界著名专家胡远江，国内著名市场营销专家、法蕾雅营销顾问王义教授，中国保健协会副秘书长贾亚光，中国纺织工业协会、天竹产业联合会常务副会长宋德武等专家、领导与行业各大专业媒体，新浪、搜狐、腾讯等主流媒体共同出席了此次大会。

【低碳时代的责任大观】

康力F营销体系独特的生态文化

生态环保，低碳潮流

人类只有一个地球，爱护自然，保护生态；节能减排，低碳习惯。生态健康，全方位健康：吃出健康，用出健康，穿出健康，睡出健康，喝出健康。生态启迪，文化传承：所谓“道法自然”，从竹纤维的原材料竹子中得到了竹文化的启迪。

康力F营销体系的产品前景

功能性纺织品的定位：打造了深厚的财富前景；健康产业是继IT产业后的财富第五波。

健康产业的商机：功能性产品、功能仪器、功能饮料、功能保健品、功能纺织品；

从“吃出健康”到 “穿出健康”；从“睡出健康”到“用出健康”！

【责任力底蕴】时尚深厚的企业文化

“以文化推动产业”、“以产业塑造高品位文化”：这是康力F营销体系文化建设的指导原则。

一、构建康力F营销体系企业的核心文化

愿景文化：百年品牌，基业长青；

使命文化：关注生态，关爱家庭，成就健康，缔造财富；

管理文化：以人为本，创新发展；

标准文化：国际化、法制化、规范化；

价值观文化：诚信、自强、互爱、乐善。

二、打造独特的竹文化

中华民族数千年的文明史孕育了独特的竹文化，松、竹、梅被誉为“岁寒三友”，梅、兰、菊、竹被称为“四君子”。

从观赏和审美而言，竹子有声、影、意、形“四趣”。当人们漫步于青青翠竹之下时，一种无限舒适的感受和美好的遐想便会油然而生，一切疲劳和烦恼都会被抛到九霄云外。

其次，竹子高风亮节，虚心自持。“奇花照眼一时红，修竹虚心万年绿”，这可谓竹子品格的传神写照。它朴实无华、坦诚无私，不苛求环境，不炫耀自己，默默无闻地把绿荫奉献给大地，把财富奉献给人类。所以诗人们赞美它：“苍苍劲节奇，虚心能自持”，“根生大地，渴饮甘泉，未出土时便有节；枝横云端，叶拍参天，及凌云处尚虚心。”

再次，竹子刚强正直，宁折不曲。我国劳动人民把竹子的生物特征总结升华成一种做人的美德，把竹子之节与做人的气节巧妙地联系在一起，使它成为一种人人仿效的精神榜样，这是我国竹文化的一个突出特点。“玉可碎而不可改其白，竹可焚而不能毁其节。”郁郁葱葱的竹林显示了它们不畏逆境、不惧艰辛、中通外直、宁折

不曲的品格。这是一种无形的精神财富，也正是竹子特殊的审美价值所在。

最后，竹子清幽凤尾，似画如诗。茫茫竹海，清荫通幽；风扶凤尾，俯情春水。“月光下的凤尾竹”，陶冶情操、净化心灵、升华精神品格。

中国历史上的大文豪苏东坡有“宁可食无肉，不可居无竹”的名句，犹有“何可一日无此君”的感叹。

三、时尚的生活文化

时尚引导潮流，潮流塑造生活。“健康优雅生活”——是康力F营销体系试图带给每个家庭的理想。

四、公平的商业文化

康力F营销体系倡导“诚信合作，公平交易，互利互惠，追求共赢”的商业文化。

五、激情的创业文化

康力F营销体系倡导在激情中生活，在激情中创业。

六、有特色的“营销系统”文化

康力F营销体系倡导：在营销领域，应该建立具有中国特色的“系统”和系统文化。这种系统应该根植于中国5000年的文化底蕴，反映中华民族的伟大创造性和人文包容性，又吸收了西方“系统”文化中具有生产力和开拓性的精粹，因此能够走向世界。

【民生责任】新纤维革命

生态纺织是纺织产业的一次飞跃。康力F营销体系秉持生态健康新理念，充分整合新技术手段，成功开发以竹纤维为代表的生态纺织产品，开创了人类文明发展史上继棉、麻、丝、毛后的纺织品新生代；推动了人类纺织产业的一场新革命。

一、竹纤维是纺织品的第五次革命

1. 竹纤维的来源

竹纤维是以优质的天然竹子为原料，经特殊的高科技工艺处理，把竹子中的纤维素提取出来，再经制胶、纺丝等工序而制造出的再生纤维素纤维。竹纤维生产产品涵盖内衣、毛巾浴巾、床上用品、袜子、家居服、T恤，等等，人们贴身生活的方方面面，它所表现出来的健康特质、亲肤特质，在提高人们生活品位和质量的同时，也改变了相关产业的竞争格局。被人们称赞为“会呼吸的生态纺织”、“纤维皇后”等美誉。竹纤维面料被业内人士誉为：“二十一世纪最具有发展前景的健康面料”。

竹纤维纺织品被业内人士誉为继“棉、毛、丝、麻”之后的第五次纺织品革命。

2. 竹纤维的六大功能

抗菌抑菌功能

除臭吸附功能

吸湿排湿功能

超强的抗紫外线功能

超强保健功能

舒适美观功能

3. 竹纤维生态纺织具有巨大市场潜力和灿烂前景

作为一种新型纺织面料，竹纤维的出现，它的意义是针对整个纺织产业而存在的，而不是某一个单一的产品体系，中国纺织品市场每年高达15000亿元的市场份额，竹纤维则全面切入到这一庞大的市场领域。它所对应的下游市场涵盖了所有纺织行业，透过竹纤维们可以看到的是一个立体化的、多层次的、多板块的市场空间。

从来没有一个创新技术，能够像竹纤维这样，以健康和抗菌作为切入点，将内衣市场、文胸市场、床上用品市场、巾品市场、袜品市场、家居服市场、孕婴幼市场等几大市场归为一体，实行纵向和横向的多元化开发。因为健康特性，在上述任何一个领域，都能引起足够的市场冲击力。

竹纤维的到来，对整个纺织业而言，具有深远的意义。

推陈出新的纺织产品原料；

莫代尔纤维；

珍珠纤维；

甲壳质纤维 ；

牛奶蛋白纤维；

大豆蛋白纤维；

玉米纤维；

蛹蛋白纤维；

藏红花纤维等。

二、竹纤维产业关系国计民生

1.关系国家粮食战略

中国有13亿人口，吃饭是个大问题。中国用占世界总量7%的耕地养活占世界人口总量的22%的人口。中国现在粮食很缺乏，能供应粮食的省份不多，只有：黑龙江、吉林、河南、山东、江西、湖南、湖北、四川等小部分省份，大部省份的粮食都依赖外调；而且目前很多省份粮食生产处在“靠天收”的状态。

大力发展竹纤维产业，“以竹代棉”，多种竹子，种好竹子，将竹纤维纺织品用于生活，解决人的“穿”的问题，把棉田用于粮食生产，多种粮食，让有更多耕地用于种粮，才能维系国家的稳定。

2.关系国家能源战略

国际油价仍在飙升，20多年来的历史新高屡被刷新。作为世界第二大石油进口国，本轮石油价格上涨对中国的影响是深远的，不仅牵累相关行业，带来通货膨胀的巨大压力；面对国内石油需求的持续增长，国际低价油时代的一去不返，解决我国的能源安全问题已经到了十分紧迫的关头。

对今日中国而言，能源危机是亟待解决的头号问题。由于石油在目前世界能源消费结构中所占的比重是39.97%，因此能源危机也就突出表现为石油危机。从我国的经济发展模式看，是以矿物能源为基础的增长，拉动经济增长的核心行业无一不是高能耗行业。因此，如果能源问题不解决，就动摇赖以支撑经济发展的行业基础。从国情来看，问题就更为严重：巨大的人口压力、相对贫乏的能源资源条件，面对老百姓日益高涨的发展诉求，能源问题将是一道最难求解的方程式。

中国纺织业发展迅速，纺织纤维加工总量由2000年的1360万吨发展到2006年的2950万吨，其中，合成纤维用量占中国纺织纤维加工总量的65%，占世界合成纤维总量的40%。中国合成纤维年产量占全球产量的32%，而合成纤维是以石油、天然气为原料，通过人工合成的高分子化合物经纺丝和后加工而制得的纤维。

竹纤维纺织业的发展符合国家节能减排的战略，因为竹纤维是利用能快速生长的竹材作为原料，竹材是优质的可再生资源，且生长期短、只需3-5年；与合成纤维区别很大，后者是是利用石油作为原料的；随着国际石油资源的日渐匮乏，油价的节节攀升，竹纤维产业作为新兴的高科技纺织产业将大有可为。

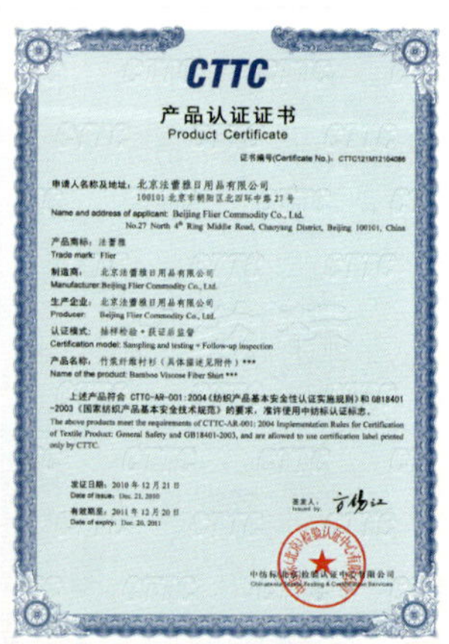

CTTC

产品认证证书

Product Certificate

证书编号(Certificate No.)：CTTC121M12104086

申请人名称及地址：北京法蕾雅日用品有限公司
100101 北京市朝阳区北四环中路27号

Name and address of applicant: Beijing Flier Commodity Co., Ltd.
No.27 North 4th Ring Middle Road, Chaoyang District, Beijing 100101, China

产品商标：法蕾雅
Trade mark: Flier

制造商：北京法蕾雅日用品有限公司
Manufacturer: Beijing Flier Commodity Co., Ltd.

生产企业：北京法蕾雅日用品有限公司
Producer: Beijing Flier Commodity Co., Ltd.

认证模式：抽样检验＋获证后监督
Certification model: Sampling and testing + Follow-up inspection

产品名称：竹浆纤维衬衫（具体描述见附件）***
Name of the product: Bamboo Viscose Fiber Shirt ***

上述产品符合 CTTC-AR-001：2004《纺织产品基本安全性认证实施规则》和GB18401-2003《国家纺织产品基本安全技术规范》的要求，准许使用中纺标认证标志。
The above products meet the requirements of CTTC-AR-001: 2004 Implementation Rules for Certification of Textile Product: General Safety and GB18401-2003, and are allowed to use certification label printed only by CTTC.

发证日期：2010年12月21日
Date of issue: Dec. 21, 2010

有效期至：2011年12月20日
Date of expiry: Dec. 20, 2011

签发人：
Issued by:

中纺标（北京）检验认证中心有限公司

CTTC

产品认证证书

Product Certificate

证书编号(Certificate No.)：CTTC121M12105086

申请人名称及地址：北京法蕾雅日用品有限公司
100101 北京市朝阳区北四环中路27号

Name and address of applicant: Beijing Flier Commodity Co., Ltd.
No.27 North 4th Ring Middle Road, Chaoyang District, Beijing 100101, China

产品商标：法蕾雅
Trade mark: Flier

制造商：北京法蕾雅日用品有限公司
Manufacturer: Beijing Flier Commodity Co., Ltd.

生产企业：北京法蕾雅日用品有限公司
Producer: Beijing Flier Commodity Co., Ltd.

认证模式：抽样检验＋获证后监督
Certification model: Sampling and testing + Follow-up inspection

产品名称：竹浆纤维针织服装（具体描述见附件）***
Name of the product: Bamboo Viscose Fiber Knitted Garments***

上述产品符合 CTTC-AR-001：2004《纺织产品基本安全性认证实施规则》和GB18401-2003《国家纺织产品基本安全技术规范》的要求，准许使用中纺标认证标志。
The above products meet the requirements of CTTC-AR-001: 2004 Implementation Rules for Certification of Textile Product: General Safety and GB18401-2003, and are allowed to use certification label printed only by CTTC.

发证日期：2010年12月21日
Date of issue: Dec. 21, 2010

有效期至：2011年12月20日
Date of expiry: Dec. 20, 2011

签发人：
Issued by:

中纺标（北京）检验认证中心有限公司

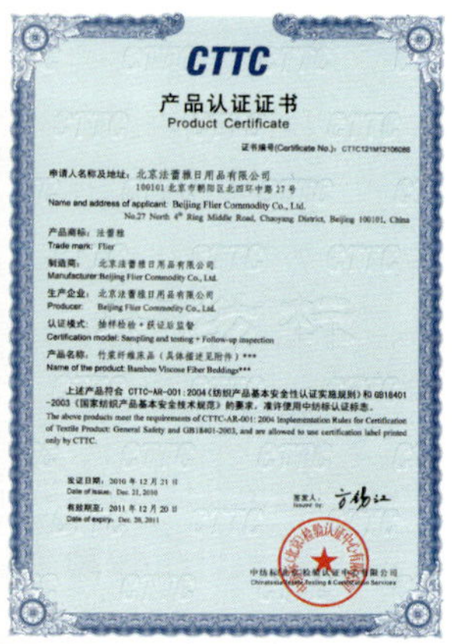

CTTC

产品认证证书

Product Certificate

证书编号(Certificate No.)：CTTC121M12106086

申请人名称及地址：北京法蕾雅日用品有限公司
100101 北京市朝阳区北四环中路27号

Name and address of applicant: Beijing Flier Commodity Co., Ltd.
No.27 North 4th Ring Middle Road, Chaoyang District, Beijing 100101, China

产品商标：法蕾雅
Trade mark: Flier

制造商：北京法蕾雅日用品有限公司
Manufacturer: Beijing Flier Commodity Co., Ltd.

生产企业：北京法蕾雅日用品有限公司
Producer: Beijing Flier Commodity Co., Ltd.

认证模式：抽样检验＋获证后监督
Certification model: Sampling and testing + Follow-up inspection

产品名称：竹浆纤维床品（具体描述见附件）***
Name of the product: Bamboo Viscose Fiber Beddings***

上述产品符合 CTTC-AR-001：2004《纺织产品基本安全性认证实施规则》和GB18401-2003《国家纺织产品基本安全技术规范》的要求，准许使用中纺标认证标志。
The above products meet the requirements of CTTC-AR-001: 2004 Implementation Rules for Certification of Textile Product: General Safety and GB18401-2003, and are allowed to use certification label printed only by CTTC.

发证日期：2010年12月21日
Date of issue: Dec. 21, 2010

有效期至：2011年12月20日
Date of expiry: Dec. 20, 2011

签发人：
Issued by:

中纺标（北京）检验认证中心有限公司

【经济责任】

一、推动地方经济发展

康力F营销体系通过对竹子资源的开发利用，极大地推动了竹资源地区（其中大部分是中西部贫困地区）的经济发展，为当地农民创收提供了条件。

康力F营销体系大量的产品通过代加工方式进行，使诸多传统纺织企业得到大批量订单，推动了这些企业的发展。

康力F营销体系还通过在全国各地设立的数千家专卖店，促进了地方消费，解决了众多人口的就业。

二、创立新财富模式，丰富营销投资渠道

康力F营销体系的财富模式 即：国际生态纺织工程的合作模式。

1. 渠道共建：投资合作模式

通过企业各种公开发行和展示资料了解“康力F营销体系”参加“康力F营销体系”在全国各地举办的代理和特许经营招商活动；按照“康力F营销体系”的招商与渠道共建原则签署合作合同，进行投资合作；按照康力公司的授权开展特许经营活动。

2. 产品体验：消费合作模式

通过企业各种公开发行的资料和招商会了解“康力F营销体系”及其产品；通过完全自我判断和评估行为确认产品的消费价值和自己的需求；通过完全自愿的购买行为到“康力F营销体系”加盟店或代理商处购买产品进行自我体验和消费；在体验基础上完全确认产品价值和附加值并申请成为长期消费顾客，享受长期优惠消费权益

3. 产品推广：营销合作模式

通过企业各种公开发行资料和招商会了解康力F营销体系及其产品；根据自己的择业需求寻求“康力F营销体系”全国各地代理商和专卖店的工作机会；在经过双方相互考察后按照《中华人民共和国劳动法》签署合同，根据各地代理商和专卖店投资人要求选定岗位从事信息、产品、忠诚客户建设等营销服务工作以及康力总部的品牌推广工作；接受“康力F营销体系”统一培训后正式上岗开展工作。

康力F营销体系的财富前景：广东康力医药有限公司旗下的阳光财富平台，是依托于全新产业所建立的财富路径，是一种收获立体财富的综合路径！

合作者职业化的营销行为收获经营产品的营销财富；合作者投资行为获得新兴产业特许经营的渠道投资财富；合作者通过企业上市行为获得资本市场财富的巨大增值。

【教育责任】

一、对大众进行生态环保的科普教育

康力F营销体系通过每个月高达数十场的招商会活动，向普通老百姓进行低碳环保及生态纺织的科学普及教育。累计人数高达30多万人。

二、培训专卖店店长，提升店铺管理水平

康力F营销体系定期对授权专卖店的经营者进行专业培训。

三、讲师培训，打造生态纺织生力军

康力F营销体系从市场一线中选拔潜在人员，进行专门的讲师技能培训，使他们能够深入市场，传播生态纺织理念。

四、引进国外名牌师资开设专门讲座，开阔经销商眼界，提升经销商素质

2009年，公司邀请“管道之父”、国际营销大师贝克 哈吉斯先生进行中国大型巡回讲演活动

2010年3月14～15日，在公司两周年庆典活动上，国际营销大师、《没有任何借口》的作者杰伊·瑞芬博瑞从美国专程飞抵会议现场，进行了3小时的激情演讲。

【公益及荣誉】

北京法蕾雅日用品有限公司
质量服务信誉AAA级企业

北京法蕾雅日用品有限公司
中国著名品牌

中国保健协会
CHINA HEALTH CARE ASSOCIATION
团体会员

2009年度中国营销杰出案例

证书
CQGC
质量、服务、信誉AAA品牌
（重点推广单位）
中国中轻产品质量保障中心

证书
CQGC
中国中轻产品质量保障中心

特殊贡献奖
宣传北京奥运、支持北京奥运
特殊贡献单位！
2008和谐中华迎奥运
大型系列活动组织委员会

荣誉证书
在2008和谐中华迎奥运大型系列活动中，为宣传北京奥运，支持北京奥运做出特殊贡献，特颁此证！

荣誉证书
HONORARY CREDENTIAL

2008和谐中华迎奥运
走进天津新蓟州
北京法蕾雅日用品有限公司

走进天津新蓟州
北京法蕾雅日用品有限公司

北京法蕾雅日用品有限公司

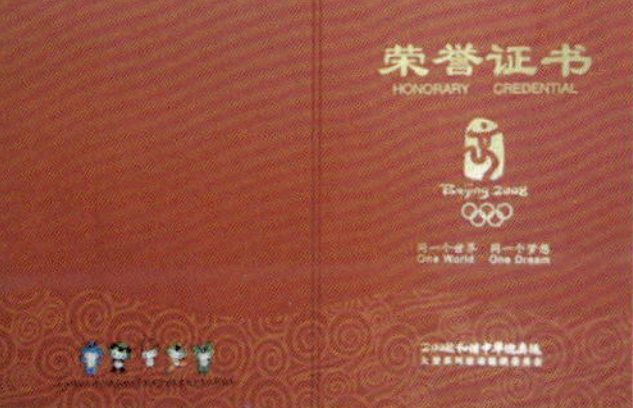

康力倚兰水事业部

专业净水门户，造福人类健康

【事业部介绍】

康力倚兰水事业部是倚兰（北京）环保净化工程设备有限公司与广东康力医药有限公司战略合作产生的新型水处理平台，正式成立于2011年5月。倚兰（北京）环保净化工程设备有限公司是一家外商独资企业，是北京市中关村科技园昌平园认定的高新技术企业，现已发展成为集研究、开发、设计、生产于一体的高科技、多元化、国际化的大型企业，并成为水质协会（WQA）成员。一直以品牌营销的创新理念和锐意进取的开拓精神，引领了水处理行业的潮流，不仅在中国有广泛的影响力，同时在欧美以及东南亚等国家享有一定的声誉，拥有众多的合作伙伴。

公司生产占地面积近20000平米，拥有厂房面积12000平米，员工数百人，其中专业技术骨干50余人，总投资额达到数千万元人民币。同时获得美国水协会资格证书和北京市相关部门认证的证书及资质。

公司主要从事膜分离产品和大、中、小型水处理设备及家用、商用纯水设备的生产和销售，工程项目涉及市政、化工、电力等行业。项目包括：大、中、小型系统纯水、高纯水、除盐水、软化水、净化水、分质供水系统工程和饮用水处理工程；业务包括以上工程的设计、制造、安装、调试以及维护培训等项目。

广州市黄埔大道西163号富星商贸大厦东塔14楼　电话：400-6655-625　传真：020-61006997

【责任力舵手】倚兰：稳舵方能成就未来

对于倚兰，有这么一个人，他一直默默地走在倚兰的身后，倚兰的发展凝聚了他太多的心血与汗水！二十多年，9490天，227760个小时，13665600分钟，时时刻刻，倚兰记挂于他的心中，市场一线的挂帅征战，危机时刻的智勇拼搏，困难时分的卧薪尝胆，成就了今日的倚兰！他就是倚兰的董事长——丹尼尔·王先生！

上世纪80年代，对于经济尚不发达的中国来说，以经济发展为中心的快速发展理念充斥着城市的大街小巷，人们生活水平的迅速提高伴随着环境的极度恶化，但是源源不断的财富累积让人们沉溺于一片欢天喜地的氛围之中无法自拔，直到一次次水污染事件相继频发，居民的饮水安全事故纷至沓来，警报开始拉响，国民意识在脆弱的生命面前开始逐步觉醒，饮水健康逐步成为一种文化，成为一种时尚，成为一种潮流走入了寻常百姓家！

就这样，在这位胸怀大爱的创始人丹尼尔·王先生的不懈努力之下，倚兰事业逐步走进了千家万户，开创了中国家用水处理行业的先锋品牌，如今上百万台的倚兰产品遍布中国大江南北。而他并没有就此满足，在这个拥有十多亿人口的泱泱大国，在这个骨子里流淌着不屈不挠精神的千年文明古国，还有着太多的百姓没有喝上安全健康的饮用水，这是倚兰的责任与使命，更是这位倚兰背后掌舵者的心愿！

【依托现代科技，塑造人类健康之未来】

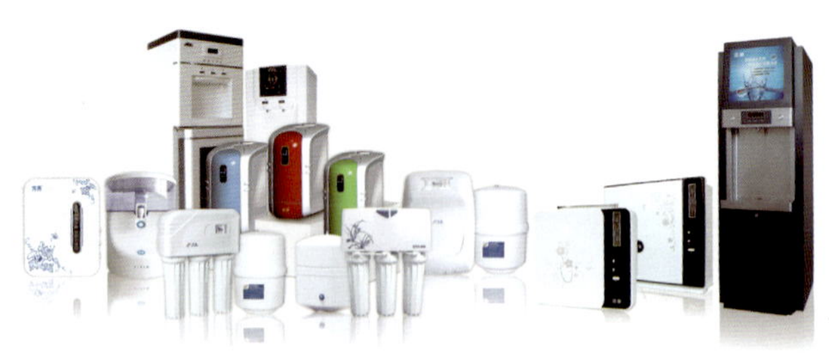

倚兰，一个如诗如画的名字，柔美而富有生命活力，闻其名而知其性，作为一家外商独资企业，自创立之日起，便承载了传播水与健康的大爱使命。自1986年进入中国，在25年的发展历程中，始终环抱着推广与普及健康饮水的时代责任感，依托科技创新、规范管理、务实开拓、高品质售后，一步一步成长为一家声誉卓著、享誉行业内外的领导企业。现公司生产基地位于北京市中关村科技园昌平园区， 销售和服务网络遍布全国，并已在内蒙古、陕西等省（自治区）设立省级分公司。2011年5月，倚兰审时度势，全新布局，优化市场并强化服务体系，始终把消费者放在第一位，并形成了覆盖东北、华北、西北、西南、华东、华南六大区域的营销服务网络，让消费者零距离的享受到倚兰高品质的产品和最直接、最优质的服务，让行业人士广为称道，倚兰成为中国首屈一指的家庭水处理行业先锋和典范。

一直以来，倚兰坚守着将人类健康带向正确的方向，那就是对健康的理解，其首先在于饮用优质纯净的水，不仅要让人们远离水质污染所带来的危害和病痛，更为要紧的是生活的健康和最佳的人生态度。

科技就是爱，倚兰产品依托美国尖端宇航科技，并不断引入国际先进生产管理技术，传承与创新、稳健发展，从品质上确保喝水即是您获取健康生活的完美演绎。目前，在家用水行业，倚兰产品已广受消费者喜爱，并获得了诸多殊荣。倚兰系列产品被中国航天基金会冠名为“中国航天专用水处理产品”， 由中国人民财产保险股份有限公司承保产品责任险，并陆续通过了3C中国国家强制性产品认证、ISO9001质量管理体系认证、ISO14001环境管理体系认证、ISO18001职业健康安全管理体系认证、国家卫生部许可批件、北京市生活饮用水卫生许可批件、美国水质协会证书等资格认证。倚兰凭借众多的荣誉资质在水处理行业奠定了无人撼动的品牌地位， 成为中国水处理行业的龙头企业。

【文化积淀生命】积极播撒“水与健康”的种子

在倚兰的创立和发展过程中，公司就明确了正确的企业使命和核心价值观，倚兰公司并非视效益为第一法则，更为深刻的是倚兰坚守传播水与健康的饮水理念，在全国范围内，不遗余力地开展最为广泛的健康教育活动，这些投入远非金钱所能衡量。现在，这些理念已深植于每一个倚兰人心中，已广泛地影响到他们身边的每一个人，在传播这些健康理念的过程中，亦使数以万计的正在遭受着饮水危害的人们建立了正确的观念，并籍由优质的倚兰产品作为有效武器去捍卫自己和家人的健康。

水之五性文化一脉传承

水，上善者。人如水则可成万事！

倚兰，凝练了水的品质，传递着水之五性的深刻内涵。水之五性，其一为方向性，我们看到无论是长江还是黄河，其水大势涤荡，绕尽千山，折过万难，奔流向东，最终汇聚大海。方向预示着强大的定力，在前行的路上，我们会遇到各类阻碍却要始终破势前行，这样方可成就事业。第二是渗透性，水滴石穿就说明了这个道理，强大的渗透力，它强调我们要具备坚韧的精神，要敢于面对各种困难，坚持不懈，这样才能取得大成功；第三是纯洁性，水具有洗刷污浊而自净的能力，一滴浊水汇入大海，最后污浊被洗涤而得到净化；同样的道理，我们生活在一个信息爆炸的时代，每天都会被不同的资讯影响和干扰，我们面对的环境，会有很多是风雨和负面，因此，我们要有净化的力量和信念，用积极的态度去影响周围的人，这样你才能走向人生的顶峰；第四是适应性，我们要学会与环境共处，顺应变化，与时俱进，而不是故步自封，不思进取，错而不该，只有不断地自我提升和改变才能逐步成功；第五是包容性，有容乃大，只有包容的人才能把事业做大，这个是一种美德，我们要能包容别人的无知、无礼、中伤、嘲笑，这样你才能看到无限的美好未来。因此，传承并融合水之五性是倚兰事业的根基，是倚兰人血液中流淌的高尚基因。

以人为本，共创共赢，昌盛富足

兴邦振企， 以人为本。倚兰推崇和谐的人才观，始终投之以李，报之以桃。面对广大的消费者，倚兰着力产品品质和服务，让消费者放心、省心、舒心；面对广大事业经销商，倚兰提供最稳健平台、最安全环境、最有效之机制，并以授之以渔的正确育人态度，协助经销商，提升经销商，使之建立基业常青的人生基石；面对员工，倚兰树立了“以人才为核心， 以人才促发展”的人才推动理念， 不仅重视人才引进，更为关键的是从根本上重视人才的培养和提升，组建了一支结构合理、素质较高的人才队伍， 不断开创人才辈出、人尽其才的事业发展新格局。

【社会责任感】坚守以公益为使命

倚兰公司从1986年创立至今，二十多年的风雨历程，一路披荆斩棘，从弱小到如今，这是一个企业的生命之路，离不开社会稳定的创业环境，离不开党和国家的帮助与扶持，离不开广大经销商的支持与厚爱！倚兰发展之余不忘回馈社会。孩子是民族的未来，倚兰从上世纪80年代到如今，不断帮助与扶持贫困儿童，赞助民族教育事业的发展，促使一大批困难儿童重返校园，帮助一大批胸怀梦想的孩子完成学业，这是倚兰的骄傲。同时倚兰还紧密关注中国老年事业，中国体育运动事业，中国航天事业发展等诸多方面：2007年，倚兰举办老年健康捐赠，为毕生竭尽心力奉献的老人送去一片关爱；2007年9月，倚兰特别赞助中国BG铁人三项世界杯赛；2008年，汶川地震揪紧了全国乃至世界人民的心，倚兰公司亦在第一时间送去了一份爱心，而就在不久前，北京时间2011年9月29日晚，21时16分3秒，在酒泉卫星发射基地发射成功的天宫一号空间试验站亦承载着倚兰的一份梦想。

【荣誉凝聚历史】

CERTIFICATE
CQM
质量管理体系认证证书
倚兰（北京）环保净化工程设备有限公司
GB/T 19001-2008/ISO 9001:2008标准要求
方圆标志认证集团

IQNet
THE INTERNATIONAL CERTIFICATION NETWORK
CERTIFICATE
Elan (Beijing) Environmental Purification Technology Co.,Ltd.
ISO 9001:2008 Standard

CERTIFICATE
CQM
环境管理体系认证证书
倚兰（北京）环保净化工程设备有限公司
GB/T 24001-2004/ISO 14001:2004标准要求
方圆标志认证集团

IQNet
THE INTERNATIONAL CERTIFICATION NETWORK
CERTIFICATE
Elan (Beijing) Environmental Purification Technology Co.,Ltd.
ISO 14001:2004 Standard
CERTIFICATE
CQM
职业健康安全管理体系
认 证 证 书
倚兰（北京）环保净化工程设备有限公司
GB/T 28001-2001标准要求
方圆标志认证集团

IQNet
THE INTERNATIONAL CERTIFICATION NETWORK
CERTIFICATE
IQNet and CQM
hereby certify that the organization
Elan (Beijing) Environmental Purification Technology Co.,Ltd.
Postcode: 102200
is in conformity with
OHSAS 18001:1999 Standard

外观设计专利证书

实用新型专利证书

实用新型专利证书

实用新型专利证书

2008
Water Quality
Certificate of Membership
ELAN TECHNOLOGY DEVELOPMENT INC.
WATER QUALITY ASSOCIATION

2008
Certificate of Membership
THE WORLD ASSEMBLY DIVISION
ELAN TECHNOLOGY DEVELOPMENT INC.
WORLD ASSEMBLY DIVISION
WATER QUALITY ASSOCIATION

中华人民共和国卫生部

证 书
兹授予
倚兰(北京)环保净化工程设备有限公司为
中 国 航 天 事 业 合 作 伙 伴
A COOPERATIVE PARTNER OF CHINA SPACE
特发此证
中国航天基金会
二00九年八月

兹 授 予
倚兰(北京)环保净化工程设备有限公司生产的
倚兰家用、商用、工业用水设备产品为
中国航天专用水处理产品
WATER TREATMENT PRODUCT FOR CHINA SPACE

兹 授 予
倚兰(北京)环保净化工程设备有限公司为
中国航天事业合作伙伴
A COOPERATIVE PARTNER OF CHINA SPACE

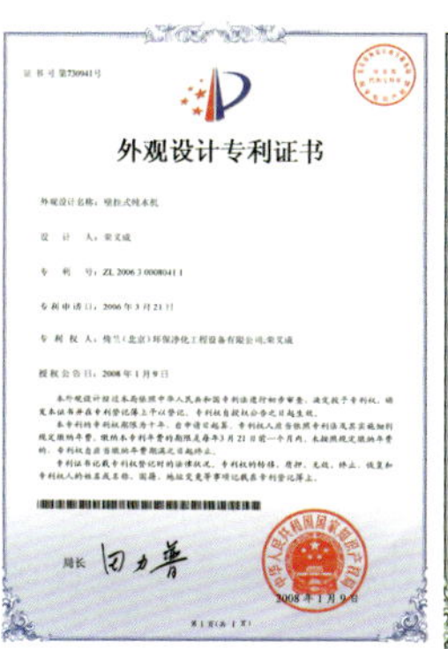

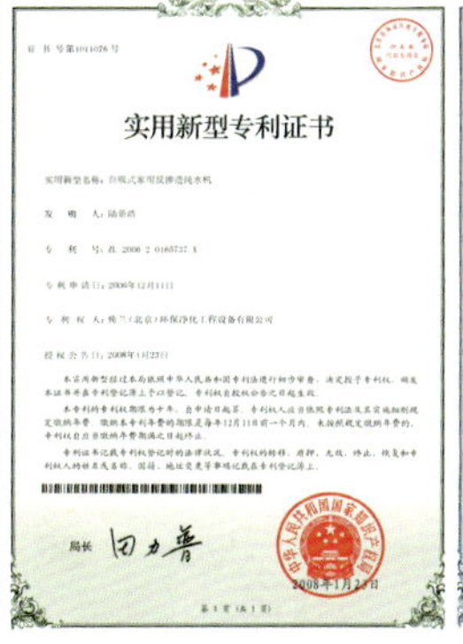

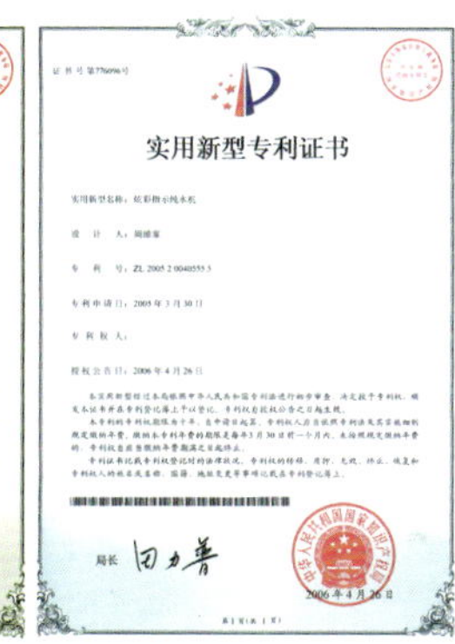

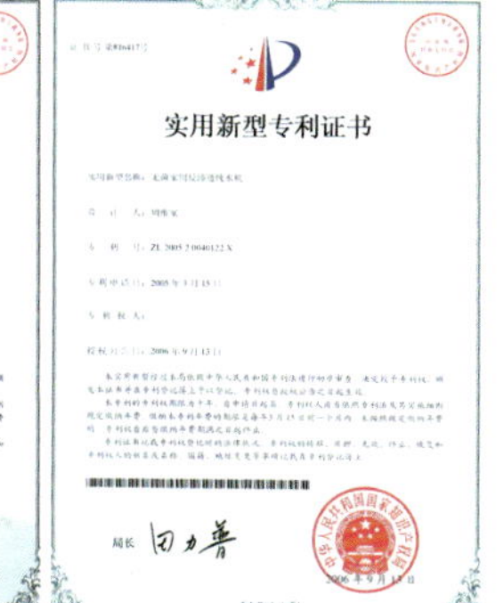

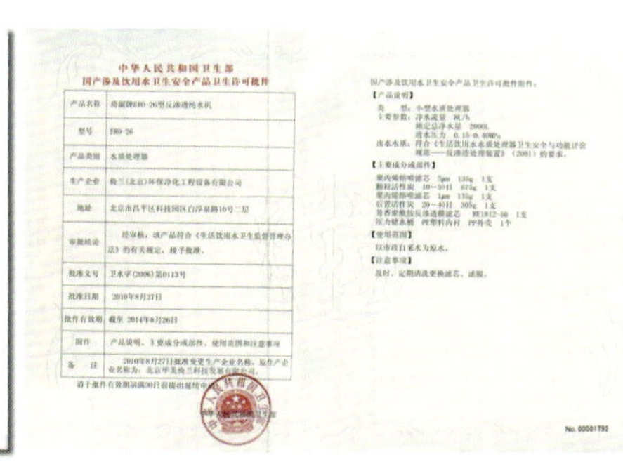

康力一大健康产业国际营销事业部

以军工技术提升健康产业竞争力

【事业部介绍】

广东康力医药有限公司与广东一大国隆日用品有限公司在充分遵守中国现行法律法规前提下，经过友好协商，以资源共享、优势互补、业务整合为原则，于2011年8月15日正式签订战略合作协议。根据协议，双方共同成立"康力一大健康产业国际营销事业部"，广东一大国隆日用品有限公司为该健康产业国际营销事业部的独家供货商，该公司现有经销商队伍全部归属于广东康力医药有限公司，成为"康力一大健康产业国际营销事业部"系列产品的专门营销队伍。"康力一大健康产业国际营销事业部"延续康力公司统一的文化理念，深入贯彻"为健康而努力"的宗旨，继承光大一大国隆超微蜂窝连锁经营模式，致力于为现代人提供绿色、安全、有功效的高品质健康产品，运用超高规格的军工技术，为品质生活保驾护航。

2011年10月15日下午，来自学界、商界、媒体界的领导，与特邀嘉宾、经销商代表等4000余人齐聚美丽的南方医科大学顺德校区体育馆，共同见证"康力一大健康产业国际营销事业部"正式启航这一盛事。启航盛典上，广东一大国隆日用品有限公司董事长、康

广州市黄埔大道西163号富星商贸大厦东塔14楼 电话：400-6655-625 传真：020-61006997

力一大健康产业国际营销事业部顾问委员会主任吕秀玲女士宣读了《启航辞》，她坚信："康力一大"的创立，是合作双方企业发展史上的一个重要里程碑，是合作双方寻求大发展、开创新局面的又一重要举措，充分展示了双方领导人不断开拓、勇立潮头的远见卓识，以及与时俱进、矢志发展的创业精神。吕秀玲董事长与南方医科大学文义民书记、郑木明校长、广东省军区罗来胜将军、广东康力医药有限公司王君平总裁代表许静予董事长、南方医科大学天然植物应用研究中心主任徐文霞将军亲自上阵，一起擂响了启航战鼓。隆隆鼓声中，一场轰轰烈烈的"为健康而努力送爱心到万家"的活动即将在神州大地全面打响。

广东一大国隆日用品有限公司是第一军医大学整体转业后产、学、研、销一条龙发展的产物，企业借民族复兴之东风，秉持"军工技术，为品质生活护航"的产品理念，依托南方医科大学（原第一军医大学）强大的科研技术实力和军工产业背景，以纯天然植物为原料，致力于军工技术转民用产品的开发与研制，其功效产品已填补了多项国内国际空白，为企业的发展建立了核心竞争力。目前，公司已成功上市营养保健、日用化工、女性护理三大系列数十种军工技术转民用产品，如甘宝口服液、龙宝口服液、凤宝口服液、金藻富康胶囊、绿藻片、氨基酸钙肽和多维元素片、时光隧道焕颜新生套装、倍齿健植物牙膏、植物口洁素、植物沐浴露、植物洗发露、益肤霜套盒、植物洋洋灵、玉牡丹凝胶人体抗菌润滑液、玉牡丹日常护理液等功效产品。

【责任力底蕴】

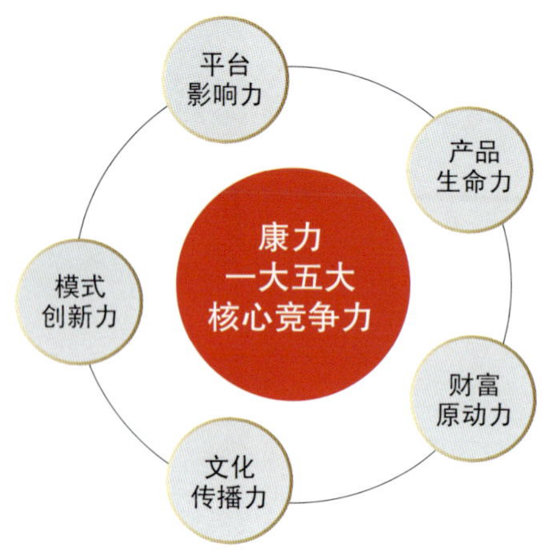

一、一流军医大学 打造一流产品

康力一大健康产业国际营销事业部借民族复兴之东风，秉持“军工技术，为品质生活护航”的产品理念，依托南方医科大学强大的科研技术实力和军工产业背景，致力于军工技术转民用产品的开发与研制，其功效产品已填补了多项国内国际空白，为企业的发展建立了核心竞争力。

南方医科大学前身为中国人民解放军第一军医大学，拥有近60年的军工科研历史，1000多名科研及技术人员，37个实验室与研究所，雄厚的科研实力为中国四所军医大学之首，为中国医科学院翘楚，科研水平处于中国乃至世界领先水平。自20世纪80年代以来，学校坚持以“科学技术是第一生产力”为指导思想，开创了全国高校产、学、研一体化先河；2004年8月，按照国务院、中央军委的命令转制地方，更名为南方医科大学，全面推进军工科技成果的民用转化。近年来，成功转化的日用品、化妆品、保健品等几十个产品，曾在一大国隆的市场营销模式下，均收到良好的经济与社会效益。原有产品，经久不衰，显示出强大的生命力；新产品不断推出，市场收益不俗，使我们中国人乃至世界人民，都将由此享受到中华几千年养生文化带来的高科技产品，实现生活品质的整体提升。康力一大与南方医科大学建立的产品研发生产与市场运作联动的发展模式，为科研机构市场化发展塑造了成功典范。

二、文化理念

◆事业部宗旨：营养人类，关爱生命；和谐生活，感应全球。

◆事业部理念：弘扬民族文化，打造民族品牌，振兴民族产业。

◆事业部精神：服从、忠诚、责任、荣誉。

◆事业部愿景：打造健康产业国际连锁品牌。

◆核心价值观：勤劳、勇敢、团结、协作、奉献、和谐。

◆运营理念：集天下之士，造天下之势；集天下之智，成天下之事。

◆产品理念：军工技术，为品质生活护航。

◆人才理念：尊重人才，真诚待人，雅量容才。

【社会责任新思维】

关注西部山区教育 扶助彝乡贫困学生

——吕秀玲董事长结对助学情满凉山

她，是一个地地道道的北方人，她的性格深处有着山东人所特有的豪爽和果敢；

她，是一位铁骨柔情的儒商，多年的商旅生涯锻就了她一副钢铁般的意志和泰山压顶不弯腰的气概，面对任何困难，她都能坦然处之。她的瓜子脸上总是挂着微微的笑意，她的眼睛时刻饱含着深情，任何一位初见她的人，都会顿生一种亲切之意；

她的成功得到了政府和社会的肯定：十几年来，她先后担任了国家教育行政学院经济研究中心主任助理、广东省金秋时代基金会（原叶剑英基金会）文化艺术委员会主任、广东省企业文化研究会副秘书长、广东省保健食品行业协会副会长，并被评为广东省企业文化建设十佳个人、广东省十大管理创新企业家……

她，是一位持之以恒的慈善家。多年来，她和她的企业在为人们带去健康的同时，更致力于慈善公益事业，积极承担社会责任；

她，就是广东一大国隆日用品有限公司董事长、康力一大健康产业国际营销事业部顾问委员会主任吕秀玲女士。

建立企业社会保障体系

中华民族具有悠久的慈善文化和传统，自古以来，中国就十分崇尚道德，并把道德作为治世之道和衡量一个人文明素质高下的首要因素，而慈善，则正是体现当代道德规范和荣辱观的重要内容。人类社会在发展的过程中出现了社会阶层的分化，贫富两极积累，社会的弱势群体由此而来。在对待弱势群体的态度和行动上，人们的观念和措施也在不断地发展变化，显现出新的特点。慈善事业作为社会的重要组成部分，可以反映出当今社会的一些状况，开展社会慈善工作已经成为构建社会主义和谐社会的一项重要工作。因此，在新的历史条件下，大力推进慈善事业的发展对于促进我国社会的和谐进步和人的全面发展具有重要意义。

改革开放以来，党和政府十分重视建设中国的社会保障制度，党的十六届四中全会决议明确提出要“健全社会保险、社会救助、社会福利和慈善事业相衔接的社会保障体系”，要“在全社会大力提倡团结互助，扶贫济困的良好风尚，形成平等友爱，融洽和谐的人际环境”。这是我们党第一次明

确将发展慈善事业作为社会保障体系的重要组成部分，表明了党和政府的重视程度，从而有力地推进了多层次的社会保障体系的不断发展和日趋完善。七年来，慈善引领人们聚集在爱心和信仰的旗帜下，奉献社会，服务他人，关爱民生，为扶贫、赈灾、教育、环保等工作做出了应有的贡献。但是随着经济快速发展，社会快速变化，我国的社会保障体系制度在房改、医疗改革、教育、城市低保、保障制度、保障管理和运作等方面还存在一些不足，仍需要得到进一步的完善和发展。

大力发展慈善事业

中国是近年来经济发展最迅猛的国家之一，国民和同胞的慈善公益热情空前高涨，公益慈善事业在中国已经获得了越来越多的组织和个人的关注和重视，这几年的发展结果也非常显著。她认为民营企业家并不都是唯利是图的，他们也有爱心，有社会责任感。企业社会责任意识逐步在企业家的意识里根深蒂固了，越来越多的企业家怀揣着一腔感恩和热情，主动投身到公益和慈善事业中。比如"中国首善"陈光标，不论是在汶川、玉树、还是舟曲，只要有需要的地方总能看到他的身影，还有曹德旺、杨受成、余彭年等。虽然大家对他们的评价褒贬不一，但是作为一个慈善事业的身体力行者，他们能够从这些亲身经历中体会到慈善带给他们的成就感。有人说他们高调，但正是由于这种参与慈善的行为，让多少人因为得到他们的帮助而改变终生？可以说，不计其数。这个就是榜样效应，就是发展慈善事业最终的目的。

关注教育、不遗余力地开展爱心助学活动

知识就是力量，知识就是财富，知识就是未来。随着经济建设事业的发展，国家对教育的投入不断增加，全国教育事业取得了显著成就。但从总体看发展不够平衡，贫困地区的基础教育投入相对不足，办学条件差，全国目前仍有相当数量的一批儿童因家庭贫困而徘徊于校门之外，渴望读书已成为千百万失学儿童的最大心愿。党的十七大报告指出，要"坚持育人为本、德育为先，实施素质教育，提高教育现代化水平，培养德智体美全面发展的社会主义建设者和接班人，办好人民满意的教育。"但面对人口基数大、财政实力弱的现实情况，仅仅依靠政府的努力是不够的，贫困地区的教育事业迫切需要社会各方面的支持和帮助。凉山彝族自治州因位于高山深谷，自古以来就是一个与世隔绝的地方。近年来虽然政府采取了许多鼓励彝族儿童入学的措施，但入学率和受教育状况仍难以令人乐观，失、辍学现象也十分严重。为了促进当地教育发展，资助失学儿童重返校园，使他们将来能够成为国家的栋梁，不少爱心人士都向他们伸出了助学援手，她也希望为此贡献自己的一份心力。目前，她已对四川省金阳县尔觉西乡中心校石一格古、吉本史牛、阿一鲁体、齐布曲者和来乃拉扎五位

彝族学生给以资助，并将持续帮助其他更多有需要帮助的学生。

树立高度社会责任感

企业的发展离不开社会的支持，没有国家和社会的和谐稳定，也就不可能有企业的辉煌。企业发展了不能忘记回报社会，尤其是那些确实需要社会帮助的弱势群体。她认为企业只有在追求经济效益的同时重视文化建设，大力地发展公益慈善事业，才能得到永续经营。因此，她创办的企业自成立伊始，就把肩负国家繁荣和民族强盛作为企业的社会责任和使命，取之社会，用于社会，在为人们带去健康生活用品的同时，致力于慈善公益事业，积极承担企业的社会责任，向社会持续付出真情与关爱——2006年8月，她们发起赈灾活动，为湘南人民送去关怀。同时，公司董事会通过成立“爱心医院基金会”的提案，并于同月正式运作；2007年3月，公司以“同一片阳光、同一片爱心”为主题的爱心捐赠活动正式启动，要求全国各加盟商积极行动起来，为解决贫困山区孩子们的生活和就学困难尽微薄之力；2007年12月，公司冬季捐赠行动全面展开，共为贫困山区孩子募捐价值数十万元爱心衣物一批，让孩子们度过一个温暖的冬天；汶川大地震和玉树大地震发生后，公司立即响应党和政府支援灾区的号召，向全体员工及全国各加盟商发起抗震募捐活动，向灾区人民积极捐款，奉献爱心；2009年，她们因积极参与中国人口福利基金会组织的“中国生殖健康援助行动”，荣获第六届中华人口奖之“达则兼济天下”特别荣誉奖；2010年8月21日，为了扶贫献爱心，她们积极参与了广东省金秋慈善基金会举办的“献爱心、助贫困”翡翠义卖活动……未来，她们还将继续积极参与社会公益事业，尽心尽力尽责促进企业所在社区、区域、中国社会乃至国际社会的和谐发展与进步，用实际行动诠释“做全球企业好公民”的发展理念。同时，她希望社会上有识之士都积极参与到公益慈善事业中来，让慈善成为一种风尚、一种文化、一种氛围，从而促进公益慈善事业的蓬勃发展，使国家更加稳定和谐！

2011年10月15日下午，在康力一大启航盛典上，南方医科大学文义民书记代表学校，向吕秀玲女士颁发了《捐赠证书》，以感谢该公司对南方医科大学教育事业的关爱与支持，并表示将把该司捐赠的现金和产品全部用于学校的建设和发展，改善办学条件。南方医科大学胡炜副校长代表学校宣读了《捐赠证书》内容，从中得知，在南方医科大学60周年校庆期间，该司已向南方医科大学捐赠100万元人民币现金和价值100万元人民币的产品。

康力—华莱营销体系

特色产业造福一方

【企业概况】

湖南华莱生物科技有限公司创立于2007年，是一家集黑茶种植、研发、生产、销售及黑茶文化传播于一体的现代化企业。公司总部位于湖南省安化县冷市镇，行政中心位于长沙市国家高新产业开发区，注册资金8000万元人民币，总资产过亿元人民币。在湖南省委、省人民政府大力扶持安化黑茶产业的政策下，公司秉承"要做就做最好的黑茶"的企业宗旨，不断整合黑茶种植、生产、销售等一体化资源，并积极开拓市场，创新黑茶产业管理及营销模式，逐步发展成为黑茶产业中的领军企业。

夯实根基、自主创新是湖南华莱永续经营的动力。在安化县委、县人民政府的引导下，公司投资5000万元人民币，在湖南省安化县江南镇修建黑茶深加工基地，其中1200万元人民币用于购置先进的生产设备，800万元人民币作为黑茶深加工饮料、袋泡茶、速溶茶等产品的研发费用，基地总共投建五栋厂房：黑茶饮料生产厂房、固态饮料生产厂房、砖茶生产基地、办公楼及员工宿舍楼，其中，符合GMP10万级高标准的黑茶加工酿造厂房，总面积10000余平方米；在安化县冷市镇，公司投资5000万元人民币，修建集酒店、商务中心、总部办公楼、黑茶深加工基地、物流中心等为一体的黑茶产业园，从而形成了年加工、生产各种安化黑砖茶、花砖茶、茯砖茶、千两茶、天尖茶等2万吨的能力。此外，湖南华莱万亩黑茶种植基地，以精心打造观光农业为目标而成为安化县21世纪县域经济的新亮点，万亩黑茶种植基地必将成为茶马古道上新型的黑茶种植示范窗口。

在创新上，湖南华莱立足市场，紧跟时代步伐，在全国范围内进行战略布局。针对市场，公司启动了安化黑茶"千店万铺"代理加盟商户计划，并面向全国诚招各省、市、县（区）代理加盟商，黑茶馆、黑茶铺代理加盟商，大型商场专柜代理加盟商；同时，把电子商务与黑茶传统文化相结合，首创电子商务黑茶销售系统，与全国市场的茶商及消费者在销售和售后服务等日常工作方面进行远程协作。目前，公司已拥有100多家黑茶馆、黑茶铺，产品已销往北京、上海、辽宁、吉林、浙江、云南、内蒙古、黑龙江、河南、广西等全国三十几个省（自治区）、市、县，外销俄罗斯、德国、韩国等国，年销售额过亿元。湖南华莱将通过科学规范的管理，为全国各地的消费者提供优质的黑茶产品和广阔的事业平台。

"华莱健"品牌在市场的磨炼中得到了市场高度认可和推崇，倍受消费者信赖。"华莱健"品牌黑茶自2010年8月亮相香港国际茶博会后，已先后荣获"中国茶叶行业十佳品牌"、"中国黑茶行业十大影响力品牌"、"中国最具发展潜力民营企业"、"中国民营企业领袖年会大会指定用茶"、"全国消费者信赖首选品牌"、"全国质量、服务、信誉AAA级企业（品牌）"、"推动行业发展杰出贡献企业（品牌）"、"中国黑茶行业标志性品牌"、"中国绿色健康优质名牌产品"、"中国湘商·行业领军品牌"、"诚信明星单位"等殊荣。

总部地址：湖南省安化县华莱黑茶产业园 黑茶深加工基地地址：湖南省安化县华莱黑茶产业园

【责任力领导集体】华莱企业高管

董事长：陈社强

中国优秀民营企业家、营销实战专家、品牌建设专家和策划专家；曾先后创办多家中外合资及内资企业，在十几年的企业实际运作中积累了丰富的市场经验和管理经验。多年从事国际新型营销模式的商业探索和实践活动，对中国市场营销实施全球国际化接轨并使之在激烈竞争中摆脱困境、成功突围，有独到的谋略和方法。

我们把“要做就做最好的黑茶”为华莱的企业宗旨，把“发展黑茶产业，铸造民族品牌”为最高使命与终极目标。对于顾客，它意味着提供优质的产品 ，开启健康、科学的生活方式；对于投资者，它意味着兑现您的信任，回报一份令人满意的收益；对于员工，它意味着尊重你的追求与期盼，提供一个实现自我价值的理想平台；对于合作伙伴，它意味着相互支持，互利共赢；对于社会，它意味着诚信经营，规范运作，致力于黑茶行业现代化的推进、可持续发展以及和谐社会的建立；对于民族，它意味着延续中华的文脉，努力打造民族品牌，使民族产业既传承历史文化又体现时代精神，民族特色。

总　裁：陈社行

长沙青年企业家协会理事，2009年中国首届自主创业百佳明星，曾在湖南和缅甸创办过多家企业并担任董事长、总裁等职务，行业涉及生物工程及咨询管理等方面。1995年涉足营销领域，先后打造出一支月销售额达2亿元人民币的销售队伍，有着丰富的销售实战和团队及企业管理经验。

总裁陈社行承诺：

湖南华莱将始终秉承“永远坚持为消费者提供优质产品的理念不会改变，为经销商提供良好发展平台的理念不会改变，在永续经营黑茶的理念更加不会改变”的三个不改变方针，奋勇攀爬，努力前行！

总经理：龙明华

优秀的民营企业家、营销实战专家、卓越的企业内训导师，曾在多家著名企业担任营销总监及其他高层职务。在团队建设与管理，企业培训，市场营销等方面有丰富的实战经验和独特的理论见解。

总经理龙明华表示：

华莱是一个着地的三农企业，是务实的三农企业，是为解决茶农贫困现状的民族企业。农村的稳定，农民的增收，农业的发展，均是华莱人时时刻刻关心的问题。

【责任力之源】以黑茶产业为基石的华莱文化

华莱公司主要生产销售享有"世界只有中国有，中国只有湖南有，湖南只有安化有"之美誉的"安化黑茶"。并以此为依托，确立了自己的企业文化，旨在打造中国最优秀的民族黑茶品牌。

安化黑茶产业优势

一、黑茶乃促进民族团结的桥梁和纽带

千百年来，我国边疆少数兄弟民族以游牧为生，安化黑茶助消化、解油腻，补充维生素等的独特功效成为他们生活的必需品。在边疆地区，安化黑茶素有"宁可三日不食，不可一日无茶"、"一日无茶则滞，三日无茶则病"、"生命之茶"的说法。60年来，从中央政府到产茶区各级政府都十分关怀少数民族的生活，纷纷制订与实施了黑茶生产、加工和供销的优惠政策，基本保证了少数民族对茶叶的需求。而安化黑茶，已然成为了促进民族大团结的桥梁和纽带。近几年，随着国家西部大开发战略的快速全面推进，少数兄弟民族生活水平日益提高，他们对茶叶的数量与质量又提出更高的要求。维护和发展各族人民的根本利益，是实现国家长治久安和中华民族伟大复兴的关键所在。在当前新形势下，更好地满足少数民族对茶叶的需求，就是为促进民族大团结添砖加瓦。因此，大力发展黑茶产业，成为现阶段极具特殊意义的一项神圣使命。

二、黑茶既有牢固的传统市场，又有广阔的潜在市场

近些年来，随着广大茶叶科技工作者对黑茶的研究挖掘，安化黑茶独特的功效、特殊的历史价值逐渐被世人所接受，喝黑茶已成为很多人的生活习惯，也成为馈赠亲友的佳品。 今天，我们正处在一个崇尚生活品质、渴望健康长寿的时代，人人都会慎重选择有利于自己身体健康的饮品。

三、黑茶采制适于全程机械化，有利于产业化经营

众所周知，目前名优茶的手工采摘已经成为茶产业发展的瓶颈之一。而黑茶生产要求鲜叶的成熟度较高，鲜叶采摘和加工较易实现全程机械化，这无疑将有利于降低生产成本，有利于规模化、产业化经营。此外，由于黑茶加工过程中有微生物的参与，能明显改善茶叶的苦涩味，因此有利于充分利用夏秋茶资源，从而显著提高茶园单位面积产量与总体经济效益。所以，黑茶有望率先成为茶叶采制全程机械化的茶类。这对推进湖南黑茶清洁化、连续化和标准化生产，对提升湖南茶产业的整体水平都将产生有力的推动作用。

四、黑茶耐储藏，并具有特殊陈香品质

黑茶与其它五大茶类相比，具有比较明显的耐贮藏性。黑茶的耐储藏特性也大大延长了商品的"寿命"，有利于产品销售，也有利于减小安化黑茶加盟商的压力。

五、省、市、县各级政府高度重视

湖南省人民政府、黑茶主产区的各级政府高度重视安化黑茶产业的发展，加大了黑茶产业的扶持力度，把做大做强黑茶产业作为发展农村经济的重大举措来抓。2006年7月，湖南省政府办公厅下发关于加快茶叶产业发展的文件，将"优质砖茶及产品创新的研究"、"紧压茶的保健功能与安全性研究"列入湖南省茶叶科技创新工程。同时，湖南省人民政府还拨出专项资金支持三家国家定点边销茶厂的整体改制工作，目标是通过产权制度改制，建立起现代企业制度，运用市场手段，整合优质资源，形成湖南黑茶产业龙头，再造湖南黑茶产业的新优势。

【华莱企业核心文化】

【企业宗旨】要做就做最好的黑茶

【企业理念】亲情华莱，文化黑茶

【企业使命】发展黑茶产业 铸造民族品牌

【企业价值观】治茶以德，兴茶以义

【企业愿景】成为弘扬中国茶道文化和最具创新能力的全球领军企业

【华莱公司产品服务群体】大众消费者，男女老少皆宜。 也特别适宜于三高（即高血压、高血脂、高血糖）人群。

【经济责任】

湖南华莱安化黑茶荣观光生态产业园奠基仪式

湖南华莱冷市黑茶奠基仪式

一、产业责任

华莱黑茶产业园建设

2010年8月27日，湖南华莱生物科技有限公司旗下的安化黑茶产业园在安化县冷市镇正式开工建设并举办了隆重的签约和奠基仪式。湖南省打传办师处长、湖南省经侦总队杨处长、安化县人民政府副县长郑伯怡、安化县冷市镇党委书记王正义以及安化县茶叶协会会长吴章安等领导受邀出席了此次奠基仪式。

安化黑茶观光生态产业园建设

2011年4月，公司收购了占地近200亩的湖南光明村四十年河西及天露生态园，并计划投资8亿元人民币，修建出高标准、高规格的安化黑茶观光生态产业园。该产业园建设完成后，将成为湖南省首个集品茶、观光、旅游为一体的安化黑茶销售展示窗口，也将为湖南旅游行业的发展带来新的亮点。2011年7月19日，湖南华莱安化黑茶观光生态产业园式开工建设。

华莱黑茶种植加工基地建设

湖南华莱生物科技有限公司目前拥有万亩黑茶种植基地及二个生产基地，总资产已超过8000万元人民币。黑茶生产基地分别坐落在湖南省重点黑茶产区：安化县江南镇、安化县冷市镇。在三年之内，公司有机黑茶种植面积将达30000亩，年产值达10亿元以上。

2010年5月，在中共安化县委、安化县人民政府指导下，湖南华莱安化江南镇陈王社区、马路新村万亩黑茶种植示范园，规划编制完成。

2010年9月29日，在湖南省工商局、安化县人民政府的指导下，湖南华莱生物科技有限公司安化江南黑茶产业园——黑茶深加工基地规划编制完成，并举行奠基仪式。

2010年6月13日，在湖南省工商局、安化县人民政府的指导下，湖南华莱生物科技有限公司

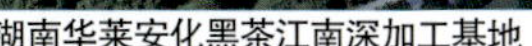

湖南华莱安化黑茶江南深加工基地

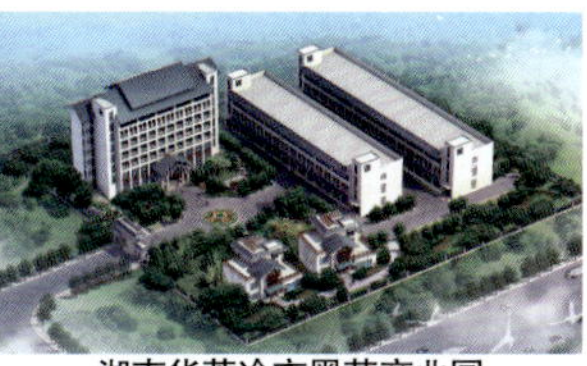

湖南华莱冷市黑茶产业园

董事长陈社强和总裁陈社行与制作千两茶的师傅们合影留念

冷市黑茶产业园正式落户安化县冷市镇。

湖南华莱安化黑茶产业园于2011年8月17日，倾力制作了该踩制中心的第一支千两茶，这标志着湖南华莱在黑茶生产基地的建设、产品的生产制作以及产品的质量管理上迈上一个新的台阶。

二、创新责任

聘请学界泰斗担任顾问

2011年4月23日，来自湖南农业大学的教授、博士生导师、茶学界泰斗——施兆鹏先生、刘仲华先生分别被我公司聘为湖南华莱荣誉顾问和首席顾问。

施兆鹏教授，湖南农学院茶学专业教授、博士生导师。现任国家植物功能成分利用工程技术研究中心主任、国家教育部茶学重点实验学术委员会名誉主席、中国茶叶学会顾问、中华茶人联谊会副理事长、中国茶叶流通协会专家委员会顾问、中国国际茶文化研究会顾问、湖南省茶叶学会名誉理事长。

刘仲华教授，曾是中国茶学界最年轻的副教授、教授和博士导师。现任国家植物功能成分利用工程技术研究中心主任、国家农产品加工技术研究中心茶叶分中心主任、国家教育部茶学重点实验室主任、国家茶产业技术体系茶叶深加工研究室主任、科技部药用植物资源国际合作研究基地主任、湖南省天然产物工程技术研究中心主任，湖南农业大学茶学学科带头人、茶学博士点领衔导师，湖南省农业大学茶叶研究所所长。兼任中国茶叶学会副理事长、国务院学位委员会园艺学科组成员、中国茶叶流通协会专家委员会主任、国家茶产业工程技术研究中心技术委员会副主任、中国医保商会植物提取物分会专家委员会副主任、国际茶科学与文化研究会副会长、湖南省茶叶学会理事长。在我国茶学领域最高学术刊物《茶叶科学》上出版了《黑茶制造化学专辑》，成为中国黑茶加工理论技术的经典之作。

产品升级：华莱健速溶黑茶、袋泡黑茶隆重上市

历经两年多的努力，由湖南华莱生物科技有限公司主导，经湖南农业大学教授、博士生导师、茶学界泰斗——施兆鹏、刘仲华先生指导的，由国内外众茶学专家参与的安化黑茶科技深加工研发课题取得突破性的进展，首批科技产品——华莱健速溶黑茶、袋泡黑茶现已隆重上市。

华莱健速溶黑茶

品质卓越，功效突出，国内首款冲泡无茶渣的安化黑茶。

华莱健袋泡黑茶

方便携带，口感更佳，宴请宾朋、馈赠亲友的上乘之选。

香港中天携手华莱拓展黑茶深加工

2011年7月11日至12日，《人民日报湖南分社》、《湖南日报》、香港中天投资集团、中国

聘请施兆鹏教授为公司荣誉顾问

聘请刘仲华教授为公司首席顾问

人民银行湖南分行以及湖南金证投资公司、湖南财信投资公司等组成20余人专家组专程前往湖南安化县，对湖南华莱生物科技有限公司进行了为期两天的考察，并与华莱公司达成合作意向，即：拓展黑茶深加工等项目。

考察当日，香港中天投资集团董事长、总裁欧江平表示，将投资数亿携手华莱共同开发黑茶深加工产业，并达成了合作意向。

三、积极纳税

公司于2010年全年上缴国税355615元，地税300281元，共计655896元；2011年1月至2上缴国税477280元，地税51800元，共计529080元，企业做到积极按时缴纳税收，从不拖欠。2011年税收力争上一个新台阶。

四、兴农责任

茶业，是国家政策扶持的重点产业，是服务三农，建设社会主义新农村的重要产业。在湖南省十大支柱产业中，安化黑茶排在第二位，为做大做强湖南安化黑茶产业，打造安化黑茶品牌，湖南省把支持黑茶产业的发展作为落实中央惠农政策的一个重要组成部分。

华莱以此为契机，成立之初就秉承“要做就做最好的黑茶”的企业理念，主要生产销售“安化黑茶”，传播黑茶文化。公司以黑茶产业为龙头，以发展民族企业为己任，通过近一年的发展，实现了黑茶种植、生产、销售一体化资源整合，成为集黑茶科研全面开发，黑茶饮品独有齐全，销售服务体系完善有力，文化传播强劲有效等黑茶产业链于一体的现代化企业。

安化黑茶的发展，华莱黑茶产业的崛起，为冷市镇创造了许多的就业机会，并带动了当地经济的发展。

华莱荣誉董事参观安化基地

2010年11月9日，在董事长陈社强的带领下，华莱12位荣誉董事兴致勃勃地参观了正在紧锣密鼓建设中的安化黑茶生产基地。

上午，在董事长的陪同下，大家参观了“湖南华莱安化黑茶深加工产业园——GMP10万级高标准黑茶加工酿造厂房”，随后，大家“转战阵地”，前

湖南华莱黑茶基地

千两茶踩制中心

徐副省长（右二）在安化县县委书记谢寿保（左一），县委副书记、县长杨光鑫（左三），湖南华莱董事长陈社强（右三）等陪同下视察华莱基地

徐副省长对华莱的高标准茶园给予了充分肯定

往“江南万亩有机茶园”，接下来前往华莱位于安化县冷市镇的黑茶生产基地。参观结束后，12位荣誉董事应邀前往冷市镇政府，参加由冷市政府组织的黑茶产业交流大会。

湖南省副省长徐明华视察华莱产业基地

2011年3月4日，湖南省人民政府副省长徐明华在省政府副秘书长陈吉芳的陪同下，率省农业厅、省供销社、省政府办等负责人莅临湖南华莱位于安化县江南镇的标准化高产茶园创建示范基地视察调研。安化县县委书记谢寿保，县委副书记、县长杨光鑫，湖南华莱董事长陈社强等陪同视察。徐副省长听取了董事长陈社强的工作汇报，并结合湖南省人民政府出台的相关政策、黑茶产业的发展形势和品牌发展目标，要求湖南华莱夯实根基、自主创新，积极推动三农产业的发展。

对湖南华莱积极配合当地政府开展茶园建设，规范化、标准化生产黑茶系列产品，徐副省长给予了充分的肯定，要求湖南华莱勇于创新，精研黑茶种植生产技术，打造属于自己的独特品牌，全力提升湖南华莱的核心竞争力。

五、启动加盟连锁 扩张黑茶市场版图

湖南华莱安化黑茶“千店万铺”代理加盟商户于2011年7月1日正式启动，并面向全国诚招各省、市、县（区）代理加盟商；黑茶馆、黑茶铺代理加盟商；大型商场专柜代理加盟商。

至目前，湖南华莱已在全国范围内成功开设100多家黑茶馆、黑茶铺。

华莱首家省级代理——山西省代理隆重开业

2011年8月8日，湖南华莱“千店万铺”代理加盟计划首家省级代理——山西省省代理在山西省太原市隆重开业。

据统计，自“千店万铺”代理加盟商户计划于7月1日正式推出以来，受到了全国各省、市、县的广大群众的广泛关注。目前，浙江、福建、甘肃、河南、吉林、辽宁、山东、河北以及江苏的省级代理已进入开业前期的筹备阶段；内蒙古、浙江、山东、河北、广西、山西、河南、呼和浩特等地的市级代理以及黑茶馆、黑茶铺、专柜也正在接受公司的开业前期辅导帮助。可以预见，未来，将会有更多的各级代理加盟商户成为公司的合作伙伴，并与公司携手共建中国最优秀的民族黑茶品牌！

湖南省商务厅处长李德翼（左一），湖南省原人大副主任罗海藩（左三），湖南省茶业协会会长曹文成（左四），湖南省供销合作总社处长邓月华（右二），来到我公司展区，参观我公司的展区情况

10月21日，为期3天的2011国际茶业大会暨茶产品交易会在杭州市海外海国际会展中心隆重开幕。湖南华莱荣耀参展本届交易会，向世界各国友人全方位展示华莱公司的整体实力、强大品牌，以及安化黑茶的深厚文化底蕴。

本届以“科技合作·健康饮茶·贸易交流”为主题的国际茶叶大会暨茶产品交易会，是国内唯一经国家商务部呈报，外交部审核，国务院批准举办的国际茶业盛会。大会由中国食品土畜进出口商会牵头，与国际茶叶委员会、中国国际茶文化研究会、中国茶叶流通协会、中国茶叶学会、中华茶人联谊会及商务部外贸发展事务局、浙江省商务厅、杭州市人民政府联合主办。

会上，全国人大常委会副委员长桑国卫出席并宣布开幕。全国政协文史和学习委员会副主任、浙江省政协原主席、中国国际茶文化研究会会长周国富，杭州市副市长张建庭致辞。浙江省政协原副主席、中国国际茶文化研究会副会长徐鸿道等出席。

本次茶产品交易会，聚集了来自世界31个国家和地区的茶界负责人及知名企业家，包括目前国内最具实力的茶叶知名企业。主办方为突出特色，彰显中国独特的茶文化，特以各省市为单位打造出特装展区，包括湖南展区、杭州展区、云南展区、浙江展区、宜宾展区、江西展区、台湾展区等。此外，还设置了书画区、茶文化展示区、服务区、互联网茶室等功能区域。大会内容丰富多彩，亮点纷呈。除高峰论坛、茶产品交易会外，还首次由国内五大茶叶组织评议并向全球茶业推荐“2011-2012中国国际十大著名茶企”及多类单项领军企业。其中，湖南安化黑茶因近几年的迅速崛起，成为本次大会的一大亮点，并吸引了来自不同行业不同地区的人群的关注，整个湖南展区内人声鼎沸，参观者川流不息，品茶买茶者络绎不绝。

从10月21日至23日，公司员工在市场部经理王东生的带领下，与浙江地区的部分茶商共同亲自参与并感受了此次盛会。华莱展区内雅致的环境，优质的产品，浓浓的茶香，吸引了众多顾客驻足观看，工作人员细心地为顾客冲泡好一杯杯“华莱健”金花茶、速溶茶，耐心地为顾客介绍公司产品。而速溶茶作为我公司在本次大会重点推出的高科技茶，更因口感醇香、携带方便，得到顾客们的交口称赞。大家一致认为，把高科技技术与传统的黑茶加工工艺相结合，打造和生产出来的新型黑茶，不仅保留了黑茶原有的醇香和功效，还改观了人们对黑茶“大块头”的认识，是黑茶发展史的一大创新。大会期间，湖南省商务厅处长李德翼，湖南省原人大副主任罗海藩，湖南省茶业协会会长曹文成，湖南省供销合作总社处长邓月华，湖南省茶叶学会理事长、湖南华莱首席顾问刘仲华亲自来到我公司展区，参观我公司的展区情况，并勉励我公司再接再厉，抓机遇、创新路，努力把安化黑茶推向全国。

此次大会，公司不仅圆满完成了参展任务，且借助国际茶业大会的广阔平台充分展示了公司的实力和进一步提高了“华莱健”品牌的知名度，也为安化黑茶品牌的发展贡献了一份力量。

【教育责任】

技能培训

湖南华莱成立至今，始终秉承以人为本的企业管理方式，在教育培训方面投入了大量精力。

内部教育

湖南华莱注重员工综合素质的提升，注重企业文化建设，公司通过各种定期和不定期的学习、培训，不断增强员工的个人修养，工作技能。

1. 从入职开始，展开企业文化教育

从新人入职的第一天开始，华莱企业文化的培训就开始了。华莱为每一位员工准备了一整套关于企业文化的介绍资料，如湖南华莱产品画册、企业内刊——《华莱天地》等，可以让新人在最短的时间内更全面地了解公司、公司产品，公司的发展历程。同时，在日常的工作中，华莱还不定期召开学习会议，传达企业发展战略思想及企业文化精髓，不断加深员工对企业的了解，提升员工自身素质，培养员工对企业的忠诚度。

2. 不定期培训，员工一起学习产业文化知识

湖南华莱成立至今，始终以“发展黑茶产业，铸造民族品牌”为己任，从公司成立开始，传承民族文化就成为公司发展的方向，为了让员工更清晰地认识到自己所肩负的历史使命，湖南华莱定期开展产业文化培训，如自行组织学习研究黑茶的健康价值，收藏价值；邀请业内知名人士，如湖南农大教授刘仲华，讲述黑茶产业的历史价值。由中国国际茶文化研究会常务理事，全国茶馆专业委员副主任，湖南农业大学客座教授，福建农业大学客座教授林治，讲述茶道文化等。

3. 参加各类学习班，提升员工综合素质

企业员工综合素质的提高，是企业凝聚力、竞争力的增强。为提升员工的综合素质，公司多次针对不同岗位的工作人员，安排不同的培训课程，分批委派员工在专职培训机构进行学习，如针对企划部员工，在专职企划培训机构学习策划、管理艺术；针对公司前台接待人员，在茶艺学校学习茶艺茶道；针对公司活动策划主持人员，学习主持艺术等。

4. 学习国学，将《弟子规》精髓融入工作

《弟子规》是中国国学的精髓，教给我们很多人生的基本道理，华莱将《弟子规》的哲理融入到企业教育中，谆谆诱导，从而进一步提高广大员工的思想道德素质，树立起正确的伦理道德和人生价值观，从而在提高个人素养的同时提高职业素养。

5. 购买书籍，鼓励员工多学习多研究

灌输式的教育培训可以让员工学习到很多的企业文化，但自发式的学习更能使员工热爱上自己的工作。倘若在市场上发现与产业有关的优秀

书籍，湖南华莱必将购买该书籍，并发放到员工手中，如《黑茶时代》、《蒙牛内幕》等，从而让每一位员工自己去探索，研究，学习，提升自己的素质。

外部教育

湖南华莱更是有一套非常完善的教育培训系统，华莱市场所到之处，华莱的产业文化教育便落地开花，主要表现在以下几个方面：

1. 定期开展市场精英骨干培训会

从2009年起，每隔一段时间，华莱即举办一场市场精英骨干培训会，根据半年来市场运作的情况，分析市场势态，规范经营研究部署新的作战方案。公司成立至今，已成功举办场精英骨干培训会超过20次。

2. 利用互联网平台，长期通过视频、语音，开展网络教学

黑茶拥有久远的历史价值，但近几年才被世人珍视。为了更好地宣传黑茶文化，让世人了解黑茶的价值，华莱利用互联网平台，长期展开网上互动教学，其主题有安化黑茶与健康、安化黑茶的收藏价值、中国茶文化等。据统计，互联网教学累计已超过1000个小时。

3. 在全国各地开展黑茶产业文化推广培训会

黑茶文化的传承，是民族文化的传承，为了让更多的人了解安化黑茶，湖南华莱在全国各地开展黑茶销售的同时，也积极开展黑茶文化的推广。在每一次推广会议中，华莱都邀请到行业专家，开展知识专题讲座。公司成立至今，至少召开10次以上大型教育培训会，50次以上小型培训会。

湖南华莱2011年规范市场座谈会胜利召开

2011年5月14日，湖南华莱“2011年规范市场座谈会”在湖南省长沙市普瑞温泉大酒店胜利召开。湖南华莱董事长陈社强、总裁陈社行、总经理龙明华、副总经理曾文慧、教育总监严子棚、综合产业部经理刘健、行政总监葛莉出席了此次大会，并与来自全国各地的40多位优秀茶商探讨分享了如何在未来的发展中，规范经营、低调自律，以健康稳步的状态开拓华莱安化黑茶事业，传承安化黑茶文化。作为特邀嘉宾，国际茶科学与文化研究会副会长、国务院学位委员会园艺学科组成员、中国茶叶学会副理事、华莱首席顾问刘仲华先生在大会中为华莱未来产品的研发及基地的科学发展发表了重要讲话。

下午，湖南华莱总经理龙明华就目前全国市场上存在的问题与广大茶商做重要交流。龙总指出，华莱的全体茶商，一定要以主人翁的姿态，主动承担起维护华莱市场、维护华莱形象的使命，共同发展华莱安化黑茶产业。市场风云变幻，华莱人在推动黑茶产业健康有序发展的同时，一定要严格自律，防患于未然，并紧密围绕在政府相关政策周围，集中力量做大做强安化黑茶产业。

会议最后，湖南华莱总裁陈社行作总结性发言。围绕“形势、任务、共识、未来”四个点，陈总指出，规范经营、低调自律是华莱永续经营、稳定发展的主要精神。作为成长中的民族企业，我们要审时度势，低调自律，严格规范和管理市场的经营方式，并相应调整公司及市场的发展战略——“由快速发展转变成稳步发展，并合理严格管理全国市场。”

冷市黑茶产业园

【责任力蓝图】华莱远景规划

【一年发展】：

湖南华莱将通过一年的时间整合黑茶种植、生产、销售等各方面的优势资源，并对内部管理、团队运作、培训教育和对外经济关系等方面实现资源的优化配置。

【三年做大】：

湖南华莱争取在三年的时间内，将有机黑茶种植面积扩大到30000亩，年产值达到10亿元以上规模。华莱将凭借企业团队的稳步发展，自有资源的持续性投入以及各种资本运营方式，将公司业务扩展到全国各地市场，为公司进一步做强奠定坚实的基础。

【五年做强】：

湖南华莱在五年内将有机黑茶的种植面积扩大到50000亩，年产值上升到15亿元以上，以满足市场对黑茶日益增长的需求。公司力争进入中国驰名商标行列，且在企业规模和品牌影响力上分别成为黑茶行业内的领跑者和强势品牌。

【成为中国第一家黑茶上市企业】：

通过五年时间的发展，湖南华莱要形成以种茶（种植基地）、制茶（加工基地）、售茶（茶馆、茶铺）为主的一体化、标准化的产业链条，华莱将以湖南安化为生产和运营中心，以省会长沙为销售中心，辖全国各地的大量茶馆、茶铺和分公司等资源、资产整体包装上市，以此成为国内第一家上市的黑茶企业。

【公益责任】

一、华莱公司慈善捐助

安化非公经济人士陈社强致富不忘乡亲践行感恩精神

安化县冷市镇正在筹建的农民休闲广场，安化非公经济人士、华莱生物科技有限公司董事长陈社强捐资50万元。陈社强另捐资助学及教育事业20余万元。

湖南华莱2010年捐赠仪式专题报道

2010年6月1日上午，安化县冷市镇希望小学落成典礼现场，湖南华莱生物科技有限公司董事长陈社强、总裁陈社行及公司张先枚经理代表公司及广大茶商捐赠6万元善款，用于支助希望小学添置相关教学设备。

下午，公司三位领导又一同前往安化县十二中学，并举行了 “湖南华莱生物科技有限公司捐赠安化县十二中仪式”，公司捐赠给安化十二中用于改善校园设施及扶助有关贫困学生的善款共计十八万元。

华莱心系旱灾，慷慨解囊深情捐助

2010年4月2日晚，由湖南省红十字会等单位承办的“情系湘江源•湘商总动员”大型抗旱救灾公益活动启动仪式在长沙隆重举行，华莱情系灾区心切，一马当先率先捐赠一万元，为湘江的源头——广西兴安县奉献爱心，拉开了善款捐赠的序幕以解决当地群众燃眉之急。

华莱倾情赞助安化电视台建台二十周年庆典

2010年11月8日晚，“安化县广播电视台建台二十周年暨华莱记者节之夜大型综艺晚会”在安化县红旗大剧院隆重举行。

此次晚会，作为主办方的湖南华莱生物科技有限公司全程参与晚会的策划和举办。 “华莱”记者节之夜，则更好地诠释了华莱作为此次晚会的主办方，不仅要为安化电视台献上一份贺礼，更要让在场的父老乡亲们沉浸在今天的狂欢之夜中。在精彩的文艺晚会环节，歌曲节目《安化黑茶传天下》获得了现场雷鸣般的掌声，道出了安化人民的心声，更是道出了湖南华莱的企业宗旨：发展黑茶产业，铸造民族品牌。

总裁陈社行赴汨罗市捐资助学奉献爱心

2011年5月19日，湖南华莱生物科技有限公司总裁陈社行赶赴汨罗市川山坪镇中心小学，参加该校举办的以“经商谋有法，捐资德无边”为主题的捐资助学活动。公司为川山坪镇中心小学捐资助学款20000元人民币整。

二、华莱公司与茶商慈善捐助

大爱无疆！华莱阿荣旗“和谐共赢”团队儿童节传播爱心

2011年5月30日、31日，湖南华莱阿荣旗“和谐共赢”团队的茶商们走进亚东镇中心学校、三岔

华莱公司与茶商慈善捐助留守儿童

华莱阿荣旗“和谐共赢”团队儿童节传播爱心

河镇中心学校，并现场对50名特困生及留守儿童，给予爱心资助。

河南省新乡市茶商慰问部队官兵　共叙军民鱼水情

2011年 8月1日上午，河南省新乡市的二十余位华莱茶商载着对人民子弟兵的深情厚谊和崇高敬意，冒雨前往当地的某陆军航空兵部队看望慰问部队官兵，为广大官兵送去了节日的问候和祝福，受到广大官兵的热烈欢迎。

新乡市有关部门领导对华莱茶商的慰问活动进行了高度赞扬并充分肯定了此次活动的意义性，当地媒体也对此行慰问活动进行了跟踪报导。

湖南华莱联合西北茶商资助通渭文庙街小学

2011年7月2日，湖南华莱联合西北茶商资助甘肃省通渭县10万元爱心款，并购置30台高配置品牌电脑，亲自送至甘肃通渭庙街小学。

“予人玫瑰，手留余香。”在慈善之路上，华莱人永远积极向前。此次资助活动，为求知若渴、放飞梦想的孩子们打开了一扇了解世界的天窗，也再次展示了华莱“心系慈善，回馈社会”的企业理念。

湖南华莱平顶山茶商和孤寡老人欢度端午节

2011年6月5日，湖南华莱平顶山市场的20多位茶商在端午节到来之前，带上“华莱健”黑茶，带上香甜的粽子、蛋糕、鸡蛋和大米等慰问品，来到平顶山市万年青老年公寓看望和慰问在敬老院生活的96名孤寡老人。

华莱茶商参加丹东慈善生态院新闻发布会

2010年9月27日，“中国古医学丹东研究基地落成”新闻发布会于辽宁省丹东市的慈善生态院隆重举行。华莱茶商本着“爱心无止尽，慈善见真情”的崇高使命，一直以来，与该慈善生态院保持着紧密的合作。截止目前，已有三批华莱茶商为慈善生态院的慈善事业捐助了近2万元的善款。

内蒙古赤峰市阿鲁科尔沁旗茶商开展捐助特困生活动

2011年5月27日下午，湖南华莱内蒙古赤峰阿鲁科尔沁旗茶商捐资助学活动在阿鲁科尔沁旗天山蒙古族中学九年三班教室举行。华莱茶商德力根桑，徐阿莲，元旦，那仁朝格图，斯琴呼，图雅，娜仁格日勒等人参加了此次助学活动，并与捐资受益人南定倾心交谈。从2011年起，每年至少拿出6000元人民币，资助南定读完三年高中、四年大学。

华莱滨州茶商为罹患重病的四岁男童捐助7540元善款

2011年3月31日，鲁北晚报04版的《滨州新闻·社会》栏目对“华莱滨州茶商为罹患重病的四岁男童捐助7540元善款”事件进行了跟踪报道。

湖南华莱公司资助通渭教学电脑捐赠仪式

河南省新乡市茶商慰问部队官兵 共叙军民鱼水情

【主要荣誉集锦】

2010年8月，“华莱健”品牌黑茶亮相香港国际茶博会；

12月，“华莱健”品牌被认定为“中国茶叶行业十佳品牌”和“中国黑茶行业十大影响力品牌”；

2011年1月，在中国民营企业领袖年会上，湖南华莱被评为“中国最具发展潜力民营企业”，“华莱健”安化黑茶被授予“大会指定用茶”；

2011年1月15日，湖南华莱被中国公益总会、中国民营企业联合会、中国管理科学研究院企业发展研究中心评为“诚信明星单位”。

2011年6月，在全国行业领先品牌企业宣传推介活动上，湖南华莱一举荣获了“全国消费者信赖首选品牌”、“全国质量、服务、信誉AAA级企业（品牌）”、“推动行业发展杰出贡献企业（品牌）”、“中国黑茶行业标志性品牌”、“中国绿色健康优质名牌产品”5项大奖；

2011年6月13日，第七届世界华人直销大会金口碑颁奖盛典在印尼巴厘岛隆重开幕。来自中国大陆、中国台湾、印尼、日本、韩国等十二个国家和地区的一千名直销商代表与会。会上揭晓了2011年度金口碑十大奖项，作为国内唯一一家黑茶行业的代表——湖南华莱生物科技有限公司，荣获“金口碑亚太区十佳名牌产品”奖项。

江苏安惠生物科技有限公司

JIANGSU ALPHAY BIOLOGICAL TECHNOLOGY CO.,LTD

国际食药用菌领军企业的责任情结

【企业概况】

江苏安惠生物科技有限公司——一个以食药用菌及多种天然植物为原料，研究、开发健康产品和美容护肤品的专业公司，是国家高新技术企业，在中国乃至世界食用菌行业享有盛誉。

安惠公司座落于中国政府批准设立的国家级南通经济技术开发区高新科技园区内。公司通过了ISO9001质量体系认证、ISO14001环境管理体系认证、保健食品GMP认证、HACCP食品卫生安全管理体系认证和出口食品注册登记认证。2008年11月，安惠公司获得了中华人民共和国直销经营许可。

公司坚持以“科技为先导”，与国内外杰出的真菌学家、药物学家、生化专家、医学专家、皮肤美容专家紧密合作，组成强大的科研团队，中西合璧、博采众长、精益求精、追求卓越。

公司秉承“质量最优”的生产理念，采用水、醇、酶综合提取技术，严格控制各个环节及各种条件，提取高效活性成分，并按中医药学“君臣佐使”的复方配伍理论配制成安惠百菌健系列健康食品。产品畅销国内外市场，成为公认的具有保健、预防、无副作用的最新一代健康产品。

公司还研发了安菲奈尔凝芝系列护肤品，作为安惠公司美的使者，走进了千家万户。公司研发的直立式气压牵引腰带——腰医绅，为千万腰椎病患者解除了痛苦。

安惠公司与中科院微生物研究所签订共同组建中国科学院安惠药用菌研究院以及联合实验室等四项合作协议，壮大了公司的实力，推动了安惠食用菌事业的发展。

2009年9月，安惠公司成功承办第五届国际药用菌大会。国际药用菌大会有“药（食）用菌界的奥运会”之称，是国际食药用菌界专家、学者及产业界研究、交流和互动的平台。第五届国际药用菌大会参会代表人数之多、国家分布范围之广均创历届大会之最。

“人本至善”，是安惠公司企业文化的核心，是对人类健康不变的承诺。公司以其不懈的奋斗，让人们拥有健康体魄，享受美好人生。

地址：江苏省南通经济技术开发区中央路 68—A号　电话：0513-85960100 85327666

安惠生物科技

安惠公司的名称“安惠”，取义于“安泰康健，惠泽天下”，寓意安惠人立足食药用菌产业，积极拓展事业平台，努力造福人类健康的决心。

安惠公司的LOGO“Alphay”，是安惠的企业标识。标识以安惠的英文字母Alphay为元素进行设计，符合国际化的趋势，也有利于品牌的传播。标志把字母“A”作为视觉的中心点，将“A”演变成中文一撇一捺的“人”字造型，寓意安惠的经营理念是“人本至善”：人本——以人为本；至善——追求完美，为人类健康创造福音。

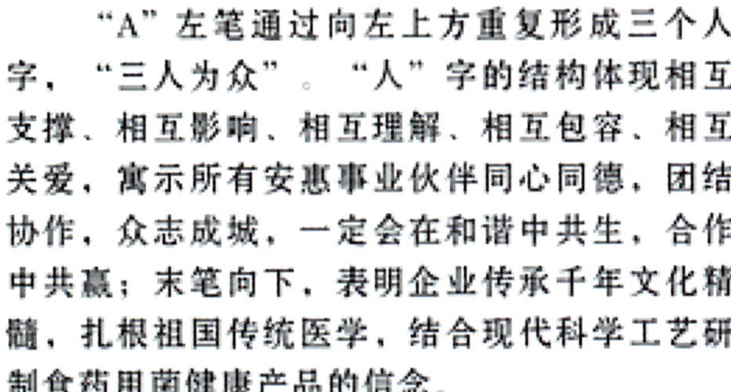

“A”左笔通过向左上方重复形成三个人字，“三人为众”。“人”字的结构体现相互支撑、相互影响、相互理解、相互包容、相互关爱，寓示所有安惠事业伙伴同心同德，团结协作，众志成城，一定会在和谐中共生，合作中共赢；末笔向下，表明企业传承千年文化精髓，扎根祖国传统医学，结合现代科学工艺研制食药用菌健康产品的信念。

“A”也如一座山峰，挺拔而秀美，象征安惠人不畏艰难、勇攀高峰的雄心壮志和企业积极向上、奋发进取的精神。

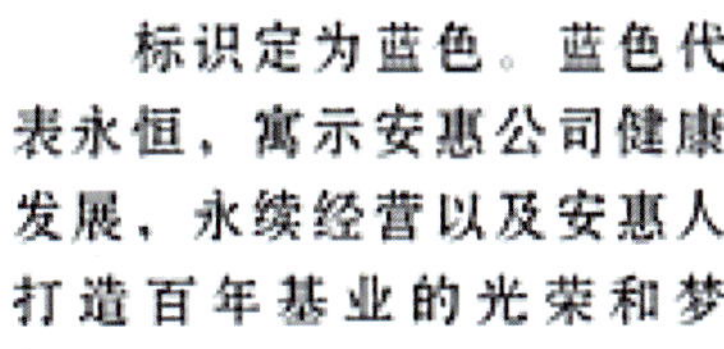

标识定为蓝色。蓝色代表永恒，寓示安惠公司健康发展，永续经营以及安惠人打造百年基业的光荣和梦想。

整个标识寓意深刻，内涵丰富，形象鲜明简练，易于传播。

◎企业宗旨：弘扬民族文化　发展菌物产业员 造福人类健康

◎企业文化：以德为本 以和为贵 忠恕之道 仁爱一家

◎经营理念：科技为先 服务至上 安泰康健 惠泽天下

◎企业精神：团结协作 求实创新 人本至善 容以致远

◎直销理念：和谐直销 诚信直销 健康直销 品牌直销

◎企业愿景：世界安惠 世代安惠

【责任力舵手】

陈惠董事长担任各项社会职务及所获荣誉

世界蕈菌生物学蕈菌产品学会会员	中国食品土畜进出口商会兼职副会长
中国食用菌协会副会长	中国对外贸易经济合作企业协会副会长
中国药用真菌委员会委员	南理工MBA校外导师
江苏省食用菌协会副会长	江苏省食用菌产业技术创新战略联盟理事长

荣誉

2005年：被中国慈善总会授予“‘爱心中国’——首届中华慈善人物”称号

2006年：被评为“江苏省劳动模范”；荣获“2005年度江苏省十大优秀青年企业家”称号；荣获“2005中国科技创业之星”入选奖；被团省委授予“江苏省新长征突击手标兵”称号；获得“中国杰出企业领袖”及“中国经济建设卓越贡献奖”称号；荣膺首届“江苏青年科技创业十大明星”称号；当选南通市商标协会副会长；当选中国食用菌药用真菌专业委员会副主任委员；当选南通市工商联总商会副会长；当选江苏省第十一届党代会党代表

2007年：当选南通市首届“名企、名品、名人”2006年度人物；获“南通市科技兴市功臣”称号；荣获江苏省第三届“创业之星”奖；受聘为中国对外贸易经济合作企业协会兼职副会长；当选南京理工大学MBA协会南通分会名誉主席；当选江苏省“三会”副会长

2008年：被中国民营科技促进会评为“民营科技发展贡献奖”；被评为江苏省非公有制企业党建暨“登记申报、年检年报”先进个人称号；被南通市推进产学研结合工作领导小组评为“南通市产学研工作先进工作者”；当选中国食品土畜进出口商会兼职副会长；受聘南理工MBA校外导师

2009年：被南通人民广播电台评为“感动103十大经济人物”；被评为“江苏省优秀中国特色社会主义事业建设者”

2010年：被中国食用菌协会评为“小蘑菇新农村建设突出贡献者”；当选南通世界通商总会常务副会长；当选首届中国公益创业导师；获“2009中国合作经济年度成就奖”；被评为“南通市人才工作先进个人”；获全国食用菌行业突出贡献奖；感动中国直销20年崇高人物奖

2011年：“节能减排领军人物”；“弘扬传统文化爱心奉献十大人物”

【民生责任】质量工程与科技创新

一、原料基地保障产品质量源头

安惠公司为了确保产品质量，从原材料开始就进行严格的监督管理，首先要保证培养基的品质、菌种的纯净、栽培过程中不受污染。为使原料生产基地达到绿色有机的要求，公司在吉林的长白山等地区建立了专供基地，由公司统一配送菌种，专家全程作技术支持，进行严格的管理，以确保原料的质量。此外，还要求与公司合作的栽培基地必须按公司要求运作，而且对协作单位提供的原料进行品质化验、分析以确保其各项成分含量达标。

二、科技创新

公司秉承 “科技领先”的宗旨，重视产品的科技含量，聘请国内外专家学者精诚合作，在确保现有产品质量的基础上应用先进的新技术新材料，不断开发新品种，开拓新的领域。常驻公司的部分专家组成员有：

安惠国际生物科技园创办人 ——陈惠先生

陈惠先生是世界菌蕈生物暨产品学会会员， 中国食用菌协会副会长，中国食用菌协会药用真菌专业委员会委员，南通药用真菌科学研究所所长，江苏通惠生物科技有限公司董事长，江苏安惠生物科技有限公司董事长。陈惠先生长期以来致力于食（药）用真菌行业的科学研究、产品开发、生产应用及市场开拓，是中国食（药）用真菌行业的带头人。

陈国良教授

中国著名的真菌学家，上海农业科学院研究员，中国食用菌协会药用真菌专业委员会委员、上海市药学会灵芝研究会副主任委员。四十多年来，他在食（药）用真菌的研究上做出了杰出的贡献，是我国灵芝研究第一人，其成果多次获中国国家发明奖、上海市重大科研成果奖。 1972年研制成功“灵芝片”（药品），1977年研制成功“猴菇菌片”（药品），并编著了《灵芝治百病》、《神奇的食用菌》、《功效非凡的食用菌》等著作。

卯晓岚教授

中国著名的真菌学家，中国科学院微生物研究所研究员，原中国菌物学会常务副理事长，中国食用菌协会副会长，中国食文化研究会常务理事，中国食品土畜进出口商会食用菌分会技术顾问。长期从事大型真菌分类及物种资源研究，多次荣获国家大奖，多次承担国家基金项目和中科院重大支持课题。其主编的《中国大型真菌》获 “中国图书奖”。

徐济良教授

南通大学医学院教授，硕士生导师，国务院特殊津贴获得者，从事药理学教学与科研工作近30年，研究方向为心血管药理学，同时从事新药与保健品的开发与研究。以第二完成人完成两项国家自然科学基金课题，并主持部厅市级课题多项，完成的一项国家自然科学基金课题“血管平滑肌肾上腺素能α受体触发的钙内流研究”获国家教委科技进步一等奖，在国家及省级刊物上发表论文20多篇，并撰定多部药理学参考书如《医用护理药理学》、《药理学》（科学版）、《医学药理学》、《药理学新论》、《临床用药指南》、《药理学考试复习题解》、《基础医学概论——药理学分册》等。

王听申教授

南通大学理学院教授，南通市芦荟研究所副所长，长期担任实验室主任。在应用磁学、磁光效应、永磁体的应用等方面有相当研究，并开发实用产品。近期在保健食品方向进行探索性研究，尤其在植物芦荟的应用研究中，取得成果，合著《芦荟治百病》等。

郁小兵博士

安惠公司生物新材料研发中心首席专家、主任、医学博士，曾任日本文部科学省日本学术振兴会外国人特聘研究员，先后主持过文部科学省日本学术振兴会生物新材料科研课题、脱端胶原的研发和产业化、食道癌的浸润和转移关联因子及其相关抑制因子等科研项目，并获得日本文部科学省科研专项经费。多年来，在其涉猎的专业领域进行了深入研究，发表了多篇论文和学术报告，取得了许多重要成果。郁小兵博士系中国驻日本使领馆特别推荐人才。

质量管理体系认证证书
江苏安惠生物科技有限公司

保健食品GMP证书

环境管理体系认证证书
江苏安惠生物科技有限公司

三、质量保障体系

产品质量是企业赖以生存的根本，质量好，市场就会稳定，销售人员就能放心搞销售，所以安惠公司十分重视产品质量。为此，公司根据国家保健食品GMP企业标准要求建立了周密的质量保证体系。

（一）科研方面：安惠公司在研制产品前，新产品研发部必须认真查阅文献，明确各组方的有效成分和功效，查阅经验方并拟出组方原则、组方内容和质量标准，制定研发计划请专家组讨论，通过后进行试制。然后经过动物试验和人体试验二个过程，最后再申报审批。

（二）管理方面：有生产管理部和品质管理部二个部门把关，生产管理部有详细的生产工艺，工人必须按GMP标准要求操作，有严格的工艺要求。品质管理部对原料质量、产品质量进行全程跟踪监控，凡不符合产品质量要求、品质管理部负责人不签字的坚决不入库。

（三）原料方面：为保证原料质量，安惠公司在福建、江苏、安徽、吉林选定了几个生产基地，基地用的菌种和培养料都是公司指定的，原料进公司仓库前，品质管理部必须进行检测，达到合同质量规定要求的给予收购。

（四）生产工艺方面：为保证产品质量，公司建立了符合GMP标准的生产车间，现已验收发证。影响产品质量的因素很多，原料、溶剂、提取和干燥温度、设备和分离技术都会影响产品质量。食用菌中有水溶性成分、热水溶性成分、醇溶性成分，有些成分容易从细胞内渗出，有些成分被牢固地结合在细胞壁上，需要用酶、超声波等方法帮助，促使有效成分从细胞内、细胞壁上溶出。有些成分在高温有氧条件下很易变质。为此，公司技术部门对不同原料制定了科学合理的提取方法，有的用沸水提取，有的用水、醇分别提取，有的原料用酶、超声波处理，一般都用低温方法干燥，所以安惠公司的产品质量十分稳定，效果也很好。

（五）产品质量检测：为保证产品质量，公司根据GMP企业质量管理要求成立了直属公司领导的品质管理部，制定了从原料到成品的质量标准和管理程序。原料、中间体、成品经品管部负责人检测签字后方可入库进入下一道工序。成品进库后，每批产品都要留样保管二年，以便发现问题，进行分析检查寻找原因。总之，通过层层检查、道道把关，精益求精使得公司的产品达到完全优良的程度。

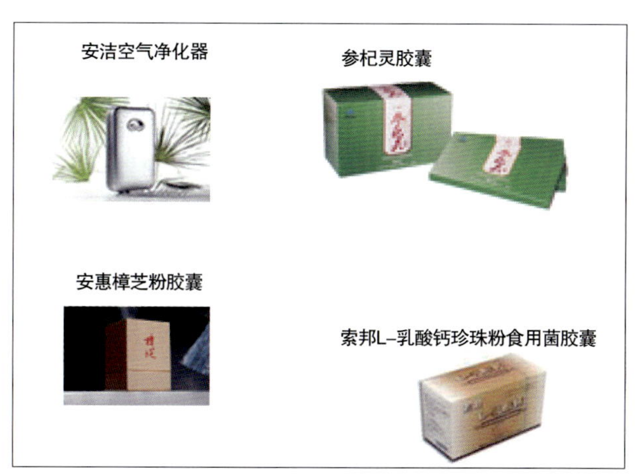

【公司荣誉】认证与荣誉历程

2004年

"中国企业诚信建设示范单位"

"消费者满意产品、诚实守信单位"

安惠生产车间通过GMP认证

"2003年度年检信得过企业"

2005年

获ISO9001质量体系认证证书

"重合同守信用企业"

"2004年度最佳诚信企业"

2006年

公司通过ISO14001环境管理体系认证

信用等级证书"AAA"级

2007年

百菌健牌康原胶囊、灵芝孢子虫草菌丝体粉获得"江苏省名牌产品"荣誉称号

"南通市高新技术企业"

"江苏省高新技术企业"

2008年

"首批农产品行业企业信用等级评价AAA级企业"

"博士后科研工作分站"

江苏省卫生厅

保健食品GMP证书

Certificate of Good Manufacturing Practices for Health Food

Jiangsu Province Department of Health

证书编号：苏GMP[2004]031号

Certificate No: Su GMP[2004]No. 031

企业名称：江苏安惠生物科技有限公司

Manufacturer: Jiangsu Alphay Bio-technology Co., Ltd

地　址：南通经济技术开发区中央路68号

Address: No. 68, Zhongyang Road, Nantong Economic & Technological Development Zone, Jiangsu

审查范围：固体：胶囊剂(硬)、散剂***

Scope of Inspection: Solid:Capsules(Hard), Powder***

经审查，符合中华人民共和国《保健食品良好生产规范》(GB17405)要求，特发此证。

This is to certify that the above manufacturer complies with the requirements of "Good Manufacturing Practices for Health Food of the People's Republic of China" (GB17405).

有效期至2008年11月23日

This certificate remains valid until Nov. 23, 2008

江苏省卫生厅

Issued By: Jiangsu Province Department of Health

二〇〇四年十一月二十四日

Issued Date: Nov. 24, 2004

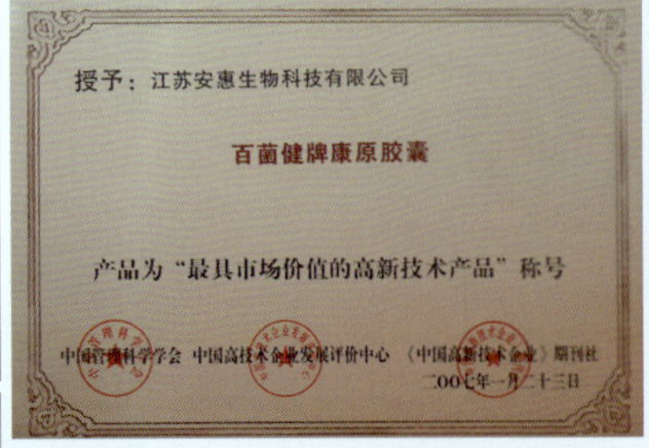

江苏名牌产品证书

JIANGSU FAMOUS BRAND CERTIFICATE

江苏安惠生物科技有限公司

你单位生产的下列产品被江苏省名牌战略推进委员会授予江苏名牌产品称号，特发此证。

产品名称：灵芝孢子虫草菌丝体粉、百菌健牌康原胶囊

有效期：二〇〇六年十二月至二〇〇九年十二月

The following product produced by your company have been affirmed as Jiangsu Famous Brand by Jiangsu Promotion Commission for Famous Brand strategy. The certificate is hereby issued.

江苏省名牌战略推进委员会

二〇〇六年十二月

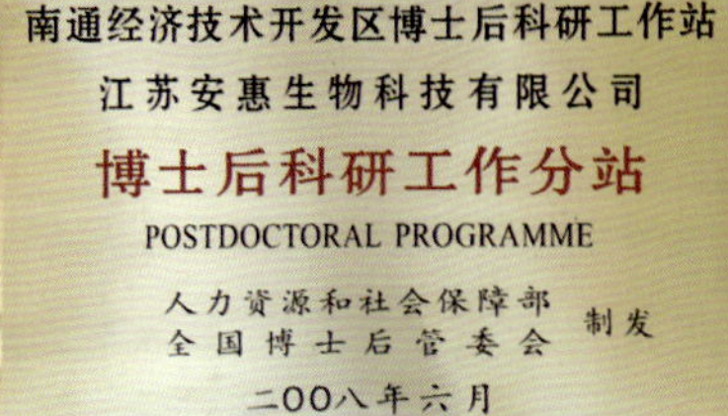

南通经济技术开发区博士后科研工作站

江苏安惠生物科技有限公司

博士后科研工作分站

POSTDOCTORAL PROGRAMME

人力资源和社会保障部
全国博士后管委会　制发

二〇〇八年六月

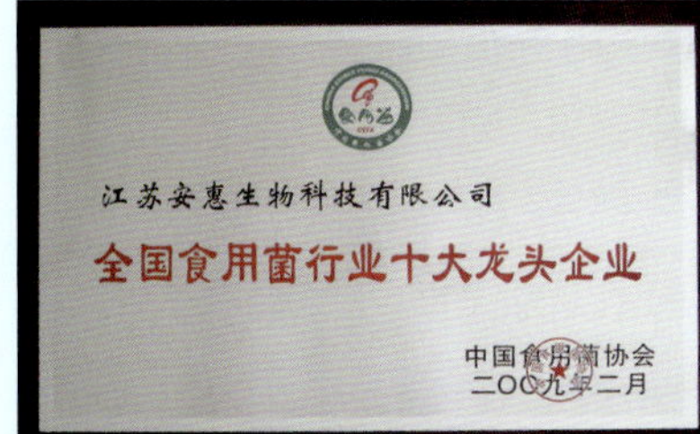

2009年

“2008-2009中国直销行业十大金牌雇主”

“南通市慈善工作先进集体”

“国家高新技术企业”

“影响中国直销20年领军企业”

2010年

“慈善爱心企业”

“爱心助学楷模”

2011年

“中国绿色先锋企业”

江苏省企业创新先进单位

南通市保护知识产权重点服务单位

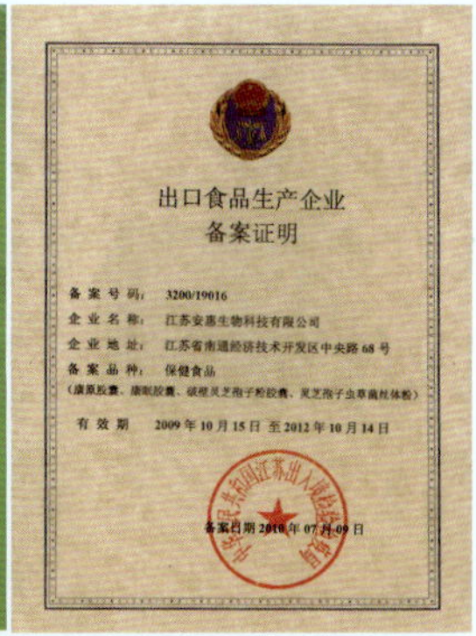

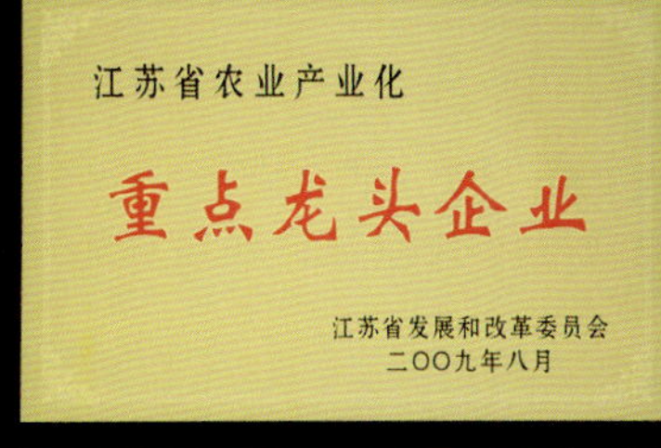

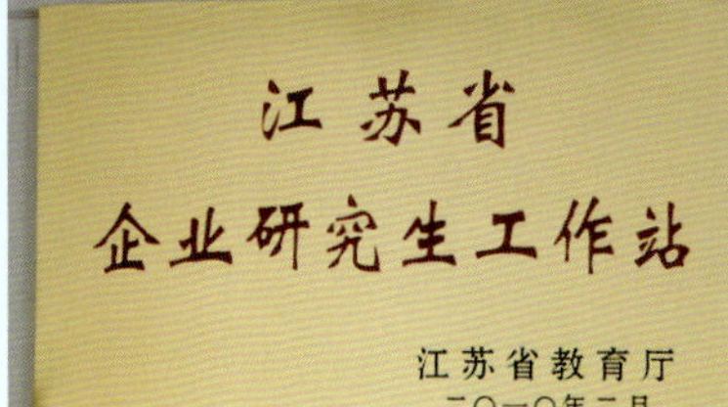

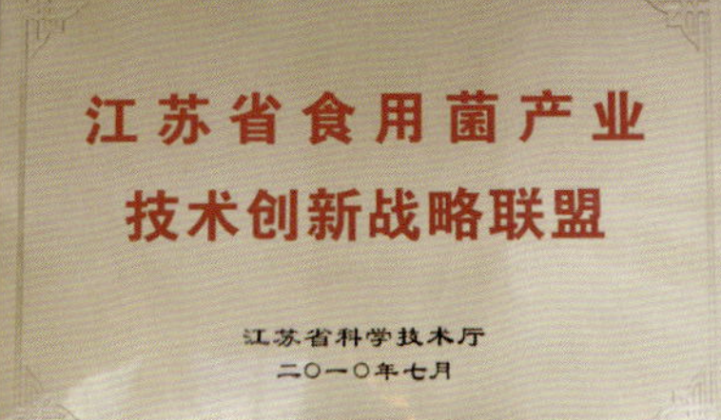

【公益责任】企业公民的真情奉献

1.2003年“ 非典 ” 期间，安惠公司向中华慈善总会捐赠产品128万元；

2.2004年9月8日，安惠公司与中国摄影家协会联合举办 “安惠杯全国摄影大赛”；

3.2004年9月24日，安惠产品成为首届世界大城市带发展高层论坛的专用保健品；

4.2004年11月26日，安惠公司成为“同一首歌，魅力南通”协办单位；

5.2008年5月12日，安惠公司全体员工和来自全国各地的安惠经销商踊跃为灾区人民捐款；

6.2008年7月7日，安惠国际四川志愿者服务中心在四川德阳成立；

7.2009年5月12日，“5.12汶川大地震”一周年之际，安惠公司举行烛光祈福活动；

8.2009年5月14日，安惠公司为德阳市绵竹拱星小学的孩子们送去“爱心包裹”；

9.安惠公司长期资助春蕾班学童；

10.向社会福利院及相关社区捐赠 80 多万元；

11.向上海市虹口区癌友协会捐助产品 43.2 万元；

12.安惠公司帮助癌友战胜病魔；

13.2009年9月23日，安惠公司向南通市社会福利院捐赠近8万元的物资；

14.2010年2月5日，安惠公司为南通开发区敬老院送去价值4800元的慰问品；

15.2010年2月26日，安惠公司开展“巾帼文明示范岗一对一帮扶”活动，对一位叫张翔的男孩进行帮扶；

16.2010年3月30日，安惠公司向南通开发区慈善总会捐款7000余元，希望通过安惠人的微薄之力，为云南受灾的群众送去急需的水、粮食等物资；

17.2010年4月21日，安惠公司为玉树灾区捐款245300元；

18.2010年11月6日，“仁爱传递•情动安惠”大型慈善晚会如期举行，安惠公司捐款150万元人民币。

Alphay 安惠生物

壹佰伍拾万元整

Alphay
安惠公司八周年庆典

抗“非典”捐赠仪式

纪念汶川地震
一周年

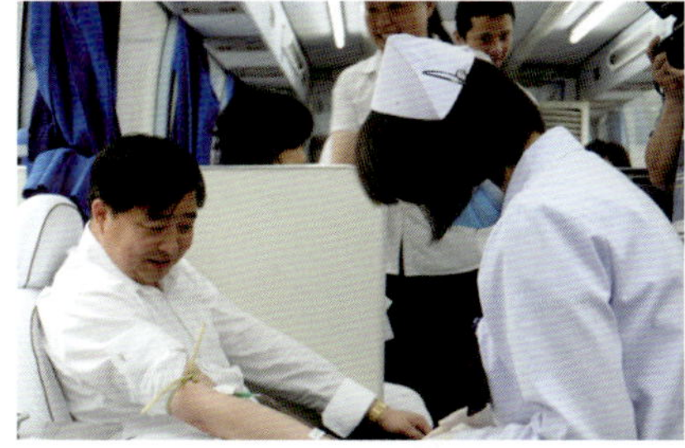

四川灾区志愿者服务中心隆重成立

绿之韵生物工程集团有限公司

Resgreen Bio_engineering Group limited CO.,LTD

中西部崛起的企业地标

【企业概况】

香港绿之韵国际集团股份有限公司是一家经香港政府批准成立的集电子商务、房地产、化妆品、期货及绿色保健产品的研制、开发、生产及销售为一体的现代化高科技股份制企业。

2003年，香港绿之韵国际集团国内事业总部进驻长沙国家生物产业基地（湖南省浏阳生物医药园），成立绿之韵生物工程集团有限公司（以下简称绿之韵集团），注册资金1亿元，目前主要生产销售韵宜生、绿韵兰茜等品牌健康食品、护肤品、日用品以及健康生活等类别100多款产品。绿之韵系列产品在国内通过五项国际权威认证：保健食品GMP认证，药品GMP认证，ISO9001：2008国际质量管理体系认证，ISO14001：2004国际环境体系认证，HACCP食品安全控制体系认证。2010年9月，绿之韵集团获得由国家商务部颁发的直销经营许可证，成为全国第26家、中西部地区首家获得直销经营许可证的企业。

把中国最好的产品以最快的速度传递给最需要的人；运用现代科技将中国五千年养生文化及中医理论发扬光大，为解决人类亚健康服务是绿之韵集团的企业使命。绿之韵健康食品均在保持传统中医祖传及皇室秘方的基础上，运用现代化生物科学技术精制而成。绿之韵护肤品采用现今世界排名前十位的法国皇室御准配方，并添加了源于诺贝尔生物成果奖的表皮生长因子EGF，具有很高的科技含量，作用更为显著。

2008年，绿之韵荣获“湖南省著名商标”，并先后被中国质量万里行工作指导委员会授予《质量服务双满意》品牌；被中国保护消费者委员会授予《全国市场消费者放心购物产品》、《质量信誉消费者满意》品牌；2004—2008年度连续被湖南省工商局消费者委员会评为“消费者信得过单位”；同时荣获“全国质量管理全面达标优秀单位”、“中国著名品牌”、“中国知名保健（食）品公证十佳品牌”、“国际知名品牌”等荣誉称号；2011年，绿之韵集团荣获国家科技部“高新技术企业”称号，“绿之韵”商标被国家工商总局认定为“中国驰名商标”。

“建百年企业，创世界名牌”是绿之韵集团矢志不移的战略目标。绿之韵这个迅速崛起壮大的民族骄子，正满怀信心朝着宏伟的目标，一步一个脚印的向前迈进！

绿之韵集团下属企业包括：

★绿之韵集团国内五大生产基地：☆广东省广州市护肤品生产基地；☆湖南长沙国家生物产业园保健生产基地；☆紫锥菊GMP规范化种植基地；☆绿之韵湖南益阳中药材基地。

★绿之韵集团十大下属企业：☆香港绿之韵国际集团股份有限公司☆湖南长沙绿之韵实业有限公司☆湖南绿之韵房地产开发有限公司；☆湖南绿之韵国际大酒店有限公司；☆绿之韵集团南京开源微藻生物工程有限公司；☆绿之韵湖南迪博制药有限公司；☆绿之韵广州莎乐美化妆品有限公司；☆绿之韵国际集团（东南亚）股份有限公司；☆湖南绿之韵保健日用品有限公司；☆绿之韵（马来西亚）国际有限公司

地址：中国·湖南长沙国家生物产业基地绿之韵路38号 电话：86—731—3219888 3283777

【责任力之源】绿之韵的使命与价值观

2010年10月19日，绿之韵以发布《绿之韵企业社会责任报告》的形式来纪念荣获直销牌照，以及进驻中国内地市场七周年。其恢弘的主题被确定为：“七年磨一剑，打造具有社会责任的民族直销企业”。

绿之韵集团董事长：胡国安

一、企业使命

把中国最好的产品以最快的速度传递给最需要的人，运用现代科技将中华五千年养

生文化及中医理论发扬光大，为解决人类亚健康服务。

二、企业精神：

我们每个人都能做到像水一样，除了自己流动，还带动其他物体行动。

像水一样，在遇阻力与障碍时，反而加倍努力，释放全部能量，与之搏击。

像水一样，虽然只是涓涓细流，但坚韧不拔，持之以恒，水滴石穿。

像水一样，涤荡各种污垢，永保自洁，不停进步。

像水一样，有“无孔不入”的精神。

像水一样，不论来自何处，都能朝向一个既定的目标，不懈前进，直至汇成江河，实现自我价值。

三、企业领导论社会责任

绿之韵集团胡国安董事长认为：作为民族企业，绿之韵不只以市场业绩为标准，而是以社会价值作为衡量企业自身的标准，以一种负责任的、可持续的方式为社会发展作出积极贡献。在发展之初，绿之韵就将“企业公民”的理念贯彻于企业的整个发展之中，以此来指导企业的经营行为。对绿之韵来说，八年来，从一个十几个人，一个200多平米的写字楼的小公司成长到中国第26家直销企业，我们走过了很多，也经历了很多，八年磨一剑，这份企业社会责任报告应该是所有绿之韵人对这七年历程的一份礼物，我觉得非常有意义。绿之韵不是一个孤立存在的企业，它和非常多的合作伙伴、消费者、社会、政府息息相关， 企业做大了就是属于社会属于国家的，我相信全体绿之韵人将会以此作为一个起点，切切实实每一年都去履行企业应该承担的社会责任，能够一起来为正在高速发展的社会奉献自己的力量。

绿之韵集团董事常务副总裁：劳嘉

绿之韵集团董事常务副总裁劳嘉认为：社会责任不是一家企业或者一个人，而是需要全社会共同努力的，我们也想以实际行动，以自身点点滴滴的实践，带动更多的中国优秀企业一起参与承担社会责任，共同推动社会责任发展。这次报告的主题词是“八年磨一剑”，在过去的七年绿之韵正是通过不断地为设定目标累积能量，致力于为消费者，也给员工、合作伙伴等带来价值，在实践经营中体现社会责任。我们以郑重的态度发布这份社会责任报告，它的目的是传递绿之韵承担社会责任的实践经验，传递绿之韵对社会的感恩和对未来的承诺，也借此机会倡议更多的企业公民来承担社会责任。

绿之韵集团执行总经理龚振认为：绿之韵作为“企业公民”，它所承担的责任主要体现在四个方面：

一、是良好的公司治理和道德价值。主要包括在绿之韵的经营过程中遵守国家的各项法律法规、诚实经营，依法按章纳税，注重道德行为准则和商业原则；

二、是企业对人的责任。首先保障员工的人身安全、就业机会均等、人格受到尊重、薪酬公平等，其次还包括企业对全国各地的分销商的责任，包括保证分销商的正常经营、按时取酬、定期教育培训、一线跟踪服务等等；

三、是企业对环境的责任。主要包括企业在产品生产过程中维护环境质量，使用清洁能源，共同应对气候变化和保护生物多样性等等；

四、是企业发展中对社会的贡献。主要指绿之韵广义的对社会和经济福利的贡献，比如传播健康知识，提升社会群体对健康的关注程度，在全国乃至世界范围内提升人们的健康水平；以及向贫困地区的人们或社会弱势群体提供产品和服务的援助等等。

这些贡献和责任的理念已经深入企业，成为绿之韵核心战略的一部分，成为企业社会投资、慈善或者社区服务行动的一部分。

绿之韵国际集团（东南亚）股份有限公司运营副总裁李继前认为：以发布责任报告的形式纪念绿之韵正式迈入直销领域，既是对过往七年成长历程总结，也是对未来做一个承诺，我想这个社会责任将会敦促我们稳步创造属于绿之韵的辉煌。2010年，对绿之韵来说是一个历史性的转折点，通过这个崭新的平台，我们将不遗余力地践行属于绿之韵人的梦想，我们也将以更负责任的经营与管理实现绿之韵的可持续发展，为营造一个更加和谐、更富爱心、更有责任感的社会人文环境作出应有的贡献！ 绿之韵未来的品牌形象将通过更广泛更深入的传播，取得更好的社会影响力，让责任之心传播给更多的人。

绿之韵低碳事业部执行总裁戴嵘认为：一个公司，如果只是持续追求以赢利为目的，是远远不够的。企业社会责任，既是我们为自己设定的企业原则，更承载了我们对未来许下的沉甸甸的争做优秀企业公民的承诺。我认为，公司如果本身创造的实业就是在为生活，为社会创造一份美好，这样的企业使命会让企业走得更远，相聚绿之韵，结缘低碳产业，我们共同创造人生的美好与事业的辉煌！

【经济责任】

三农产业助力社会解决就业及农民致富问题

“把中国最好的产品以最快的速度传递给最需要的人，运用现代科技将中华五千年养生文化发扬光大，为解决人类亚健康服务”是绿之韵集团的使命。为了保证产品品质，绿之韵从一开始就以产学研结合的模式组建了实力雄厚的科研团队。

绿之韵推出的所有产品都紧紧围绕绿色、天然、健康、养生理念，这也使得绿之韵在七年时间已先后与中南大学、南京大学、湖南农业大学、湖南中医药大学等国家重点大学达成合作，聚集了中国工程院院士周宏灏、“中国螺旋藻之父”曾昭琪、张媛贞教授夫妇、著名生物工程专家李保健、国务院研究中心发展专家曾建国、暨南大学医药生物技术研究专家王铁良等一大批专家教授作为公司研发科技顾问，研发核心团队。

这支团队让绿之韵的产品线不断扩大，七年多时间已经拥有了韵宜生、绿韵兰茜等子品牌健康食品、护肤品、日用品及健康生活系列100多款产品。

绿之韵集团的产品都是以天然植物为原料或提取物。其中紫锥菊、螺旋藻等都是直接以植物为原料。为保证原料质量，绿之韵兴建了多个生产基地。绿之韵紫锥菊GMP规范化种植基地为国家经贸委项目，种植面积1000多亩；绿之韵江苏天目湖螺旋藻生产基地：分为江苏基地及四川基地，江苏基地位于国家4A级旅游景区江苏天目湖旅游度假区境内。基地占地85亩，拥有大型干燥塔，引用天然水源，培养出优质的螺旋藻，首批被卫生部批准为新资源食品，培养的螺旋藻出口欧美等国。绿之韵益阳中药材基地是与安化县人民政府合作的中药材原料基地，总计划投资2亿人民币总面积达一万多亩，主要种植黄精、杜仲等与公司产品配套的主要中药材原料。作为湖南省政府与国家发改委重点支持的三农产业项目，将带动安化当地近10万农民脱贫致辞富。

湘西弥猴桃基地

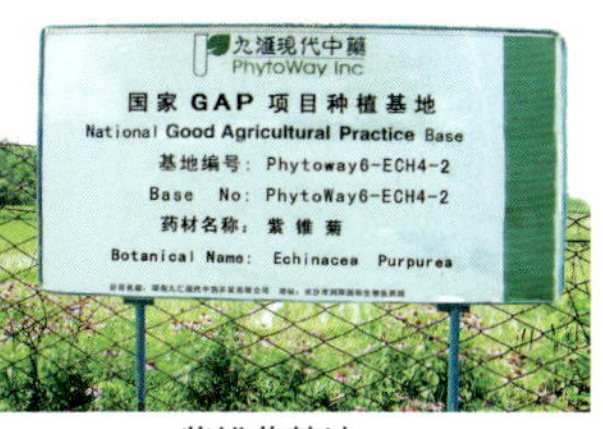

紫雏菊基地

不仅生产环节如此，销售环节也为国家减少了就业压力。几年来，绿之韵带动6000多人自主创业，其中269位通过创业实现了买车、9位实现了买别墅的愿望，在全国各地拥有十几万人的分销队伍，其中70%是下岗职工和农村剩余劳动力。绿之韵集团每年给分销商提供各类培训，丰富他们的知识，提高他们的素质，帮助他们逐渐成功；公司提供的福利旅游机会，让农民和下岗工人开拓了视野；绿之韵集团不断完善产品品质和数量，提供给经销商的优质产品和服务，为他们带来了可观的物质收入。在未来10年内，绿之韵集团将在全国范围内投巨资兴建多个大型中药材种植基地，采用：“农户+种植基地”的模式发展中草药种植产业，继续扩大对三农产业的支持力度。

万企联村，共同发展——绿之韵万亩中药材种植基地”落户郴州宜章

2011年8月18日，胡国安董事长与湖南省政协副主席、省工商联主席何报翔，中共郴州市委副书记、宜章县县委书记向曙光进行了详细的商议，绿之韵将与宜章县委、县政府积极合作，把“万企联村，共同发展——绿之韵万亩中药材种植基地”引进宜章，开发5000亩左右的种植基地，促进当地创业就业，带动县域经济的发展。同时，将加强与省会企业家的交流合作，投资开发莽山自然风景区，携手共谋发展。

规范经营 合法纳税

绿之韵集团规范经营，积极纳税，2010年向地方政府上缴税额超过了1000万元，2011年3月，长沙国家生物产业基地管理委员会向绿之韵颁发了“税收贡献奖”。

【社区责任】

健康社区行

“绿之韵健康社区行”大型社会公益活动以绿之韵健康操为传播方式，吸引广大社区群众参与到活动中，在自家门口的社区广场或公园练习和锻炼身体。绿之韵健康操是套老少皆宜，全民参与的健康养生操。全套动作与人体的部分穴位一一对应，经常练习不仅能锻炼和提高人体各肌肉、器官的工作能力，增强心肺功能，促进新陈代谢，更能提高人的协调性、大脑思维的灵活性、平衡能力和身体的美感，还能培养我们每个人一种积极向上的心态，消除疲劳和压力，快速恢复身体体能，令人精力充沛，从而到达身、心、脑均健康的目的！通过分销商、分公司组织以及与当地政府部门联合举办等形式，已在全国各地掀起一股绿色健康浪潮！

寻找百岁老人

故人不独亲其亲，不独子其子，使老有所终，壮有所用，幼有所长，矜寡孤独废疾者，皆有所养。人人得其所，是谓和谐大同也。 绿之韵以“寻找 100 位百岁老人”为出发点，深刻地向社会各界诠释长寿价值观，发扬天下礼信孝为先的传统美德，号召大家关注着我们身边的老人，传递着健康和关爱。活动开展一年多的时间里，绿之韵员工及分销商共同参与，真诚为百岁老人献上了公司的保健产品及慰问金，并派出采访组，对百岁老人健康养生的生活习惯进行实地采访，并将总结出来的养生方法通过企划活动为更多老人传递健康理念。

绿之韵杯香港明星足球队（长沙）大型公益赛

由共青团湖南省委、湖南省体育局指导，

湖南省青少年发展基金会主办、绿之韵集团全程支持的以助学为宗旨，以推动我省农村青年文化扶贫计划为主旋律的大型公益活动“绿之韵杯善行2007三湘助学行”香港明星足球队（长沙）大型公益赛”在贺龙体育中心隆重进行。作为湖南“善行2007”的重要活动和绿之韵集团四周岁华诞的爱心贺礼，绿之韵集团以“关爱生命，播撒爱心”的公益理念，传递着绿之韵对社会公益事业的热情。

奥运同心，绿韵同行

为响应制作千米长卷，征求亿万签名，促进2008年奥运圣火入台的号召，以“奥运同心，绿韵同行”为主题的绿之韵促进奥运圣火入台签名活动在绿之韵集团国内事业总部办公大楼前隆重举行。华夏五环信息部世界行活动组委会主席丁忠海老先生带领的志愿者和绿之韵人共同为奥运助威。

绿之韵出资协办长沙市第一届农民运动会

由长沙市市委、长沙市人民政府主办，绿之韵集团出资协办的“长沙市第一届农民运动会龙舟赛”在风光秀美的浏阳赤马湖隆重开幕。

绿之韵集团帮扶大学生“村官”创业成才

在共青团湖南省委、省委基层办组织的，湖南省大学生村官代表、优秀大学生创业典型代表组成的座谈会上，绿之韵集团董事常务副总裁劳嘉代表绿之韵集团与浏阳大学生村官签署一对一帮扶项目合作意向书，为大学生村官提供成功创业的项目和平台，激励和帮扶其创业成才，在农村起到示范和带动作用。

绿之韵集团积极参与长沙大学生创业就业校地共建对接活动

在长沙市委、市创业办、团市委和省会各大高校团委联合举办的“长沙大学生创业就业校地共建对接大会”之际，绿之韵集团积极参与大学生创业就业校地共建活动，并高度重视目前社会就业创业问题，为广大大学生提供创业就业现场面对面的咨询服务，为解决大学生创业就业提供了多元化的跟踪服务。

积极参与“企业联村 结对共建”帮扶 活动

绿之韵集团胡国安董事长作为湖南省政协委员以及长沙市工商联（总商会）副会长，积极参与帮扶项目讨论，积极开展“企业联村·结对共建”帮扶活动，并向贫困地区捐赠款物。胡国安董事长表示：“通过考察进一步了解了农村项目需求点，有好的投资项目将积极引进这些相对还比较贫困的地区，实现村企共建。”

【公益责任】

万涓成水 汇爱成海
因为阳光，万物蓬勃生长；
因为真情，心灵不再蛮荒；
因为爱心，命运改变方向。

绿之韵慈善基金

至2011年，绿之韵三大主题慈善活动已经取得持续成效。十年内完成38所希望小学捐赠计划已分别在湖南、黑龙江、吉林、四川、山东、内蒙古等地捐建了八所希望小学。从2009年开始，绿之韵慈善基金陆续投入1000万元开展的“绿之韵树人行动”——以大学生影响小学生，开展“精神扶贫、励志教育”活动，已在吉林、内蒙古、湖南、黑龙江，山东五地举行，受助大学生超过百名。为唤醒更多人对老年人的关心，发扬天下礼信孝为先的传统美德，诠释长寿价值观，绿之韵开展“寻找 100 位百岁老人”活动，向全国各地的百岁老人送去慰问金及绿之韵健康产品，并开展健康生活免费讲座，该活动每年7-10月举行，目前已走过二十多个地区。

2006年7月18日成立的“绿之韵慈善基金”，倡导公司及市场每一位成员每人每天捐赠1元钱，一年捐赠365元钱，天天献爱心，除了大力参与赈灾、扶贫、帮困等社会慈善事业之外，还积极开展具有绿之韵品牌和社会影响力的公益活动。

绿之韵先后开展的社会活动及公益捐赠包括：赞助 “绿之韵国务院机关老干部2005年新春前苏联歌曲珍品音乐会”；“中药业界首次祭祀始祖神龙活动暨第一届炎帝神龙中药发展论坛”； 投资100多万元与中央电视台联合摄制大型革命历史文献纪录片《浩气长存》，对广大群

众进行爱国主义和革命传统教育；向长沙慈善总会捐赠定向助学金、开展“情系湘南，韵泽天下”赈灾捐款活动，为灾区人民送去深情厚谊；独资冠名赞助“绿之韵香港明星足球赛”；开展“情暖三湘，爱心助学”公益活动，向湖南省青少年发展基金会捐款100万建立“绿之韵文化扶贫公益基金”，与来自贫困山区的孩子达成一对一帮扶对象，每年定期向孩子们提供经济扶助,；为汶川、玉树受灾地区捐赠款物200多万；向湖南创业就业基金捐赠100万专项爱心款项，用于资助大学生创业就业；向长沙市青年少发展基金会捐赠100万元，用于青少年助学及留守儿童关爱……

至2013年，绿之韵还将组建绿之韵志愿者团，主要方向为支教、助学、在爱老人儿童、环境保护方面，计划慈善捐赠总额将超过2000万。

树人行动

一年之计，莫如树谷；
十年之计，莫如树木；
终身之计，莫如树人。

绿之韵“树人行动”2009年开始正式启动，“绿之韵慈善基金”总计划陆续投入1000万元开展绿之韵“树人行动”——以大学生影响小学生，开展“精神扶贫、励志教育”活动，以大学生刻苦学习考上知名大学的切身经历给予小学生鼓

励，树立远大的理想，播撒爱心，传递真情，搭建起大学生与绿之韵希望学校学生心灵互动的桥梁，让绿之韵人的爱心力量撒遍祖国大地！

绿之韵“树人行动”全国第一站 吉林省东北师范大学

2009年4月29日，绿之韵树人行动启动仪式在吉林省东北师范大学隆重举行。绿之韵爱心精英代表、10名品学兼优的树人行动助学金获得者（其中2名为绿之韵分销商子女）以及文学院的师生共300多人齐聚一堂，再次呈现出发扬爱、传递爱的动人场面。

绿之韵“树人行动”全国第二站 内蒙古科技大学

2009年5月24日，由绿之韵慈善基金联合内蒙古青少年基金会、内蒙古科技大学主办的绿之韵树人行动全国第二站捐赠仪式暨责任与梦想的专题报告会在内蒙古科技大学隆重举行。

绿之韵“树人行动”全国第三站 “2009长沙希望工程圆梦行动”

2009年8月28日，绿之韵慈善基金会以大学生影响小学生“绿之韵树人行动”全国第三站暨共青团长沙市委“2009长沙希望工程圆梦行动”爱心见面会在长沙举行。此次行动以“一帮几”的结对帮扶形式向近200名贫困准大学生发放55万元助学款，用爱心托起了他们的大学梦。绿之韵集团利用树人行动的爱心力量共帮扶了七名考上清华、北大等名校却无力承担学费的寒门学子。

绿之韵“树人行动”全国第四站 山东大学

2010年5月13日，“绿之韵树人行动”全国第四站走进山东大学，现场举行捐赠仪式，资助10名品学兼优的贫困学生。教育界、新闻界、文化界的相关领导与两百余名大学生见证了绿之韵人又一次善举。

绿之韵“树人行动”全国第五站 湖南大学

2010年6月12日，传递着希望和爱心的“绿之韵树人行动”走进湖南大学，温情的现场氛围，向我们传递着真情。绿之韵集团携手爱心满溢、慷慨付出的绿之韵湖南分销精英为十位湖南大学品学兼优的寒门学子捐赠款物。

绿之韵集团积极参与“关爱留守少年儿童”

2007年12月2日，共青团中央、全国少工委在长沙召开全国手拉手关爱留守少年儿童现场会，以“手拉手”活动为基本方式，强化对留守少年儿童的同伴教育和同伴互助。绿之韵集团作为爱心慈善事业的积极参与者，对留守儿童等一系列社会现象尤其关注，对此次活动给予了大力支持，并向组委会捐赠现金10万元,同时号召更多的人参与到关心留守儿童的组织中来。

绿之韵“树人行动”牵手留守儿童

2010年5月31日，“绿之韵树人行动”走进集团捐赠的第一所希望学校——老屋希望小学看望慰问留守儿童。绿之韵集团董事常务副总经理劳嘉总部工作人员一行与湖南地区的爱心分销商代表精心准备了书包、作业本、文具盒、羽毛球拍等爱心物资，为留守儿童送去了“六·一”儿童节的祝福。

绿韵中国

2011年绿之韵集团在隆重推出“绿韵中国”大型社会公益活动，活动以“全民健身”为中心理念，将绿之韵的企业文化、企划活动、教育培训、产品理念紧密结合在一起，通过“健康社区行”、“健康季”、“寻找100位百岁老人”、“每天一元钱”、“旅游研讨会”五大活动的融合来更好地阐述绿之韵所倡导的“让健康生

活走进社区，将快乐送给千家万户”，真正实现“绿色润泽苍生，绿韵舞动中国”！

绿之韵“善行2007三湘助学行”

2007年5月20日，在“善行2007三湘助学行”绿之韵杯香港明星足球队（长沙）大型公益赛现场，董事长胡国安先生代表绿之韵集团向湖南省青少年发展基金会捐赠100万元，用于开展农村青年文化扶贫计划。来自湘西贫困山区的26名孩子组成的球童，在集团公司的精心组织下与26名公司领导与爱心分销商分别达成了对口帮扶计划，并在现场进行了交接帮扶协议，把第一笔“帮扶金”送到孩子们的手上，同时承诺在此后的五年时间里，每年定期向孩子们提供经济扶助，帮助孩子们顺利完成学业。香港明星足球队的代表陈百祥、谭咏麟、黄日华在现场发表爱心致辞。

2007年5月20日，绿之韵集团首笔捐款100万元给湖南省青少年发展基金会，设立“绿之韵文化扶贫公益基金。”

情系湘南　韵泽天下

2006年绿之韵集团发动全国各地分销商开展“情系湘南韵泽天下”抗洪赈灾募捐活动，公司本部将汇集分销商和集团工作人员的赈灾款和物资，统一转交给湖南赈灾办。

抗冰救灾 绿之韵与爱同在

2008年2月，冰雪灾害席卷湖湘大地，但属于绿之韵人的爱心却不会改变，为了帮助灾区更多的弱势群体，集团公司在第一时间向全体绿之韵爱心精英发出爱心援助倡议，董事长胡国安亲赴浏阳参加由中共浏阳市委、浏阳市人民政府主办的赡灾晚会，并代表绿之韵集团向浏阳慈善会捐赠十万元现金及大批物品，用实际行动支援灾区的重建工作。

抗震救灾　众志成城　重建家园

2008年5月12日，四川省汶川县发生里氏8.0级地震，绿之韵集团高度关注这场特别重大的地震灾害，并第一时间做出反应，积极开展抗震募捐，用实际行动表达对灾区人民的支持。灾情发生后，绿之韵集团总部立即向下属公司、全国各分公司、全国分销店、分销员发起募捐倡议，号召全体绿之韵人向灾区人民伸出援助之手。仅公司总部即向灾向共计捐赠款物160余万元。

绿之韵慈善基金关注青少年成长

2009年10月13日，绿之韵集团董事长胡国安作为湖南杰出青年企业家、湖南省青年企业家协会副会长受邀出席湖南省最大的青少年活动场所——湖南省青少年活动中心开园仪式，并代表绿之韵慈善基金向湖南省青少年事业发展基金捐款10万元，用于完善青少年活动中心的建设。

情系玉树　共筑家园

2010年4月18日，绿之韵集团“情系玉树·共筑家园”抗震救灾捐款活动在绿之韵国际大酒店贵宾楼举办，联合长沙市青少年发展基金会向灾区捐赠了第一笔爱心善款——30万元现金及物资。

绿之韵集团荣获湖南希望工程20年爱心贡献奖

为答谢湖南各界人士二十年来对希望工程事业的爱心支持，在湖南青少年发展基金会主办的湖南省希望工程20年慈善感恩会上，绿之韵集团凭借多年来在社会公益慈方面所作出的努力，荣获“湖南希望工程20年爱心贡献奖”。

【人本责任】

一、员工责任

“以人为本，知人善任”是绿之韵集团一贯的宗旨，集团公司十分注重人才的引进和培

养。在人才的运用和提拔上，绿之韵采用“忠诚善学 能干即是人才”的评价尺度和标准，形成了目前绿之韵集团管理有序，协作有效的团队框架，在不断的超越、学习和竞争中显示出强大的生命力。公司凭借“抱团打天下”的精神，成就多赢模式，致力于为员工提供优越福利待遇，让每个员工的价值都能得到体现，每个人的优势得以展示。

二、经销商责任

产业园建设

探寻企业发展的轨迹，无论是产品线拓宽，分公司开设，还是创立之初产业园的建立

领导嘉宾共同为绿之韵保健食品GMP生产车间的正式启动揭幕和扩建，始终都围绕在“为经销商服务”的前提，向进一步壮大发展及做好服务的纵深方向延伸。2004年，绿之韵对办公楼、教育培训、酒店、生厂加工厂物流、仓储、检测中心、俱乐部、种植以及初加工基地等场所进行扩建。企业出资3500万元在长沙国家生物产业基地收购了当时（新加坡）圣典集团的一块地，先后修建了绿之韵国际大酒店贵宾楼、绿之韵办公大楼、绿之韵国际运营中心以及别墅，将办公、酒店、培训等功能组合起来。2005年，企业再次出资3500万元全资收购了长沙国家生物产业基地园区内的湖南迪博制药有限公司，作为绿之韵健康产品的

生产基地之一。 2011年5月18日，绿之韵集团斥资4800万元建设、占地总面积超3000平

领导嘉宾共同为绿之韵保健食品GMP生产车间的正式启动揭幕

方米的保健食品GMP生产车间举办隆重的投产启动仪式。GMP生产车间的落成，是绿之韵集团在全国市场战略布局中的重要举措，彰显着绿之韵永续经营的决心。它将大步提升企业产能，强化企业市场竞争力，为绿之韵实现打造世界的民族直销企业这一目标奠定基础。

绿之韵产业园建设共分为三部分进行：第一，种植生产基地，响应政府号召，带动“三

农”产业发展，以“农民+种植基地+加工”的模式进行，目前已有湖南紫锥菊、南京螺旋藻、湖南益阳中药材综合种植等基地；第二，生产厂、生产基地，如广州护肤品生产基地、长沙环保科技园绿之韵护肤品基地、日用品生产基地、湖南保健品生产基地等；第三，配套设施有办公楼、酒店、教育培训中心、经销商别墅区、绿之韵家园、绿之韵俱乐部、绿之韵商学院、物流中心等。这三部分将环环相扣，互为一体，为企业长效发展铺平道路。

分公司、旗舰店辐射全国

分公司、旗舰店、形象店、市场根据地的建设是2009绿之韵品牌建设当中的重要一环。目前湖南长沙、吉林、内蒙古、山东、辽宁等地分公司已隆重开业，黑龙江、河北等地也陆续处于紧

张筹备和洽淡之中，一方面这是展示品牌形象的重要渠道；另一方面，又能为终端消费者提供更加优质、更加贴心的服务。分公司是直接隶属于绿之韵集团的分支机构，其主要职能是为消费者提供服务及协助总公司开拓和管理当地市场。分公司以旗舰店为载体，将发挥对外形象宣传、产品销售、用户咨询、客户服务等多重功能。

教育培训

为了更好的适应市场竞争，提高团队专业能力，增强个人及团队销售技能，做行业真正的领航者，公司针对经销商精心设定了不同类别的培训，如区域（高级）经理培训、优秀加盟店培训、星级店长培训、中级骨干培训、系统领导人培训等，同时针对市场需求，还开设有针对性的技能学习班，帮助经销商更专业、规范的开拓市场。

2004年，绿之韵集团组织了店经理、区域（高级）经理、初级讲师培训共6场大型培训；

2005年，绿之韵集团组织了店经理、区域（高级）经理、初级讲师培训、中国销售精英特训营、学习《直销管理条例》和《禁止传销条例》研讨会共17场大型培训；

2006年，绿之韵集团组织了店经理、区域（高级）经理、初级讲师培训、中国销售精英特训营、整合分销新商业模式研讨会共12场大型培训；

2007年，绿之韵集团组织了店经理、区域（高级）经理、讲师精英特训营、中国销售精英特训营、中层骨干研讨会共12场大型培训；

2008年，绿之韵集团组织了店经理、区域（高级）经理、讲师精英特训营、中层骨干研讨会、美容师培训、营养师培训、高层分销商培训共17场大型培训；

2009年，绿之韵集团组织了店经理、区域（高级）经理、中层骨干研讨会、美容师培训、营养师培训、中医反射疗法师培训培训共18场大型培训。

2010年，绿之韵集团组织了店经理、区域（高级）经理、中层骨干研讨会、美容师培训、营养师培训共17场大型培训。

2011年，绿之韵国际商学院成立。绿之韵国际商学院秉承“重德　博学　求实　创新”的培育理念，以“培养行业国际领袖人才”为己任，培养一批具有国际视野、专业技能、社会责任的领袖人才，培养一支精通现代电子商务的实战性精英人才和高端创业队伍，为绿之韵事业新格局做出一系列探索与创新。

绿之韵“中医反射疗法师”学习班

为提升绿之韵广大分销商专业技能，公司聘请北京华佗医学院教授、湖南中医药大学权威教授、医疗行业专业技术老师等，开设“中医反射疗法师”学习班，课程内容涉及中医基础理论、中医养生知识、中医面诊、手诊、经络刮痧、火罐等。反射疗法师是国家卫生部职业技能鉴定指导中心批准设置的卫生行业特有职业，属医疗保健类技术资格。

文件规定，《反射疗法师》国家职业资格证书是持证人在医院、门诊部、康复保健机构、疗养机构等卫生行业中从事反射医疗活动的资格凭证，在全国范围类内通用。

绿之韵“公共营养师”培训

公共营养师资格认证是根据目前居民营养问题日益突出，政府酝酿《营养立法》之际推出的新型职业标准，是唯一纳入国家职业标准大典并正式颁布的职业名称，是营养认证体系中唯一有《劳动法》和《职业教育法》作为法律依据。公司将邀请由湖南湘雅医学院，湖南疾病预防控制中心，湖南中医学院、师范医学院等相关学院的专家教授和劳动厅命题组师资组成的专家小组授课。结业学员将获得全国通用的，有法律依仗的三级营养师资格证。

绿之韵“初级美容师”学习班

随着集团公司在护肤品方面的投入力度加大，以及在市场上所形成的良好口碑，作为公司三大系列产品之一的绿韵兰茜护肤品正以越来越成熟的形象给寻求事业成功的伙伴们带来新一轮的商机。 公司为经销商聘请行业一流专家的授课，结业学员将获得全国通用的，有法律依仗的初级美容师资格证。

绿之韵讲师精英特训

集团公司特邀：具备大多年企业营销团队锻炼以及教育培训经验的知名实战营销培训专家以及在行销领域拥有多年行业成功经验的实战派资深营销管理暨教育培训专家为绿之韵市场精英带来最实用最权威的讲师培训课程。为热爱演讲培训并有志全面改变自己现状的精英们提供一个精彩舞台，帮您进一步提升个人能力，更好的带领团队。让每一位站在讲台的人，从此不再张口结舌，拥有超级口才表达力。培训结束后还将有精彩纷呈的精英讲师选拔赛为市场培养1000名专业讲师。

经销商荣誉

车房奖

至2011年，绿之韵共有269位优秀经销商荣获豪华轿车大奖；

别墅奖

至2011年，共有9位杰出经销商荣获豪华别墅大奖

荣誉钻石徽章奖

至2011年，共有87位经销商获得一星至五星不等级别的钻石荣誉徽章

国内国际旅游

2006年，绿之韵集团组织了韶山、张家界、广西桂林等地共6次国内旅游；

2007年，绿之韵集团组织了韶山、张家界等4次国内旅游；

2008年，绿之韵集团组织了韶山、张家界等地共6次国内旅游；

2009年，绿之韵集团组织了韶山、张家界、井冈山、内蒙古草原等地共8次国内旅游；

2010、2011年新马泰旅游、美国塞班岛、迪拜、韩国、俄罗斯、欧洲六国等国际旅游，在越来越多国度的土地上，我们都能看到属于绿之韵人那一份永无止境的激情传递。每一位参与者都在用脚步丈量着曾经以为遥不可及的梦想距离。

【产品责任】

绿色，一种万物滋润的原始生命色，一种润泽、律动、飞扬的动感，一种奔放热烈，毫不掩饰，没有丝毫杂质纯净的爱。

因此，我们的世界，永不能缺少绿色……

绿之韵产品，从一产生就注定了它是传递健康、美丽的使者。绿之韵集团视产品为企业的灵魂，以诚信奠定立业的基石，凭借优良的产品品质，优质的售后服务、严格的质量管理，赢得了广大消费者及社会各界的信赖与支持。创造健康生活，传递幸福价值是绿之韵人追求的永恒目标。关爱生命，撒播健康是绿之韵对全体消费者的郑重承诺。

聘请中国工程院院士周宏灏担任公司研发科技顾问

绿之韵韵宜生健康食品

绿之韵韵宜生健康食品系列坚信中华养生文化与现代人对健康的追求有着高度的共识，借助于中医中药现代化的技术手段，种植加工一体化等系统开发了药食同源，强身健体的养生保健食品，子品牌诠释了中华五千年养生文化的精髓——阴阳平衡是生命之本，追求身体和心灵的和谐状态。让中华五千年的养生文化插上了腾飞的翅膀，向五湖四海的人们送去健康。

2009年12月15日，绿之韵集团聘请中国工程院周宏灏院士担任公司研发科技顾问受聘仪式在长沙国家生物产业基地管委会隆重举行。 中国工程院院士、湖南省科协副主席、中南大学临床药理研究所、遗传药理研究所所长周宏灏先生受聘后发表现场讲话，对绿之韵集团的发展充满信心，对目前绿之韵集团倡导的“养生文化”表示高度认可，并就绿之韵产 品今后的研发和创新工作提出了新的目标，表示今后将和绿之韵集团优秀的产品研发团队一起加快科技成果转化，开启中华五千年养生文化与现代先进科技完美结合的新里程。

绿之韵绿韵兰茜护肤品

绿韵兰茜护肤品系列为所有爱美女性传递关爱理念。绿之韵在“激活—营养—平衡”的护肤理念下，选择世界排名前十位的“法国皇室御准注册配方”，采用21世纪的高科技工艺，且添加

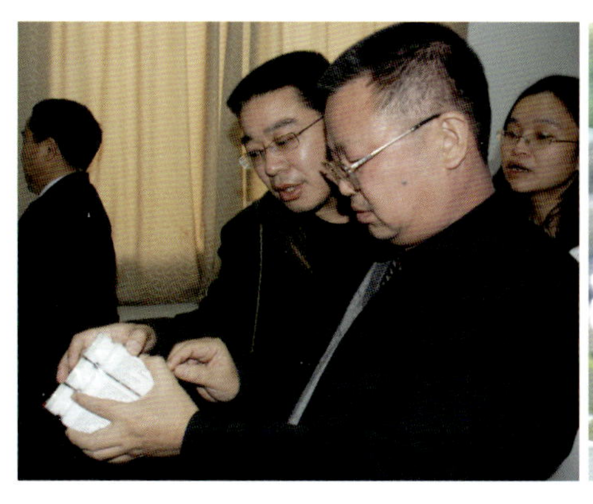

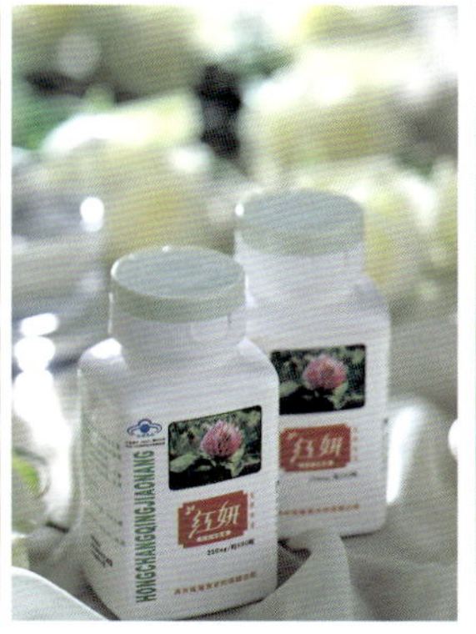

了源于诺贝尔医学与生理学奖的人体表皮生长因子（hEGF），对人体皮肤的修复、淡斑和美白，提高免疫力和抗衰老能力具有独到功效。

绿之韵绿韵兰茜日用品

绿韵兰茜日用品系列专注于打造每一款产品的独到特色，追求优于同类市场产品的品质，并根据市场上消费者的反馈信息不断更新和增加产品种类，以此获得消费者的青睐和好评。

2006年3月15日，经中国维权联合会评定，绿之韵银杏螺旋藻被评为“2006年度保健品‘3.15’诚信推广品牌”；
2006年8月14日 被中国市场品牌战略管理联合会评定为“中国知名保健（食）品公证十佳品牌”；
2006年8月，绿之韵品牌被中国质量监督管理联合会、全国企业调查研究中心联合评定为“质量管理全面达标优秀单位”；
2006年11月8日，连续四年被中国保护消费者基金会评定为“消费者认可的优质信誉品牌”；
2006年12月经湖南省预防医学会评定，绿之韵螺旋藻荣获“2006年度湖南省卫生质量优质产品”；

2007年3月23日被中国保护消费者基金会“全国消费者市场重点保护信誉品牌”；
2007年，绿之韵集团荣获“湖南营养保健食品诚信单位”；

2008年，绿之韵集团荣获“全国质量优秀、服务满意、诚信示范会员单位”；

2009年绿之韵集团荣获“全国行业重质量十大知名品牌”；
2009年，绿之韵集团荣获“09年度湖南省卫生质量信得过单位”；

2010年，绿之韵韵宜生健康食品被评为“全国产品质量公证十佳品牌”；
2010年，绿之韵人参海马胶囊被评为“2010十大最具消费价值品牌产品”；

2011年5月至6月，绿之韵集团所生产经营的韵宜生牌健康食品系列，又一次顺利通过了ISO14001：2004环境管理体系，HACCP食品安全管理体系，以及ISO9001:2008质量管理体

【责任力历程】绿之韵集团大事记

因为选择，我们共同写下绿之韵的历史；
因为努力，我们共同享受绿之韵的美好；
因为坚持，我们共同收获绿之韵的梦想；
因为信仰，我们共同创造中国民族企业的辉煌！

2006团结进取

04月 绿之韵2006年高峰论坛在长沙隆重举行，峰会为绿之韵精英提供了一个与公司高层领导直接对话的平台；

06月 绿之韵集团通过五项权威认证，即保健食品GMP认证、药品GMP认证、HACCP食品安全控制体系认证、ISO9001质量管理体系认证、ISO14001环境管理体系认证；

07月 绿之韵公司宣布实施“整合分销”经营战略转型，以“总部+加盟连锁分销店+加盟连锁分销店正式分销员+会员制贵宾顾客”为市场构架的商业模式；

绿之韵集团“越飞越高越精彩”三周年庆典，绿之韵集团第二届豪华别墅大奖、第六届豪华轿车大奖颁奖典礼隆重举行，7位别墅大奖得主，40位豪华轿车大奖共享成功的喜悦；

绿之韵集团新办公大楼落成仪式隆重举行；

11月 绿之韵集团环球考察团踏上了韩国市场考察的征程，参观了韩国排名前五强的直销企业，让绿之韵精英们更加直观和深入地了解韩国直销市场的发展情况和直销事业运作模式；

12 绿之韵集团第四届中国销售精英“相约芭堤雅”泰国旅游；

2007勇往直前

03月 “握时代之变，展绿韵之势”绿之韵系统战略发展峰会连续开展7场、时间跨度半个月、吸引了3000多名分销商参加学习，为绿之韵2007年发展计划的实施吹响了号角；

05月 “超越梦想 让爱飞翔”绿之韵集团四周年庆典以慈善为主题，不仅独资承办了“绿之韵杯香港明星足球队（长沙）大型公益赛”，更向湖南省青少年发展基金会捐款人民币100万元，设立“绿之韵文化扶贫公益基金”；

绿之韵又一颠覆传统创业模式的革命性著作《财富第六波》—在家创业横空出世；

绿之韵集团第七届豪华轿车大奖颁奖典礼隆重举行，21位大奖得主在万众瞩目中登上了光华闪烁的成功舞台；

11月 绿之韵品牌首次在“中外商标文化博览会”中参展，这是绿之韵集团作为湖南名优企业的首次亮相；

绿之韵集团第五届中国销售精英“相约芭堤雅”泰国旅游；

12月 绿之韵集团第八届豪华轿车颁奖典礼在绿之韵国际大酒店贵宾楼培训中心隆重举行。6位豪华轿车大奖得主们怀着激动的心情接受绿之韵集团董事长胡国安为他们颁发的荣誉证书、水晶奖杯、花环和金光闪闪的车钥匙；

2008品牌建设

03月 绿之韵 绿韵兰茜品牌发布会隆重举行，绿韵兰茜护肤品历经半年的精心筹备，全面系统的进行了产品定位、品牌VI设计、品牌宣传品设计等整体品牌形象更新，并聘请法国著名模特Amei担任品牌形象宣传，完美的诠释了品牌的文化价值；

“2008绿之韵品牌建设年高峰论坛”连续七场迎来了近四千位绿之韵分销商。从产品质量、服务、企业文化到个人品牌，朝着将绿之韵建设成立体、丰富、人性化的高端品牌共同努力！本届峰会同时隆重推出了《颠覆神话——绿之韵飞天之旅2》；

06月 绿之韵集团第七届中国销售精英浪漫美国海岛塞班旅游，29位市场销售精英在美国享受着晶莹剔透的海水，银白的沙滩和五彩缤纷的珊瑚礁；

11月 绿之韵集团第八届中国销售精英“相约芭堤雅”泰国旅游，40余名绿之韵精英和公司优秀员工代表尽情享受着这次“相约芭堤雅欢乐泰国游”的旅程；

绿之韵集团湖南首家公司直营形象店隆重开业；

绿之韵商标被评为“湖南省著名商标”；

12月 “同舟五载 共济百年”绿之韵2008年度盛会在长沙田汉大剧院隆重举行，慈善大使奖、2008年度个人零售业绩奖、2008年度店铺销售业绩前十名一一亮相。同时，绿之韵集团第九届豪华轿车大奖颁奖典礼隆重举行，33位精英获得了绿之韵集团豪华轿车大奖。更有17位精英获得了二星钻石荣誉徽章，6位精英获得了三星钻石荣誉徽章， 20位精 英获得了四星钻石荣誉徽章，4位精英获得了五星钻石荣誉徽章；

中共中央政治局常委、国务院副总理李克强先生接见绿之韵集团董事长胡国安先生；

2009展翅翱翔

02月 “品绿韵生活 创时代伟业”绿之韵2009高峰论坛暨绿之韵•韵宜生品牌发布会隆重召开，全国各地近4000位绿之韵精英和嘉宾欢聚一堂，激情澎湃；

04月 绿之韵集团第一家分公司——吉林分公司隆重开业；

绿之韵总投入人民币1000万元，以大学生影响小学生，播撒爱心的“绿之韵树人行动”正式启动，在吉林东北师范大学启动首站为10名品学兼优的大学生送去了助学金；

05月 绿之韵集团第二家分公司——内蒙分公司和包头旗舰店隆重开业；

07月 绿之韵集团保健食品GMP生产基地暨现代化物流中心开工奠基典礼，绿之韵集团投资人民币1600万元又新建保健品GMP生产基地，斥资人民币3200万元新建现代化物流中心以满足市场发展的需要；

绿之韵集团第三家分公司——湖南分公司成立；

08月 绿之韵集团荣获“2009全球杰出华商500强最具成长型企业”称号；

09月 绿之韵（马来西亚）国际集团有限公司首届国际战略研讨会举行，此次开拓国际市场的品牌国际化战略标志着绿之韵面向世界的发展蓝图已初具规模；

10月 绿之韵慈善基金向湖南省青少年事业发展基金捐款人民币10万元关心支持青少年儿童成长；

绿之韵湖南迪博制药有限公司新增药品生产线通过GMP认证；

11月 绿之韵集团第九届中国销售精英泰国、马来西亚浪漫之旅；

12月 “辉煌六载 再谱新篇”绿之韵2009年度盛会隆重召开，绿之韵集团总部领导以及政府贵宾、权威媒体及来自全国各地近五千名绿之韵伙伴，共同见证六周年年会主会场隆重热烈的辉煌盛典。同时，内蒙古、吉林两地分会场也遥相呼应，同襄盛举。

2010合作共赢

01月 由中国交通银行总行与绿之韵集团联合发行的“交通银行|绿之韵联名卡”正式发行；

3月 绿之韵集团“紧跟时代脚步，创业就业共赢”高峰论坛在湖南、吉林、内蒙古三地隆重召开；

以绿之韵国际集团（东南亚）股份有限公司，绿之韵国际市场正式启动；

5月 绿之韵山东分公司开业庆典隆重举行；

6月 绿之韵精英“欧洲浪漫七国”快乐豪华游举行；

绿之韵集团荣获“中国质量信用企业”荣誉称号；

8月 由“中华民营企业联合会”举办的“第六届中国民营经济高峰会”在北京人民大会堂隆重举行。绿之韵集团胡国安董事长被授予“中国优秀民营企业家”荣誉称号，并荣获“民营企业社会公益事业贡献奖”；

绿之韵国际市场2010韩国浪漫之旅举行；

绿之韵日用品生产基地入驻湖南环保科技园；

9月 绿之韵荣获国家商务部颁发的第26张直销经营许可证；

绿之韵集团低碳产业事业部成立大会隆重召开。

2011年

2月 绿之韵湖南分公司2011年度启动大会胜利召开：

3月 绿之韵2011年度峰会隆重召开绿之韵学习直销法规，致力规范经营抵制传销；

绿之韵集团荣获2010年度利税过千万企业“税收贡献奖”；

4月 绿之韵集团荣获“消费者最满意十大品牌”荣誉称号；

绿之韵集团被评为“全国优质服务公众满意单位”；

5月 绿之韵集团荣获国家科技部“高新技术企业”称号

“绿之韵”商标被国家工商总局评选为“中国驰名商标”，喜获我国商标领域最高荣誉

6月 梦想没有极限——绿之韵2011欧洲七国豪华之旅；

7月 爱心建校第八站，绿之韵四子王旗希望小学草原落成；

胡国安董事长荣获“长沙市优秀青年企业家”记长沙市人民政府二等功；

8月 绿之韵集团荣耀晋升“2010湖南省私营企业100强”

绿之韵集团荣获“中国杰出创新企业”荣誉称号

9月 绿之韵集团积极加入联合国“全球契约”组织

10月 胡国安董事长应邀出席第二届全国百强民营企业“东湖行”活动

11月 绿之韵精英第十一届相约泰国浪漫之旅

12月 心怀梦想，奋勇向前—— 绿之韵2012年度誓师大会

八年情 百年路——绿之韵集团2011年度盛会感恩答谢晚宴浓情上演

“同铸梦想 共赢未来”——绿之韵2011年度庆典盛大开启

南京中脉科技发展有限公司

NANJING JOYMAIN SCI&TECH DEVELOPMENT CO.,LTD

以"生态养生"理念铸就普众社会责任

【企业简介】

南京中脉科技发展有限公司隶属于中脉科技集团。中脉科技集团始创于1993年，是一家集研发、生产、销售、服务于一体的国家大型高科技健康企业。中脉始终以诚信为本，重质量，守信誉，积极为广大消费者提供优质健康产品，连续多年蝉联中国500最具价值品牌，年营业额达20亿元，并连续三年成为中国私营企业纳税前十名，累计纳税额超过12亿元人民币。多次被各级政府主管部门评为"中国AAA级重质量守信用企业"。

为了给消费者提供质量最好的产品，中脉坚持以"生态养生"为产品理念，不仅在中国设立了大型产品科研基地和多条国际领先的现代化生产线，还建立了拥有大批博士级顶尖专家组成的科研团队。为实现技术优势的持续领先，中脉先后投资3亿多元在日本、美国、法国、加拿大成立了4个中脉生命科学研究所，聚集全球5大生命科研机构的强大优势，以生态养生文化为导向，陆续研发生产了涵盖人类"吃、喝、穿、睡、用"等多个方面的系列生态健康产品。目前主打产品有以远红磁枕、远红磁薄被、远红磁性保健功能床垫为组合的中脉生态能量睡眠系统；以远红镇痛护颈、远红镇痛护肩、远红镇痛护腰、远红镇痛护膝为组合的中脉远红镇痛护具系列，以及中脉红景天胶囊等诸多生态养生产品。由于这些产品性能优秀，功效显著，质量过硬，客户信赖，屡次被国家认定为：国家高新技术产品、中国名牌产品等。

2006年8月，公司获得中国商务部颁发的直销经营许可证；2009年10月，中脉正式启动直销事业，开设了超过2000家的中脉·道和生态养生馆，并在江苏、浙江、上海、北京等省市开设了14家分公司，同时启动了中国香港、中国台湾、菲律宾、日本、美国等市场。中脉的优质产品正借助直销的优势惠及全球消费者朋友，为世界人民提供高品质的健康生活。

地址：南京市鼓楼区中山北路30号城市名人酒店40层　客服电话：400-183-9999

【责任源泉】因爱而生的伟大发明

中脉远红：因爱而生的伟大发明

伟大的事业往往源于爱与责任。中脉的常青事业正是从一个爱的故事开始。

上个世纪九十年代初，王尤山的妻子患有严重的肩周炎，饱受折磨。在尝试多种方法而不见起色后，当时在纺织部门工作的王尤山决心靠自己的专业知识为妻子寻找痛苦缓解之道。为此，他废寝忘食潜心研究，最后成功地将一种能释放远红外线的物质添加到纺织品中。妻子穿上这种远红外衣物后没多久，肩周炎酸、胀、痛的感觉就大幅缓解并最终完全消失。

这个因爱而生的发明，在几年后造就了家喻户晓的“中脉远红”保健品牌。王尤山先生也因此专利的贡献荣获国务院特殊津贴。

保健时代的先行者

1993年，为了让更多的人健康，让更多的人快乐，王尤山先生以其专利为依托，从接管一个名不见经传的小企业开始创业征途。

这一时期正是保健品市场开始群雄并起的辉煌时代，如日中天的飞龙企业，迅速膨胀的三株帝国，保健王牌的红桃K等众多品牌为中华大地带来一股方兴未艾的保健品热潮。中脉以其独树一帜的保健方式，短短时间内就在保健纺织品、保健器械领域迅速崛起。

此后近20年，在中国健康产业的每一个发展时期，都有新的保健品牌兴起，也有曾经辉煌的品牌在竞争中走向衰落。而中脉屹立至今，成为行业的“常青树”。

会议营销：民众健康科普教育的先行者

1998年，中国保健品行业，经过二十余年的粗放发展已经到了竞争白炽化。

创业早期，中脉通过专卖店和广告推广，成功推出中脉烟克、中脉远红外系列、中脉蜂灵等系列差异化保健产品。1998年起，中脉积极创新，将营销重点逐步转移到城市社区店和零售终端，将广告营销与会议营销相结合，并逐步形成了具有中脉特色的会议营销模式，使之成为中脉最具赢利性的一种方式。

中脉美国生命科学研究所

中脉日本生命科学研究所

中脉加拿大生命科学研究所

以中脉等“四大家族”企业为代表的会议营销，已成为引领保健行业近十年的主流营销模式之一。

品牌铸造：科技创新铸造品牌

2004年，中脉品牌被世界品牌实验室评为“中国最具价值品牌500强”。同年5月，中脉作为国家科技代表团唯一一家民营企业赴奥地利洽谈科技合作，奥地利政府专门在多瑙河畔为中脉辟出研发用地。

中脉靠科技立足，靠创新成长。为此，中脉集团确立了“同步世界，领先中国”的科技创新思路，加大研发力量，先后和欧美医疗器械等高新科技行业的领先企业达成一系列科技合作，同时在日本、美国、法国等地设立生命科学研究所，以从全球发达地区汲取到最先进的高科技精华，不断创新，加强品牌的国际竞争力。

这一时期，中脉成为中国民营企业纳税大户。明星濮存昕、沈力等受邀担任中脉形象大使。中脉参与多项公益社会活动，并大力倡导“守法、诚信、品质、关爱”，使中脉品牌的知名度和美誉度有了更大的提升。

开启直销：启动全球直销业务

2009年6月，为开辟更广泛的市场空间，中脉集团董事局作出决定，正式启用早在2006年就已取得的由国家商务部颁发的直销企业经营许可证，同时宣布正式进军中国直销业。在当今全球金融危机的环境下，中脉秉承共创共享、造福民生、和谐发展的文化理念，将更多的优质产品推广到消费者手中，将更优渥的事业良机提供给创业者。同时，将民族销售企业的影响力推广到全中国乃至全球各地，最终打造成为一个全新的中脉、未来的中脉、国际化的中脉。

依托中脉18年积淀的品牌影响力和丰富的产品资源，中脉直销业务以超乎常规的发展速度蓬勃发展，在短短的时间内，就成长为中国直销行业中最具代表性的企业之一。

多元发展：打造履行社会责任的强势平台

今天的中脉已经形成以健康生态养生产品为主导的多元化发展的大型高科技现代化企业集团。

中脉集团下属中脉健康管理、中脉全球直销、中脉研发生产、中脉投资开发、中脉光电安防五大板块，拥有中脉怡康医疗器械有限公司、华脉医疗器械股份有限公司、中脉健康保健制品有限公司、中脉投资开发公司等子公司。并拥有以研发健康食品、健康服装、健康寝具、健康器械、LED显示屏、红外夜视仪为主的中脉研究院。在日本、美国、法国、加拿大成立了4个中脉生命科学研究所，研发、生产了具有自主知识产权的五大类300多种产品，以其卓越的品质，涵盖吃、喝、穿、睡、用、住等方面，为人类健康生活提供全方位的呵护。

【责任力标准】核心价值熠熠闪光

2011中脉科技全球年会

“共创与共享”是中脉的核心价值观。为了保障消费者权益，公司不仅在产品生产中严格把关，还制定了一系列的保障措施，如：客户产品退换货制度、客户产品需求征询制度、客户意见反馈制度等等。严密完备的管理制度有效保障了消费者的合法权益，得到了市场和社会的称赞。

2009年10月，中脉直销以万人规模盛大开业，首创行业纪录。其后两年间，中脉以专业化的姿态，以稳健的节奏，以对人类养生健康担当大责为使命，不断探索，不断创新，不断进步，不断成熟，最终发展成为主流直销企业的领军品牌。

•2010年11月1日，中脉在中国直销产业发展论坛被授予“影响中国直销20年领军企业”，并获得其他6项行业大奖。中脉虽然在所有获牌直销企业中是最晚一批启动直销业务的企业，但在短短一年多时间里，便依托中脉18年的品牌价值，迅速成为新锐直销企业的标杆。

•2011年6月28日，世界品牌实验室在北京发布2011年中国500最具价值品牌排行榜，中脉以品牌价值20.06亿元位列其中，连续第八次获得该项殊荣。

自2004年世界品牌实验室发布第一份《中国500最具价值品牌报告》以来，中脉品牌在历次价值评选中，均呈现上升趋势。其中：2004年6.13亿元，2005年8.92亿元，2006年9.37亿元，2007年10.18亿元，2008年11.09亿元，2009年11.70亿元，2010年13.22亿元。稳步攀升的价值，充分显示了中脉品牌在美誉度、信任度、忠诚度、持久度等方面的强劲提升力，标示着中脉在中国保健行业的领先地位。

万名中脉家人共聚南京

【民生责任】

营销活动

中脉营销通过特色旅游活动和丰厚的奖品来奖励真诚付出的经销商。在任何奖励活动中，中脉都把尊崇、荣耀以及多彩的人生体验放在第一位，精心雕琢每一个活动的细节。中脉深切了解，对所有的经销商来说，与财富的收获同样重要的是，籍由中脉事业平台可以享受非凡的精彩人生。

•2010年6月15日，五天四夜的"中脉千人精英台湾环保之旅"启程。本次旅游首创陆资企业单批次最大规模的纪录，也是唯一一个以环保为主题的大型旅游团。

•2010年11月22日，中脉普吉岛钻石经销商海外旅游奖励活动正式展开，中脉将对家人的尊崇融入到旅程的每一个环节上，五天三夜的尊荣之旅让家人尽享欢乐，饱览泰国风情。

•2011年4月10日下午，中脉科技全国市场业务峰会在南京国展中心成功落幕。一场健康思想盛宴和产品信息大餐让与会近3000名经销商收获良多。峰会总结过去，激励未来，传播健康理念，发布了有乐生命活能饮、有乐生命营养餐、颐爱生殖保健系列等诸多新产品市场

2010年6月中脉"绿色之旅 情醉台湾"

2010年11月中脉普吉岛之旅

2011年中脉美国皇冠旅游

2011中脉科技全球年会

资讯，让参会经销商得到了第一手市场信息和产品资料。

•2011年8月20日下午，中脉道和系统两周年庆典在南京国展中心盛大召开。

因公务身在国外的中脉集团董事局主席、中脉科技董事长王尤山发来视频祝贺并畅谈中脉发展宏图，中脉科技首席咨询顾问周希俭、中脉科技中国区总裁张琦等各位高管，行业专家胡远江，系统策发委领导及2000家人与会。十余家媒体发表祝贺视频，高度评价中脉道和系统的成就，全国各地的营销团队也通过视频发来了对中脉道和系统2周年的庆祝与喜悦。

•2000名中脉家人一起回顾中脉道和系统两年的历程，分享一路的感动、收获与欢笑，共同眺望未来更加宏伟的蓝图。

•2011年10月23日，中脉皇冠结束了为期一周的美国之旅活动。皇冠们在游览洛杉矶造价过亿的基督教水晶大教堂时，感叹地说："这简直就是把天堂建造在了人间啊！"在游览南加州的葡萄酒庄园时，平时喜好品评红酒的团员更是流连忘返。在去往拉斯维加斯的路上，一路的茫茫戈壁和荒漠，让人很难想象如此奢华的城市竟然坐落在如此贫瘠的土地上。而最令人震撼的是在科罗拉多大峡谷，峡谷两边层层叠叠的山岩，是科罗拉多河数万年冲刷的痕迹。站在谷深一千多米的峡谷旁，大自然磅礴的气势汹涌而来。

•2011年11月19日，江苏南京江宁体育中心，广场上彩旗飘扬，人头攒动，一派热闹祥和的节日氛围。以"生态•生命"为主题的2011中脉科技全球年会在此隆重举行，来自全球12个国家和地区的近万名经销商家人参加大会，中脉全球高管、中脉全球优秀经销商纷纷亮相。同时众多行业媒体、专家也到场祝贺，报道中脉此次全球盛典。会前，所有中脉道和家人齐聚在偌大的江宁体育中心广场，互相握手、问候、合影留念，像久别的亲人一样开心、快乐。

养生定位

中脉科技，自成立以来，一直致力于生态健康事业的发展以及公司的产品定位和品牌形象，为此中脉做了大量细致的工作。经过长时间的不断探索，来自世界长寿之乡的巴马生态环境的特点对于健康长寿的重要作用，给予了中脉科技生态健康理论最有力的印证。中脉生态养生文化的全新定位也使中脉的产品线日益清晰。

•2010年5月14日，中脉集团董事局主席王尤山、中脉国际副董事长周希俭、中脉科技中国区总裁张琦等一行，前往世界闻名的长寿村广西巴马考察，从此掀开了中脉发展新的一页。

•巴马人长寿比例居世界之冠，科学家研究发现，得益于当地独特的自然环境：富含负氧离子的空气、富含远红外的阳光、小分子团弱碱性水、适宜人体的磁场以及火麻油等特产的食物。研究结论印证了中脉产品的神奇效

中脉巴马国际长寿养生都会开工仪式

生态养生科普书籍《生命的觉醒》　　《人民日报》整版报道中脉生态养生

果，也赋予了中脉产品“生态养生”定位的天然佐证。

•2010年7月20日，《中国商报》刊载大篇幅报道，解读中脉的生态养生定位与宏大远景。中脉生态养生的品牌定位，延伸中脉远红品牌，顺应现代养生趋势，行业中进行差异化定位，并扩展出无限广阔的生态养生产业链，得到了行业与媒体的高度关注。

•2010年8月，巴马县领导一行来中脉考察，并对中脉雄厚的实力、优质的健康产品、优秀的健康理念和强大的营销力量高度赞誉。双方经由互相考察和细致协商达成合作共鸣，并对未来的战略合作进行了商讨。

•2010年10月20日，中脉与巴马县人民政府签订集生态养生与旅游度假于一体的中脉巴马国际长寿养生都会的项目协议。中脉与巴马县政府将共同搭建一个可持续发展的平台，走健康可持续之路，构建闻名全国乃至世界的生态养生养老旅居胜地。

•2011年6月，中脉巴马国际长寿养生都会开工仪式，巴马县四套班子集体出席。

•2011年10月，中脉推出第一本系统讲述中脉生态养生理论的工具书——《生命的觉醒》。

•2011年11月，中脉首创生态养生健康操，并由全体高管在全球年会中亲自展示。

•2011年11月，《人民日报》海外版以“中脉：瞄准全球生态化，领跑中国养生产业”为题，整版图文报道中脉生态养生产业。

美丽的巴马孕育出奇特的长寿生态

【经济责任】

中脉巴马国际长寿养生都会规划

研发理念

中脉科技产品研发理念是随着公司的发展而逐步成熟的。1993年，中脉远红外开创了全新的健康时代。拥有独家专利技术的中脉远红外健康产品甫一问世，就以其与众不同的保健方式，在社会上掀起了一股强大的“中脉远红外”的热潮，风靡全国的中脉远红外也成为了人们为之骄傲的高品质生活象征。

2004年，中脉产品升级定位，能量系列产品引领健康新概念。中脉健康专家从与全世界科学家的合作研究中，领悟到真正的健康来自于生命能量的激活，而非健康受损后的弥补。由此在远红外基础上全面升级，推出能量系列产品。

2009年，中脉主张"24小时健康关爱"，全方位呵护健康。面对快节奏的现代生活，中脉的产品专家深知渴望健康的人对于身体的内在需求，倡导“24小时的健康关爱”，以安全、天然、环保的选材标准，紧紧围绕吃喝睡穿用，全面推出5大系列产品。

2010年，中脉全球各地生命研究院（所）的专家们，在潜心研究的基础上，再次升级产品开发理念，立足生态科技，倡导生态伦理，缔造生态中脉。中脉首创的生态养生的高品质生活方式，正在推进中脉事业的快速扩张，并且再一次引领了健康产业的未来趋势。

2011年，中脉科技确定以巴马作为生态养生文化体验基地，积极开发更多、更好的健康产品，并以生态养生文化为导向，形成具有国际一流水平的旅游地产、星级酒店、养生度假中心、健康理疗会所等庞大的生态健康产业链，让所有中脉的事业伙伴们都能得到更大的投资回报，并且在绿色生活的倡导下，实现对直销经营者道德境界与人生幸福指数的复合提升。

中脉始终认为只有健康才能让人快乐，让家庭幸福，让生活更有品质；分享健康，共享快乐是中脉的使命，更是中脉的责任。因此，在生产和经营过程中，中脉以5M产品研发理论为保证：

Man：产品研发主题确保“以人为本”；

Mild：产品功能机理确保“温和渐进”的原则，符合人体自然规律；

Material：材料来源确保自然、环保、安全；

Making：制造流程必须标准化，确保产品质量的恒久稳定；

Measure：产品效果确保是可以衡量的、确实有效的。

从研发到生产再到检测，确保每一个流程、每一个环节，严格把控，实现无缝对接，从而生产出对人类健康负责任的好产品。

市场拓展

2000多家中脉道和生态养生馆星罗棋布于大江南北，东北、华北、华东、华南四大区域14家分公司竞相开放于中华大地，美国、日本、菲律宾等海外市场蓬勃发展，中脉科技为全球的中脉经销商打造了稳固而极具魅力的事业平台。

•2009年10月18日，中脉科技直销以万人规模盛大开业，首创了行业新纪录。

•2009年10月18日，中脉科技江苏分公司正式成立，这也是中脉成立的第一家分公司。其后一年间，中脉以每月超过一家的速度在各地成立分公司，为市场提供支持，截至2011年12月中脉已经拥有14家国内分公司。

•2010年1月8日，中脉直销全球市场启动新闻发布会在南京金陵饭店举行，正式宣布斥资2亿启动海外市场，十余家媒体与会。

•2009年9月，第一家中脉道和生态养生馆在浙江杭州市诞生。此后，中脉道和生态养生馆以平均每月百余家的速度在全国设立，为各地消费者带去中脉的优质产品与先进的健康理念。现如今中脉已经拥有2000多家中脉道和生态养生馆。

•2010年6月17日，中脉国际台湾市场启动大会盛大召开。经过一年多的发展，目前，中国香港、中国台湾、菲律宾、日本、美国市场已成功启动，俄罗斯、印度尼西亚、新加坡、泰国和东亚的其他地区，筹备工作正在紧锣密鼓地进行。

•2011年12月10日，中脉科技辽宁分公司2周年庆典在沈阳举行。伴随各地分公司的茁壮成长，中脉科技已牢牢地在中国区市场扎下了根基，并在各个地区树立了中脉“守法、诚信、品质、关爱”的企业形象。

2009年10月18日，中脉科技江苏分公司正式成立

2010年1月8日中脉国际香港分公司揭牌

中脉科技全球万名家人共聚南京江宁体育馆

【教育责任】

教育培训

中脉坚信，人才是事业常青的根基，教育是成就人才的根本。为此，中脉不遗余力地创造更好的教育环境，从辅销品的开发，到培训会议的推进，再到中脉道和商学院的筹办，一直致力于提供更多的教育服务，帮助经销商全面地提升，更好地实现自己的理想。中脉的教育体系，以德为根，面向未来，注重实效，强调复制，并始终倡导所有中脉人建立终身学习的观念，成为勤于学习、善于学习的顶尖人才。

2011年5月3日，中脉道和商学院产品讲师训练营开办。中脉道和系统全体策略委员和各分公司经理，共60多人参加了训练。5月12日，第二期产品讲师训练营在快乐的气氛中圆满结束，30多名来自全国各地的市场讲师和热心于成为产品讲师的经销商伙伴参加了训练。5月24～26日，第三期产品讲师训在南京举行，30多名来自市场团队的讲师和有志于成为优秀讲师的业务骨干参加了训练。7月21日，中脉第五期产品讲师训活动圆满结束，参训的100多名学员不仅逐一完成学业，而且领到了结业证书。

第一期到第五期，已有近300人接受了产品讲师训。这些学员均来自中脉各市场团队，致力于成为中脉生态产品讲师的经销商。他们通过分批分期的培训，学习掌握了专业的产品理论知识和营销技巧，然后像不灭的火种，用知识服务团队，帮助团队，共同推动团队建设，促进市场业绩增长。

王尤山、周希俭等公司领导先后到场慰问了参训学员，勉励大家认真学习，提高技能，为市场做标榜。

自2011年2月份以来，中脉集团把《弟子规》、《孝经》等作为对中华传统文化学习与实践的主要内容，在企业管理和员工日常工作与生活中贯彻传统文化精神。并以此统一了用文化凝聚人心，用发展留住人才，创造富而有爱的健康家园，让中脉持续发展、永续经营的和谐之道。2011年5月29～31日，中脉集团第二届“幸福人生”传统文化学习班在南京居美馨文化教育培训中心如期开办。中脉集团董事局主席王尤山、中脉国际副董事长周希俭、中脉科技中国区总裁张琦等集团与公司高管，与近300多名中脉员工、经销商参加了学习。中脉道和系统全体策略委员作为学员参加了本次学习。2011年6月26～29日，中脉科技员工和来自全国各地的经销商，共232人在南京居美馨文化培训中心，参加了第三届中国传统文化的学习和培训。2011年9月2日至4日，中脉科技来自全国各地的经销商和员工，共300余人在南京居美馨文化培训中心，参加了第五届中国传统文化的学习和培训。

为了让更多中脉人拥有幸福的人生，中脉已连续举办五期传统文化培训。

王董在分享中讲到“‘国以民为本，企以人为本，人以德为本，德以孝为本’，如果一个人把孝悌这一条做好了，那么他就打下了道德的根基，打下了事业的根基，同时也打下了幸福人生的根基！

周希俭副董事长说：直销的事业归根到底是人的事业，中脉科技的企业文化，中脉道和系统的文化，与国学文化都是一脉相承的儒家文化。

•2010年5月26日，中脉道和商学院在扬州正式开学，随后的三天两夜举办了首届基础训练营。中脉道和商学院以“明道正德兴业人和”为校训，致力于为家人们打造一条通往现代企业家的大道。至2011年12月，中脉道和商学院基础训练营已开办9期，为市场培养了大量优秀的业务骨干。

•中脉道和商学院创造性地将“道、德、礼、学、志、律、授、和”系统文化转化为分阶梯提升的课程体系和标准，体现了中脉强大的教育培训能力和复制能力。而体验式的教学方式，更成为中脉道和商学院标志性的特点，亦为行业树立了教育标杆。

•强大的师资力量是中脉道和商学院难以模仿的独特优势。中脉国际副董事长周希俭亲任前三期总教练，随后中脉道和系统全球策略委郑联军、张国平等分别担任各期总教练，中脉道和系统全球策略委、中国区策略委、中国区发展委及优秀市场领导人构成了讲师和助教团。生命激励大师谢坤山及中国国学应用大师翟鸿燊等导师亦受邀为学员授课。

王董与 周董为商学院的成立揭牌

•培训会议是教育体系的重要渠道之一。通过不同层次的系统培训会议和市场培训会议，复制更为快速和标准。中脉道和系统的专业化运作方式，丰富的领导人资源，各类培训会议的驾驭能力，与市场紧密配合的有效课程，是保证培训质量的关键所在。

•中脉对辅销品的开发一直走在行业的前列，从中脉道和系统甫一成立就集合诸多行业成功人士的经验与智慧，根据中脉产品销售、事业拓展、团队建设与管理的特点，开发了四十余种结构完备的辅销工具流体系。2011年11月，中脉根据公司发展与市场需求第3次对辅销品全面改版。

中脉道和商学院基础训练营训练现场

【公益责任】

玉树捐赠

公益慈善

中脉科技继承中脉集团18年来热心公益的传统，在不断发展的同时，始终积极履行企业的社会责任。中脉坚信，对社会责任的理解与担当，是企业获得尊敬的源泉所在。中脉也倡导所有中脉的供应商、经销商、员工和消费者，都能为社会公益贡献自己的力量，让世界变得更美好。中脉始终坚持“共创与共享”的核心价值观，自觉履行企业社会责任，到目前为止已向社会捐助6800多万元。

•2009年12月22日，中脉科技向中国公安民警英烈基金会捐款1000万元，新华社以《南京中脉千万爱心敬公安英烈》为题予以重点报道。中脉被聘为该基金会名誉副会长单位，该殊荣不仅在直销企业中独一无二，在所有健康企业中也仅此一家。

•2010年春节前夕，“有情，有爱，有中脉”献爱心、送温暖活动，在中脉科技各分公司相继展开。由分公司和各地经销商共同参与，向各地孤寡老人送去保健产品、捐献钱物以及为他们带去文艺活动，给老人们带来了欢乐和实际的帮助。

•2010年4月，中脉“警民心连心帮扶活动”启动仪式召开，“中脉爱心基金会”工作正式拉开序幕。

•2010年4月15日下午，在青海玉树地震发生仅一天后，中脉科技通过江苏省慈善总会，一次性向灾区捐赠总价值达531万元的中脉产品和救灾物资，为了尽早地将捐赠物品运往灾区，员工们不分昼夜地装货，分公司员工在街头散发传单募捐，希望早日帮助灾区人民。公司专门发布倡议书，公司员工、各地经销商纷纷自动组织募捐活动。

•2010年10月28日中脉大连分公司为贫困儿童募集资金18000元，并通过大连市希望工程办公室，为30名当

地贫穷儿童解决了一年的学习费用。公司领导和经销商代表还现场为接受捐赠的孩子们赠送了崭新的书包和学习用品，寓意着中脉事业的爱与关怀。

2011年4月，中脉黑龙江分公司捐赠爱心床垫。黑龙江省牡丹江市一个普通市民9岁时被确诊为脊髓灰质炎，生活完全不能自理，22年来，家人带他跑了很多地方，但治疗效果都不满意。为了给米宏伟治病，家里花费了所有的积蓄，还借了很多外债。后试用中脉床垫身体有所好转，为了使其能够继续调养，2011年4月3日，中脉黑龙江分公司特地组织了一个“中脉爱心捐赠”活动，专门为其赠送了一张中脉远红磁性保健功能床垫，其家人为了感谢中脉，制作了“关爱健康，中脉情深”的锦旗送到了黑龙江分公司。

•2011年4月，中脉为意外落水成为“植物人”的小童星丫丫募捐，张琦总裁代表中脉科技向丫丫父亲亲自捐款，同时也向所有中脉经销商发起号召，倡议为丫丫能够重新站起来走向舞台，献出自己的爱心。

丫丫一家感谢中脉

•2011年9月10日，在浙江省莫干山老年乐园，南京中脉科技发展有限公司发起了一场以“孝爱同行 情暖中秋”为主题的爱心活动。

作为一家以“孝德”文化为根基的健康企业，南京中脉科技发展有限公司在今年8月20日的中脉道和系统两周年庆典大会上，就向马福建院长捐款22万多元，用于改善莫干山老年乐园老年人的生活质量。9月10日，中脉科技的高管们亲自来到福利院看望老人，不仅为老人们带来了物质上的帮

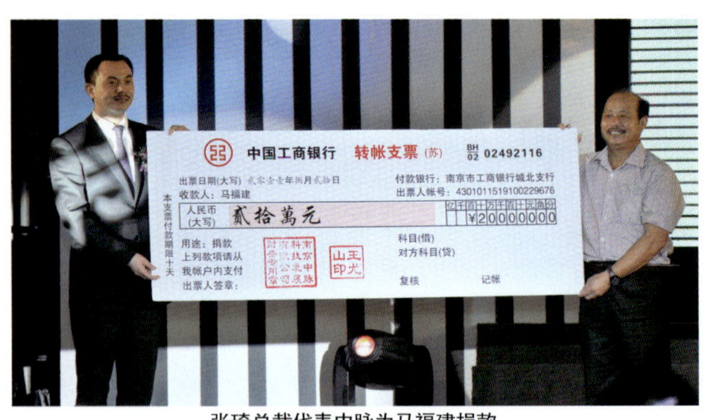

张琦总裁代表中脉为马福建捐款

助，更希望能在精神上给到他们关爱与温暖。

时值中秋，中脉科技特意为老人们带去了水果、月饼等其它适合老年人的中秋礼物。不仅如此，中脉科技当地的经销商们还为老人们表演了自编自演的娱乐节目，让福利院的老人们度过一个快乐而温暖的中秋节。2011年中国十大孝子、莫干山老年乐园院长马福建代表全体老人向公司表示了衷心的感谢。

中脉自此开展孝德活动，倡导孝德文化。各项活动在全国各地以丰富多彩的形式不断开展。中脉自此开展孝德活动，倡导孝德文化

情系光彩事业

2011年1月15日，由江苏省慈善总会、省光彩事业促进会、省福利彩票发行中心共同举办的“情暖江苏”春节慈善慰问物资发放仪式在南京举行，中脉捐赠了价值296万元物资用于扶贫济困。这些产品包括5200套保暖内衣和700盒保健食品，连同其他捐助将全部发放到江苏省2.5万户困难群众手中。

心系玉树，爱心直达

2011年4月15日下午，中脉科技通过江苏省慈善总会，一次性向灾区捐赠总价值达531万元的中脉产品和救灾物资，以帮助青海玉树州地震灾民渡过难关，重建家园。这些物资包括：600万粒红景天胶囊、10000件保暖内衣、700床被褥用品。中脉科技王尤山董事长，中脉国际副董事长周希俭等高管共同参加了捐赠。江苏省慈善总

会会长俞兴德出席捐赠活动，并对中脉科技的爱心行动表示支持和感谢。

八城同步，爱心赈灾

中脉科技继2011年4月15日向震区捐赠了531万元救灾物资及发动南京总部员工捐款之后，又由各地分公司在八个城市同步组织了经销商募捐和面向市民的赈灾宣传爱心活动。中脉此举得到了各地市民及媒体的赞誉。

根据中脉“心系玉树 抗震救灾”主题爱心活动的部署，中脉6家分公司首先在员工和经销商团队之间开展了内部募捐活动，募集来的资金与物资，分别汇集到公司总部，然后统一由江苏省慈善总会发往灾区。随后，各分公司纷纷组织员工和经销商，走上街头派发宣传单和爱心贴，倡议社会各界民众，通过当地的慈善机构向震区献爱心。广东分公司、沈阳分公司、浙江分公司、北京分公司、上海分公司、江苏分公司同步行动，爱心直达。

“地球一小时”，中脉低碳在行动

2010年3月27日20：30分，中脉科技呼吁每位家人以切身行动来响应“地球一小时”，关掉电源，在黑暗中感受一小时，共同保护我们赖以生存的绿色家园。我们不仅希望看到您在特殊日子关灯的那一小时，还希望您不要忽略了每天其它的时间；我们希望您不仅仅是通过关灯来减轻地球负担，更希望您能关注生活中的各个细节，比如“少开一天车”、“拒绝使用一次性筷子”、“节约用水”……节约环保，打造绿色低碳生活，贵在您的每时每刻，贵在您的每个细节，贵在每个人的一举一动。

宣扬绿色低碳理念，建设低碳环保社会，中脉一直在行动。中脉通过健康环保的研发主题、在生产、包装和运营过程中节能降耗，实现低碳发展。中脉的环境保护政策贯穿每个项目，把可持续发展的原则落实到日常工作中：产品设计和开发，优先考虑使用环保材料；并在生产过程中，减少对环境的污染；选择具有环保意识的供应商；在企业管理上中脉避免浪费及白色污染，不仅如此，中脉还将这种主张深入到每一个中脉人日常行为中，通过多种渠道的宣传与教育，将“绿色低碳”的生活理念具化成每一个可以践行的行动。少打印一张纸，少用一个纸杯，就是中脉人最实际的支持与付出。绿色地球，你我共同创造！

【公司荣誉】（部分）

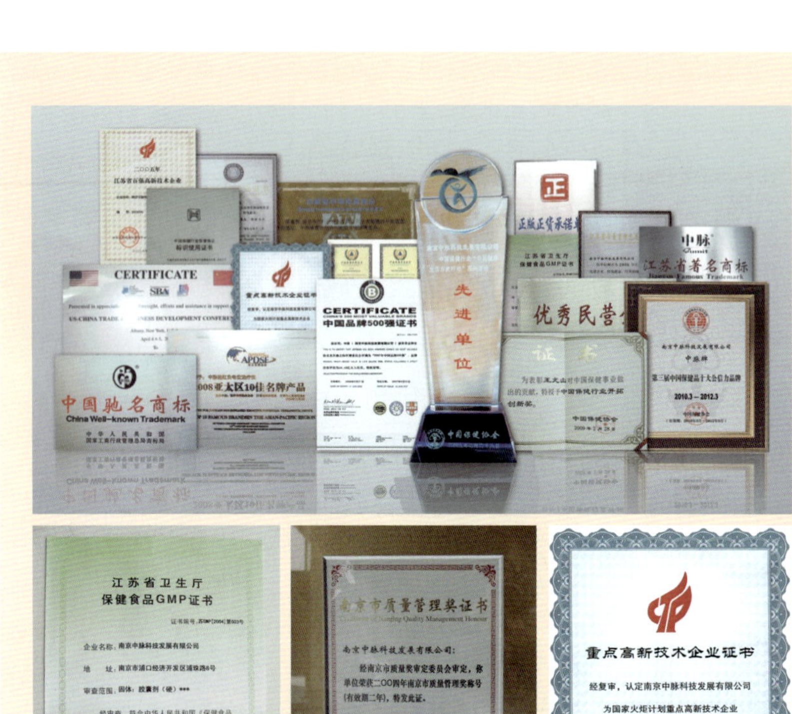

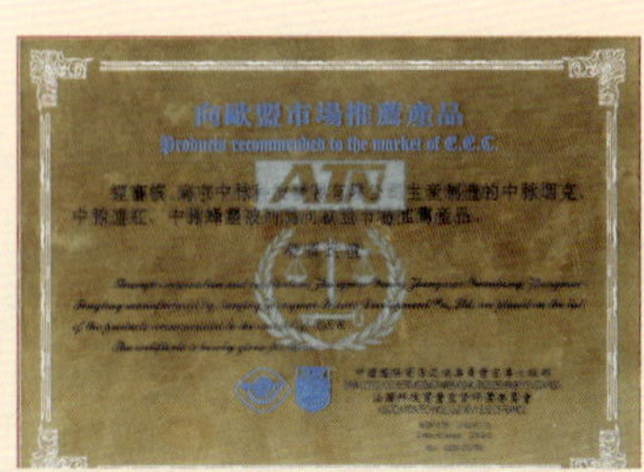

2002年，获得欧盟推荐产品证书；

2007年，被评为国家火炬计划重点高新技术企业；

中国驰名商标；

2008年，荣获亚太区10佳品牌产品称号；

2009年，荣获亚太区最具成长力行销企业奖；

2010-2012年，荣获中国保健品十大公信力品牌奖；

2011年，荣获中国500最具价值品牌奖；

2011年10月12日，中脉董事长王尤山被江苏省人民政府授予“最具爱心慈善捐赠楷模”荣誉称号。

中脉科技
JOYMAIN SCI & TECH
凝聚自然的力量
Concentrate the Nature Energy

江苏隆力奇生物科技股份有限公司

Jiangsu Longliqi Bioscience CO.,LTD

日化巨头塑造民族产业骄傲

【企业概况】

江苏隆力奇生物科技股份有限公司是目前国内规模最大、技术力量最先进的日化产品、养生保健品的研发和产销基地，主要经营化妆品、家用洗涤品、养生保健产品、家具、房地产、物流、医疗器械等八大系列1000多个品种。企业自1986年创建以来，始终健康、稳定地向前发展，成为今天民族日化行业的领军品牌。

"隆力奇"保健品和日化系列产品品牌先后被国家工商行政管理总局认定为中国驰名商标；隆力奇系列日化产品荣获"中国名牌产品"称号；2009年7月，国家商务部正式授予江苏隆力奇生物科技股份有限公司直销牌照；2010年4月，隆力奇成为世博会苏州馆战略合作伙伴；2008年、2009年隆力奇品牌连续两年获得"全国顾客满意度十大品牌"称号；2010年9月，隆力奇巨资冠名第十二届世界杯花样游泳比赛。

目前，隆力奇已经完成全球八大板块的研发力量布局，分别是隆力奇（日本）美健创新中心、隆力奇（美国）保健化妆品研究院、清华大学·隆力奇生物科技研究所、江南大学（食品科学与技术国家重点实验室）·江苏隆力奇生物科技股份有限公司功能食品联合研究所、隆力奇本部研发中心、隆力奇博士后科研工作站、隆力奇企业院士工作站、隆力奇（法国）研发中心（畴），标志着隆力奇产品结构和科技含量进一步升级、吸纳日化高端人才，为振兴民族产业做贡献进入了一个崭新的阶段。

隆力奇将继续抢抓机遇，坚持振兴民族日化的经营战略，不断提高产品的科技含量和附加值，进一步加速文化、品牌、知名度、美誉度的跨越提升。

地址：江苏常熟市隆力奇生物工业园　400-8282503

【责任力舵手】为民族日化产业深情呐喊的热血赤子

徐之伟，江苏隆力奇生物科技股份有限公司董事长、总裁；工商管理硕士，高级经济师；中国洗涤用品工业协会常务理事、江苏省日用化学品工业协会理事长。

1986年，徐之伟创办隆力奇，短短数十年，隆力奇就成为国内规模最大、技术力量最先进的蛇类保健品的研究、开发和产销基地。1998年，徐之伟将隆力奇的产业延伸至日化产业，徐之伟本着“科技打造美丽，科技引领时尚”的经营理念，不断加大科技创新投入，在提高高精尖设备及深厚的应用技术基础，打造独具特色的精品。

徐之伟作为中国日化传奇人物，创造了中国日化品牌飞速发展并成为日化行业领军品牌的神话，徐之伟“高质量、低价格、大覆盖”的经营理念为我国数亿农民创造了使用大众日化产品的可能。徐之伟建立了企业的技术创新体系，大力开发具有自主知识产权的核心技术和核心产品，他领导的隆力奇以企业创新为主体，以产、学、研为核心的创新型经济。

25年来，他的奋斗给出了一个精彩的答案。徐之伟的使命就是让广大民众都能够买得到、用得起日用化妆品；徐之伟的责任就是振兴民族日化，使中国的本土日化品牌可以象日本的“花王”和韩国的“太平洋”一样成为本国日化市场的第一，进而改写国际日化品牌没有“中国创造”的现实。

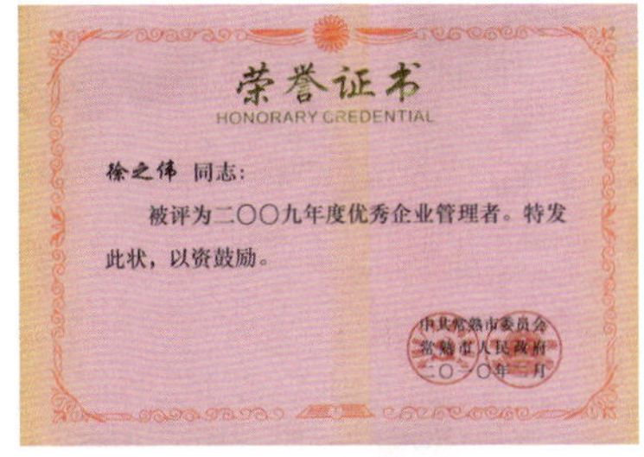

荣誉证书
HONORARY CREDENTIAL

徐之伟 同志：

被评为二〇〇九年度优秀企业管理者。特发此状，以资鼓励。

荣誉证书
HONORARY CREDENTIAL

徐之伟：

鉴于您在2009-2010年度为中国慈善事业做出的突出贡献，为树立典范，激励先进，经各地直销商推荐，并经DSC年会组委会专家评审委员会审核，特评选您为“2010十大最具爱心价值慈善人物”。

特发此证！

DSC论坛组委会
二零一零年六月二十二日

荣誉证书

徐之伟 同志在由江苏省经济贸易委员会、江苏省工商业联合会、江苏省中小企业局、新华日报报业集团、江苏省广播电视总台等单位联合支持发起的第二届（2006年度）优秀苏商系列推选活动中被授予：

2006年度十大风云苏商

第二届风云苏商推选活动组织委员会
二〇〇七年五月

荣誉证书

兹授予 徐之伟 先生/女士为
2010年上海世博会苏州馆名誉顾问
特此证明。

2010年上海世博会苏州市参展工作领导小组
二零一零年四月

荣誉证书

隆力奇集团徐之伟先生：

被评为“中国品牌建设十大领军人物”，特颁此证。

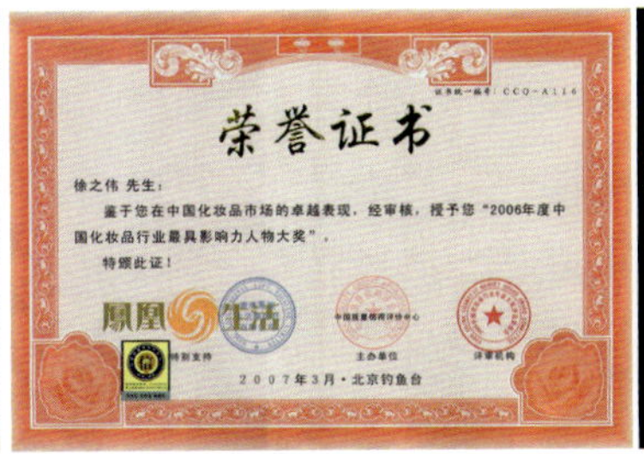

荣誉证书

徐之伟 先生：

鉴于您在中国化妆品市场的卓越表现，经审核，授予您“2006年度中国化妆品行业最具影响力人物大奖”。

特颁此证！

特别支持　主办单位　评审机构

2007年3月·北京钓鱼台

徐之伟 先生
2006年度中国化妆品行业最具影响力人物大奖
2006 CHINA COSMETIC MARKET MOST IMFUENCE PERSONAGE AWARD

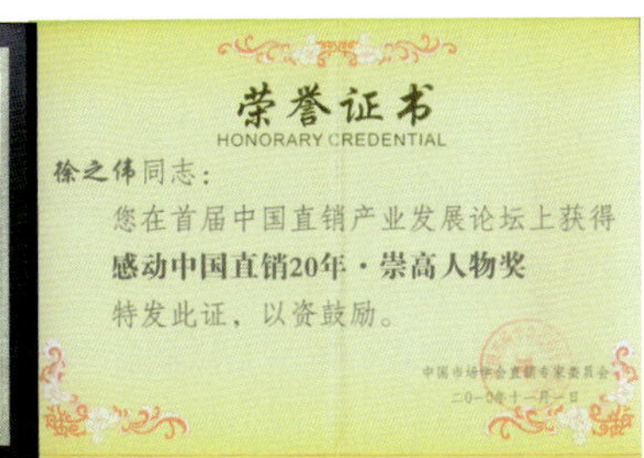

荣誉证书
HONORARY CREDENTIAL

徐之伟同志：

您在首届中国直销产业发展论坛上获得
感动中国直销20年·崇高人物奖
特发此证，以资鼓励。

[责任力底盘] 特色产业基地——隆力奇产业园

隆力奇生物工业园园区占地2000余亩，东临上海，北接常熟，南连苏州，经过二十多年的创新、创造已发展为目前国内规模最大、技术力量最先进的日化产品、养生保健品的研究、开发和产销基地。公司主营化妆品、家用洗涤品、蛇保健产品、虫草养生品、家具、房地产、物流等八大系列1000多个品种。

隆力奇工业园自2004年被国家旅游局评定为首批“全国工业旅游示范点”后，历经数年发展，目前已经完成以苏州蒂业日化工业区、隆力奇研究中心、隆力奇休闲文化养生园、隆力奇直销全球总部为主体的产业园。

苏州蒂业日化工业区是隆力奇集团日化产品主要生产区之一，占地8万平方米，是集团公司主要生产日化洗涤类产品的工业区，主要生产牙膏、香皂、洗衣粉、洗洁精、爽身粉等家用日化类产品。常熟东方日用品厂、蒂业办公区是苏州蒂业日化工业区的主体，同时也是隆力奇重要的生产基地和办公区域。透明化的生产管理，实现消费者“产品是怎样做出来的”的神秘梦想；现代化的办公环境，带领您领略先进的生产力。

隆力奇研究中心目前为省级技术中心，占地6千多平方米，内设研究所、展示厅、学术报告厅、检测中心、专家楼等。公司研究所先后被上级相关部门认定为“江苏省日用生物化学工程技术研究中心”、“江苏省企业技术中心”等荣誉称号。研究所主要承担公司基础的新品研制和开发工作，目前还承担着国家863科技项目的研究和开发工作。研究所将进一步与清华大学·隆力奇生物科技研究所、隆力奇博士后科研工作站、隆力奇（美国）保健化妆品研究院和隆力奇（日本）美健创新中心等研究机构进行紧密的科研对接。展示厅里集中展示公司所获得的社会荣誉和系列产品。

隆力奇休闲文化养生园将养生、解惑、悟道、游乐、教育、宗教、休闲融于一体。园内环境古朴幽雅，自然而具有诗意，置身其间令人超然物外，如临仙境，使身、心、灵得到洗涤，精、气、神得到净化。养生园依托文明遐迩的东方蛇园，东方蛇园以蛇文化为核心、以苏南园林艺术为表现形式、以传统布局和历史文献为载体，以探幽、旅游、休闲、娱乐为内涵的旅游景点，园内主要由蛇类动物标本馆、灵蛇洞、憩园、会议中心等组成。真武观毗邻东方蛇园，占地面积30亩，投资额约3000万元。主要建筑有：牌楼、真武殿、玉皇殿、观音殿、妈祖殿、药王殿、元辰殿、财神殿、文昌殿等。恢复建设的真武观是飞檐翘壁、周梁画栋、花木掩映、庄严宏伟，是隆力奇休闲文化养生园中的一方净土。

隆力奇直销全球总部于2011年9月正式投入使用，代表着隆力奇进军国际化的脚步又向前迈出了坚实的一步。隆力奇定制营销全球总部大楼由上海同济大学设计院负责设计，根据中国的“五行”理念，站在国际的视角，设计出最符合工作的办公环境。在一楼，宽敞的办公环境配备有大堂、产品展示区、会议室、洽谈室等区域；二楼有可容纳近2000人的大会议室，同时配备化妆间、贵宾接待室。整个办公环境宽敞明亮，既保持相对的办公独立性，又给员工提供休息，交流的场地。与办公大楼相配套，隆力奇美学中心、商务会所、酒店等也会相继落成，到时将会建成一个集服务区、养生保健区、文化观光区、休闲游憩区、运动健身区为一体的国际化工业园。

隆力奇将进一步依靠科技开发做大产业盘子，努力向城市化、社区化、规模化、多元化、现代化的目标迈进，把蛇类资源开发利用的这篇文章做深、做透、做强、做优，把资源优势转化为经济优势。同时，公司将借助产业园这一载体来充分提升隆力奇的品牌知名度和美誉度，努力把隆力奇产业园建设成为在世界上有影响力的蛇业文化特色产业基地。

【责任力思维】以社会责任作为企业生存和发展的基础

25年来，江苏隆力奇牢固确立市场经济的观念，以“科学发展观”为标准，艰苦创业，使企业得到了跨越式发展。通过实施品牌战略、营销战略、人才战略、科技战略、管理战略，把隆力奇打造成了现代化的化妆品、保健品、养生产品、洗涤用品研究、开发和产销基地。2005年，隆力奇荣获“中国十佳诚信单位”荣誉称号；2008年，隆力奇被评为“消费者最信赖·中国质量500强”。2009年7月，国家商务部直销行业管理信息系统公布江苏隆力奇生物科技有限公司正式取得直销牌照，自此，隆力奇成为中国市场第24家获得直销经营许可的企业；2010年7月，由中国商业联合会主办的“第二届全国顾客满意度测评活动”，在此次活动中，隆力奇入选“全国顾客满意十大品牌”。 此次活动是国家对企业在顾客满意度、维护消费者利益等方面的综合评估和褒奖，集中体现了当前新经济形势下消费者满意度是企业发展的唯一目标。

一、振兴民族日化，打造强势品牌

“隆力奇”在25年的高速发展中，用自己的成功经历证实，一种非物质的因素给他们的发展注入了强大的生命力，这就是他们日益形成的独具特色的企业文化。翻开“隆力奇”的发展史，你会发现无论从产品意蕴丰厚的形象设计，还是严格的现代化管理，或是浸满文化的营销，都展示了中国现代企业特有的魅力，奏出了今天企业文化建设的最强音。

企业品牌的信誉度、知名度、美誉度提高了才会有客户的忠诚度，品牌的价值才能提升。基于这种认识，隆力奇公司十分注重对外宣传，塑造社会形象，打造强势品牌，特别重视品牌宣传，重视在媒体上打广告。2003年9月，隆力奇开始在中央电视台投放广告，集中力量强势提升品牌效应，隆力奇连续多年成为中央电视台广告“标王”，本身就是一个具有巨大宣传效应的广告，传达给广大消费者，隆力奇拥有雄厚的品牌力。

除了在中央电视台黄金时段集聚式宣传品牌外，隆力奇还通过中央及各地的报刊和通过明星、名模做形象大使等形式，广泛宣传品牌，从而达到扩张和提升品牌的目的。

2006年，隆力奇以5606万元的竞标价格取得第十二届CCTV全国青年歌手电视大奖赛冠名权。时隔两年，在2008年中央电视台黄金资源广告竞标会上，江苏隆力奇生物科技股份有限公司又以6496万元的竞标额战胜其他竞争企业，获得CCTV第十三届全国青年歌手电视大奖赛独家冠名权，成为历年来首家两次冠名的日化品牌。

二、企业的经营过程每个环节都要符合消费者的需求

作为一个消费者，有什么需求呢？每个消费者需要一个安全的生存环境，这包括两个方面。其一是对安全的物质的需求，其二是对安全的心理的需求。消费者寻求可以满足这两种需求的产品。第一，他们花费大量时间用以考察他所寻求的产品或服务是否可以达到他所要求的标准。第二，他们要花费更多的金钱去购买这个他经过严格考核过的产品或服务，甚至还要为自己的考察不到位而付出代价。

隆力奇在产品研发、产品生产、产品储运、产品运输、以及退货、换货、售后服务等经营的各个环节当中要做到精细，始终如一地保持产品的质量和服务，让消费者对隆力奇充满信心。

三、企业的诚信是社会责任

纵观中华传统文化，“诚信”是一以贯之的价值取向，是华夏民族传统文化的精华。“诚信”文化源远流长，成为推进民族进步的源泉。抢占制胜先机，必须建设诚信企业。当今企业之争，占先机者胜。

企业的社会责任首先是诚信经营和合法经营，企业首先要务正业，这个正业就是要经营好企业，就是要让自己在激烈的市场竞争中得到比较快速的发展，就是要把企业做强，然后争取做大，做到有足够的竞争力。只有做好了正业，使企业有了竞争力，有了生命力，有了可持续发展的能力，才有可能承担起企业应该承担的社会责任，否则承担一切社会责任都是空话。目前，隆力奇拥有传统、现代通路和直销渠道经营模式，特别是直销通路中，诚信对于一个拥有直销牌照的隆力奇来说就是生命。

四、抓住科技创新不放松

产品线的不断扩展与延伸，产品市场欢迎度的日益提高，让隆力奇加快了研究开发新品新材料的步伐。同时，日化行业12年的摸爬滚打，也让隆力奇看到了核心技术受制于人、材料来源受控于人的劣势。因此必须强化研发，自主创新，打造我们民族日化的竞争优势。

近年来，隆力奇与各大院校建立了生物科技研发中心及应用技术平台创新体系，逐年提高研发费用，科研经费已占到了公司销售额的5%以上。面对国际化妆品企业的竞争，从最初的加强自身研发力量，到积极整合社会资源，隆力奇用产、学、研联合的办法走出了一条本土日化企业的自主创新之路。

2006年7月，国家人事部批准隆力奇设立博士后科研工作站，目前公司正积极筹备建立隆力奇院士工作站。隆力奇与清华大学合作成立清华大学·隆力奇生物科技研究所，一方面始终把自己作为自主创新的主体，不断加大科研经费的投入，另一方面全力加快技术开发和科技成果的转化应用。目前，蛇胆成分分析实验和纳米技术在蛇油化妆品中的应用已完成，实验成果将很快应用到实际产品之中。这一成果在国际上也处于领先水平，隆力奇将由此进军国际化妆品市场，并牢牢保持在本土日化行业内的领军地位。

隆力奇坚持源于市场，又高于市场，走

“调整、开发、创造、组织与实现”的自主创新之路，尽全力实现本土化妆品从“中国制造”到“中国创造”的转变，要为老百姓提供更多民族的、实用性强、安全性好、高质量的日化产品。

2006年10月，美国教育部正式批准江苏隆力奇生物科技股份有限公司在美国纽约成立的“隆力奇（美国）保健化妆品研究院”，这是继2005年隆力奇与国内最高学府清华大学携手合作成立“清华大学·隆力奇生物科技研究所”以来，隆力奇又一次携手前言科研机构重要举措，标志着隆力奇向世界日化尖端科技迈进的开始，是江苏隆力奇生物科技股份有限公司成立的中国第一家全面研究亚洲人皮肤的生物与生理性能，并采用世界上最先进的科学技术和先进配方研制适合亚洲人使用的高级化妆品研究院。

“隆力奇（美国）保健化妆品研究院”由美籍华人王天翔博士负责研究所的全面工作。王天翔博士在化妆品与个人护理品方面有着16年的丰富经验，是美籍华人化妆品专家协会的成立者和会长，曾担任宝洁公司资深研究员、雅诗兰黛全球新技术开发总监。为了研究亚洲人肌肤的生物与生理性能，美国研究院成立了科学咨询委员会来推进这项事业。隆力奇（美国）保健化妆品研究院目标是——不论种族、不论性别，全世界所有的人都能享受到隆力奇高档的化妆品和保健品。在研发过程中，隆力奇注重将自己的技术人员全程参与研发，提高自己的研发能力，从而掌握核心技术，与科研院所的合作，全部知识产权都归隆力奇所有。

2009年，隆力奇（日本）美健创新中心在日本神户市成立，海内外科研机构的成立，标志着隆力奇产品结构和科技含量进一步升级，吸纳日化高端人才，为振兴民族日化，稳步前进奠定了坚实的基础。

五、做规范爱国的直销企业

近年来，隆力奇通过认真学习《直销管理条例》，对照其中的有关条款，制定了自己企业的直销自律规范，企业有信心、有能力做到规范经营做直销，做到让政府放心，让监管的部门放心，让广大消费者安心。隆力奇将严格按照《禁止传销条例》、《直销管理条例》及其实施细则的规定，并结合企业自身现状制定公司的直销系统建设方针。同时，不断以国外、国内的优秀直销企业为对标，争取做一个让政府监管部门放心的企业。并时刻需要各级领导、政府部门特别是各级工商部门的批评、指导和监督。

隆力奇将严格遵循健康和谐直销、规范守法直销、爱国奉献直销、服务无限直销的经营宗旨。隆力奇涉足直销渠道拥有着品牌知名度、研发实力、大众化产品定位、文化底蕴、完善的供应链、高品质产品、一流的员工团队、先进的管理模式、25年稳健的发展十大优势。隆力奇是大众时尚的化妆品和保健品，让中国95%的消费者可以买到、买得起公司的产品，这是隆力奇的目标。

【民生责任】

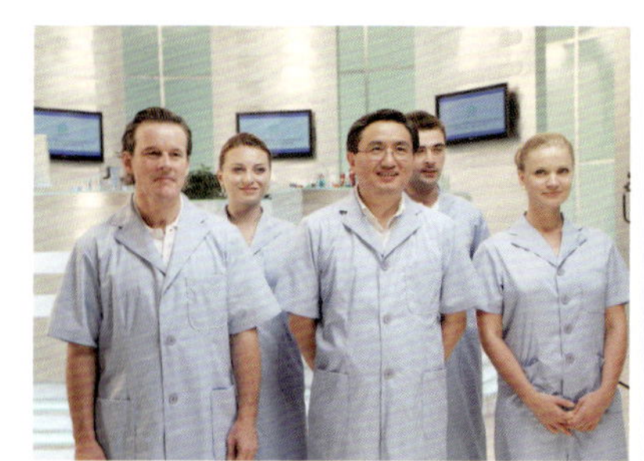

树立质量意识，确立质量标准

隆力奇始终把“质量第一”、“以质量取胜”作为企业的核心经营理念。他们严格岗位质量规范和质量考核，质量责任人人负，人人严把质量关。在隆力奇每年的“质量月”活动中，隆力奇总裁徐之伟都要告诫全体员工“抓住产品质量，同时也要注重管理质量，工作质量，服务质量，一流的企业离不开一流的产品质量和一流的服务质量”，让质量观时刻在全员中体现。在具体的实施中，企业从源头、研发、生产、检测、服务等方面，严把质量关。

1. 隆力奇与国际一流品牌合作，使隆力奇的原材料供应与国际接轨，从源头上确保了产品的高品质与高科技含量。

目前，隆力奇已经完成全球八大板块的研发力量布局，分别是隆力奇（日本）美健创新中心、隆力奇（美国）保健化妆品研究院、清华大学·隆力奇生物科技研究所、江南大学（食品科学与技术国家重点实验室）·江苏隆力奇生物科技股份有限公司功能食品联合研究所、隆力奇本部研发中心、隆力奇博士后科研工作站、隆力奇企业院士工作站、隆力奇（法国）研发中心（畴），标志着隆力奇产品结构和科技含量进一步升级，吸纳日化高端人才，为振兴民族产业做贡献进入了一个崭新的阶段。

2. 隆力奇树立广大员工“产品的质量不是检验出来，而是生产出来”的质量优生意识，并告诫他们凡是出隆力奇厂门的产品必须件件是精品，在每一个岗位都有定岗标准的基础上，由品管部不定期地对产品及工艺流程的每个环节进行明查、暗访，如发现质量问题立即追根寻源严厉处罚。隆力奇规定，凡是出厂门的产品必须做到“零缺陷”。

3. 隆力奇还拥有省级技术中心，并将用来检测药品的一些手段应用到了化妆品上来，通过严格的监控措施，以满足用户需求的高品质化妆品。

4. 在市场服务上，隆力奇人深知产品是放在货架上的，而服务却永存消费者心中的道理。他们强化终端建设，尽可能贴近市场、贴尽消费者做好市场服务。他们注重与消费者的沟通，通过沟通这种最经济的服务手段和最有效的服务方法，实现了与消费者之间的双向互动，做到了有隆力奇产品的地方，就有隆力奇及时、周到、热情的服务。

5. 公司先后全面通过了ISO9001国际质量体系和ISO14001国际环保体系的全面认证；“隆力奇”保健品和日化系列产品品牌先后被国家工商行政管理总局认定为中国驰名商标；隆力奇系列膏霜类护肤产品荣获“中国名牌产品”称号。

公司及核心产品先后获得无数荣誉。

隆力奇致力于振兴民族日化，回报社会，回报消费者。坚持变革创新，不断提高产品的科技含量和产品的附加值，努力推动民族化妆品从“中国制造”到“中国创造”的转变，为老百姓提供更多实用性强、安全性好、高质量的日化产品。

【经济责任】

一、首创定制营销模式，创新中国商业模型

定制营销是隆力奇集团根据市场发展的需要，在充分结合集团大规模研发、生产的基础上，根据消费者需求细分市场，以期满足消费者的特定需求为目标的一种经营模式。

定制营销是根据隆力奇集团所拥有的著名品牌、社会资源、研发、生产实力而量身定做的一种商业模式，是在整合多渠道营销模型优势基础上的一种聚合营销。

在定制营销中消费者居于核心地位，他们不仅能够按自己的意志与对所需产品的设计或提出意见，企业据此生产出符合消费者所需的产品，不断满足消费者日益增长的物质需求，更关键的是可以通知多渠道的运作模式满足精神文化等多层需求，从而实现隆力奇“服务无限”的经营理念。

隆力奇定制营销的基本模式为“总部+分支机构+爱家生活店、服务网点+业务代表+优惠顾客”，企业通过有目的地进行市场资源整合工作，通过多渠道互动运作模式能迅速形成四通八达的终端消费服务系统，满足消费者的综合要求，形成忠诚消费群体，从而保证企业、经销商、顾客联盟多方共赢且可持续性发展的良好局面。

定制营销是满足现代人品质需求的一种最佳方式，隆力奇集团通过20多年的长足发展，目前已经成为了国内民族日化企业的第一品牌，实力雄厚的科研、生产、物流和专业管理系统为定制营销打下良好的基础，定制营销的聚合模式必将为隆力奇未来市场发展推波助澜，成为中国市场经济大潮中的新亮点。

1. 聚合战略——隆力奇定制营销新思维

企业与合作者（顾客和渠道商）建立一个联盟，在不导致任何所有权移的情况下使企业、终端、消费者相互循环增值，以期共同搭建一个可以实现各自经济独立与财务自由的营销网络平台，简单来说，就是聚合各个要素为一个宏观聚合体，聚集众家体之下的一个构成元素，完成100%的忠诚度。

2. 隆力奇定制营销——历史性的营销创新成果

定制营销即是以消费者为核心，以服务无限为理念把现今市场上主流的营销模式有效地聚合在一起，扬长避短，各自发挥自身的优势，相互协作，相互推动，同时兼顾厂家、商家、消费者、社会等多方面利益，力求创造一种“和谐、多赢”的局面。定制营销的核心就是创新，创新的手段即为聚合！

3. 隆力奇定制营销——个性化时代的必然选择

隆力奇定制营销的精髓在于在充分研究顾客的需求的基本上为顾客提供最适合的产品和服务，通过调查、询问、沟通等了解顾客自身的生活水平等，并在此基础上为顾客提供针对其状况而设计的，最能适合和满足其需求的产品和服务组合。

4. 隆力奇定制营销——多渠道共赢的商业模型

隆力奇定制营销的采用“总部+分支机构+爱家生活店、服务网点+业务代表+优惠顾客”的创新营销商业模式，其中的每个部分分别承担不同的市场功能，它们之间形成一种密切的互动关系，并有机结合成为一个完整体系。

5. 隆力奇定制营销——四大系统彰显时代魅力

隆力奇定制营销从功能上划分，涵盖了顾客

联盟系统、直销模式、连锁经营系统和电子商务系统四大系统的协同发展，充分展示出21世纪个性化时代中定制营销的无限潜力和巨大潜力。

顾客联盟系统——隆力奇的宝贵财富，定制营销的首要市场目标。

直销销售系统——科学性、先进性、强大的市场攻击性、连锁经营模式——完善、高效、安全、准确、推动定制营销和谐运营，支持隆力奇企业的成长。

电子商务系统——高效率、高安全度、全面信息化。

6. 阳光直销——树立行业新风尚

隆力奇公司作为一家负责任、规范守法的直销企业，希望打造具有中国特色的直销模式，为中国民族直销探索可持续性发展道路，为广大从业人员提供一个健康、安全、诚信、阳光的事业平台。

7. 隆力奇爱家生活店——开创“时尚家居生活”新理念

隆力奇爱家店，健康、美丽与财富的聚合！

幸福、温馨与时尚的代言！

大品牌、高品质、低价位的生活产品！

人性化、前瞻性、更和谐的购物理念！

隆力奇爱家生活店，倾情打造普通人的经典生活！

隆力奇爱家生活店，如家般的关爱，如家般的呵护，如家般的温暖。

8. 隆力奇定制营销——引爆激情创业时代

隆力奇定制营销通过爱家生活店，业务代表和优惠顾客等不同形式市场组织的设置，为不同层次的消费者在理性思考和不超出个人经济能力的前提下，选择隆力奇定制营销作为一种投资方式，创业手段或就业途径，提供了一个全新的平台。

9. 隆力奇定制营销——造就成功事业的平台

隆力奇定制营销倡导以辛勤的劳动、智慧的头脑和良好的资源获取合法、合理的个人收入和事业成就，并以隆力奇定制营销事业平台上的各种优势条件来促成这种个人和自我发展的实现。

隆力奇定制营销通过公平、透明、合理和具有个性化的分配方式，为加入隆力奇定制营销事业体系的每一个人创造了平等的事业机会、良好的竞争环境和广阔的收益空间。

二、打造特色直销范本

一方面，中国直销立法后一个更加开放的直销环境正推动着中国化妆品市场的发展，另一方面，隆力奇作为代表性的民族日化企业，有责任为中国直销业贡献力量。2006年，隆力奇专门成立了直销筹备小组，2009年7月22日，在国家商务部的网站上正式公布了江苏隆力奇生物科技股份有限公司获得直销牌照的消息。从此，隆力奇成了我国第24家拿牌直销企业。

2010年4月21日，隆力奇定制营销事业正式启动，隆力奇的直销事业如雨后春笋般成长起来。伴随着国内15家分公司，海外7家分公司相继落地生根，民族隆力奇，百年隆力奇，世界隆力奇的梦想一步步变为现实。

2009年12月江苏隆力奇生物科技股份有限公司陕西分公司成立，位于西安市李家村万达广场；

隆力奇福建分公司坐落于“海在城中，城在海中”、漂亮、文明、干净的国际性海港风景旅游城市厦门，成立于2010年1月9日。

隆力奇广东分公司成立于2010年5月28日。

隆力奇河南分公司位于河南省郑州市，交通便利。分公司面积400余平，为广大经销商提供优美、舒适的办公环境。设置容纳300人的大型会议室。

隆力奇湖北分公司地处“九省通衢”的武汉市；

隆力奇湖南分公司于2010年10月23日隆重开业，筹备开业至今，湖南分公司组织过多场活动，其中包括“湖南分公司开业典礼”、“湖南分公司直销联盟委员会会议”、“三湘讲师风采秀”活动、“2011年隆力奇新产品发布暨新年启动大会”、“湖南分公司子午流注治疗仪捐赠仪式暨新产品发布会”等活动。

隆力奇辽宁分公司，所辖区域包括辽宁省、吉林省及内蒙古自治区的北部、东北部等大部分区域。辽宁分公司地处辽宁省省会城市沈阳市。

隆力奇山东分公司位于繁华的商务中心区数码港大厦A801-802。

隆力奇上海分公司地处“东方独特魅力的新兴都市”上海市。

隆力奇云南分公司成于立2009年12月，坐落在位于昆明市中心的青年路448号华尔顿厦15楼。

隆力奇浙江分公司成立于2010年6月20日，位于杭州市余杭区临平世纪大道168号理想国际大厦15楼。

江苏隆力奇集团第15家国内分公司——隆力奇安徽分公司成立于2011年6月26日，位于蚌埠市蚌山区工农路999号德人大厦3楼。

与此同时，隆力奇进军世界的脚步从未停歇。 根据自身产品特点、网络发展的现状和各个区域的特点，隆力奇将整个世界划分为7大市场区域：大俄罗斯区、非洲区、东南亚区、欧洲区、大印度/中东区、美洲区、澳/东北亚区。采取是“稳扎稳打，夯实基础’的原则，首先从东南亚”、俄罗斯和非洲入手。

第二阶段主要追求的是“稳中求快”的原则，围绕之前的三个点进一步开发周边市场。以非洲为例，将以喀麦隆、南非、尼日利亚这几个点来开发肯尼亚、埃塞俄比业、加纳这几个国家。”

第三阶段将全力冲刺发达国家，像西欧、美洲、日本、韩国、印度等直销市场发达的国家和地区。

目前，隆力奇在大俄罗斯地区开设了乌克兰、俄罗斯分公司；非洲开设了喀麦隆、尼日利亚和南非分公司；在东南亚，越南分公司也已开业。

三、投资大西南，拉动西部经济

隆力奇巨资兴建西南生产基地，是企业近年来在外地投资最多、规模最大的建设项目之一。总占地面积140亩，建筑面积35000平方米，一期工程于2007年竣工并正式投入生产，大大上提升了隆力奇的生产能力，预计形成年产化妆品20000吨的生产规模，进一步巩固了隆力奇在云、贵、川、桂、渝、藏等地市场的主导地位，同时大大降低产品的物流配送成本，进一步繁荣成都经济、促进充分就业、壮大本土日化产品“成都制造”的产业规模和市场影响力。

隆力奇成都生产基地项目，是公司进一步开拓西南市场的重要项目，隆力奇成都生产基地一定会建设成为一个样板企业，为成都经济发展作出更大的贡献。

【教育责任】

核动力式教育培训

隆力奇公司为员工以及广大的爱家生活店经营者和业务代表制定了一套模式化、 程序化、标准化、专业化的完善教育培训制度，针对不同层次，不同级别的员工、业务代表、培训员以及爱家生活店的管理人员和员工展开不同内容的教育培训，具有很强的实战指导意义。

隆力奇教育培训秉持“提炼、整合、灌输、分享、复制、传承、加固、根植、贯通、提升”的培训任务，以打造、灌输和传播隆力奇与时俱进的企业文化，全面提升企业员工和市场人员的个人素质、创业能力和道德水平。

隆力奇教育培训旨在在“吸取精华，排弃糟粕；洋为中用，你为我用”的原则指导下，结合隆力奇本身的特征和实际，打造一个一流的、最前瞻的、最实用的、最符合隆力奇的教育培训系统，使隆力奇和各级业务代表都可以从中受益。

隆力奇未来将建立一个以网络为主要载体，通过图片、音频、视频等多种方式交流信息，运用计算机网络技术来实现的虚拟教室，把培训课程传送到企业外，一处或多处学员的企业远程教育 “平台”；突破时间和空间的限制，帮助学员随时随地学习，让更多的学习者共享优秀教育资源；使更多的人尤其是无法到企业内学习的人们接受教育培训，真正做到隆力奇的教育培训“无时不有，无处不在”，以此为市场的蓬勃发展提供强大支援。

隆力奇将在公司总部建立一个国内乃至国际一流的、功能齐全、设施齐全、能够为各级业务代表进行教育培训的“基地”。

隆力奇公司随着市场的发展，在未来将投资兴建院校或收购某院校或和某院校合作开设“直销”专业，设立“直销”专题，培养“直销”专业人才，建立国内一流的直销人才输出学院，为中国直销业做出应有的贡献。

另外，隆力奇的教育培训也会遵循寓教于乐、游戏互动，音乐冥想、激发潜能，积极参与、快乐学习，深入浅出、实战探研，一流设备、锁定瞬间，专业会务、有条不紊的原则进行。

【公益责任】

隆力奇发展不忘回报社会，积极赞助社会活动和慈善事业。先后累计出资5亿多元赞助我国的文化、体育和各项社会公益活动。其中包括全国蹦床比赛、中美滑水对抗赛、十运会等重大赛事、上海世博会苏州馆、2010第十二届世界杯花样游泳比赛等国内和国际的体育比赛、青年歌手大奖赛、向云南希望小学、四川和玉树地震灾区和水灾、雪灾等地区献爱心等。

【公益小镜头】百余名隆力奇人参加义务献血活动

2011年7月26日早上8点，常熟血站车徐徐地停在了隆力奇的大门前。此时的底楼会议室，百余名隆力奇人正在此等候，将自己健康的血液献给更多需要的人。

2011年世界献血主题是“捐献更多血液，挽救更多生命”。此次献血活动，共有120余名隆力奇人报名参加。

【公益活动扫描】心系玉树情 梦寄民族魂

隆力奇2010年定制营销启动大会充满公益情结

2010年4月21日晚，以“客户在我心中”为主题的大型“中国风 民族魂”——迎世博•2010隆力奇定制营销启动大会在江苏常熟市体育中心隆重召开。来自全国各地的隆力奇15000多名定制营销经销商出席了启动大会。

企业发展首先不忘慈善事业，和其他企业的经销商会议不同的是，隆力奇此次的经销商启动大会贯穿始终的是现场为玉树灾区捐款，隆力奇公司和经销商们纷纷献出了对地震灾区人民的一片爱心，仅当天晚上，就共计募捐善款117.22万元，江苏隆力奇集团有限公司董事长、总裁徐之伟亲手将捐款递交给常熟市民政局局长、常熟市慈善总会副会长沈启平的手中并委托常熟市慈善总将捐款转给灾区。

徐之伟在会上说：在今天这个特殊的时刻，全体隆力奇人和隆力奇的经销商们表达了高度的社会责任感，和对玉树灾区同胞爱心，这是企业和每个商家应该拥有的民族情结。

徐之伟表示，隆力奇是大众日化产品，在不断提高产品的科技含量和产品的附加值的同时，隆力奇的经营宗旨是“客户在我心中”，把实惠让利于广大消费者。隆力奇将严格遵循健康和谐直销、规范守法直销、爱国奉献直销、服务无限直销的经营宗旨。

【公司主要荣誉】

证 书
江苏隆力奇生物科技股份有限公司—"隆力奇"品牌荣获
25年最受尊敬的25大江苏品牌
特此证明！
荣誉证书
HONORARY CREDENTIAL
证 书
荣誉证书
江苏隆力奇集团有限公司 荣获：
中国民营企业品牌竞争力50强
CBI
中国100最具价值消费品牌
China Top 100 Most Valuable Consumer Brands
2005年度
工商联手
荣誉证书
工商联手
荣誉证书
全国顾客最佳满意十大品牌
荣誉证书
中国驰名商标
China Well-known Trademark
中华人民共和国
国家工商行政管理总局商标局
荣誉证书
授予
2005－2006年度江苏省精神文明
建设工作先进单位荣誉称号。
江苏省精神文明建设指导委员会
二〇〇八年一月
获奖证书
荣誉证书
江苏隆力奇集团：
荣获 扬子晚报 2005 年度
优秀品牌合作伙伴
全国守合同重信用企业
NATIONAL ENTERPRISE OF "KEEPING PROMISE & HONOURING CONTRACTS"
中国十佳诚信单位
授予
2003-2004年度江苏省文明单位
荣誉称号。
江苏省精神文明建设指导委员会
二〇〇五年十二月
生活指南
服务商证书
证 书
苏州市质量管理金奖
指定产品证书
2004年中国化工500强
荣誉证书
江苏名牌产品证书
福布斯
Forbes
2006年度
"中国顶尖企业100"榜
入选企业
江苏隆力奇集团有限公司
荣誉证书
HONORARY CREDENTIAL
江苏隆力奇集团有限公司
荣获2005年度苏州市百强民营企业称号，
特发此证，以资鼓励。
2009
最受尊敬的直销企业

无限极（中国）有限公司

INFINITUS CHINA'S CO.,LTD

思利及人

【企业概况】

无限极（中国）有限公司是李锦记健康产品集团成员，成立于1992年，以 “无限极”为核心品牌，是一家从事中草药健康产品开发、生产及销售的大型港资企业，总部位于中国广州。

公司在广东新会累计投资近4.6亿元人民币设立占地面积300亩的现代化生产基地(含计划中的三期工程)，已通过ISO9001:2008、ISO22000:2005、 HACCP、保健食品GMP四项认证，生产设备与技术均达到国内领先水平，多款产品获得权威清真认证，生产基地的年生产能力超过100亿元人民币。公司的第二个生产基地于2011年9月签约辽宁省营口市，初步规划占地面积约500亩，首阶段总投资15亿元人民币，预计全面投产后头五年产值将达180亿元人民币。

公司多年来不断加大自主研发力度，并与国内外多家权威科研机构、知名学府紧密合作，现已成功研发生产出5大系列，6大品牌，70款产品。包括：无限极健康食品、维雅护肤品、萃雅护肤品、植雅个人护理品、帮得佳家居用品、享优乐养生用品。

经过19年的发展壮大，无限极（中国）已在中国内地设立35家分公司，28家服务中心，4000多家专卖店，公司规模和服务范围不断扩大。

秉承百年李锦记“思利及人”的核心价值观，无限极（中国）以“弘扬中华优秀养生文化，创造平衡、富足、和谐的健康人生”为使命，创造了独特的企业文化——“思利及人”核心价值观和“自动波”领导模式，以及独特的健康理念——“养生固本，健康人生”，在市场上保持持续、稳定的增长。

地址：广州市天河区珠江新城珠江西路12号无限极中心17层 客户服务热线：400-800-1188

【责任之源】

李惠森董事长

董事长寄语

在工作和生活中，我们总习惯为他人取得的成绩喝彩。其实，我们也可以为自己喝彩，这是一种自我肯定与激励，能激发出我们内在的力量，化作前行的动力和责任。

即将过去的2011年，是无限极“三五”计划全面实施的第二年，也是无限极成立的第19年，更是我们把握机遇，全力以赴，实现跨越发展的一年。

这一年，面对机遇和挑战，我们关注目标、强化行动，持续加大投入，不断创新创造。无限极20周年系列活动预热、新的生产基地签约营口、“无限极世界行走日”规模扩大、品牌价值实现腾飞、客服中心正式启用、服务中心形象升级全面展开……公司的市场规模和业绩取得了新的突破，很多伙伴实现了职级与能力的提升。这些都为实现“三五”跨越发展夯实了基础，为伙伴们营造了更好的经营环境和事业平台。

让我们一起为无限极精彩的2011年喝彩！这一切，都源于我们的共同努力。在这里，我要感谢所有无限极业务伙伴和行政员工一年来的不懈努力与辛勤付出，更要感谢广大消费者、政府及社会各界人士给予我们的关注和支持。

展望2012年，我们将迎来无限极的20周年华诞，无限极的历史将翻开新的一页。我相信，新的起点，新的机遇，新的动力，将激发我们更大的创业激情。希望每一位伙伴和员工都能紧跟公司的发展步伐，不断提升素质与能力，再攀事业新高峰。

让我们以更加饱满的激情和昂扬的斗志，共同迎接2012年和无限极20周年的到来，为无限极美好的明天喝彩！

无限极（中国）有限公司：

经专家评审，评委会审议，授予你单位2010'CSR（中国）领袖总评榜－最佳践行企业奖。

特发此证

2010' CSR（中国）领袖论坛组委会

【无限极（中国）对社会责任观】

对社会责任观的认知

企业社会责任是企业必须做的事。

企业社会责任是企业对于持续发展、永续经营的承诺。

企业社会责任不仅考虑企业自身的发展，更要考虑与社会的相互和谐，共同发展；不仅关注目前承担的责任，更关注未来持续创造的责任。

核心价值体系

企业核心价值观——思利及人。它是无限极（中国）承担企业社会责任的出发点和文化内涵。

企业价值观体系——务实诚信，思利及人；以人为本，高信高效；客企一体，追求梦想；造福社会，共享成果。它是“思利及人”核心价值观的外延和诠释。

利益相关者

无限极（中国）利益相关者是指与企业和谐共处、共同发展、共享成果，并能影响企业行为、决策、政策、活动或目标的对象，包括：员工、顾客、伙伴、社区、环境、社会六部分。责任定位如下：

对员工，保证员工实现其就业和择业权、劳动报酬索取权、休息权、劳动安全卫生保障权、社会保障取得权等法律义务，提供员工培训、发展的资源。

对顾客，确保高质产品，提供优质服务，保障顾客知情权、自主选择权，保障客户求偿的权利等。

对伙伴（业务人员、供应商），为业务人员提供创业机会和事业保障，与供应商建立良好的合作关系，实现与伙伴共赢。

对社区，为当地居民提供就业机会，增加居民收入，关注生产环境对居民的健康产生的影响。

对环境，减少污染物排放，废物回收再利用，承担促进节能环保、维护资源优化利用、环境可持续发展的责任。

对公益，承担推动健康、提高全民身体素质的责任，帮助社会弱势群体，举办与公司营业范围有关的各种公益性的社会教育宣传活动等。

行动准则

在无限极（中国）的发展历程中，始终把“思利及人”核心价值观贯穿于企业生产经营的全过程，凝聚社会的力量，不断突破创新，追求企业与利益相关者效益的共同提升与进步。

为此，我们在社会责任方面制定了以下行为准则：

• 坚持一个核心价值观——思利及人；

• 坚持两方面的投入——硬件（资金、产品、服务等）和软件（教育、关怀、文化、信息等）；

• 坚持影响更多的人来关注社会责任——不断吸引并影响更多的人，持续地关注社会责任。

特色

• 企业使命，弘扬中华优秀养生文化，创造平衡、富足、和谐的健康人生；

• 品质至上，品质是企业发展的基础；

• 以人为本，员工、伙伴是企业发展的力量与源泉；

• 教育为先，教育发展是企业和社会可持续发展的保障。

【社会责任】

无限极（中国）在发展的同时热心公益慈善事业，强调“短期”与“长期”的平衡发展，“硬件”与“软件”的平衡建设；“输血”与“造血”的平衡慈善。至今，　　　　无限极（中国）已累计向社会捐赠现金和物资价值超过一亿元人民币。其中，无限极（中国）设立的“思利及人基金”从2007年成立至今，已向社会捐款、捐物近2000万人民币。

无限极（中国）在救助、扶贫、赈灾方面主动承担企业社会责任：1998年，捐赠3000万元产品用于抗洪救灾；2006年，举办“贫困地区教师进修活动”；2007年，举办“爱要让你听见——贫困家庭聋儿救助行动”；2008年四川特大地震中，持续向灾区捐赠现金和物资超过1685万元人民币；2010年，向青海玉树灾区捐赠价值300万元人民币的物资，并积极参与西南抗旱、慈善情暖万家、持续关爱福利院儿童等公益活动。

至2010年，无限极（中国）已在中国内地捐建“无限极希望小学”、“无限极海联小学”、“无限极侨爱小学”共20所，每所学校都设有关怀小组提供持续关注，并连续4年发布了共4本企业社会责任报告。

权威认可

经过19年的发展，无限极（中国）在质量、品牌、社会责任、企业文化等方面赢得了消费者和社会的广泛认同：

2003～2009年，连续七年获 “全国食品安全示范单位”称号；

2005、2007年，连续两届获 “亚洲最佳雇主”和“中国最佳雇主”殊荣；

2005、2007年，“无限极”品牌蝉联中国保健协会主办的“十大最具公信力品牌”奖项；

2006年，获中国质量的最高荣誉“中国质量鼎”和“中国用户满意鼎”；

2007年，获国家民政部颁发的“中华慈善奖——最具爱心外资企业”荣誉；

2008年，获“国家高新技术企业”认定；

2009年，获中华慈善总会颁发的“中华慈善突出贡献企业奖”；

2009年，李惠森董事长获“2009中国企业最具创新力十大领军人物”称号；

2010年，获科技部、农业部等部委授予“中国食品安全十强企业”称号；

2010年，获颁“金蜜蜂2010优秀企业社会责任报告专项奖•社会”；

2010年，李惠森董事长荣获“2010品牌中国养生保健行业年度人物”称号；

2011年，获“2010’CSR（中国）领袖总评榜-最佳践行企业奖”；

2011年，获“2011中国企业社会责任特别大奖”及“2011中国企业社会责任公益奖”；

2011年，“无限极”品牌继2005年后再次参加世界品牌实验室举办的中国500最具价值品牌排行榜活动，品牌价值为195.58亿元人民币，位列第49位；

2011年，获全球知名咨询公司韬睿惠悦和《财富》杂志联合颁发的“卓越雇主——中国最适宜工作的公司” 荣誉称号，这是继2005、2007年后第三次获此荣誉。

如新（中国）日用保健品有限公司

NU SKIN GROUP CO.LTD

用善的力量 打造直销事业

【企业概况】

如新集团自1984年于美国犹他州普罗沃市成立，至今成为全球最大且发展最迅速的直销公司之一， 业务遍及亚洲、美洲、欧洲、非洲及太平洋地区近50个市场， 全球年营业额超越15亿美元，活跃销售人员超过80万人，乃直销业之翘楚。

2003年1月8日，如新集团正式进入中国，如新在华5年来，投资已超过人民币10亿元，年销售额达10亿多人民币。

2006年8月1日，如新（中国）日用保健品有限公司获得中华人民共和国商务部颁发的直销经营许可证，准予在中国上海8个区率先开展直销业务；2007年7月，商务部同意如新（中国）在北京市设立省级直销分公司，并将直销区域扩大到北京18个区县。

在中国的投资上海华茂研发中心 、北京华茂临床及药理研究中心 、上海奉贤个人保养品工厂 、上海金桥光子扫描仪工厂 、浙江湖州原材料萃取中心 、湖州华茂保健品加工厂 、黑龙江鸡西蜜儿餐工厂。

【企业的使命】

要在世界各地凝聚一股善的力量，
凭借酬报优渥的事业机会、
不断创新的优质产品，
和充实积极的优良文化，
赋予人们提高生活品质的力量。

【企业的愿景】

要成为全球行业的领导者，
赋予销售人员最为丰厚的回报。

地址：上海市虹口区东江湾路188号A幢112室 021-33872161

【善之根源】

如新（中国）经营者

大中华区总裁——范家辉

美国如新集团大中华区总裁

泰国儿童心脏手术基金会荣誉董事

东南亚儿童心脏基金会理事

范家辉先生拥有23年直销经验，现任美国如新集团大中华区总裁。作为大中华区总裁，他直接负责中国大陆、台湾、香港和澳门的市场业务。

范先生一直致力实践如新的企业文化，传播“善的力量”。过去17年，他已先后于亚洲各地发起超过50个筹款计划，令无数有需要人士受惠。自1999年起，范先生一直担任泰国儿童心脏手术基金会荣誉董事，及东南亚儿童心脏基金理事。

在直销业方面，范先生贡献良多。2000年至2006年，他历任世界直销协会联会董事；1997年至2002年，他担任香港直销协会执行委员及曾任两届主席；此外，2002年，他被推举为新加坡直销协会理事及会员事务委员。

如新大中华区总裁范家辉

郑重先生自1997年加入如新台湾分公司，担任IDN营养补充品产品经理，2000年台湾华茂事业部正式启动，

郑重带领市场部团队成功建立华茂营养补充品品牌形象，成为业界的领导品牌之一，为强化华茂专业形象，积极推动华茂参与各种专业学术活动，使华茂产品多次获台湾保健食品学会所颁发的生技医疗品质奖。

【公益活动】

一、善的力量基金会

如新集团为了落实在全球推动“善的力量”的理念，于1996年投入、创办“如新善的力量基金会”。基金会透过提供赞助基金与产品的方式，提升人类生活质量、延续原住民文化并保护脆弱的地球生态环境，要为我们的下一代创造更美好的世界。自创立至今，如新善的力量基金会已赞助1，100万美元的基金，支持世界上多项研究计划。基金会并在美国注册为第501（C）（3）字号非营利机构。

基金会建立

如新集团为了落实在全球推动“善的力量”的理念，于1996年投入、创办“如新善的力量基金会”。

使命

基金会透过提供赞助基金与产品的方式，提升人类生活质量、延续原住民文化并保护脆弱的地球生态环境，要为我们的下一代创造更美好的世界。

登记

自创立至今，如新善的力量基金会已赞助1，100万美元的基金，支持世界上多项研究计划。基金会并在美国注册为第501（C）（3）字号非营利机构。

基金来源

基金会的基金来自于如新集团的员工、直销商、股东捐赠、募款活动以及销售产品的部分所得。

每卖出一瓶Epoch系列产品，如新公司便捐出0.25美元予基金会。

如新集团负担基金会全部的行政人事支出，以确保所有的慈善捐款都能100％的被使用在各项计划当中。

赞助方向

所有的赞助与捐赠计划，都与基金会三大宗旨其中之一吻合，包括：提升人类生活质量、延续原住民文化与保护脆弱的地球生态环境。

成立至今，基金会透过支持亚洲、北美、加勒比海、中美洲、非洲、欧洲及澳洲等地的各项计划，实际地为下一代创造一个更好的地球。

持续推动

如新善的力量基金会成立EB研究基金（EBMRF），投入百万美元，持续赞助美国史丹福大学有关EB水泡性皮肤病（俗称“泡泡龙”）的医学发展研究计划。

EB是一种令人痛苦的基因遗传疾病，常发生在出生婴儿与幼童身上，导致全身皮肤长水泡、发炎甚至死亡。

如新集团同时也是EB研究基金最大的赞助者。

如新善的力量基金会同时也是海洋基金会（Seacology Foundation）的成员，海洋基金会是非营利、非政府的组织，致力于地球上海岛文化与环境的保护。

海洋基金会运用来自如新集团售出Epoch产品所获得的捐款，已成功地保存了许多物种、植物，创造可循环再生的环境、公园，并且提供原住民部落能源与洁净饮用水的来源。

二、受饥儿滋养计划 NTC

点亮生命的希望

如新集团关注贫困儿童食物短缺问题， 2002年发起“受饥儿滋养计划”，旨在通过公司与遍布全球800，000多名爱心销售伙伴的力量，透过持续性的食物捐助，为全世界饥饿的儿童提供成长需要的营养。

“受饥儿滋养计划”的意义

“学校的免费午餐可以使学生就学率提高100%，并改善其学习成绩。”

——世界粮食计划署（WFP）《儿童饥饿状况事实与数据》

“受饥儿滋养计划”，不是一个简单的救助计划，它从多方面来援助需要关爱的人。不仅拯救濒死的受饥儿，蜜儿餐的营养配方还帮助他们恢复健康，蜜儿餐配合学校营养午餐计划，令儿童可以接受教育，以便日后能永久脱离贫穷，并且更妥善地照顾自己、家人和社会； 蜜儿餐工厂为当地创造了许多就业机会，有助推动当地经济及民生的发展，使受惠者可投入到自力更生的新生活。

创新的公益合作，简便的捐赠流程

销售伙伴募集蜜儿餐

如新在各地选择信誉卓越慈善组织

如新将爱心募集的蜜儿餐捐赠给这些专业的慈善组织

将销售伙伴募集的蜜儿餐捐赠给这些专业的慈善组织

慈善组织通过自己的渠道和专业，将蜜儿餐发放给真正需要帮助的儿童

慈善组织向如新提供捐赠信息回馈

蜜儿餐工厂

如新于受惠地区，如中国及非洲马拉威皆设有蜜儿餐生产基地，既能以最低成本生产蜜儿餐惠及孩子，又能为当地居民提供就业机会。

中国黑龙江鸡西蜜儿餐生产基地

如新集团投资了800万人民币，选择中国优质无污染大米产地—兴凯湖旁的黑龙江鸡西市兴建“蜜儿餐生产基地”。该基地生产的蜜儿餐主要供应亚洲地区的贫困儿童。

如新蜜儿餐工厂为鸡西第一家外资企业，为当地提供了诸多就业机会。

非洲马拉威蜜儿餐生产基地

马拉威蜜儿餐食品生产基地是由如新集团受饥儿滋养计划、供养儿童基金会及马拉威计划于非洲马拉维合力筹建而成。生产基地除了为当地居民提供400个职位外，每月更能生产1800万份由销售人员所捐赠的蜜儿餐，令当地饱受艾滋病及其他疾病折磨的儿童得到爱心滋养。

蜜儿餐在中国

如新集团与“中国扶贫基金会”于2004年签署合作备忘录，承诺向中国捐赠价值1.24亿人民

币的蜜儿餐。

2005年，公司斥资美金100万在黑龙江鸡西成立蜜儿餐生产基地。每年生产5，451，620份蜜儿餐。2005年12月试生产至2010年12月，该生产基地已生产并向中国及亚洲地区捐献蜜儿餐34，473，930份，为了让更多的受饥儿受惠，如新（中国）将追加美金160万，帮助鸡西生产基地提升生产及储运配置。

2006年与“中国儿童少年基金会”签署了合作备忘录，并积极参与到中国儿童少年基金会的“春蕾计划”和“安康计划”当中。

2008年2月，如新集团在由中国扶贫基金会发起的雪灾捐赠中，共计捐赠2，313，570份蜜儿餐，总值逾1500万人民币，帮助灾区人民共赴时艰。在此次雪灾捐赠活动中，如新集团成为唯一一家捐赠超过千万元的企业，捐出物资最多，所捐出的蜜儿餐占募集现金和物资总额的三分之一。

2008年5月，如新集团向遭受“5.12”大地震袭击的四川汶川等灾区同胞捐赠总价值540万元的蜜儿餐。

2009年3月，如新集团为广东省清远市黄花小学及高车小学学生送去74，490份蜜儿餐，并将与中国儿童少年基金会、世界儿童基金会联手，今后每年捐赠180，000份蜜儿餐给两校学生。

2010年3月及10月，为改善贫困地区儿童及残疾儿童营养，通过儿童少年基金会及中国残疾人福利基金会捐赠660，000份蜜儿餐。

2010年11月，“集善如新儿童蜜儿餐项目”正式启动，如新集团承诺捐出4，500万份（价值3亿元）蜜儿餐提供给中国贫困地区的残疾儿童。

至2010年12月，“受饥儿滋养计划”通过中国扶贫基金会、中国儿童少年基金会和中国残疾人福利基金会已经向中国地区捐赠了23，404，495份蜜儿餐，总值超过1.2亿元。

三、如新中华儿童心脏病基金

“如新中华儿童心脏病基金”是由如新集团大中华区携手上海市慈善基金会和复旦大学附属儿科医院于2008年在上海共同设立的专项基金。如新集团计划每年向如新中华儿童心脏病基金捐助100万元人民币作为医疗救助金，此捐助活动将持续10年，共计1，000万元。

为全面帮助先天性心脏病患儿恢复健康感受快乐，如新公司还组织了员工志愿者服务，长期在复旦儿科医院爱心小屋内进行丰富多彩的主题活动，给先心病患儿带去关爱与欢笑。

“如新中华儿童心脏病基金”的来源包括如新集团善的力量基金捐赠，如新修身美颜Spa销售额中提拨，以及全体如新销售人员及行政员工的个人捐助。

【社会责任殊荣】

获香港商界展关怀奖

连续三年荣获香港社会服务联会颁发2004-2007“商界展关怀”奖，表扬其对慈善活动的支持。

“商界展关怀”的宗旨是启发工商机构的公民参与，通过工商界和社会服务界之间的策略伙伴合作，共同建立关怀小区的精神。如新及“NuSkin善的力量基金会”多年来一直推动社会公益事业，正合乎该奖项的宗旨。

如新香港获义务工作嘉许金奖

如新香港荣获香港社会福利署颁发义务工作嘉许金奖，以表扬公司的直销商及职员上下一心行善，于2006年的义工服务社会时数高达2796.5小时。

如新集团凭借“受饥儿滋养计划”，获美国产业大奖颁发2007年度“最佳企业责任奖”。如新集团乃是唯一一间直销公司能夺得2007年美国产业大奖。

如新澳洲获DebRA颁发就职总裁大奖

日前，如新澳洲获DebRA颁发就职总裁大奖，藉此表扬公司为支援EB（一种致命皮肤病）患者及其家人所作的贡献。

5.获上海美国商会颁发企业社会责任创新奖

2007年10月30日，在上海美商会举办的第三届企业社会责任感研讨会暨颁奖典礼上，如新（中国）被授予“企业社会责任创新奖”，正是由于“受饥儿滋养计划”才获此殊荣。

上海美国商会此次颁发这批奖项是在澳大利亚社会责任指数评级公司RepuTex的协助下，参照了RepuTexBenchmark的指标和因素，从公司治理、环境影响、社会效应和工作场所实践等方面，对候选的31个项目和34家大中小型企业进行严格评估，最终选出的获奖组织。

获马来西亚2007首相企业社会责任大奖季军殊荣

马来西亚分公司于当地举行的就职首相企业社会责任大奖颁奖典礼上，获得中小型企业类组企业社会责任大奖（CSR：Corporate Social Responsibility）季军殊荣。此次因提供当地“收获中心”儿童健康快乐的学习环境而获奖，在316家参与评比的企业中，仅有21家获奖，如新不但是其中之一，更是唯一一家获奖的直销公司。

如新香港获“商界关怀连续6年标志”

如新香港分公司荣获香港社会服务联会颁发“商界关怀连续6年标志”，表扬其对慈善活动的支持。

“商界展关怀”的宗旨是启发工商机构的公民参与，通过工商界和社会服务界之间的策略伙伴合作，共同建立关怀社区的精神。如新及“善的力量基金会”多年来一直推动社会公益事业，正合乎该奖项的宗旨。

8.如新（中国）三度获颁“中国扶贫公益家（单位）”荣誉称号

如新因积极参与并长期支持中国扶贫公益事业的发展，中国扶贫基金会三度授予如新（中国）“扶贫公益家”称号。

中国扶贫公益家评选活动旨在表彰为大力支持与捐赠中国扶贫基金会相关项目和扶贫中国行大型公益活动的爱心单位与人士。

完美（中国）有限公司

PEFECT CHINA CO.,LTD

侨资企业的肝胆情怀

企业概况

完美（中国）有限公司（以下简称“完美公司”）是马来西亚完美资源有限公司于1994年在广东省中山市投资设立的侨资企业，2006年12月1日经国家商务部批准在广东省开展直销业务，销售保健食品、化妆品和保洁用品。

完美公司董事长马来西亚丹斯里皇室拿督古润金太平绅士、副董事长许国伟及总裁胡瑞连分别是出生在马来西亚和新加坡的第二、第三代华裔。早在创业伊始，他们就立下“为消费者提供优质产品的理念没有改变；为完美经销商提供事业发展机会的理念也没有改变；坚持在中国投资、长远发展的理念更没有改变”的三大承诺。经过十多年的不懈努力，完美公司已经成长为集研发、生产、销售和服务于一体的现代化企业，先后在全国各省、自治区和直辖市设立了33家分支机构、7家办事处、5，000余家服务网点和授权专卖店。自2000年起，完美公司以稳健发展的气魄迈出了国际化的坚实步伐，逐步将产品销售及服务扩展至香港、泰国、马来西亚、印尼、新加坡和台湾等国家和地区，综合实力与日俱增。

守法经营，依法纳税，这是企业公民应尽的责任和义务。自2006年度起，完美公司连续三年位列国家税务总局计划统计司和《中国税务》杂志，以企业当年实际入库税收为依据发布的中国企业纳税五百强排行榜和中国外商及港澳台商投资企业纳税百强排行榜，2009年度在广东省国家税务局和地方税务局联合发布的广东省纳税百强企业中名列第41位，为国家的经济发展及和谐社会建设做出了应有的贡献。

完美公司中山总部拥有占地120亩的生产基地，内设研发中心、品质保证中心、保健食品厂、日用化妆品厂、采用德国ASRS全智能化仓储信息系统的物流控制中心、智能化办公大楼、星级员工宿舍和员工俱乐部等。

本着对中国市场的坚定信念和“三大承诺”，完美公司于江苏省扬州市邗江经济开发区建设第二个生产基地——扬州完美日用品有限公司（以下简称：扬州完美），2010年6月13日盛大开业。与此同时，完美公司还将于中山市南朗镇华南现代中医药城投资建设第三个生产基地。

为完善管理机制，确保产品安全，满足消费需求，不断提升竞争能力，完美公司吸纳了来自海内外的大批专业人才，并借以构筑专业化的产品研发和品质保证体系。2002年6月至2003年1月期间，完美公司先后通过保健食品GMP认证、HACCP食品安全控制体系认证、ISO9001质量管理体系认证和ISO14001环境管理体系认证等四项国际权威认证。2003年3月，完美公司通过中国伊斯兰教协会清真HALAL食品认证。2005年10月和2009年12月，完美八种营养保健食品全部通过国家体育总局运动医学研究所兴奋剂检测中心的兴奋剂检测，证

地 址：广东省中山市石岐区东明北路（民营科技园） 邮编：528402 电 话：0760-88701828

明产品不含刺激剂、激素类药物等任何国家及国际禁止运动员服用的违禁成分。

2008年4月1日，完美公司品质保证部检测中心通过中国合格评定国家认可委员会（CNAS）实验室认可，被确认为国家认可实验室。2010年1月20日，完美公司经广东省科技厅认定为“高新技术企业”。

为进一步强化自主研发能力，充分挖掘和应用大专院校及科研机构的先进成果，并将其转化成为具有商业价值和满足消费需求的适销产品，2005年8月完美公司与拥有“轻工高等教育明珠”之美誉的江南大学联合组建研发中心，2006年11月又与中国中医科学院结成战略合作伙伴。

秉承“取之社会，用之社会”的经营理念，完美公司在事业稳步发展的同时始终不忘社会，倾情捐助多项社会公益事业，其范围涉及希望工程、西部开发、慈善救灾、体育医疗、文化艺术和拥军优属等多个领域，逐步形成了以捐建希望小学暨发起希望教师工程、推广母亲水窖、倡导无偿献血、推动禁毒事业、资助健康快车（健康光明行）、参与慈善万人行和资助我国尖端科研人才培养为主体的七大慈善公益体系，捐资总额近三亿元。2004年共青团中央授予完美公司“中国青年志愿者行动特别贡献奖”，2006年完美公司被国务院侨务办公室评为“全国百家明星侨资企业”，2007年中华人民共和国卫生部、中国红十字总会总部和中国人民解放军总后勤部卫生部授予完美公司“2004-2005年度无偿献血促进奖”，2008年至2010年，完美公司连续三年获国家民政部颁授我国公益慈善领域最高政府奖——“中华慈善奖”，古润金董事长受到了党和国家领导人的亲切接见。

完美公司在企业稳步发展的同时还利用作为侨资企业的有利条件，积极参与巩固和发展中马友好关系，先后赞助了在广州和北京举行的中马建交三十周年大型纪念活动。2007年初，古润金董事长荣任马中友好协会署理会长，肩负起续写马中友好交往新篇章的重任。

矢志“百年完美，全球完美”的战略宏愿，这仅仅是完美的开始！

【责任力源泉】

董事长古润金

关怀 分享 共赢 诚信 责任 品质 服务

1994年，作为海外华人，古润金和他的伙伴们带着父辈的夙愿、怀着对家乡的赤子之心回到了魂牵梦萦的故乡——广东中山，在这里创办了完美，并许下三个“不变”承诺：为消费者提供优质产品的理念不变；为完美经销商提供事业发展机会的理念不变；坚持在中国投资，长远发展的理念不变。大家都有一个共同的信念：他们不是在经营一家企业，而是在经营一项事业。

回顾完美（中国）的成长历程，“诚信经营，诚信做人”是他们始终坚守的经营准则。完美今天的蓬勃发展，得益于他们一直所秉持的“关怀、分享、共赢、诚信、责任、品质、服务”。

今天，他们以“四海同心”为精神携领，以“侨商公益”为轨迹，更以“中华民族传统美德的传承与光大”为己任，将企业发展与个人进步融合在华人世界和谐共进的社会价值之中。能够对客户、员工、环境和社会负责并谋求共赢，将是他和他的伙伴们毕生的追求，生生不息！

副董事长许国伟：完美五项修炼——礼、谨、信、爱、文

创立公司时，为取名的事，完美董事局达成共识：世界上并没有绝对的完美，他们将以此为目标，不断追求完美，直至接近。

在海外华人社会中，无论是家庭还是学校，都格外重视以“仁”、“礼”、“中庸”为核心的儒家思想教育。中国传统文化中优秀的伦理思想和价值观，深深地影响着他们这一代华侨的成长乃至创业。

他把深刻的儒家思想文化浓缩成五个字：礼、谨、信、爱、文。中国是礼仪之邦，从事完美事业更要讲究礼仪、注意言行举止，在保持谨言慎行的同时保持完美人应有的风范；信守承诺、付出爱心关爱他人、创造和传承完美文化，做一个有人格魅力、有品德修养的完美人。他们的人生才能富足而快乐，才能建立完美事业、拥有完美人生！

总裁胡瑞连：追求完美 永续经营

今天的完美，无论是在产品质量、包装设计和销售服务等环节，还是生活中每一件小事，都用“追求完美”的标准来衡量自己。

他们拥有健康的体魄、富足的生活仅仅只是开始，完美未来的发展空间还很大。不断设定新的追求目标，树立永续经营的战略理念，持续拥有健康和快乐。有了这种精神，你会发现每一个人都会想着把自己的事情做得更好，每一个环节都要求精益求精。长此下去，这份事业才能永续经营。

伴随着新中国六十华诞，完美（中国）迎来了她的十五周岁。随着企业的发展壮大，“取之社会，用之社会”的完美理念，让他们去承担更大的社会责任，这就是完美（中国）存在的真正要义——追求完美，永续经营！有一种模式叫“完美”有一种信念叫“执着”。

完美公司多年来在支持环保活动等慈善公益活动中已投入3亿元资金，胡瑞连总裁受到了联合国副秘书长、联合国环境规划署执行主任阿希姆.施泰纳的接见！

【企业愿景】

百年完美 全球完美

【秉持】

关怀 分享 共赢 诚信 责任 品质 服务

【理念】

建立完美事业 拥有完美人生

【恪守商业道德】

作为一家跨国企业，除了服务中国市场外，他们已逐步将产品销售及服务扩展至泰国、马来西亚、印尼和新加坡等国家及中国香港、台湾等地区。不论在哪里，他们都承诺：不以赢利为唯一目的，以诚信为基础，对社会负责、保护环境、关爱员工，秉持良好的商业操守，永续经营！

【真诚关怀】

重视团队成员的多元化，不以性别、种族、民族、年龄和宗教信仰取人，一视同仁，提供平等的发展机遇。真诚为员工提供安全、稳定和满意的工作环境，尊重并致力于帮助他们追求各自的理想，开拓完美人生。

【诚信服务】

理解与贴近顾客需求，坚持选用高品质原料，创造优质产品，致力于为消费者提供实用及独特的产品与专业服务，提升生活品质。

【民生责任】

一、品质保证

通过获得各类权威认证，确保为消费者持续提供品质卓越的产品。

• 2005年10月，六种营养保健食品全部通过国家体育总局运动医学研究所兴奋剂检测中心兴奋剂检测；

• 2006年至2008年，连续三年被评为“中国食品安全十强企业”，董事长古润金也连续三年被评为“全国食品安全十大人物”；

• 2008年4月，公司检测中心通过中国合格评定国家认可委员会（CNAS）实验室认可评审，被确认为国家认可实验室。至今有128个检测项目通过认可；

• 2009年4月，完美芦荟矿物晶成为“2009年北京国际射联世界杯赛”的赛事指定用品；

• 2009年5月，公司企业技术中心获广东省“省级企业技术中心”。

• 2011年11月12日，在中国年度食品安全品牌盛会上，完美荣获“中国食品安全十强企业”、“食品安全普法先进单位”、“第九届中国食品安全指定用品”、“中国食品安全十大人物”、“食品安全普法先进工作者”五项荣誉。

二、共识 共进 共赢

在中国，他们力求成为最了解、最能满足业务伙伴需求的直销公司之一，为业务伙伴提供培训和发展计划，推广健康理念，强调服务人群，与业务伙伴共同成长，开拓富足人生，实现共赢发展。

科技创新

引入尖端科技，加大研发投入，输入国际人才，建立科技创新平台。截至目前，他们立项并研发了28个具有核心自主知识产权项目，确保产品质量。

推动行业可持续发展

遵守中国商业法律，致力维护行业秩序，自觉接受直销监管。作为倡导者之一，他们与其他优秀直销企业共同发起并制定《广东省直销行业自律公约》，严格自律，规范经营，携手打造行业生态环境，推动可持续发展。

回馈社会保护环境

“取之社会，用之社会”。截至目前，他们向社会各界捐款捐物累计资金逾人民币2亿元，热心公益，扶助弱势群体，支持公共卫生和福利事业，保护生态环境，促进区域协调发展，创建和谐绿色家园。

崇尚中华文化 致力中马友好

作为马来西亚侨资企业在中国的形象大使，他们植根于马来西亚，发展壮大在中国，尊重业务所在国文化。董事长、马来西亚皇室拿督古润金太平绅士作为马中友好协会署理会长致力于中马友好，带领他们鼎力推动两国经济、教育、文化、社会的全面发展。

高速高效 达成共赢

秉持“高效运输、互惠互利”的服务理念，他们在13个城市设立货物中转仓，以缩短配送时间，主动为物流商提供油价补贴，缓解其成本压力，帮助物流商成功度过难关，达成双赢。

细微之处彰显关怀

他们的经销商伙伴遍布全球，专卖店加盟伙伴持续经营率超过94%。为了合作伙伴事业的稳定发展，生活的和谐安康，自2005年1月开始，他们与知名保险公司签订保险合同，为经销商提供具有实质性的保障，充分体现完美公司的关怀。

助力扶持共同成长

建立和完善采购作业制度，采用透明公开投标方式，保证公平交易；建立供应商准入和认证制度，将社会责任列入评估体系；通过现场认证、定期评价等方式，督促其与完美质量标准共同提升。合作研发有竞争力产品，积极给予合作伙伴质量控制、项目、订单、资金等各种扶持。

真诚合作诚信守诺

不以事微而不为，唯以责任而为之。不管顺境逆境，不论时势变迁，他们始终诚信守诺，坚持不拖欠合作伙伴一分一毫。不断加大在中国的投资，赢得信任，获得尊重。

顾客至上

秉持“消费者利益至上”原则追求优质服务无止境。2003年至2009年，连续七次被中山市消费者委员会评为“热心 3·15公益活动单位”，期间两度获评“中山市诚信单位”。

专业贴心服务

• 提供一对一、面对面的专业服务；

• 及时跟进反馈，为消费者排忧解难；

• 建立网上购货信息查询系统；

• 建立消费者意见反馈系统，开展上门送退换货或邮寄服务；

• 提供95105998语音服务系统。

关爱员工健康 营造完美环境

得体的穿着、谦和的微笑、礼貌待人、注意倾听、懂得守时和鼓掌是完美人的优秀品质；积极乐观，不怕挫折，永不言败是完美人的精神风貌；全方位关注员工生活品质，营造温馨满意的工作环境，致力于建立员工积极健康的生活方式是他们一贯坚持的完美文化。

• 提供统一着装，包括孕妇工作服；

• 提供免费午餐，按三星级酒店标准提供员工住宿；

• 斥巨资购置豪华大巴，解决员工上下班交通问题；

• 不断完善运动设施，投入专项资金为员工开设图书馆、卡拉OK房，购买社会保险，享有带薪年假、婚假、产假等福利待遇，对参加再教育和再培训的员工给予奖励；

• 15年来，集团总部劳动纠纷案件数量为零。

环保生活每一天

环保生活，点滴做起。倡导环保、健康的生活理念，采取绿色清洁的生产方式，共同维护并改善地球环境，环保生活每一天。

关爱环保全员参与环境管理与控制；提高全员环保意识与能力；节约能源，减少排放，实现能源消耗最小化。

绿色空间严格遵守国家和地方有关环保法律、法规；分类处理废弃物，委托具备国家资质的回收商进行回收。

预防污染严格监控环保设施，确保达标排放；采用安全技术操作实践、预防紧急事故，最大限度减少环境危害风险。

清洁生产产品设计和开发，优先考虑使用环保材料；生产过程中，逐步减少对环境的负面影响；优先选择具有环保意识的供应商，鼓励其参与环境管理。

工业排水循环用，荷塘红鲤跃绿间。

管理殊荣

【2006年】获“2006年度广东省优秀企业文化突出贡献单位”殊荣的唯一外资企业；作为直销界唯一代表荣获“中国十佳雇主”殊荣；

【2008年】“中国管理模式杰出企业”入围奖。先后入围“2008中国管理模式杰出奖——人力资源”。

【经济责任】扩大投资 推动地方经济发展

本着对中国市场的坚定信念和“三大承诺”，完美公司于江苏省扬州市邗江经济开发区建设第二个生产基地——扬州完美日用品有限公司（以下简称：扬州完美）。

“扬州完美”是完美（中国）有限公司（下称：“完美公司”）和侨益国际投资有限公司在江苏省扬州市邗江经济开发区投资设立的中外合资企业，项目占地358亩，是完美公司继广东中山生产基地后在中国投资建设的第二个生产基地，2010年6月13日盛大开业。扬州完美建成投产，是践行完美公司董事长、马来西亚丹斯里皇室拿督古润金太平绅士及完美公司董事局“为消费者提供优质的产品的理念没有改变；为完美经销商提供事业发展机会的理念也没有改变；坚持在中国投资，长远发展的理念更没有改变”三大承诺的具体体现。

扬州完美规划科学、设施先进，已建成并运行的第一期工程投资逾人民币5亿元，设有保健食品厂、日用化妆品厂、品质保证暨检测中心、采用ASRS智能化存贮与检索系统的立体物流中心、大型生产辅助公共设施（纯化水处理系统、热交换站、空压机站、污水处理站、80吨地磅等）、智能化办公大楼、星级员工宿舍、员工餐厅和康体娱乐中心等。

扬州完美的生产体系建设立足于智能化、高效能、严要求，无论是结构设计、建造施工、设备选购、生产环境，还是原物料遴选、生产工艺、流程管理、直至成为产成品，无不立足于“为消费者提供优质、安全产品”的承诺。

为完善管理机制，确保生产安全，不断提升竞争能力，扬州完美广纳来自海内外的优秀人才，借以构筑专业化的生产管理、产品研发、品质保证和物流支援体系。

秉承完美公司“取之社会，用之社会”的经营理念，扬州完美必将在事业稳步发展的同时，积极承担企业社会责任，在节能减排、关怀弱势群体、依法纳税、增加就业等方面，做出自己应有的贡献。

与此同时，完美公司还将于中山市南朗镇华南现代中医药城投资建设第三个生产基地。

领导嘉宾共同为完美华南基地培土奠基

【公益责任】

儿童 未来 希望 梦想

教育是海外华人心目中送给孩子最珍贵的礼物。“希望工程”是一个了不起的梦想，他们致力于此项崇高事业，注资倾力为华人儿童带去实现梦想的希望和放飞梦想的翅膀。

他们承诺在中国捐建100所希望学校，自1997年在革命圣地延安捐建第一所完美希望学校起，他们在全国各地已捐建完美希望学校76所，捐助“完美助学基金”总额达4300万元。

感动链接：

2007年，通过首届“希望工程义工”项目，首次将志愿者精神引入希望小学，首家捐资300万元资助希望工程升级项目——“希望义工”。

2009年，捐款2000万元设立“完美和谐公益基金”。

2009年7月，完美慈善英伦行，向英国慈善基金会组织AGA KHAN DEVELOPMENT NETWORK捐款28000英磅，用于儿童教育与保护、健康与灾害救援等专项，同时与英国市民一起参加拥有数十年历史的年度“英国慈善跑”，向世界展示完美人的和谐健行、慈善风采。

快乐希望 完美升级

为中国加油　为奥运加油

希望儿童的快乐，不分种族；希望工程的快乐，超越国界。走进赛场，放飞心灵。参与体育竞技，诠释奥运精神；演绎国际视野，彰显完美文化。

大地之爱 母亲水窖

作为第一家支持“母亲水窖”慈善项目的企业，他们关注在贫苦和干旱中煎熬的西部母亲，10年来一直与该项目相伴相随，累计捐款1420万元，并呼吁海内外爱心人士伸出援助之手，共同为干旱的西部带去母爱的源泉。

健康光明行

支持“中华健康快车”送光明活动，造福白内障患者，他们陆续投入近400万元，建立山东显微眼科中心并参与光明行活动。

慈善万人行

荣获“中华慈善奖”的“中山慈善万人行活动”，深受孙中山先生“天下为公”的博爱情怀浸染，以弘扬华夏民族精神为己任，成为最具影响力的慈善项目之一。自1996年首次捐款资助中山市慈善公益事业，14年来完美公司与之结缘，累计捐款1230万元。

一方有难 八方支援 灾区在呼唤 他们在行动

2008年5月12日，8.0级地震突袭汶川。第一时间投身抗震救灾一线，累计向灾区捐款捐物人民币3，000万元。

5月13日，汶川地震爆发次日，董事长古润金在马来西亚发起赈济行动，并以个人名义捐款20万马币。

5月13日，紧急启动第五届“完美百城千店万人献血活动”，上万名员工走上街头向灾区献血。

5月15日，“抗震救灾，完美有爱”活动正式启动，向中山市红十字会递交第一笔大额地震捐款800万元。此后，连续八次追加捐款。

5月20日，向公司百余名受灾员工提供93.5万元抚恤金。

5月30日晚，在马来西亚举行“地震无情、大马有爱”筹款赈灾晚会，筹得善款700万马币。董事长古润金作为此次活动发起人之一，代表完美捐款100万马币。

5月12日以来，为四川省广元、九寨沟等地中小学校及重灾区青川中学提供国际标准帐篷教室8160平方米和价值百万元的营养食品，并资助川陕百名灾区大学生攻读大学。

5月至7月，公司董事局成员亲赴灾区慰问灾区人民。

9月28日，为支持九寨沟旅游经济灾后复苏，组织优秀员工和海内外特邀嘉宾800人前往九寨沟，捐建勿角乡抗震纪念希望小学，并看望白马藏区学生。

冰冻雪灾 百万善款献爱心

2003年12月，重庆市开县境内川东北气矿发生特大天然气井喷事故，向事故灾民捐款230万元。

2004年12月，印度洋发生强烈地震海啸，向受灾国捐赠约人民币53万元。

2008年2月，一场突如其来的冰雪灾害，大面积袭击了华中、华南等地，造成上亿灾区人民遭受生命、财产损失。

3月至4月，连续向湖南、江西、贵州、湖北、安徽等地捐赠1000吨价值200万元的化肥，帮助灾区人民恢复春耕生产。

2009年8月，台湾遭遇特大水灾，捐款1000万新台币援助台湾受灾同胞。

百城千店万人献血

一如既往奉献拳拳之爱，始终如一践行公益常态，伸出爱心臂膀，为生命之河注入新鲜血液。对他们来说，无偿献血是生活的一部分，如同呼吸一样重要。

支持中国禁毒事业

2007年11月，董事长古润金当选中国禁毒基金会第一届理事会副理事长，代表完美向基金会捐赠1000万元人民币。2008年6月，获评广东省民间禁毒先进组织。2009年5月，向中国禁毒基金会捐款500万元，累计捐款1500万元。

捐资培养尖端科研人才

积极与各大科研院所结成战略合作伙伴，捐资培养尖端科研人才；与国际保健品、食品、日化品等权威研究机构携手研发优质产品；崇尚科技环保与可持续发展、严格确保品质安全。

同根同源 血脉相连

立足中国十五年，他们见证了中马两国经济文化交流。完美（中国）作为马中友好协会署理会长单位，致力中马友好，鼎力推动两国经济、教育、文化、社会的交流和发展，为两国架起友谊的虹桥。承担企业公民责任，为推动中马友好关系稳步发展做出积极贡献。

成就责任 在洞察商机中透析未来

能够在中国持续发展壮大，更多源于我们对中国经济发展的强烈信心。中国经济的可持续发展，同样需要企业长期稳健的投资与增长。

更加追求完美质量方针，更加保证产品优良品质，更加完善产业链结构，将企业社会责任纳入企业品牌的核心价值体系，争做优秀的“企业公民”。共同助力个人、企业、社会发展，让这份靠积累而成就的完美事业永续经营。

【完美大事记】

1994年，在中国广东省中山市创立。

1996年，向慈善万人行活动捐出第一笔款，资助中山市慈善公益事业。

1997年，位于中山石岐康华路1号的完美大厦落成。1997年，在延安捐建第一所完美希望小学。

1998年，转变经营方式为“店铺+雇佣推销员”，面向全国设立专卖店。1998年，董事长古润金获中国红十字会颁发“全国抗洪救灾先进个人”殊荣。

1999年，首次组织大规模无偿献血活动。2000年，位于中山石岐区东明北路民营科技园的完美第一个生产基地落成启用。2000年，作为第一家支持中国妇联发起“大地之爱.母亲水窖”项目的企业，捐款150万元。2001年，成为第一家主动申请GMP认证的保健品企业。2002年至2003年，先后通过保健食品GMP认证、HACCP食品安全控制体系认证、ISO9001质量管理体系认证、ISO14001环境管理体系认证等四项国际权威认证。

2003年，通过中国伊斯兰教协会的清真食品认证和固体饮料食品QS认证。

2003年，作为企业代表，参与《保健食品良好生产规范审查方法和评价准则》起草及决策提案工作。（该准则由国家卫生部卫生监督中心发出“卫法监发[2003]77号”令，现作为我国保健食品GMP评审依据）

2003年，作为企业代表参与由国家卫生部卫生监督中心组织编写，2004年由化学工业出版社出版的《保健食品良好生产规范实践指南》。

2004年，完美第二期工程智能化办公大楼及现代化物流控制中心落成启用。

2004年，在中国江苏省扬州市投资建设第二个生产基地——扬州完美日用品有限公司，总占地面积358亩，资产总额逾人民币5亿元，并于2008年6月23日投入使用。

2004年11月，资助中国第一列慈善眼科火车医院。2004年，被共青团中央授予“中国青年志愿者行动特别贡献奖”。

2005年，作为企业代表参与由广东省FDA组织编写，2007年由中国轻工业出版社出版的《广东省保健食品GMP实践指南》。

2005年1月起，每年为客户经理提供人身意外伤害保障。

2005年7月，捐资250万元用于建设山东济南显微眼科手术培训中心。

2005年10月，六种营养保健食品全部通过“国家体育总局运动医学研究所兴奋剂检测中心兴奋剂检测，证明产品不含刺激剂、激素类药物等任何国家及国际禁止运动员服用的违禁成分。2005年，被中华慈善总会评为“2005年中国优秀企业公民示范单位”。

2006年1月，每年投入巨资为完美优惠顾客购买人身意外伤害保险。

2006年11月，唯一一家获评“2006年度广东省优秀企业文化突出贡献单位”外资企业。

2006年12月，获准成为直销企业，可在广东省内开展直销业务，实现成功转型。

2006年，被国务院侨务办公室评为“全国百家明星侨资企业”。

2006年11月，与中国中医科学院结成战略合作伙伴，并在该学院设立“完美（中国）奖/助学金”。

2007年2月，“春暖2007——爱心总动员慈善公益项目推介会”，首家捐资300万元资助希望工程升级项目——“希望义工”。2007年4月，马中友好协会举行会员大会，董事长、马来西亚皇室拿督古润金太平绅士当选署理会长。2007年10月，新增设95105998语音服务系统。2007年11月，古润金董事长当选中国禁毒基金会第一届理事会副理事长，在中国禁毒基金会成立时捐助1000万元，并于2009年5月再次捐赠500万元人民币。

2007年，引进金蝶应用软件，实现企业信息化管理。2007年，获中华人民共和国卫生部、中国红十字会总会和中国人民解放军总后勤部卫生部授予“2004-2005年度无偿献血促进奖”；中国妇女发展基金会授予母亲水窖“突出贡献奖”；广东省青少年发展基金会授予“广东省实施希望工程十五周年‘突出贡献奖’”；中华健康快车基金会授予“扶贫济困、奉献爱心、关怀同胞、和谐社会”称号。2006年—2008年，连续荣获广东省中山市石岐区“安全生产先进单位”称号。2006年—2008年，连续三年获颁“中国食品安全十强企业”。董事长古润金连续三年被评为“中国食品安全十大人物”。2008年4月，公司检测中心获中国合格评定国家认可委员会（CNAS）实验室认可，成为国家认可实验室。2008年5月，抗震救灾累计捐赠款项及物资达3000万元人民币。2008年6月，由香港生产力促进局主办“最佳创建品牌企业奖2007（大中华区）”评选活动中荣膺“最具潜质品牌企业奖”。

2008年10月，喜获“2007年度中国独立企业属地纳税五百强排行榜”第429位和“2007年度中国外商及港澳台商投资企业纳税百强排行榜”第96位之殊荣，并于2007年和2008年连续进入广东纳税百强榜。

2008年，获评广东省著名商标；完美餐牌肽藻营养粉获颁“中国保健品科技进步奖”及“中山市科技进步奖”；活立多牌健肠口服液荣获第八届中国国际保健博览会“十佳保健品”称号；完美牌芦荟矿物晶获评中国保健协会中国保健品公信力产品；完美品牌获评中国保健协会中国保健品公信力品牌；活立多牌健肠口服液获评中国保健协会中国保健品公信力产品。

2008年，再度与金蝶集团携手合作企业战略咨询管理项目。

2008年，荣获“改革开放三十周年华商‘特别贡献奖’”、“广东省民间禁毒先进组织”、“中国红十字博爱奖章”，中华人民共和国民政部授予 “2008年度中华慈善奖”荣誉称号。

2003年-2009年，六次被中山市消费者委员会评为“热心 3.15公益活动单位”，两度获“中山市诚信单位”。

2009年1月，首次跻身由新华通讯社及中国品牌监测中心揭晓的“2008年度十大增值品牌榜”。

2009年3月，捐款2000万元，设立“完美和谐公益基金”。

2009年5月，完美企业技术中心被认定为“省级企业技术中心”。

2009年6月，与其他直销企业共同发起并制定《广东省直销行业自律公约》。

2009年7月，扬州完美顺利通过ISO9001质量管理体系、HACCP食品安全控制体系、ISO14001环境管理体系认证。

截至2009年9月，累计献血总人数超过11万人次，总献血量逾2600万毫升。

完美公司自2004年起在中国投资建设的第二个生产基地——扬州完美日用品有限公司，位于江苏省扬州市，总占地面积358亩。

完美中山总部拥有占地120亩的生产基地，内设研发中心、品质保证中心、保健食品厂、日用化妆品厂、采用德国ASRS全智能化仓储信息化系统的物流控制中心、智能化办公大楼、星级员工宿舍和员工俱乐部等。

新时代健康产业（集团）有限公司

NEW ERA HEALTH INDUSTRY GROUP CO.,LTD

树立健康养生理念 打造科学责任体系

【企业概况】

新时代健康产业（集团）有限公司成立于1995年，是中国新时代控股（集团）公司的支柱产业之一，总部设在北京，注册资本1亿元人民币。

自成立以来，新时代健康产业集团秉承军工企业的优良传统，始终以“发展民族产业，造福人类健康”为宗旨，弘扬“药食同源”的养生文化和“健康高于财富”的健康理念，全力促进科技成果的商品化和产业化，开发出天然、绿色、高文化品位、高科技的系列营养保健品、化妆品、个人用品和家居用品，受益者达数百万。

经过15年的发展，新时代健康产业集团已发展成为集原料采集、科研、生产、销售、服务为一体，包含4个子公司和31个销售分公司的集团公司。

北京市朝阳区安翔北里甲11号 北京创业大厦B座9层、18层、19层　总机电话：010-64850599

总经理黄永刚

【总经理致辞】

一个优秀的企业，必然是一个对社会负责任的企业；一个能持续发展的企业，必然是一个既能创造较多利润、又能积极回报社会的企业。企业只有实现与社会、环境和谐统一，才能做到永续发展，实现基业常青。

经受了全球金融危机的洗礼，分享了新中国六十周年华诞的荣耀，新时代健康产业迎来了十五周年的庆典。在过去的十五年里，我们秉承“发展民族产业，造福人类健康”的企业宗旨，努力把新时代健康产业做强做大，与此同时，始终将积极承担社会责任作为全体新时代人永恒的追求。

新时代健康产业的社会责任来源于我们“自立立他”的核心价值观，成长于我们十五年来践行社会责任的具体行动。它包含了我们对国家、对消费者、对销售员、对合作方、对社会、对环境等各利益相关方所承担的责任。十五年的实践证明，我们做到了企业自身发展与履行责任的和谐统一。追忆创业伊始的满腔豪情，是责任让我们在军转民时期，毅然扛起了发展民族产业、造福人类健康的大旗，将自身的责任与国家的发展、民族的振兴、人类的健康紧密联系在一起。

回首起步阶段的艰难困苦，是责任让我们在面对产业发展中的每一次困境、企业经营中的每一次挑战时永不言败、顽强拼搏，以“特别能吃苦，特别能战斗，特别能忍耐，特别能奉献”的精神，打造具有航天品质的健康产品和具有新时代特色的营销模式。

凝望创造辉煌的峥嵘岁月，是责任让我们继承中华传统文化，构建精神家园，发展健康大产业，打造事业大舞台，建设团队大家庭。广大新时代人在新时代的大健康产业中履行我们的责任与使命，在新时代的大舞台上实现人生的价值与理想，在新时代的大家庭里享受世间的真情与友谊。

踏上和谐发展的伟大征程，更是责任让我们在构建和谐社会的伟大事业中阔步前行，用文化力引领企业发展，坚持“和谐发展，立业百年”的发展理念，在发展健康大产业的浪潮中奋勇争先，兢兢业业地奉献我们“德行天下”的赤诚之心。

在新时代健康产业经历了十五年的风风雨雨，迎来发展的又一次腾飞之际，我们通过发布新时代健康产业的首份企业社会责任报告，系统梳理新时代人承担和履行着的社会责任。新时代健康产业的社会责任来源于我们“发展民族产业，造福人类健康”的企业宗旨，成长于我们十五年来践行社会责任的具体行动，它包含了我们对国家，对消费者、对新时代人、对社会、对环境等各利益相关方所承担的责任，实现了企业自身发展与履行责任的和谐统一。

本次企业社会责任报告的编制倾注了全体新时代人的心血和智慧，得到了各方面的大力支持，大家对公司企业社会责任报告的编制给予了充分的肯定，同时提出了许多宝贵的意见和建议，并对公司未来发展寄予厚望。这使我们收获喜悦的同时，更深感肩上责任的重大。

“心中巨龙，雄健犹从容；长歌豪迈，还看新时代”，新时代健康产业将在履行企业社会责任的道路上不断发展，奏响壮丽的华章！

【社会责任体系概述】

新时代健康产业的社会责任体系分为三个层面、六大责任。

三个层面

企业层面

一是诚信经营，科学管理，严抓质量，实现企业永续发展。

二是以人为本，提升素质，营造平等关爱的新时代大家庭。

产业层面

一是规范经营，全面服务，发展具有中国特色的经营模式。

二是弘扬中华养生，传播健康文化，促进健康产业发展。

社会层面

一是改善生态环境，践行低碳环保，引领绿色风尚。

二是心系和谐发展，热心社会公益，做优秀企业公民。

六大责任

一是发展民族企业责任：发扬军工精神，建设民族强企。

二是培养人才队伍责任：坚持以人为本，培养专业队伍。

三是促进行业发展责任：发展民族直销，携手共创价值。

四是造福人类健康责任：拓展健康产业，造福人类健康。

五是倡导低碳经济责任：倡导低碳经济，引领绿色风尚。

六是共建和谐家园责任：心系国家发展，共建和谐家园。

【发展民族企业责任——发扬军工精神 建设民族强企】

国务院国有资产监督管理委员会主任李荣融提出央企四大社会责任，第一是要做大做强；第二要依法经营、依法纳税；第三要生产出优质的产品；第四要尽自己的能力帮助弱者。

李主任提出的这四个责任和我们企业紧密相关，而他把做大做强列为四大社会责任之首，更是指出了企业社会责任的重点。

新时代健康产业秉承

“发展民族产业，造福人类健康”的宗旨，选择了适合中国国情，具有新时代特色的营销方式，依靠“四个特别”的精神以及勇于实践、大胆创新的智慧，采取顺势而为，乘势而上的经营策略，开创出一条具有新时代特色的民族企业成功发展之路。在全球金融危机的情况下，许多企业的市场萎缩，效益下滑，甚至破产倒闭。而新时代健康产业却逆势而上，获得了很大的发展。

十五年来，新时代健康产业不断发展壮大，实现了企业对社会的重要价值。这个成果是我们广大的销售员和员工走遍了千山万水，道尽了千言万语，吃尽了千辛万苦所换来的，这是我们全体新时代人对国家的贡献；这个成果记录着新时代健康产业从一个小小的松花粉项目发展成为集科工贸学于一体的企业集团的发展历程；这个成果标志着新时代军转民的艰辛，更彰显出新时代人走向市场经济大潮的大无畏的英雄气概；这个成果证明新时代人不仅可以承担保卫国家安全的使命，也同样能承担造福人类健康的责任。

在新时代健康产业做强做大的过程中，公司提供了无门槛、低风险的就业平台，向社会提供了大量的就业机会，帮助更多的人走上创业之路，切实履行了对国家、对社会的责任。我们有许多销售员，或是下岗职工，或是没有资本的普通百姓，但他们在新时代的事业平台上找到了事业的支点，看到了成功的希望，他们当中的许多人靠着自己的劳动，得到了公平的收入，获得了可喜的甚至是意想不到的收获，实现了人生价值。他们的家庭少了一些烦心，多了一份幸福。社会少了一个负担，多了一名建设者。

新时代健康产业在发展中高度重视食品安全与产品质量，不断强化食品安全意识，持续打造航天品质的优秀产品。依据《食品安全法》、《出口食品生产企业卫生注册认证管理条例》等法律法规及ISO9001质量管理标准、保健食品良好生产管理规范（GMP）、HACCP食品安全规范等保证体系，建立了配备有各种先进检测设备和各类高层次专业人才的现代化食品安全公共实验室。

新时代健康产业作为世界上最大的松花粉深加工企业，积极推动相关行业标准的建立和推广。2004年1月，新时代健康产业受国家有关部门委托，牵头起草的《松花粉行业标准》正式颁布实施，填补了松花粉行业标准的空白，使松花粉这一天然保健珍品的研发与生产有了科学的标准，促进了行业的规范发展。在这当中新时代健康产业将多年积累的技术数据和经验无偿地奉献给社会，为更多的企业能够依据标准，生产符合技术要求、保障百姓安全的优良产品做出了突出贡献。

新时代健康产业始终坚持诚信为本，努力实现与消费者、销售员、合作方的互助共赢。公司大力加强信用体系建设，在经营过程中兑现承诺，反对虚假宣传，产品保持了较高的性价比，切实保障了销售员的权益，坚决维护了消费者的利益。公司与供应商、银行等合作方建立了良好的关系，合同签订率和合同履约率均为100%。2009年，公司被授予“2009-2010年度纳税信用A级企业”称号，多次被评为“重合同守信用企业”，并荣获首批“中国保健行业企业诚信等级AAA级”殊荣。

【促进行业发展责任——发展民族直销 携手共创价值】

商务部直销行业管理信息系统

您的位置：首页 > 企业有关声明

新时代健康产业（集团）有限公司声明

2006-07-06 08:32:21

国务院颁布的《直销管理条例》和《禁止传销条例》实施后，公司向主管部门报送了《关于申请直销经营许可证的报告》，正式申请《直销经营许可证》。如我公司获得商务部批准从事直销业务，一定兑现如下承诺：

1、公司严格遵守《直销管理条例》等法律法规，禁止团队计酬，公司支付给直销员的报酬只能按照直销员本人直接向消费者销售产品的收入计算，报酬总额（包括佣金、奖金、各种形式的奖励以及其他经济利益等）不超过直销员本人直接向消费者销售产品收入的30%。公司承诺将严格自查分支机构、直销员行为,保证不从事传销。

2、公司承诺对服务网点售后服务承担相应法律责任。承诺对有经营行为的服务网点的经营行为、产品质量、售后服务承担相应法律责任。

3、公司承诺直销的产品符合直销产品公告（商务部、工商总局2005年第72号公告）的要求。

4、公司信息披露的网址为http://zxpl.5dgz.com。

公司将继续坚持诚信经营、规范运作，积极接受政府和社会的监督，为构建和谐社会做出我们的贡献。

新时代健康产业（集团）有限公司
二〇〇六年七月五日

主管部门：商务部外资司、市场建设司
网站管理：商务部信息化司
技术支持：中国国际电子商务中心

新时代健康产业在发展过程中，始终牢记自己民族产业的特征，本着对公司发展负责、对市场负责、对社会负责、对国家负责的态度，主动向社会承诺规范经营，通过制定《销售员管理办法》等制度，保证在经营中遵守国家法律法规，诚实规范经营，维护良好的经济秩序和社会秩序，积极配合监管部门的工作，打击违法行为，禁止不规范操作，树立良好的行业形象。新时代健康产业结合中国国情，积极探索，主动转型，在业内率先进行了营销模式的创新，建立国珍专营系统，实现品牌效益、经济效益和社会效益的最优化，促进社会、企业和广大新时代人和谐发展，在行业内树立起一面新时代旗帜。

公司本着“创造价值，成就梦想”的事业理念，从销售员的创业愿望和成长需求出发，优化管理，增强能力，为销售员开拓市场提供保障，为消费者营造放心的消费环境，帮助新时代人实现与企业的互助共赢。

公司秉承“专业服务，真诚无限”的服务理念，制定并不断完善各项管理制度及服务规范。随着公司在强化服务理念、完善服务体系以及提升专业化服务水平方面的不断进步，基本做到了专营店运行有规范，销售员行为有管控，消费者服务有保障，公司客户的满意度不断提高。

【造福人类健康责任——拓展健康产业 造福人类健康】

随着社会经济的快速发展，亚健康人群逐渐增多，健康问题日益成为现代社会迫切需要解决的一大难题。我们通过大量的调研、论证认为，中华养生文化强调“不治已病治未病”，“药食同源”，重视调理，是解决亚健康的最佳选择，具有广阔的发展空间。

温家宝总理在《2010年政府工作报告》中指出“扶持和促进中医药、民族医药事业发展”。

作为民族企业的新时代健康产业主动承担起了继承、弘扬中华民族“药食同源”养生文化的责任，公司创建之时，在酝酿产品定位时，没有选择西方保健理论作为依据，没有盲目引进外国产品，而是把着眼点定在了具有几千年悠久历史的富有神奇智慧的中华养生上。依据“不治已病治未病”的思想，公司把目标顾客定位在亚健康人群，对人们日常衣食住行各方面进行深入调查，找到人们真正的健康需求等，综合各方面因素向消费者有针对性地提供健康解决方案。

十五年来，公司通过将绿色天然的传统养生珍品与高科技相结合，努力研发天然、无污染的绿色健康产品以满足人们对现代健康生活的需求。截至目前，公司已成功开发了营养保健品、化妆品、个人用品和家居用品四大类100多种产品。以松花粉为例，据史料记载，松花粉具有2400多年的应用历史，具有极好的保健价值。新时代健康产业采用先进技术保鲜，精选松花粉，确保全营养成份不流失；又通过专用的低温破壁装置，将其破壁到3-5微米，确保松花粉营养成分充分释放。这种不追求某单一营养素，而强调天然、全营养、综合调理的具有中国特色的保健品在解决亚健康问题方面呈现出极大的优势，受益者过百万，著名营养学家于若木盛赞：“国珍松花粉，上帝赐给人类的保健珍品。”松花粉的成功，不仅是一个产品的成功，更是中华养生文化的成功，是我们以中华养生理念战胜亚健康这种选择的成功。

依据“天人合一”的哲学思想，多年来，新时代健康产业在为社会提供健康产品的同时，聘请知名专家，在全国各地举办“新时代健康大课堂”，通过丰富多彩的健康宣讲和健身实践活动，积极传播正确的健康养生理念和正确的适合的健康生活方式。通过不断学习与总结，广大新时代人积极宣传健康文化，让更多人也为推动全民健康教育做出了积极的贡献。

为弘扬“动静相兼”的传统养生文化，公司积极举办了太极拳大赛、健康长走等群众性健身活动。广大新时代人发挥影响和带动作用，积极实践和推广全民健身，形成了良好的社会示范效应，使健康养生理念更加深入人心。有许许多多的人在新时代这个平台上，通过参与健身教育、健身活动和使用公司产品获得了身心健康。

公司以市场为中心，以顾客价值为导向，积极传播健康理念，研发、推广健康产品，普及健康文化、健康生活方式和提供针对性的健康解决方案。同时，公司不断探索“大健康”产业模式，不仅提供健康平台，还打造健康产业链，力求社会因人们的健康而更加和谐。

【倡导低碳经济责任——倡导低碳经济 引领绿色风尚】

胡锦涛总书记在《在中国科学院中国工程院院士大会上的讲话》上提出："作为工业化、城镇化快速发展的人口大国，我国面临的能源资源和生态环境矛盾尤为突出，推动可持续发展任务尤为艰巨。全球发展面临的严峻挑战迫切需要创新经济发展方式。"

新时代健康产业积极发展循环经济，深入挖掘松、竹资源价值，使原本无人利用的松花粉、竹叶等可再生资源得到了可持续、高附加值的开发与利用。而马尾松、油松、淡竹等，适应性强，病虫害少，属于绿化荒山的防止水土流失的重要植物，改善环境的作用显著。平时无人问津的这些多年生的植物，成了老百姓的"摇钱树"。公司在经济发展相对落后的老少边穷地区建设采收和初加工基地，通过组织当地农户采集、加工松花粉及竹叶，为农户提供了一条低投入、高产出、覆盖面广、见效快的增收之路，调动了农民保护植物资源、扩大种植规模的积极性，对农村经济的发展起到了积极的拉动作用，

形成了生态环境保护的良性循环。公司在收购原料的同时，还向当地农户提供培训，举办森林防火讲座，配合当地政府在保护生态资源的基础上实现可持续发展。

【共建和谐家园责任——心系国家发展 共建和谐家园】

新时代健康产业坚持“和谐发展，立业百年”的发展理念，勇于担负民族企业的责任，关注国家发展和人民福祉，热心公益慈善，关注弱势群体，以弘扬传统文化来构建现代社会精神家园，以满腔热忱为中国的航天、教育、体育事业贡献力量，以灾难之际挺身而出扶危救难来彰显无疆大爱！

改革开放三十多年，中国因为思想的解放和经济的腾飞而日益强大。胡锦涛总书记在十七大报告中指出，“中华民族伟大复兴必然伴随着中华文化繁荣兴盛”，温家宝总理在《2010年政府工作报告》中也指出：“继承和弘扬中华民族优秀传统文化，吸收和借鉴世界各国文明成果，建设中华民族共有精神家园。国家发展、民族振兴，不仅需要强大的经济力量，更需要强大的文化力量。文化是一个民族的精神和灵魂，是一个民族真正有力量的决定性因素，可以深刻影响一个国家发展的进程，改变一个民族的命运。没有先进文化的发展，没有全民族文明素质的提高，就不可能真正实现现代化。”我们在中国共产党的领导下，解放思

想，改革开放，三十年取得辉煌成就的形势下，中央领导将中华文化的兴盛与中华民族伟大复兴及真正实现现代化紧密相连，是高瞻远瞩的，也是伟大的号召。社会发展需要传统文化的回归，弘扬中华传统文化，建设中华民族自己的精神家园，成为当下每个中国人心灵深处的渴求。

作为央企公司，新时代健康产业肩负国家赋予的使命，主动把“弘扬传统文化，构建精神家园”作为企业的重要责任。十五年来，公司从传统文化中汲取智慧和力量，并作为新时代文化的源点，形成企业的宗旨、核心价值观、愿景与精神，真正做到以传统文化的道德观和哲学智慧去经营管理企业，真正做到将道德品质作为衡量新时代人的重要标准。在新时代大家庭里，新时代人学会用传统道德去规范自己和对待别人，真正领悟到生命的大智慧，享受着人生的大快乐，这就是新时代人为之依赖的精神家园。

新时代人希望通过积极践行传统文化，不断影响周围的人，使大家共同秉守良好道德，共建精神家园，共建和谐社会，新时代人将坚持履行这份责任，并将其作为公司不断发展前行的最大动力。新时代健康产业正是在传承和弘扬中华民族优秀传统文化，吸收和借鉴世界各国文明成果，建设中华民族共有精神家园而不断发展壮大的。

“沧海横流，方显英雄本色。”每当国家有难，新时代健康产业总是第一时间出现在抢险救灾的最前线。公司成立至今，通过中国预防艾滋病基金、中国红十字会、中国青少年发展基金会等公益机构，向社会弱势群体、灾区民众捐款捐物达数千万。新时代健康产业以实际行动诠释了“德行天下”的深刻含义。2008年5月12日，四川省汶川县发生8.0级强震，重创了中华大地，摧毁了绿色家园。新时代健康产业挺身而出，在地震发生后，是第一家向灾区捐助的直销企业，共向灾区捐赠价值1100多万元的款物，捐建40间抗震希望教室。2010年4月14日，青海省玉树藏

族自治州玉树县发生7.1级地震。公司心系灾区同胞，在第一时间将救灾物资用专车送往灾区。全国各地的新时代人无论是在大灾面前，还是在日常生活当中都时刻想着那些需要帮助的人们。奉献爱心，大到捐建希望学校，向灾区捐赠几十顶帐篷，小到为身边有困难的人捐出几件衣物、几元钱，向孤寡老人送去一碗面，向遇到困难孩子送去学习用品。

“少年智则国智，少年强则国强，少年进步则国进步。”新时代人深知，教育关系着国家的前途和命运，支持中国教育事业，是新时代人义不容辞的责任。为了让贫困地区的孩子们有学上，有书读，自2004年起，新时代健康产业先后在北京昌平、山东沂源、甘肃迭部腊子口、新疆吉木萨尔、江西靖安、四川什邡等地捐建国珍希望学校，改善当地办学条件，为孩子们的健康成长献出一份爱心。

新时代人深知，一个国家体育事业的发展是国富民强的重要指标之一，体育事业的发展不但能够强健民族的体魄，更能够激励人们顽强拼搏的斗志。能够支持中国体育事业，是新时代健康产业的荣耀和自豪。2008年北京奥运会，新时代健康产业组建了国珍志愿者队伍，140名新时代人以特有的热情和活力服务奥运，以灿烂的微

笑和真挚热情的服务为北京奥运增光添彩。2009年，新时代健康产业冠名“国珍杯”共和国60年体坛影响力活动，通过这一活动来表彰优秀运动员为中国体育事业顽强拼搏、无私奉献的精神，切实履行了助力国家体育事业、提升社会健康水平的责任。

为实现公益事业的可持续发展，使更多新时代人参与公益，奉献爱心，感受大家庭的温暖，2009年7月18日，国珍爱心基金会正式成立。国珍爱心基金会以“开展社会救助，倡导全民健康，助力公益事业”为宗旨开展公益活动，使新时代健康产业的公益事业迈向了更科学、更规范的新高度。以国珍爱心基金会的建立为契机，新时代健康产业必将在发展公益事业的道路上长歌豪迈，以赤诚之心绘出和谐社会的新篇章！

雅芳（中国）有限公司

AVON PRODUCTS CHINA CO.,LTD

以关怀女性为特色的公益工程

【企业简介】

125年来，雅芳为无数女性带来了美妙的机遇。她们实现经济独立，成就自我；她们团结互助，让每一个人的心都充满了强大的力量。从1886年来，雅芳开启了一扇门，自那时起，数百万女性通过这扇门踏上自我发现的旅程，实现了梦想，并开创属于自我的一片天地。这就是雅芳，一家通过做出种种努力，让世界更美好的公司。

在历史长河中，凭借着与女性建立的坦诚的关系和互信的情感联系，雅芳从美国加州的一个香氛公司发展成为颇具规模的美容品跨国公司，位居全美500强之列，向全球100多个国家和地区的女性提供两万多种产品，开启了全球数百万女性的事业之门，并通过全球最大的女性基金会"雅芳基金会"为妇女的健康和福利做出努力。

雅芳的愿景是要在产品、服务、及自我实现各方面，成为最能了解、最能满足全球女性需求的企业——“比女人更了解女人”，这是雅芳的核心魅力，更是对广大女性的郑重承诺。

雅芳一直恪守"信任、尊重、信念、谦逊和高标准"的雅芳价值观，拥有43000名员工，年销售收入超过100亿美元，通过超过650万名独立的营业代表向全球100多个国家和地区的女性提供各类产品，包括著名的雅芳色彩系列、雅芳新活系列、雅芳柔肤系列、雅芳肌肤管理系列、维亮专业美发系列、雅芳草本家族系列、雅芳健康产品和全新品牌Mark系列，以及种类繁多的流行珠宝饰品。

广州市天河路208号天河城侧粤海天河城大厦32楼　全国服务热线：400-8899-668

【价值观念】

“成为一家最了解女性需要，为全球女性提供一流的产品以及服务，并满足她们自我成就感的公司。简言之，成为一家比女人更了解女人的公司”。因为雅芳深信，女性的进步和成功，就是雅芳的进步和成功。

价值观

信任 尊重 信念 谦逊 诚实

企业文化

雅芳的人力资源，是我们企业发展策略的根基。在公司愿景和价值观的引导下，我们要充分发挥雅芳人的力量，建立一个追求高绩效的环境。

- 力行我们的准则与价值观
- 积极推动我们的策略
- 成为能激励别人、有抱负的领导
- 致力于对卓越表现进行奖励
- 全心以顾客为尊
- 培养世界级的卓越人才
- 保持和发扬雅芳的友好精神

经营理念

- 生产品质一流的产品
- 提供热情专业的服务
- 保持科技领先优势
- 拓展多种购物渠道
- 传播国际化的企业形象

管理宗旨

有效的领导建立在与下属良好的关系之上。这一关系的建立，则基于以下五个方面：

董事会主席兼首席执行官钟彬娴

信任他人、尊重他人、对他人有信心、谦逊、高标准——这就是雅芳企业文化的精神所在。

管理风格

我们相信，在雅芳的每个员工，不论其个人背景如何，都应得到公正平等的待遇。我们将为所有员工提供一个开放的、友好的、不断更新的工作环境。运用灵活的管理作风，结合运作规范来培养团队精神和鼓励每个人发挥其最高潜能，奖励他们为公司的成功而做出的贡献。

“在21世纪作为雅芳的一员，我们感到无比荣耀。这是公司历史上特殊的时刻，因为我们的努力与信念有助于给未来的女性创造更美好的生活和开创新的机会。然而这种机会也伴随重大的责任。幸而在雅芳愿景、使命、价值观和原则引导下，我们不会忘却初衷，更不会迷失方向。”

【社会责任】

2009年3月，雅芳荣获由美国职业妇女协会（NAFE）评选出的“2009十大最适合女性行政人员服务的公司”。此前雅芳曾连续5年入选该榜，并多次荣登榜首，被誉为是“最适合职业女性发展的公司”。

2009年3月：雅芳在全球企业社会责任领域权威杂志CRO Magazine评选出“2009年度优秀企业公民100强”中名列第18位。此前雅芳曾8次入选该榜。

2008年9月：雅芳（中国）有限公司在由《世界经理人周刊》联合世界HR实验室及《世界企业家》杂志共同举办的评选活动中，荣获2008年“中国TOP100最佳雇主”荣誉称号。

2008年：雅芳（中国）生产基地在雅芳全球“环境保护，健康与安全大会”上被授予“环境保护金奖”。

2007年12月： 雅芳（中国）有限公司摘得“最具中国心的跨国公司”称号，此项大奖是由商务部外资司、中国外商投资企业协会指导，商务部《中国外资》杂志社主办，商务部国际贸易经济合作研究院、跨国公司研究会和中华慈善总会及人民网和全球企业公民网共同组织评选的。

2005年： 中国雅芳广州生产基地的废水治理工程获得广东省环境保护产业协会授予的“2005年环保嘉奖”，并入选2005年国家重点环境保护实用技术示范工程。

2005年11月29日： 雅芳（中国）有限公司荣获由亚太人力资源研究协会（APHRRA）、财智杂志（中国）限公司共同评选出的“2005中国人力资源年度奖之——十大行业百佳雇主企业奖”。

2004年7月： 中国雅芳广州生产基地以其出色的环境管理体系获得国家质量认证中心颁发的ISO14001：1996认证。

2003年8月： 中国雅芳广州生产基地以其优异的质量管理体系获得国家质量认证中心颁发的GB/T19001和ISO9001：2000认证。

2000年-2005年： 雅芳入选美国权威杂志《商业道德》全美“百名最佳企业公民”（奖项创始以来仅有的19个连续六年蝉联此项荣誉的企业之一）。

2005年-2006年： 雅芳被《财富》杂志（Fortune）评为“最受尊敬的日化品公司”第四名。

1999年—2001年： 雅芳在《职业女性》杂志举办的“25家最适合女性行政人员服务的公司”评比中荣登榜首，这是雅芳自1999年以来在该项评选中连续第三次摘冠。

2002年3月：雅芳被《财富》杂志（Fortune）评为“最受尊敬的日化品公司”第四名。

【公益项目】

雅芳在中国乳腺抗癌活动

目前，全世界已有100万名乳腺癌患者，乳腺癌已成为全球女性健康的头号“杀手”。“帮助全球女性对抗乳腺癌！”雅芳责无旁贷地挑起了这个重任。从1992年至今，雅芳已筹集了1.5亿美元，并成立了“雅芳全球妇女健康基金会”，把爱和承诺付之于行动。而其属下的“雅芳乳腺癌认识会”为乳腺癌早期发现和教育提供了5500万美元的资金。2000年10月，纽约著名的第五大街的交通线漆出了一条由第42街到第59街的“一英里粉红带”，这是为了表示纽约市要唤起人们对妇女乳腺癌的重视的决心，其中粉红色代表了雅芳，以表彰雅芳在这方面所作出的贡献；同时，10月10日也被宣布为“雅芳抗癌日”。

2005年

2005年10月21日，“雅芳粉红丝带全球传递”中国站活动在北京水关长城举行。作为中国雅芳“2005抗乳癌长城行”系列活动的终点，在北京水关长城举行的活动将把中国雅芳积极参与“雅芳抗击乳癌全球行”以庆祝“全球雅芳基金成立暨开展慈善事业五十周年”的庆典活动推向高潮。

8月27日，中国雅芳与 “中国癌症研究基金会” 在嘉峪关长城脚下共同举行了“远离乳癌，健康一生——中国雅芳抗乳癌长城行” 义诊公益活动，为“雅芳全球基金会”成立50周年在中国的纪念活动拉开了序幕。

3月8日，雅芳在妇女节来临之际向上海市妇联捐赠了价值38万元的爱心产品及一万份乳腺健康保健宣传册。这是继2003年以来的连续第三年爱心捐赠，至此，捐赠总额达到了114万元人民币。同月，雅芳还在南京进行了“爱心礼包”义卖，并将所得款项捐赠给“中国癌症研究基金会”。

2月26日，雅芳向“中国癌症研究基金会”下设的“雅芳爱心基金”捐赠90万元人民币，这是继2003年之后的又一次捐赠，目前捐款总数已达到290万元人民币。

2004年

8月，雅芳“健康·珍爱·希望” 公益巡回沙龙在全国74个大中城市相继展开，特别在北京、深圳、南京、上海、广州、成都六大城市隆重举行。雅芳特邀医学、营养学、运动学、心理学专家，为女性奉献乳腺健康指南，让女性远离乳腺癌，健康美丽一生长随。

5月9日，母亲节之际，雅芳与上海市妇联、上海市癌症康复俱乐部共同举办了“健康·珍爱·希望——赞美坚强母亲”的爱心活动，2000多位身患乳癌的坚强的母亲收到了雅芳特别准备的赞美卡。

4月20日，配合全国第十届“抗乳癌宣传周”，雅芳与“中国癌症研究基金会”联合搜狐网站，推出以“健康·珍爱·希望”为主题的在线论坛。乳腺疾病防治专家张保宁教授在线提供健康咨询，抗癌斗士叶丹阳女士以其征服乳腺癌的亲身经历勉励患病女性。

3月，中国雅芳与中国癌症研究基金会共同合作，在北京举行了大型的乳腺检查、义诊活动。

2003年

雅芳继续推广“远离乳癌，健康一生”的公益活动，先后在沈阳、北京、乌鲁木齐、拉萨、广州、上海等城市为广大妇女举行了高规格的义诊。中国雅芳向上海市妇联下属的“雅芳爱心基金”以及“中国癌症研究基金会”共捐赠了人民币153万元，为各地女性进行乳腺义诊，宣传普及乳腺健康知识，进行医疗扶贫和科学研究。

2002年

雅芳全球乳腺抗癌活动来到了中国，把乳腺健康知识和对女性的关爱带到青海西宁、广州、上海和首都北京，并通过义卖把所筹资金共258万元分别捐赠给4个城市的当地政府和妇联组织，用于对乳腺健康知识的普及教育和对疾病的防治工作。

2001年

雅芳“乳腺癌认识会”来到中国，率先在广州举办“远离乳癌，健康一生”公益活动。本次活动中，雅芳（中国）有限公司向广州市女职工委员会捐赠了人民币20万元，用于为患癌困难女职工提供经济援助。

与联合国妇女发展基金合作

2008年3月4日， 雅芳产品公司与联合国妇女发展基金会共同宣布，双方达成伙伴关系，为推动成就女性事业 以及消除针对女性暴力行为展开合作。雅芳承诺向联合国妇女发展基金管理下的联合国信托基金捐助100万美元，以资助其消除针对女性暴力行为的项目。这项捐助将通过宣布成立的雅芳成就女性基金来实现，这一基金同时也是雅芳与联合国妇女发展基金合作伙伴关系的重要组成部分。这些资源将会推动联合国信托基金的核心工作，加强相关法律、政策以及政府计划的实施，为预防并减少针对女性暴力行为的蔓延贡献力量。

雅芳女性基金会

“让全球女性过得更好，这是我们的使命。”

——雅芳基金会执行总监Carol Kurzig

雅芳女性基金会成立于1955年，作为全球最大的由企业支持的女性基金会，雅芳女性基金会一直致力于实现改进全世界女性及其家庭生活水平的使命。2010年，雅芳女性基金会捐助8亿多美元，为全球50多个国家的妇女提供帮助。目前，雅芳的慈善关爱聚焦乳腺癌治疗研究并通过雅芳乳腺癌防治活动，将关爱传递给每个女性朋友；雅芳发起“大声说出来反对家庭暴力”的活动，消除针对女性的家庭暴力行为。此外，雅芳为重大自然灾害和紧急事件的灾后救援提供慷慨帮助。

成就女性回馈社会

雅芳关注的不只是满足女性对美的诉求，更照顾到每一位妇女对经济独立的渴望，并跟随着时代的变迁不断调整以帮助女性追求更高的成就。因为雅芳深知成就女性的力量，相信成就女性不仅可以帮助她们改善生活，更好地抚养孩子，照顾家庭，还能提高很多家庭的生活品质，甚至促进社区乃至整个社会的和谐。

多年来，我们的慈善事业已成为变革的催化剂，重点关注对女性具有重要意义的事业，时常在这些问题被广泛讨论之前便给予关注。

我们的成功有赖于广大女性组成的卓越基层网络，就是雅芳遍布全球每个角落的 650 万名直销员。这是一支强大的美好力量，她们的努力提升了人们对保证女性健康和安全之主题的认识，为这些事业募集了十分宝贵的资金。

如今，雅芳已成为世界最大的女性企业慈善机构，正接近实现在 2012 年之前募集 10 亿美元的目标。

雅芳全球抗乳癌公益活动

作为一家″比女人更了解女人″的企业，雅芳认为，女性的健康、美丽和成功，就是雅芳的成就。雅芳为妇女的健康与福利所作的努力，尤其在防治乳癌上的突出贡献深获社会各界的肯定。

雅芳基金会从1955年成立至今半个世纪以来，为提高女性的经济发展机会及促进妇女身心健康做出了巨大的努力。雅芳抗乳癌行动于1992年启动，并相继在全球五十多个国家展开了各项活动。2000年10月，纽约著名的第五大道的交通线漆出了一条从第42街到第59街的"一英里粉红带"，以唤起人们对妇女乳腺癌的关注。其中粉红色代表了雅芳，以表彰雅芳在这方面所作的贡献；10月10日也被宣布为"雅芳抗癌日"。

截至2007年，雅芳基金会在全球范围已成功筹集并捐赠了5.25亿美元，用于提高人们对该疾病的关注程度，以及发展根治乳癌技术。善款主要用于支持五个方面活动的开展：公众关注程度和教育，检测和诊断，治疗，支持服务以及科研。受患者包括领先的癌症中心以及社区非营利乳房健康计划，所有相关的组织连成一个集研究，医疗，社会服务和社区组织为一体的国际性网络，专注于对抗乳癌，关注病患者。

雅芳乳腺癌长走活动

雅芳乳腺癌长走活动每次都会吸引来自全美各地男女老少的参加者。

2006年雅芳纽约长走活动共募集了970万美元的资金。所有在长走活动中筹得的善款都由雅芳基金会管理和分配。

2007年全年在美国的雅芳长走活动，除10月6日-7日在纽约这一场外，还包括5月5-6日在华盛顿、5月19-20日在波士顿、6月2-3日在芝加哥、6月23-24日在丹佛、7月7-8日在旧金山、9月15-16日在洛杉矶，以及10月20-21日在北卡罗来纳州夏洛特市举行长走活动。

反对家暴 和谐生活

雅芳与联合国妇女发展基金宣布伙伴关系，为消除针对女性暴力行为以及推进成就女性事业而共同努力。

2008年3月4日， 雅芳产品公司与联合国妇女发展基金共同宣布，双方达成伙伴关系，为推动成就女性事业 以及消除针对女性暴力行为展开合作。雅芳承诺向联合国妇女发展基金管理下的联合国信托基金捐助100万美元，以资助其消除针对女性暴力行为的项目。这项捐助将通过宣布成立的雅芳成就女性基金来实现，这一基金同时也是雅芳与联合国妇女发展基金合作伙伴关系的重要组成部分。这些资源将会推动联合国信托基金的核心工作，加强相关法律、政策以及政府计划的实施，为预防并减少针对女性暴力行为的蔓延贡献力量。

雅芳之声 震撼发声

雅芳正式启动“雅芳之声”（Avon Voices）比赛。这是一场全球性的、通过网络搜寻女性唱歌达人和男女歌曲创作人的比赛。作为2011年雅芳125周年系列庆典活动的重要组成部分，“雅芳之声”（Avon Voices）向全球60多个国家的音乐爱好者和遍布世界各地的6200万名雅芳合作伙伴发出邀请，通过音乐来一同点燃这场全球性的盛会。

“125年来，雅芳一直致力于帮助女性寻找她们自己独一无二的声音，实现她们的梦想。我们非常高兴可以给全球女性提供这样一个机会，通过这场前所未有的全球音乐达人比赛来展示她们自己的声音和歌曲。”雅芳公司CEO及董事会主席钟彬娴表示，“‘雅芳之声’（Avon Voices）将与全世界女性一同庆祝雅芳辉煌的过去、展望雅芳美好的未来，传播美丽、灵感和音乐。”

雅芳"Hello Green Tomorrow"筹款活动在地球月启动

为庆祝世界地球日，2011年4月中旬，雅芳在全球50个国家通过义卖Hello Green Tomorrow系列产品，募集善款，并号召世界人民共同参与“播下希望的种子”活动，致力于恢复南美及印度尼西亚濒危的热带雨林。义卖的所有收益，将分别捐赠予“大自然保护协会”和“世界野生动物基金”，用于保护在南美洲的大西洋热带雨林以及印尼植树造林项目（婆罗洲和苏门答腊）。

自1886年雅芳成立以来，回馈社会和环境就一直成为生产、经营的指导原则。今天，雅芳把这项原则贯彻到日常生活中，通过这场全球女性环保活动，共同保护环境。

在雅芳的支持下，大自然保护协会在保护巴西的大西洋雨淋（世界上物种最丰富也是受破坏最严重的森林之一）上取得了重要的进展。Mark

Tercek（ 大自然保护协会主席兼CEO）表示，“大西洋雨林是成千上万动植物的栖息地。保护它对于我们人类和自然界来说都有着极其重要的意义。”

雅芳捐赠100万美金支持海地灾后救援

近日，雅芳公司宣布向刚刚遭受地震灾害的海地捐赠一百万美金，支持灾后救援工作。这笔善款将通过雅芳女性基金会分别捐赠给美国红十字会（the American Red Cross）和无国界医师组织（Doctors Without Borders）这两家深入海地开展救援的公益机构，用于为灾区人民提供紧急的日常生活必需品，包括饮用水、食物及医疗援助。

雅芳E-lady学院正式开学，引领健康关爱新体验

为了让更多女性轻松走近健康生活、对如何防治乳腺癌有更直观、全面的了解，雅芳于近期正式开通了——雅芳E-lady学院暨乳腺癌防治网络专区，希望借助网络的力量普及乳腺癌防治知识，令更多中国女性朋友受益。

雅芳E-lady学院分为体检处、E-lady大课堂、测试堂、城市健康专区、乳癌专家团五大板块。在这里，您可以体验量身订制的个性化乳腺健康体检；获取中国癌症基金会专家们精心准备的乳腺癌防治的基础知识；了解饮食保养、运动保健、心理咨询等丰富培训内容；还可以通过各种有趣的互动小游戏全方位体验健康乐活新主义。

【荣誉和奖项】

2010年12月：雅芳（中国）有限公司荣获“中国妇女慈善奖”，此项大奖是由全国妇联、中国妇女发展基金会为表彰雅芳在女性公益事业上做出的杰出贡献，特别

2009年6月：中国雅芳供应链被授予2006-2008全球雅芳供应链最高荣誉——供应链卓越表现奖” 。

2009年4月：雅芳凭借卓越的业绩表现入选美国《商业周刊》杂志评选出的年度“最佳业绩50强”，位列榜单第13位，再次成为唯一上榜的化妆品直销企业。这也是雅芳连续第三年获登该榜（2008年第18位，2007年第13位）。

2009年3月：雅芳荣获由美国职业妇女协会（NAFE）评选出的“2009十大最适合女性行政人员服务的公司”。此前雅芳曾连续5年入选该榜，并多次荣登榜首，被誉为是“最适合职业女性发展的公司”。

2009年3月：雅芳在全球企业社会责任领域权威杂志CRO Magazine评选出“2009年度优秀企业公民100强”中名列第18位。此前雅芳曾8次入选该榜。

2008年9月：雅芳（中国）有限公司在由《世界经理人周刊》联合世界HR实验室及《世界企业家》杂志共同举办的评选活动中，荣获2008年“中国TOP100最佳雇主”荣誉称号。

2008年：雅芳（中国）生产基地在雅芳全球“环境保护，健康与安全大会”上被授予“环境保护金奖”。

2008年5月：雅芳名列美国《财富》杂志2008年“全美500强” 第265位； 位居家居及个人护理品行业第四位；同时入围“最佳股东权益回报”榜单，名列第14位，是唯一上榜的直销企业。

2008年4月：雅芳（中国）连续第三年荣获“雅芳开拓先锋奖”。

2007年-2008年：雅芳入选美国《新闻周刊》中文月刊 “2006年/2007年全球最强企业排行榜”，在居家用品行业分别列第7位和第8位。

2007年12月：雅芳（中国）有限公司摘得“最具中国心的跨国公司”称号，此项大奖是由商务部外资司、中国外商投资企业协会指导，商务部《中国外资》杂志社主办，商务部国际贸易经济合作研究院、跨国公司研究会和中华慈善总会及人民网和全球企业公民网共同组织评选的。

2006年3月：雅芳（中国）获国家商务部授予的国内首张直销经营许可证。

2006年3月：“雅芳直销模式”被经济观察研究院等机构联合授予“2005年度商业标杆” 称号。国内唯一获此殊荣的直销企业。

2005年-2006年：雅芳被《财富》杂志（Fortune）评为“最受尊敬的日化品公司”第四名。

2000年-2005年：雅芳入选美国权威杂志《商业道德》全美“百名最佳企业公民”（奖项创始以来仅有的19个连续六年蝉联此项荣誉的企业之一）。

2005年11月29日：雅芳（中国）有限公司荣获由亚太人力资源研究协会（APHRRA）、财智杂志（中国）限公司共同评选出的“2005中国人力资源年度奖之——十大行业百佳雇主企业奖”。

2005年：中国雅芳广州生产基地的废水治理工程获得广东省环境保护产业协会授予的2005年环保嘉奖，并入选2005年国家重点环境保护实用技术示范工程。

2005年4月：雅芳（中国）获国家商务部和国家工商总局正式批准，在北京、天津直辖市内和广东省全省内进行直销试点，是国内首家也是唯一一家获得直销试点资格的企业。

是在母亲安居工程中所做出的努力而颁发的。

2004年7月：中国雅芳广州生产基地以其出色的环境管理体系获得国家质量认证中心颁发的ISO14001：1996认证。

2003年8月：中国雅芳广州生产基地以其优异的质量管理体系获得国家质量认证中心颁发的GB/T19001和ISO9001：2000认证。

2002年3月：雅芳被《财富》杂志（Fortune）评为“最受尊敬的日化品公司”第四名。

1999年—2001年：雅芳在《职业女性》杂志举办的“25家最适合女性行政人员服务的公司”评比中荣登榜首，这是雅芳自1999年以来在该项评选中连续第三次摘冠。

【雅芳（中国）大事记】

1990年，雅芳投资2795万美元与广州美晨股份有限公司合资成立“中美合资·广州雅芳有限公司” 正式全面入驻中国市场11月，雅芳在中国成立了第一家分公司——广州陵园西分公司，开始了在中国的首次业务。

1998年，雅芳积极配合国家政策，暂停所有直销营运，并随后成为中国首家获政府批准转型的企业，采用批发、零售方式进行产品销售。同年9月，雅芳又获国家对外贸易经济合作部的批准，采用“店铺销售+雇用推销员”的体制销售产品。11月，雅芳投资4000万美元在广州从化太平工业区兴建了一座占地8万平方米的国际化生产基地。目前该基地年生产能力达到三亿五千万件产品，已经成长为目前亚洲最大、最现代化的化妆品生产厂之一。

1999年5月，“广州雅芳有限公司”更名为“雅芳（中国）有限公司”。7月，雅芳（中国）着手统一零售商店面形象，建立起了批零销售模式的基本雏形。

2000年7月，雅芳（中国）推出“美丽加分”内衣和首饰，进军更多样化的女性产品市场。

2002年3月，雅芳（中国）第一个区域客户服务中心在广州成立，对广东分公司试行直达配送服务。

2003年4月，雅芳（中国）DRM（经销商管理）系统在全国范围内得到全面推广和使用，从此，雅芳经销商可以享受网上订货、网上付款的便利。

2005年4月，雅芳（中国）获国家商务部和国家工商总局正式批准，成为国内首家也是唯一一家获得直销试点资格的企业。在北京、天津直辖市内和广东省全省内进行直销试点，探索符合中国国情的直销模式。2005年5月，雅芳（中国）艾碧网隆重推出，雅芳直销员也开始享有网上订货和付款的便利，并能同过网络平台获得最新信息，参加在线培训。

2006年2月，雅芳（中国）有限公司被国家商务部授予国内首张直销经营许可证，推出了“服务网点+直销员”的新直销模式。

2007年9月，国家工商总局商标局认定“ 雅芳AVON” 为中国驰名商标，使雅芳（中国）成为国内首家在直销行业中获得驰名商标称号的化妆品外资企业。11月，雅芳（中国）与中国电信强强联手，通过400热线为消费者、直销员提供一站式服务，并率先为直销员提供手机上网下订单的移动商务服务12月，雅芳（中国）有限公司获得国家商务部批准，将保健食品和保健器材纳入其直销经营范围。

2010年，雅芳（中国）推出更专注直销的模式；雅芳（中国）成立20周年。

湖南炎帝生物工程有限公司

HUNAN YANDI BIOENGINEERING CO.,LTD

YANDI=Y AND I　炎帝就是您和我

【企业概况】

湖南炎帝生物工程有限公司由上海三湘投资控股有限公司（原上海三湘集团）全资建立。

母公司上海三湘投资控股有限公司始创于1996年，于2007年10月由上海三湘（集团）有限公司整体改制而来，

上海三湘投资控股有限公司为中国房地产百强企业、上海市房地产50强企业、2007年被国家统计局评为“中国最大企业集团”。“上海三湘”品牌价值跻身中国华东房地产公司TOP10。公司注册商标被认定为上海市著名商标。

湖南炎帝生物工程有限公司是从事功能性食品开发和生物医药、生产和销售的现代化企业，致力于引领绿色生活，创造绿色财富。公司于2005年5月注册成立，注册资金人民币8000万元，坐落在株洲国家高新技术产业园区。生产基地一期工程斥资1.8亿人民币，占地113亩，建筑面积2.53万平方米，共有综合办公楼、药品车间、固体制剂车间、前处理车间、仓库等10余幢生产、办公建筑。拥有国内先进设备260余台（套），建设了符合国家GMP要求生产线多条。其中，公司于2006年9月获得“保健食品GMP证书”，2008年5月获得“药品GMP证书”，2011年9月获得HACCP认证及ISO22000认证。集团准备再投入2-3亿人民币开发二期工程，计划新上水针剂、冻干粉针剂、软胶囊剂、滴丸等先进剂型。

湖南炎帝生物工程有限公司继承、弘扬炎帝始祖厚德载物、创新开拓的精神，坚持以“创造美好生活”为企业核心理念，以“继承、创新、和谐、奉献”为企业精神，开发出系列保健食品、化妆品、生活用品和药品。目前已经上市的“炎农神”系列保健产品有：金苓胶囊、蛹虫草子实体胶囊、银兰胶囊等产品。化妆品有：“维楚”葛仙米精华护肤保养品系列。药品有：氯波必利片——国家二类新药、全国独家品种、胃肠动力药、已经上市；艾宁颗粒——国家六类新药、国家“八五”、“九五”、“十五”重点项目、治疗艾滋病新中药，现处临床阶段。

湖南炎帝生物工程有限公司自2005年成立以来，得到了各级政府职能部门的大力支持和关心爱护，生产经营活动正常有序。公司采取“重点快速发展保健食品，渐进式稳步发展药品”的战略，通过直销模式销售保健食品。现已获得国家商务部直销许可批文！

企业理念：创造美好生活：诚信、健康、富足、友爱、快乐　honest/health/harvest/help/happy

企业使命：为全球消费者提供优质产品，创造美好生活与事业机会

企业精神：继承、创新、和谐、奉献

战略目标：打造全球最佳企业品牌和事业平台

地　址：湖南省株洲市高新技术产业开发区（栗雨工业园）明日路8号　服务电话：400-686-9216

责任力舵手——董事长黄佳林

湖南物产集团深圳公司总经理、边贸公司总经理、进出口公司总经理、先锋期货经纪公司总裁、集团副总经理；全国卫生产业企业管理协会妇幼卫生用品产业专业委员会副会长；中国保健全国理事会副理事长；湖南省期货行业协会会长。

黄佳林董事长低调朴实中透露出直销老板独有的风格，他曾经贵为湖南省最年轻的副厅级官员，管理过国企，纵横于资本市场，无不游刃有余。

2004年，上海三湘投资控股有限公司开始组建湖南炎帝生物，准备进军生物医药产业，盛邀黄佳林担当大任。虽然黄佳林对生物医药的生产和销售并不在行，但出于对朋友、对老乡、也是非常值得信任的生意伙伴黄辉先生的责任，他还是一头扎入炎帝生物的工作中，这一做就是五六年。黄佳林来到位于湖南株洲的炎帝生物时，这里还是一片荒山，如今的100多亩土地上早已厂房林立。

2009年，黄佳林坐镇中军，运筹帷幄，在天时地利人和的大好环境下，领导着炎帝跨越式发展；统率直销申牌专项小组，开创了最短时间上报商务部的记录。

2011年，炎帝的申牌工作取得了惊人成果，10月10日，国家商务部正式签署《商务部关于同意炎帝生物从事直销经营的批复》函，正式通知炎帝领取《直销经营许可证》。

拿牌后的黄佳林董事长踌躇满志，作为企业公民，誓将社会责任履行到底。

炎帝生物董事长黄佳林强调：实现利润不单纯是我们企业经营所追求的，让更多的事业伙伴创造更大的财富，让更多的消费者从炎帝产品中获得健康快乐更是我们义不容辞也是必须承担的社会责任。

古语授人以鱼，简言之即为“给”。炎帝生物致力于成为一家“给”的企业。师承2006诺贝尔和平奖得主尤努斯风行全球的先进理念与创富经验，以企业承担资本风险的形式，配合“零直网店”创新营销模式的发展，为创业者精心打造全新的“暖心工程123创富之千店共创业”推广计划，助推事业起航，导引成功方向。

炎帝，给您一个改变人生的机会。通过高绩效的领导团队指引，摆脱彷徨，助您走上挥发激情、规范创业的康庄大道。

炎帝，给您一套压缩成功时间与空间的创新模式。借助先进理念，更快速更科学地成就事业。实现梦想，证明价值。

炎帝，给您一个独具战略优势的产品系列——从原材料的细胞开始就呵护成长的虫草系列与葛仙米系列，全程监控，严选精萃，为您与家人伙伴的健康保驾护航。

炎帝，给您一个以人为本的发展空间，从会员发展到董事，从七星阵法、李久慈大学堂再到海外研习，培训体系科学合理，循序渐进，逐级提升。

炎帝，给您一个创造美好生活的事业平台，通过创新服务、信息共享，体验与分享卓越产品与文化，收获诚信、健康、富足、友爱、快乐。

1. 对行业的责任

直销获牌是多年来全体炎帝人共同努力付出得来的结果，是政府对炎帝人多年工作的认同总结，也是全体炎帝人一步一个脚印长期夯实基础、团结奋斗的结果。拿牌后，炎帝人会一如既往承担起规范经营，树立直销人尊严的责任，促进社会对行业的尊重。作为正规的直销公司，炎帝生物有这样的勇气与魄力，一定会做到让政府放心、消费者满意、经销商安心。

2. 对民生的责任

炎帝人以爱为出发点，致力于为更多的事业伙伴及广大消费者提供创造美好生活的产品及服务，认真贯彻执行各项战略方针，提升一流人力资源水平，打造一流人才团队；强化研发管理，创造出具有炎帝特色的系列产品；深化细化事业平台，构建一流企业平台；提升生产技术管理，确保产品质量，保障民生食品安全。

3. 对经济的责任

炎帝人把“为全球消费者提供优质产品，创造美好生活与事业机会，打造全球最佳企业品牌和事业平台”作为工作的出发点和落脚点，创新商业模式的设计，为地方经济做出卓越贡献，同时紧紧围绕这一目标构建炎帝的众多独特竞争优势。

公司不仅有效整合社会资源，还在引导创业和服务就业的结合点上发挥更积极作用。为更多有志创业成功者提供更为澎湃的动力与保障，使得广大的事业伙伴们创业更轻松，致富更安全。

4. 对教育的责任

炎帝积极打造 “创造美好生活”的H型精神文化，在教育培训方面充分展示出“给”的特色。以亚洲著名直销专家李久慈主讲的“李久慈大学堂”为主要通道，结合创新起步的“七星阵法”、免疫养生之旅、海外研习及不同阶段的培训内容，因材施教，寓教于乐，科学引导。

【民生责任】

一、研发技术领先 产品品质卓越

研发团队强大

炎帝拥有国家级院士、教授组成的科研团队，其中中国科学院院士 1 人、教授 15 人、博士生专业人才 31 人。

首席科学家——李鹄鸣

留德博士，享有国务院政府特殊津贴。

湖南省跨世纪学术带头人；中国商业经济学会常务理事；世界自然与自然资源保护联盟物种保护委员会专家；炎帝“虫草”项目负责人。

首席研究员——王玉兰

产品研发负责人，博士、高级工程师。

从事新药研发工作12年，主要负责过国家多类化学药物和中药新药临床研究和药品注册工作；申请并获得国家发明专利4项，美国专利1项，国际专利1项。

中国科学院院地合作局局长孙殿义代表中科院向炎帝生授牌

中科院农业项目办公室主任王大生代表中科院向炎帝生物授牌

基地技术领先 产品品质卓越

虫草生产基地

湖南炎帝生物工程有限公司首席科学家李鹄鸣博士早在2000年开始于德国开展蛹虫草育种及其稳定性研究。回国后进行高产优质虫草人工培植技术推广工作，其培植出来的虫草素含量高达4.28%，最高的时候可以是天然藏虫草的2000多倍。

2009年中国科学院与炎帝生物合作，成立了我国第一个“虫草产业化示范基地”，通过控制光照强度、光照周期、温度、湿度从而实现定向培养增加虫草素、虫草多糖等功效成分。该示范基地现位于常德市桃源县黄石水库，所培植虫草被誉为“药中之王”，益肺补肾，是百虚之克星。

葛仙米培植基地

葛仙米是非常珍稀的微藻植物，外观碧绿圆润、玲珑剔透，人们也形象的称它为绿珍珠。葛仙米是名符其实的天然营养库。含氨基酸的种类多达17种，其中7种是人体必需的氨基酸；另外它含有的粗脂肪，能够减少胆固醇的合成，可以作为肥胖病人和糖尿病人的食品， 维C的含量更是比水果之王猕猴桃还要高3倍，另外含有15种以上的矿物质，钙的含量也是高于一般植物。葛仙米这种微藻不但营养极为丰富，最重要的是营养均衡，营养成分比例符合人体需求，为植物界中所罕见。具有非常高的保健和美容价值。

葛仙米养殖不易。现在野生的葛仙米几乎已经没有了，因为它对生长环境的要求非常严格，养殖的水还有周围的空气都必须质量很高，人工养殖也很困难。炎帝生物与中科院水生生物研究所

中华人民共和国

药品GMP证书

CERTIFICATE OF GOOD MANUFACTURING PRACTICES FOR PHARMACEUTICAL PRODUCTS
PEOPLE'S REPUBLIC OF CHINA

证书编号：湘J0245
Certificate No.

企业名称：湖南炎帝生物工程有限公司
Manufacturer: Hunan Yandi Bioengineering Co.,Ltd

地　址：湖南省株洲高新技术产业开发区栗雨工业园
Address: High-tech Industrial Development Zone, Zhuzhou in Hunan Province Li Yu Industrial Park

认证范围：片剂、原料药（氯波必利）
Scope of Inspection: Tablets、Raw Material(Clebopride Malate)

经审查，符合中华人民共和国《药品生产质量管理规范》要求，特发此证。

This is to certify that the above-mentioned manufacturer complies with the requirements of Chinese Good Manufacturing Practices for Pharmaceutical Products.

有效期至 2013 年 06 月 18 日
This certificate remains valid until 18/06/2013

发证机关：
Issued By

Date for Issuing 19/06/2008　　2008 年 06 月 19 日

国家食品药品监督管理局制
PRINTED BY STATE FOOD AND DRUG ADMINISTRATION

强强联合在湖南常德桃花源建立了“葛仙米规模化养殖基地”。获得了国家实用新型专利，专利号ZL 200920073559.1。炎帝是全国最早一批开始建立葛仙米养殖基地的，并且也是全球首家运用葛仙米开发出护肤品的公司。

3. 现代化的生产基地

达国家GMP标准的10万级车间

4. 卫生安全质量严格管理

因炎帝生物多年来规范经营，严把产品质量关，赢得政府、社会与市场消费者的广泛认可，因此喜获双奖表彰：一是“2010年度湖南省卫生安全质量管理先进单位”荣誉；二是“湖南省预防医学会卫生工程与质量评价专业委员会团体会员”称号。

5. 炎帝获颁2010年度省标准实施监督检查合格证

经湖南省质量技术监督局进行监督检查，认定炎帝生物2010年度标准实施符合法律法规有关要求，于2010年1月22日给炎帝生物颁发了“标准实施监督检查合格证”。

6. 炎帝喜获HACCP认证及ISO22000

为了让消费者放心使用炎帝产品，炎帝生物自今年3月份起开始申请HACCP认证，期间不断组织员工培训学习，提升卫生安全意识，在园区内建立起更加浓厚的重视卫生安全意识的氛围。

在部门质保部的大力推动下，炎帝生物各项申报材料及流程规范标准，完全符合要求，充分向世人展示了一个有社会责任、始终规范操作的有爱企业的形象。最终，在2011年9月17日，公司喜获HACCP认证，并于同日获得ISO22000认证。

7. 炎帝生物作为一家产销研一体的高新技术企业，在葛仙米和虫草产业化方面从细胞呵护开始到产品终端服务各环节都进行科学统筹管理，形成一

CERTIFICATE
CQM
食品安全管理体系认证证书
湖南炎帝生物工程有限公司
蛹虫草子实体和蛹虫草双花茶的生产
总经理：张伟
二零一一年九月十五日
方圆标志认证集团

CERTIFICATE
CQM
HACCP认证证书
湖南炎帝生物工程有限公司
蛹虫草子实体和蛹虫草双花茶的生产
总经理：张伟
二零一一年九月十五日
方圆标志认证集团

条最为完善的产业链。而且，相应获得了各项权威认证，其中，以葛仙米萃取物为主要原料的维楚保湿面膜经权威检测保湿性长达6小时以上，冠绝天下；所出品的蛹虫草经国际级权威机构SGS检测证明，虫草素含量全球最高。

二、节能减排，绿色环保

炎帝生物向来注重节能减排、倡导绿色环保生活。自2011年9月3日起，每日在电子屏上宣讲节能减排小知识，有力配合公司的节能减排活动。

三、以人为本，暖心社区

炎帝生物于2011年9月17日至9月18日举行“美好生活”暖心工程志愿者活动，进社区送温暖，义务为社区居民测健康，免费发放炎帝健康产品，为和谐社区增添温暖。

为丰富员工生活，促进员工成长，炎帝公司广泛激发员工兴趣，多次对员工进行培训，包括防火安全培训、HACCP安全质量意识培训、日常英语培训等，使得员工学有所长。此外，公司还组织春游活动、优秀员工新马泰旅游活动以及“我为炎帝出主意”等活动，激发员工的归属感，使员工以主人翁的心态，在炎帝积极快乐地工作。

为丰富员工生活，使员工保持身心健康，愉快工作，炎帝生物组织多次旅游活动，分别前往上海世博会、湘西凤凰古城、株洲石峰公园等旅游娱乐。大家放松了身心，对于公司充满感激。为了激励大家争当优秀员工，公司还组织2010年度优秀员工前往新马泰旅游观光，给大家带去了丰厚的福利。

四、自主创业，创造民生价值

2009年11月8日晚，在人民大会堂国宴厅，在历时三天的首届中国自主创业大会压轴之夜，厉总和黄董先后代表炎帝生物，光荣而自豪地从十届全国人大常务副委员长蒋正华手上接过“美好生活社区创业就业暖心工程专项资金特别贡献单位”的牌匾和证书。对于炎帝公司而言，这是一次鼓舞人心的权威性嘉许，这是一次开天辟地的革命性突破。

炎帝助我寻梦想 走过风雨见彩虹

---- 炎帝公司首位董事 朱斌

我做炎帝已有近两年时间，深刻感到炎帝就是我寻梦的广阔平台。这里有值得信赖和依靠的领导为我指点迷津，有众多热心的伙伴朋友给予我帮助和支持。这两年，我们的伙伴获得的轿车达数十辆，多位已经跃入年入百万的行列。而我也非常荣幸地成为首位达成董事级别的经销商。

为炎帝事业而养成良好习惯

——兰州市场领导人 李学春

超乎想象的炎帝事业已进入高速成长期。随着市场的深入发展，我对炎帝有了更加深入的了解，更坚定了与炎帝共发展的信念。炎帝公司2011年以来的新形势新气象新举措，以及给予我们每个人的重大历史性机遇，真的令我们全体炎帝人为之而欢欣鼓舞！坚信未来最大的赢家就是我们炎帝人！

炎帝用产品说话　美好事业收获硕果

——南阳团队成员 苗惠琛

我加入炎帝是从体验公司产品开始的。使用产品一个月后，我的脸色光润，富有弹性，别人都猜不出我的年龄。我的丈夫使用公司产品后，竟然再也没有感冒，“咳嗽”症状也有好转。炎帝用产品说话，事实胜于雄辩，就这样，从信任产品开始，我抓住了这个挑战自己的机会。

国家民政部社工协会领导来炎帝商洽共建创业型社区

2009年12月23日，由国家民政部辖下中国社工协会企业公民委员会副会长刘卫华和缪瑞兰带队的社区服务委员会考察小组一行数人，到我司参观考察，受到公司董事长黄佳林、总裁及相关负责人的热情接待。

【经济责任】

一、企业扩大产能、提升办公环境建设方面的情况

炎帝虫草葛仙米产业化培植新基地火热兴建中

2011年5月18日，炎帝生物与湖南桃源县政府正式签署合作协议，于黄石水库兴建国家级炎帝虫草葛仙米产业化培植新基地。此工程项目分两期进行，总投资额将达3000万元。据悉，一期工程完工后，炎帝生物的新基地产能可达葛仙米鲜品200吨，蛹虫草鲜品60吨；二期工程产能目标将翻五番。

常德炎帝生物科技有限公司正式成立

为做好炎帝虫草葛仙米项目这个“大文章”，经炎帝生物决议，正式注册成立湖南炎帝生物有限公司的全资子公司——常德炎帝生物科技有限公司。据悉，常德炎帝生物科技有限公司注册资本为500万元。

二、创新商业模式——零直网店：复合创新渠道

“零直网店”是一种具有创新性的集现代化、国际化的营销模式为一体的复合渠道模式，是零售、直销、网店、店铺四种渠道的完美整合，此种渠道模式实现了虚实结合、零直结合、传统渠道和新兴渠道结合。通过整合渠道力量，借助强有力的专业资源渠道，以电子商务网络、产品批发零售网络、H型服务网络以及营销专有网络为依托，通过“创造美好生活服务店（升级版本为体验馆）”这个载体，扩大经销商的渠道宽度，为经销商提供完整的信息平台和电子商务工具，通过培训让经销商轻松实现信息流、金流和物流完美整合，增加经销商的盈利能力，实现财富的倍增。在为广大经销商、消费者提供更优质产品、更优惠价格、更贴心服务的同时，传递炎帝生物的卓越文化、事业机会及企业的品牌形象。

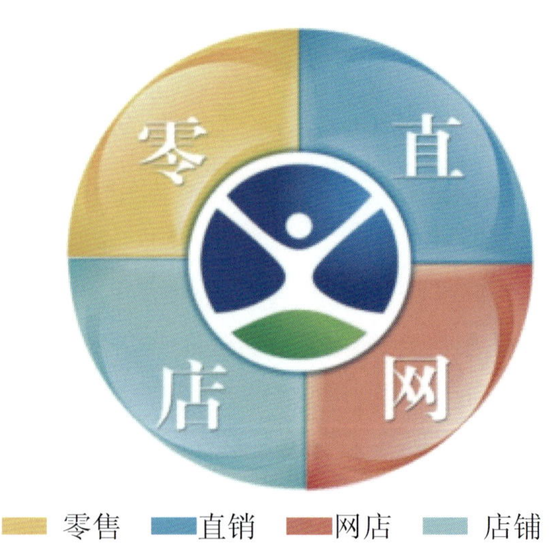

炎帝蛹虫草子实体购物宣传片正式登陆中视购物平台

2011年1月27日，炎帝生物新辟电视购物新通路，首推炎帝蛹虫草子实体，成功登陆最权威的央视旗下购物平台——拥有3000万户落地区域的中视购物平台。并创下多个第一。

1. 炎帝公司是行业内第一家企业在央视权威购物平台展现实力。

2. 炎帝蛹虫草是业界首个产品以最快捷性、最生活化的方式进入全国至少3000万户家庭。

3. 炎帝是业界首创此项“电购+品牌宣传”模式的极具创新型思维企业。

9月19日，是炎帝株洲创造美好生活体验馆隆重开业的好日子。炎帝生物领导率领公司全员，为迎接四方来此道贺的经销商朋友以及周边小区的居民而忙碌。

10月22日，堪称“洛阳第一馆”的洛阳体验馆以全新的方式于万达广场二楼开张大吉，精彩亮相。随着洛阳体验馆项目的成功运作，标志着炎帝公司以加盟店推动市场发展的“乡村包围城市”策略更趋完善，“零直网店”模式的互动性与创新性再上一台阶。

11月21日，坐拥天时地利人和的深圳体验馆火爆开张，不仅获得集团公司的鼎力支持，还吸引了海内外更多行业精英的关注目光。它是炎帝公司“零直网店”模式向华南及港澳地区布局落下的重要棋子。

三、炎帝积极参与高新区投资项目洽谈会

2010年3月25日，炎帝生物副董事长李鹄鸣博士作为株洲高新区的企业代表，积极参与高新区投资项目洽谈会，与外国某投资项目集团成员进行面对面的交流和沟通。

四、推动关联产业发展

炎帝生物与中国科学院水生生物研究所进行微藻项目合作，作为合作单位，公司带领科研团队全力以赴。作为乐善人士，黄董积极推动健康行业发展，不遗余力。

五、炎帝高层组团赴韩考察新品及新市场

2011年11月初，炎帝高层飞赴韩国进行商务考察。炎帝生物董事长黄佳林指出，此次韩国之行一是进行市场调研，与韩国直销同行交流、学习，为炎帝事业腾飞夯实基础；二是对相关新产品及合作单位进行考察、评估，为今后更紧密合作奠定坚实基础；三是带领炎帝优秀经销商参与海外研习旅游，凝聚与激励团队。

他们拜访了韩国养生、美容、护肤行业80%的知名企业，收集了大量信息，带回了多箱样品。黄董坚定地表示，下一站还会去日本、美国、法国等地，寻找发达国家优秀的研发平台和优秀的企业，进而合作，打造企业良好的产品体系！

【教育责任】

1.打造“创造美好生活”的H型直销文化

炎帝生物每月以H字头的积极元素为主题，配合相关活动进行教育宣传推广。1月快乐Happy、2月和谐Harmony、3月是健康Health、4月是友爱Help、5月是高瞻远瞩High、6月是诚信Honest、7月顾家Home、 8月希望Hope、 9月 热忱Hot、 10月人性化Humanity、11月谦卑Humble、12月幽默感Humor，并将递次更新，逐月跟进。

满足5H特质，就是炎帝人：

5H：诚信Honest、健康Health、富足Harvest、友爱Help、快乐Happy。

做炎帝事业，炎帝人首先需要相信，相信自己，相信伙伴。

通过使用产品，炎帝人获得健康的身心。

通过向他人分享心得，还能不断积累价值，创造更多的财富。

炎帝人不断扩展视野，收获友谊，在此过程

中形成更为广泛的人脉资源。

有了诚信、健康、富足、友爱，快乐人生也由此展开。

2.创立李久慈大学堂，搭建专业培训平台

由亚洲知名直销专家，领袖大学、直销大学创办人、《直销世纪》创办人及发行人，炎帝生物的全球经营顾问李久慈先生为大家开讲，传授经营炎帝事业的方法技巧。

李久慈大学堂不仅仅是在课堂上教给大家理论知识，同时还组织带领各位市场伙伴参加国际研习之旅，寓教于乐，开阔眼界。至今，炎帝的市场伙伴在公司的组织下，已参加过台湾、巴厘岛、韩国等研习之旅。

3.对员工、从业人员及社会群体进行健康教育的活动

招商培训

炎帝生物每月召开一次大型招商培训活动，既是让各位市场伙伴、各位新老朋友熟悉了解公司的大好契机，又是学习健康养生知识的有益课堂。在活动中，炎帝生物有专人进行有关健康养生知识的专业讲解。

炎帝生物中国区副总裁杨健新在讲解虫草知识

消防知识培训

炎帝生物注重培养员工对于消防安全知识的应用，每年举行一次消防安全知识培训活动，确保各位员工不仅是在公司，同时在家中也注重消防安全。2010年4月22日，公司组织有关员工观看《火海逃生》影片，它是一部以宣导消防知识为主的科普型文艺片。2011年6月8日，在公司人力资源部的统筹下，来自湖南普消消防安全宣传服务中心的徐政教官为大家上了一堂生动的消防知识培训课，使公司员工受益匪浅。

约翰·库缇斯演讲培训

2011年6月16日，炎帝生物全员及市场伙伴在株洲市体育中心聆听世界第一名激励大师约翰·库缇斯的激情演讲，了解了他坎坷而不屈的一生，从中领悟了永不放弃的真谛。

为更好地贯彻推广H型文化，炎帝公司领导特邀请许多名师在员工大会上展开一系列培训，3月盛邀来自台湾的专家吴南辉老师授课，讲解关于H型思维、个客、感动以及零距离接触的知识。

创办荷露社

荷露社是炎帝家人自发组成的读书社，是相当于公共图书馆的公益式或半公益式文化事业。

4.实施爱国主义教育

首届红歌会，拉开爱国主义教育序幕

2010年5月，为丰富炎帝广大员工、事业伙伴及社会公众的文化生活，通过积极向上的文娱活动寓教于乐，传播“创造美好生活”的理念，炎帝生物特组织了首届红歌会。

观影

2011年是建党90周年，为增进员工爱国主义教育，公司特组织了集体观看《建党伟业》。

5.推进职业技术教育

2011年8月10日，在广大炎帝市场伙伴的热切期待下，首届市场推广讲师培训活动拉开帷幕。本次活动为期三天，各位学员们将在李久慈总顾问和助教的指导下进行理论加实战的演练，最后根据总成绩决定推广讲师名誉的获取与否。

2010年6月15日开始，炎帝公司在河南郑州进行三天三夜的“爱满中原，创造美好生活”市场从业人员素质培训。

2010年6月25日，炎帝公司首度召开营销管理市场研习会，由炎帝专家顾问组核心成员、亚太顶尖营销咨询培训大师李久慈先生为炎帝高级经销商进行系统性的实战培训。

2010年10月9日，炎帝公司召开营销管理市场高级培训。

“市场专业知识大比武”完美落幕

在全体炎帝人的热烈关注下，2009年6月13日，湖南炎帝生物工程有限公司　“市场专业知识大比武”活动圆满落下帷幕。

激情备战，6·17素质培训

2009年6月17日，炎帝公司举办“第一届市场从业人员素质培训”活动，旨在统一规范市场从业人员的举止和对外形象，从而提升公司整体形象。

【公益责任】

1.慈善活动参与记录

在2011年1月15日——2011年3月15日（第一阶段）期间，炎帝生物积极举办“送关爱，到社区——炎帝生物百店联动免费健康大侦测”活动。全国所有“创造美好生活服务店”为所有社区消费者提供以下服务：

①易侦宝免费健康侦测，并为受检测者提供检测结果和健康方案（每一项健康方案预先制定落实，其中包含公司的产品）；

②易侦宝免费保健：凡登记检测顾客，可每天享受一次免费易侦宝保健理疗（侦测时消费者可选择自购贴片，需保证贴片卫生及备用）；

③有条件的服务店可增设血压测量或皮肤水分测试，并提供相关健康解决方案。

2.扶贫解困活动资料

本着“源于社会，回报社会”的企业理念，湖南炎帝生物工程有限公司于2009年10月与民政部中国社工协会社区服务工作委员会合作发起“中国社区特困家庭美好生活创业援助专项资金”活动。

2010年3月27日下午，在郑州铁路局郑州文体活动馆灯火辉煌的现场，生动演绎了一场爱与感恩的赞歌——中国社区创业就业暖心工程暨炎

帝“美好生活”特困家庭帮扶公益活动。期间，郑州市二七区的20位低保人员和帮扶对象代表上台接受了价值十多万的现金与产品捐助。台下的观众纷纷慷慨解囊，在短短的十几分钟内，捐集善款共计9450元。

3.自然灾害捐赠活动

2010年4月2日晚，由湖南省红十字会、湖南省工商业联合会、湖南广播电视台主办，湖南电台新闻频道潇湘之声、《华商》杂志社承办的“情系湘江源·湘商总动员”大型抗旱救灾公益活动，在长沙湘江风光带风帆广场启动。湖南炎帝生物工程有限公司法定代表人厉农帆现场捐款20万元。2005-2009年，向国家发生自然灾害等地区捐款数百万元。

4.推动社会公益活动相关项目

2010年3月和2011年3月，炎帝生物总公司及相关分支机构实施“地球一小时”熄灯活动，并举行“低碳节能生产”活动周。

9月17日，炎帝生物隆重召开“创造美好生活”暖心工程志愿者启动大会暨市场表彰颁奖庆典活动。此次大会宣告了暖心工程志愿者启动。9月18日，炎帝公司在尚格名城小区——株洲创造美好生活体验馆前举办了“炎帝公益献爱心，免费侦测‘易’保健”志愿者活动。

本次“炎帝公益献爱心，免费侦测‘易’保健”志愿者活动的举办，旨在使更多的炎帝人获得一个深入接触社会实际、真实了解与认识民生民情的极好机会，不仅丰富人生阅历，还能增强协作精神、团队精神和帮扶意识。这对坚定创造美好生活信念，确立爱岗敬业精神意义重大。

5.企业设立公益基金情况与支持社会公益事业的活动记录

湖南炎帝生物工程有限公司联手民政部社工委，在北京、郑州相继举行了“美好生活”创业就业暖心工程大型慈善活动。

2009年11月7日下午，在首届中国自主创业大会暨2009中华创业领袖年会中，湖南炎帝生物工程有限公司作为“美好生活”社区创业就业暖心工程专项资金的首家发起单位，出席了此次大会。并在大会闭幕式同时举行的创业暖心工程主题晚会中热情高涨地集体募捐，筹集善款，受到各界人士的好评。

炎帝公司联手民政部社工委，2010年3月27日于郑州举行了“美好生活”创业就业暖心工程大型慈善活动。

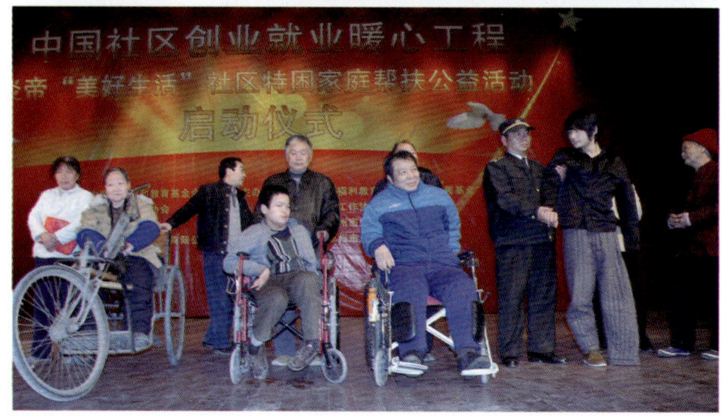

【企业荣誉】

2011年10月炎帝生物获得商务部颁发的《直销经营许可证》

2005年5月，湖南炎帝生物工程有限公司成立。

2005年7月，公司生产基地奠基，湖南省副省长甘霖剪裁。

2006年10月，完成2.53万平米厂房和办公楼建设，公司正式迁入新址。

2006年9月，获国家保健品生产GMP认证（GB17405—1998）。湖南省卫生厅授予“保健食品良好生产规范（GMP）合格企业”称号。

2006年度，荣获《湖南省卫生质量先进单位》荣誉证书和奖牌。

2006年，黄佳林董事长受聘为中国保健全国理事会副理事长 、全国卫生产业企业管理协会专业委员会副会长。

2007年1月，受聘为湖南省预防医学会第一届卫生工程与质量评价专业委员会会员单位。

2007年12月，生产的金苓胶囊被世界华商联合总会、《21世纪经济报道》等单位评为“2007亚太地区10佳名牌产品”。

2008年6月，获国家食品药品监督管理局颁发的药品生产GMP认证（药品GMP证书 湘 J0245）。

2009年7月，自主研发、生产的金苓胶囊经过专家团的最终测评，正式成为国家体育总局运动员的指定专用保健品。

2009年10月，被中国科学院农业项目办公室授予“虫草产业化炎帝示范基地”和“生物技术炎帝研发基地”的光荣称号。

2009年11月，荣获民政部社工委员会颁发的“中国社区创业就业暖心工程特别贡献单位”称号。

2010年1月22日，经湖南省质量技术监督局进行监督检查，认定炎帝公司2010年度标准实施符合法律法规有关要求，特颁“标准实施监督检查合格证”。

2011年9月17日，公司喜获HACCP认证，并于同日获得ISO22000认证。

2011年10月10日，炎帝生物获得商务部颁发的《直销经营许可证》批文。

金日集团

GoldenSun CO.,LTD

扬帆起航　打造健康产业航母

企业概况

巨擘GIANT 30年关注健康 今日金日成就辉煌

金日集团是一家集制药、医疗、金融、贸易、房地产为一体的多元化集团公司，自1986年进入中国市场以来，已在厦门、顺德、福州、深圳等地开设生产基地，面积约1300000平方尺，现有员工近万人，国内设立30多个省级办事处，下属100余个分支机构。20多年来，金日集团秉承对高品质的一贯追求，产品畅销全国各地及东南亚多个国家和地区，被誉为“西洋参之王”，其广告语“金日在手中，万事好成功”在十多年前就已家喻户晓。作为中国保健行业的常青树，金日获得殊荣无数，多次蝉联消费者首选品牌，并于2008年被国家工商总局评为“中国驰名商标”，金日集团已经成为中国保健品行业的标杆企业之一。

经过近30年的发展，金日品牌已在消费者心中树立了良好的声誉，并以“金日牌”系列产品享誉海内外，主要产品有金日洋参、金日心源素、冰糖燕窝、虫草鸡精、高营养蛋白质粉等系列保健品。其中金日心源素自1999年上市以来，得到了各位国家领导人及行业专家的高度认可，并以其在心脑血管方面的显著保健功能及辅助治疗效果而备受消费者青睐，畅销海内外。

地址：厦门市观音山国际商务运营中心11号楼12层　对外服务热线：0592-5323831

【企业实力与社会责任】

专业PROFESSIONAL

专业源于用心　用心铸就品牌

金日的产品开发始终坚持两个理念：

百姓化——老百姓能消费得起，老百姓说好才是真的好；

生活化——倡导健康生活，让金日产品覆盖生活的每个环节。

金日投资逾10亿人民币在厦门建立生产基地——厦门金日制药一厂、二厂。车间严格按照GMP标准设计，拥有口服液、片剂、胶囊剂、颗粒剂、膏剂、膜剂等9条现代化药品生产线，实行人流、物流分开，采用独立、全封闭的生产玻璃房，生产区空气经三层过滤，达到国际10万级洁净标准。于2000年率先获得国家药品GMP认证，成为国内第一家用药品的生产标准主导保健品生产的企业。

公司在研发领域更是不懈追求，拥有一支由50多名健康专家组成的高素质、专业化的研发团队，引领产品创新体系。同时，公司研发部还与中国医药大学中药研究中心、上海第二军医大学临床医学研究中心、上海医药工业研究院制剂工程中心、上海中医药大学、南京中医药大学女性健康研究中心以及世界卫生组织心血管病研究基地等60多家国内外一流的科研机构建立了伙伴关系，致力于天然中药保健品和基因工程的研究，形成了完整、权威的研发体系布局。

回报RETURN

社会责任　回报于行

“来源于社会，奉献于社会”是金日集团的一贯追求。儒家思想中的恻隐之心、与人为善的理念在金日更是得到深入的实践。二十多年来金日集团一直热心于中国教育、医疗卫生等公益事业。每年捐赠公益款超过两千万元，连年被评为厦门市纳税大户。金日集团作为优秀的民族企业，不忘桑梓的社会事业责任心得到了习近平、李瑞环、万里、杨成武、王光英、王兆国、钱伟长、万国权、王汉斌、程思远、吴阶平等党和国家领导人的肯定和赞扬。

金日希望小学、明树医疗中心、金日少儿图书馆、金日心源素健康千里行活动等，充分展示了金日集团以儒家思想为核心的企业精神与文化。福建省政府为表彰金日对社会的慈善贡献，特别树碑纪念，并建立金日亭、金日桥，命名金日路。

【部分企业荣誉】

厦门金日制药有限公司
热心儿童事业
厦门市同安区 妇女联合会
儿童事业促进会
二〇〇三年七月

厦门金日制药有限公司
金日
福建省企业知名字号
（有效期三年）
福建省工商行政管理局
二〇〇九年十二月

2003-2005年度
全省百家明星侨资企业
福建省人民政府侨务办公室
福建省对外经济贸易合作厅
二〇〇六年九月

厦门金日制药有限公司
二十一世纪名牌保健产品
质量承诺单位
2000年中国名牌保健产品发展战略高层论坛组委会 中国企业发展研究中心
中国保健科技学会 名牌时报社
二〇〇〇年十二月二十六日

WHO上海健康教育与健康促进合作中心
心脑血管健康教育基地
WHO上海健康教育与健康促进合作中心颁
二〇〇三年九月

高新技术企业
企业名称：厦门金日制药有限公司
证书编号：GR200835100071（有效期三年）
厦门市科学技术局 厦门市财政局 福建省厦门市国家税务局 福建省厦门市地方税务局
二〇〇八年十二月

赠：金日集团存念
金色善举
日月同辉
黄石市福利院
二〇〇五年元月

捐助红十字爱心工程荣誉纪念
万人献爱心
厦门市红十字会 厦门市红十字基金会

授予：金日投资集团
情系残疾儿童奉献爱心
慈善活动先进单位
黄石市民政局
黄石市慈善总会
二〇〇五年二月四日

厦门金日制药有限公司
金日GOLDENSUN及图牌洋参产品、蛋白质粉
福建名牌产品
（有效期三年）
福建省人民政府
二〇〇六年十一月

授予：厦门金日制药有限公司
厦门市2006年度
技术进步先进工业企业
厦门市人民政府
二〇〇七年一月

厦门金日制药有限公司
金日牌金日心源素胶囊
福建名牌产品
（有效期三年）
福建省人民政府
二〇〇四年四月

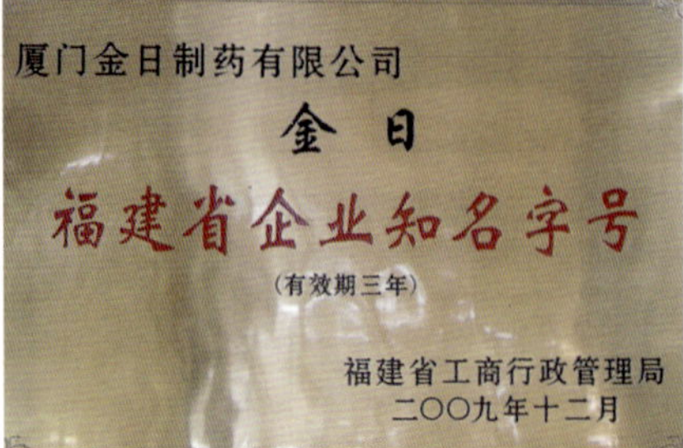

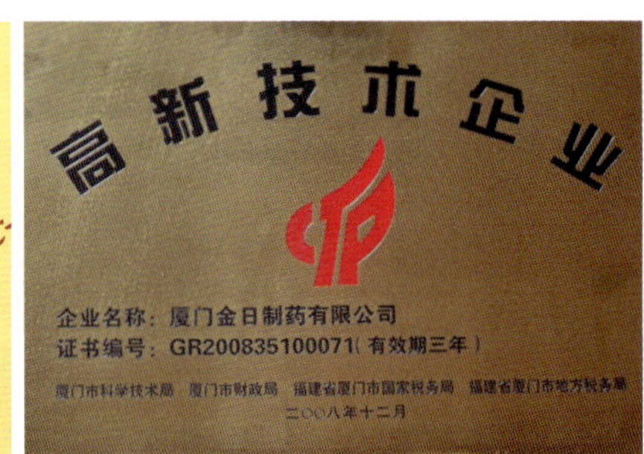

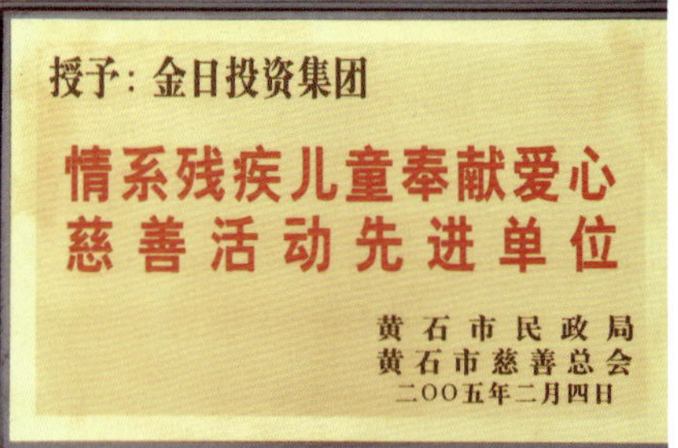

第三部分
直销人物篇

郑李锦芬 全球女性百强 社会责任功勋人物

郑李锦芬女士，女，1952年生于香港，祖籍广东三水。毕业于香港大学，获文学士荣誉学位及工商管理硕士学位。加入安利前，曾在香港政府政务处担任行政主任。

郑李锦芬女士自1977年加入安利以来，历任安利香港总经理、安利香港和台湾地区董事总经理、安利大中华地区行政总裁、美国安利公司高级副总裁。2005年4月，她被委任为美国安利执行副总裁，除继续负责安利大中华区市场外，还负责管理东南亚市场，包括安利泰国、马来西亚、新加坡、印度尼西亚、菲律宾、文莱和越南市场。

郑李锦芬女士的管理能力与领导风格在商界亦颇具影响，曾荣膺搜狐网、凤凰卫视等权威机构评出的“2004中华十大财智人物”和新浪网、南方都市报等知名媒体授予的“2004年度中国十大营销人物”。作为一名跨国企业的高层管理人员，郑李锦芬女士始终致力于推动工商界的相互沟通与交流，积极活跃于各种工商团体并担任要职。工作之余，郑李锦芬女士还广泛参与社会事务，关注民生，为中国大陆和香港的社会、经济发展献计献策，尤其在公益慈善事业、保护妇女儿童、支持文化教育事业方面做出了杰出贡献。

李金元

天津天狮集团董事长兼总裁，1992年用仅有的积蓄加上借款共2000万元人民币创建天狮集团并投入到高钙产品的研发。

1998年天狮已发展成一家以高科技产品为主导、多种产业并存发展的大型跨国集团。伴随着21世纪的曙光，李金元总裁率领天狮集团已在国际社会建立起牢固的市场框架。

2000年4月天狮集团在北京召开第一届国际年会；同年8月在俄罗斯莫斯科召开首届国际“8•3”庆典；此后，又分别在泰国、德国、印尼陆续召开了第二、三届国际年会及国际发展战略研讨会。天狮的发展在全球范围引起了巨大反响，极大地推动了天狮在世界170多个国家的销售态势，真正实现了生产、营销、资源整合的本土化经营，并在美洲、欧洲、非洲、东南亚等近90个国家和地区设立了分公司或分支机构。李金元总裁抢在中国加入WTO之前率先在海外开发出一片属于自己的天地，为中国企业“走出去”做了表率。

2002年，继“健康人类，服务社会，发展实业，报效国家”的企业理念后，李金元总裁创造性地提出了“六网互动”的营销模式。“六网互动”是天狮集团有效进行全球资源整合与利用的最好说明，也是天狮几年来国际市场实践与理论的高度统一。国际互联网、国际物流网、国际教育网、人力资源网、国际资本运作网、国际旅游网的交织、牵引与互动，正有力地推动了天狮国际市场的发展，它可以保证天狮集团健康、长远、有序地发展，并在未来以较强的盈利能力和优良的品质进入世界五百强。

2011年登上了福布斯富豪榜，其资产达到12亿美元，排名第993位，在内地富豪中排名第78位。这也是他首次登上福布斯全球富豪排行榜。

陈怀德 君子怀德 以善为道

1964年生，广东化州人，毕业于深圳大学，现任中国扶贫开发协会副会长、中国经济贸易促进会副会长、美国富佑集团董事局主席。大学时代开始经商，先后创办近20家企业，并一直积极投身慈善公益事业，仅2007年至今已累计向社会各界捐赠款物超过2亿元人民币。

由于在扶贫开发与慈善公益事业方面的突出贡献，陈怀德先生不仅多次受到党和国家领导人的亲切接见，新中国60周年华诞期间，他还应国务院的邀请到北京参加了60周年庆典系列活动。

人生感言

人在做，天在看。

做正直的人，做正确的事。

慈善其实是一种习惯。

施比受更快乐，施比受更有福。

我们所做的一切都是为了爱。

永远把帮助别人放在第一位。

人生的价值不在于官大官小，也不在于钱多钱少，而在于你对这个社会付出了多少，贡献了多少。

慈善目标

一生捐出100个亿人民币、捐建1000所希望学校

古润金

1959年出生，马来西亚吉隆坡人，第三代华裔，是马来西亚企业家，也是中、马两国颇具知名的慈善家，祖籍广东中山市五桂山客家人，先祖是广东长乐县（今五华县）人。

古润金于1994年到中国中山创立“完美(中国)有限公司。”现已发展壮大成为集科研、开发、生产、销售、服务于一体的大型现代化企业。古润金以个人和完美公司的名义向社会各项慈善公益事业捐款捐物达2.5亿元人民币，范围遍布抗洪救灾、母亲水窖、希望工程、禁毒事业、健康快车、慈善万人行、无偿献血团等等各方面。此举为他赢得了各方赞誉。

“施比受更有福，捐钱越多，就越能鞭策、激励自己更努力地赚钱；然后再将赚来的钱捐献社会，以此形成一种良性循环。”

慈善档案

在大陆投资经商的十多年间，古润金参与的各类捐款金额逾2亿人民币，他的慈善之举为他赢得了社会广泛认可：先后获得25个县市授予的“荣誉市民”称号；荣获中国青基会授予的 “希望工程突出贡献奖”称号；2005年，成为中华慈善总会 “爱心中国——首届最具影响力100位慈善人物”中唯一的一位外籍人士；古润金先生继2006年之后，2008年4月再次荣获“2008年度十大慈善家”。

麦予甫

玫琳凯公司大中国区总裁

麦予甫（Paul Mak）先生于1997年加入玫琳凯公司，自1998年起担任公司大中国区总裁，全面负责玫琳凯在中国大陆及香港特别行政区的管理工作。

在其领导下，玫琳凯（中国）化妆品有限公司以“丰富女性人生”为使命，始终信守对创始人玫琳凯•艾施女士、对消费者、对玫琳凯人及对社会的不变承诺，致力于帮助中国女性成为有爱、有生活、有美丽的“美丽多面体”女性。在加入玫琳凯之前，麦予甫先生曾服务于美国庄臣公司。1990年，麦予甫先生来到中国，负责庄臣公司在华首家合资企业上海庄臣有限公司的生产业务和工程业务，

曾历任该合资企业的集团经理、副总监和营运总监。1981年，麦予甫先生以优异成绩毕业于美国芝加哥伊利诺斯理工学院，拥有化学工程学士学位。

麦予甫先生热心公益，是全球最大的非盈利性教育组织JA（国际青年成就组织）中国部的董事会成员，也是JA中国的首位总裁志愿者，为JA中国的发展提供了强有力的支持。

阎希军

阎希军，曾任中国人民解放军254医院药剂科主任，现任天津天士力制药集团有限公司董事长、主任药师，全国第五届药学专业委员会医院药学组委员，全军医院药学委员会委员。

阎希军的荣誉与影响

创立和发展了一个带动地域性经济发展的高科技企业，建立了企业技术创新和科技成果向现实生产力转化的配套体系，推动了中药现代化发展。1997年主持被列为国家中药现代化产业行动计划项目、高技术产业化示范工程项目、火炬计划项目和天津市重大科技产业化工程项目的新药“复方丹参滴丸”研制，取得成功，阎希军获国家科技进步三等奖、天津市科技进步二等奖、军队科技进步成果二等奖和国家新药证书，并通过了美国食品药品管理局(FDA)的临床用药申请，这是中国第一个在美国通过申请的治疗心血管疾病的复方草药制剂，为中药以治疗药品的身份进入世界发达国家医药主流市场打开了大门，实现了历史性突破。1998年天士力公司由于复方丹参滴丸单品种销售额突破2亿元大关，而成为天津市同行业中的龙头企业。阎希军1997年被评为全国卫生行业先进个人，并荣获天津市政府授予的“科技兴市”突出贡献奖，1998年被联合国科学与和平周组委会授予“和平使者”荣誉称号。在《中成药》、《中国药房》、《中草药》、《天津药学》、《人民军医》等刊物上发表论文8篇。

许瀞予

春华秋实，岁月如歌。在“为健康而努力”的旗帜下，许瀞予带领“康力”走过了十五年的发展历程。十五年来，康力人紧跟时代发展的步伐，同心同德，孜孜以求，用智慧和汗水谱写了康力公司辉煌的发展史。

1996年，在改革开放的大潮中，康力公司应运诞生。沐浴着改革春风，历经了市场风云，康力一路茁壮成长，如青少年般步入了一条科技启动、市场带动、文化推动，充满活力与激情的创新发展道路。目前，康力公司已经具备了多元化、规模化、集团化发展的组织形态，是国家医药物流、跨省连锁、电子商务试点企业，并拥有直销牌照，这充分体现了政府、社会对康力的认可和信赖。基于这样的坚实基础，康力将立足“大健康”领域，聚合精英人才，整合各方优势资源，打造一个创新型的“大流通营销平台”！这是康力未来长远要秉持和坚守的发展目标。

黄金宝

黄金宝，宁波三生日用品有限公司董事长，新一代甬商的佼佼者。

1997年，他初涉健康产业；1999年，组建了香港御坊堂药业集团；2001年，成立宁波御坊堂生物科技有限公司，建设了宁波首个保健食品GMP生产基地；2004年，成立宁波三生日用品有限公司，以高品质健康产品和创新营销模式，为人们缔造健康生活，提供自主创业的良机；2006年带领三生公司获得浙江省首张直销经营许可证，并成为业内高速成长和创新型企业的代表。

在此过程中，黄金宝收获了亚洲品牌创新人物奖、世界经济华人杰出创新人物奖、2008宁波十佳营销精英、2008十大风云甬商卓越甬商奖、亚洲品牌十大创新人物奖、食品安全管理先进个人、中国优秀创新企业家等众多荣誉，多次受邀出席博鳌亚洲论坛、APEC峰会等国际知名的高端论坛，并成为APEC中小企业服务联盟企业家委员会发起人。同时，担任了宁波市海曙区及鄞州区政协委员、宁波经济理事会副理事长、宁波市国内投资与合作交流协会理事、中华慈善总会永久理事、宁波市海曙区及鄞州区慈善总会理事、甬商联谊会副会长等多项社会职务。

李道

宝健（中国）总裁

美国斯坦佛大学的双学位博士，工商管理专业，是第一个有色人种学企业管理的。是美籍华人，从小生在美国，长在美国。曾就任亚洲多个国家的首席执行官，在那些国家企业的业绩都是第一的，从未做过第二。他曾被《福布斯杂志》列为2006年最有发展前景的经理人。1995年在中国就任中国宝健的总裁。

他的目标：

让宝健成为中国健康行业的领军地位，健康第一品牌。

2008年把宝健推向国际，成为国际健康第一品牌。

2006年就任中国外商投资企业副会长，中国公益事业慈善大使。

王尤山

高级工程师，曾先后担任江苏省盐城市纺织厂党委副书记、第一副厂长、市计经委副主任、江苏省纺工厅技术处处长、省纺织（集团）总公司实业开发分公司经理、江苏天宝药业有限公司董事长、总经理，南京中脉科技发展有限公司董事长兼总裁。现任中脉科技集团董事局主席兼首席执行官，南京理工大学、南京师范大学客座教授。

十多年来，王尤山一直致力于中国健康产业，为人类健康服务和世界科学与和平事业做出很大的贡献。中脉科技集团在他的领导下，在由国企改制为民企的短短几年中，年销售从8000万元上升到20亿元，年利税从500多万元上升到 3 亿元。中脉的企业文化的核心价值观是“共创与共享”，中脉创造财富价值的同时，更希望通过回报社会，让更多的人健康，让更多的人快乐。

徐之伟

不做中国的宝洁做世界的隆力奇

徐之伟是当代著名企业家，中国国内日化巨子的领军者，名列胡润百富榜第507名，放眼国际，打造三力，领导主要生产日化用品的江苏隆力奇生物科技股份有限公司，在国际日化巨头的夹击中脱颖而出，成为中国本土日化的佼佼者。并正努力培育出根植于中国市场的一流品牌——隆力奇。徐之伟重竞争，但从不畏竞争，努力向世界第一迈进。

徐之伟作为中国日化传奇人物，创造了中国日化品牌飞速发展并成为日化行业领军品牌的神话，徐之伟“高质量、低价格、大覆盖”的经营理念为我国数亿农民创造了使用大众日化产品的可能。徐之伟建立了企业的技术创新体系，大力开发具有自主知识产权的核心技术和核心产品，他领导的隆力奇以企业创新为主体，以产、学、研为核心的创新型经济。

胡国安

湖南绿之韵集团董事长兼总裁

胡国安(1969–)湖南安化人，中国优秀民营企业家，营销实战专家，品牌建设专家和国际级策划专家；曾先后在香港和大陆创办了多家中外合资及内资企业，在十几年的企业实际运作中积累了丰富的市场经验和管理经验。

现任中国工商理事会常务理事，湖南省工商联(总商会)常委，湖南省青联常委，长沙市青年企业家协会副会长，长沙市工商联(总商会)常委，“世界杰出华商协会中国总商会副会长”，第十届湖南省政协委员等职位。

晋升为世界杰出华商学院客座教授

“华商协会华人亿万富翁俱乐部会员”

荣获“世界和谐文化使者”

“2005中国十大世纪新闻人物”等荣誉

2007年获全球华商生物医药十大管理英才等荣誉。

陈惠

陈惠江苏省南通市人，中共党员，高级农艺师，高级经济师，中国著名企业家，被誉为“世界灵芝大王”。现任江苏安惠生物科技有限公司董事长、世界蕈菌生物学暨其产品学会会员、中国食用菌协会副会长、中国对外贸易经济合作企业协会副会长、中国食品土畜进出口商会兼职副会长。当选世界通商总会常务副会长、中国药用真菌专业委员会副主任委员、南通市工商联（总商会）副主席。

刘润东 梁浩

2004年，刘润东与梁浩夫妇二人在家乡威海注册了山东安然纳米实业发展有限公司，开始了他们创新营销的新旅程。在国内，外资企业一直占据着主导地位，这对于从骨子里就有着民族气节的刘润东来说，弘扬民族直销企业是他努力奋斗的方向。创业是艰辛的。创业初期，盖厂房、手续审批，很多程序不太懂，困难重重。起初又是小额投资，并没有受到当地的重视。经销商来考察，看到公司实力不够强大，有人就建议说："你看别的公司，说那座山是他们的，那块地也是他们的，其实都不是，你们也需要包装。"对于刘润东来说，经营理念可以效仿，营销制度可以在效仿的前提下创新，产品质量可以效仿，但这个绝对不能做。刘润东是个实实在在的人，不会为了市场业绩而夸大宣传，更不会为了吸引经销商而指山卖磨。

事实证明一切，安然纳米的事业迅速发展起来了。"当年投资，当年生产，当年见效。"安然纳米的快速成长引起了当地政府的关注。因为有自己的研发设备，有自己的研发技术，有自己的优质产品，安然纳米的市场发展迅速且稳定。

从2004年的起步，到2005年的稳步，到2006年的迅猛，安然纳米第二阶段的路走得十分顺畅。企业员工也从最开始只有四五十人，到现在已有四五百人的规模。这期间，安然纳米既有自己的研发机构，也有校企合作的项目，多元化发展，给企业提供了多方面的支持，市场业绩也如日中天。这就是刘润东，这就是刘润东所开创的安然纳米。2010年，是安然纳米的规划年，更是安然纳米的腾飞年。时代在变，思想在变，安然纳米的成绩也在变。而刘润东的追寻，依然在路上。

孙景业

以真正的企业家精神奉献社会

【人物介绍】一代儒商 志在天下

孙景业，大连富饶企业集团董事长。他是一位浑身充满了朝气、具有儒生风度、具有强烈的民族情结的民营企业家。他在1992年创建了大连业达行时，资金只有两万元，员工只有六人。经过五年的奋斗，业达行发展为资产400多万、下属四个子公司、年经营额为4000多万元、全国杂豆行业最大的外向型私营企业。孙景业因此被人们称为“豆王”。作为一个军人，他锻炼出果敢务实的工作品格；从大学时代就商海试水，他累积了超强的商业智慧；他考察了40多个国家的数百家企业，致使富饶这家内资企业时时闪烁着外企的先进之光：他除了在国际芽苗产业的专业，更具有企业经营方面的深邃大略。因此近几年他利用尽可能的机会，走上不同的讲坛，抒发自己的观点。富饶企业也在他的精心打造下，一步一步，不断走向新的发展台阶。

孙景业事业发达了，但他时刻没有忘记自己是新一代的中国商人，是党的富民政策使他发展起来的，所以他带领富饶企业，时刻以实际行动回报社会、造福人民。孙景业在发展壮大企业的同时，把企业的经营与扶持贫困农村的发展紧密地结合起来。孙景业经营的豆类有奶花芸豆、大白芸豆、中白芸豆、红芸豆、红花芸豆、黑芸豆等十几种豆类，这些豆类可以在玉米地里间种套种，也可以在贫瘠的山坡地散种，可以说，种芸豆是农民脱贫致富的好途径。所以孙景业每年都坚持到黑龙江、内蒙古等边缘贫困农村收购，并且收购的价格比一般收购商出的价格要高些。

富饶关注民生的经营理念引起各级政府和社会大众的关注，中央电视台等媒体为此做了专题报道，富饶企业创办人、董事长孙景业先生多次受到党和国家及地方领导人的亲切接见，孙景业先生乃至他的富饶公司累计获得各级政府部门和各社会团体颁发的奖项和表彰40多项。企业连续多年获得大连市“AAA级信用企业”、“重合同守信用单位”、“大连市第七届农业产业化龙头企业”、“大连市综合实力百强民营企业”；孙景业先生也曾经获得全国乡镇企业家、辽宁省优秀民营企业家、大连市十大杰出青年等多项殊荣。

公众媒体对孙景业先生有众多报道和评价，认为他是把“儒”和“商”相结合的企业家：是有较高文化素养的、重视商业道德企业家；是有自强不息和勇于创新精神的企业家；是把“内圣”和“外王”有机结合起来的企业家；是具有综合创新能力，现代意识、区域意识、全球意识的企业家；是有品牌战略思想、成功后反哺社会的良知企业家。

【关联企业】富饶集团简介

富饶集团是集健康食品、美容化妆品及保洁日用品等多元化产品的研发、生产、销售于一体的现代高科技民族企业。企业前身为成立于1999年的大连富饶食品有限公司，注册资金1.04亿元。迄今为止，仅在大连的资产总额已超7亿元。

集团总部位于“浪漫之都”——大连，地处亚洲最大的城市广场——星海广场，星海湾金融商业区，与美丽的大海咫尺之遥，总部9层办公大楼是一座独立大厦，建筑面积达6000平方米。公司在大连拥有占地面积3万多平方米、建筑面积3万多平方米的现代化工厂，其中心库房面积达6000余平方米。

作为一家民族企业，富饶集团一直坚持以“富民强国，饶泽天下”为己任，始终高度关注弱势群体，关注民生。

富饶集团仅健康食品一个系列就达到年加工农产品万余吨，直接带动绿色农业种植面积万余亩，签约合作社和农村联合体几十个，使广大农民受益。富饶不仅在生产环节惠及农民，同时在流通环节敢于创新，以“直接零售”、“旅游行销”、“媒介分账”、“电子商务”等商业业态相结合营销模式，使消费者在消费富饶产品的同时，通过媒介新消费者为富饶增加利润而获得参与企业的利润分配，从而实现消费创业的目的。这一模式的推出，受到广大消费者的欢迎，并使他们实现了自主创业的梦想。

企业理想（Vision）——富饶的首要目标

•富民强国，饶泽天下

企业使命（Mission）——诠释富饶的行业属性及精神层面的内涵

•通过富饶多元化的优质产品和人性化的真诚服务，通过自主创业，为人类健康、美丽、富饶、快乐做出自己的贡献。

企业信念与价值观（Beliefs And Values ）——是富饶事业发展必需及永恒不变的基本理念，也是富饶能藉以缔造健康、美丽、富饶、快乐人生的重要思想基础。

•忠恕（Loyalty And Forgiveness）：忠恕之道，简而言之，就是忠诚于自己，善待他人。

•诚信(Integrity)：富饶的成功并非单纯经济意义上的成功，更有我们赢得的广泛尊敬、信任和良好的声誉。只有守住诚信，我们才有未来。

仁爱 (Benevolence And Love)：就是用一种发自内心的善意去对人好。

•快乐(Pleasure):追求“乐之者”境界，在行业与个人心智的相互成全中，获得莫大的享受与快乐。

【民生责任】为消费者提供品种多元、品质卓越的产品

自成立以来，富饶就一直致力于为广大消费者提供优质高效的产品，致力于为广大消费者创造一种健康、美丽、快乐的理想生活。时至今日，富饶已拥有“豆豆豆”系列健康食品、“艾肤琳”系列美容化妆品及保洁日用品、“亲爱人（F-lover）系列私密护理用品”、“美丽妆苑系列美容护肤品”等四大系列近百种产品。多年以来，富饶产品不断精益求精，不仅赢得了广大消费者的赞誉，更获得了诸多殊荣，曾获颁过“国家食品工业科技进步优秀项目奖”、“中国食品博览会名牌产品奖”、“大连市民喜爱的商标（品牌）”、“大连市著名商标”、“辽宁省著名商标”等荣誉称号。

古今精粹结合

产品的研发汲取中华民族灿烂辉煌的饮食养生文化“食药合一”与现代营养学所倡导的“平衡膳食”的科学理念之精粹。

产品原料的选择和搭配传承中华传统养生文化理念，主要配料的养生作用在我国经典植物药草著作（如《神农本草经》、《本草纲目》等）中均多有记载，同时又被现代科学证实其所含的营养成分及其所富有的调理身体、增强免疫力、改善疾病等营养价值。

成分天然

富饶产品的原材料主要为芽苗、蔬果、菌类、藻类、谷物类或其提取物。从选种、芽苗培育、种植到成分萃取，全程绿色、安全，确保产品成分的纯净、天然、无污染。

种子：一般选自极少工业污染的边远地区，且经过严格检验符合质量标准才能投放使用。

芽苗培育：工厂实行全封闭，保持空气和水的净化，不施肥打药，无土栽培，立体化生产，专业设备与人员全方位品质监控管理。

种植基地：自行开辟国家认证的绿色食品种植基地，生产富饶产品所需的原材料，种植过程不施任何化肥和杀虫剂。

原料进口：富饶与多国顶尖科研机构和公司合作，从国外进口相关产品所需的绿色高品质原料。

复合营养

富饶产品配料科学，采用相合相生复合营养搭配原则，每款产品都是以一种芽苗、蔬果、菌类、藻类或谷物类等天然植物全营养素为主料，再配以其他植物全营养素精制而成。主辅搭配科学，相合，相生，互补，互助，既突出了每款产品的独特营养作用，又均衡地补充了人体所需的营养。如果选择几款富饶产品同时食用，就是在复合营养基础上的多重营养组合，内补加外调，作用会更好。

品质可靠

富饶国际从美国、德国、意大利等欧美国家引进世界一流的芽苗生产线以及真空微波干燥、超浓缩喷雾提取、超微细粉碎、低温冷冻干燥、药用包装等现代化设备，采用植物细胞破壁和瞬间植物活性物质分离等世界先进的制剂工艺生产，既保留了天然植物中的原生态活性全营养成分，又确保这些成分的绿色、纯净和天然

营养安全

富饶产品素有“六高”、“二低”、“一弱”的特点。

“六高”即高植物蛋白、高维生素、高矿物质、高纤维素、高叶绿素、高活性酶；“二低”即低脂肪、低糖；“一弱”即弱碱性。

总之，富饶产品属于天然绿色健康食品或健康日化用品，可放心长期使用。

信誉卓著

富饶国际拥有完整规范的科学管理体系，投产不久就先后通过了ISO9001：2000质量管理体系认证、GB/T28001：2001职业健康安全管理体系认证、ISO14001：2004环境管理体系认证、食品GMP认证、HACCP食品安全管理体系认证、食品行业的QS认证等。

这些世界先进水平的管理体系，确保产品具有可靠的质量保证。“豆豆豆”牌大麦苗精、红甜菜精、姜茶等健康食品被评为“中国农产品加工贸易博览会金奖”；“艾肤琳”牌防晒隔离霜SPF26.美白精华露、美白祛斑霜等获得国产特殊用途化妆品卫生许可证。

【行业责任】模式创新 拉动消费

2011年1月，富饶国际推出了具有划时代意义的新商业模式——消费创业分账模式。自启动以来，已有上千位消费者受益，他们在消费富饶四大系列近百种产品的同时，获得少则几千元、多则上万元的现金回报。更有近百位消费者因积极推广富饶国际新商业模式，在获得不菲现金回报的同时，还荣获轿车大奖。在消费者因消费而获利的同时，富饶公司的销售利润也呈现平稳增长之势，可谓消费者满意、企业不断盈利。这一良好发展景象是富饶公司近些年来所未曾有，这完全得益于新商业模式的开创和实践。

富饶新商业模式好就好在一方面最大程度地去除了一切盘剥企业的中间环节，增大了企业的利润空间；另一方面，把消费者的根本利益摆在企业发展的同等地位上来对待。概括的讲就是

将富饶商品的消费者从以往单纯消费——资金减少，生产企业、流通环节获利模式，转变为消费——再消费——获得同等消费额的奖励模式，即生产者、消费者都获利。

在以往营销模式中，特别是近些年，由于流通环节的成本不断增加，企业只能靠减少自己的利润来维持生存，如此一来，使广大企业都陷入到恶性竞争的泥潭，只能为生存而血拼。企业的血拼并未赢得市场，因为消费者并未因企业减少利润而享受质优价廉的商品和服务。富饶国际新商业模式就解决了这个问题。通过亲身实践富饶发现这样一个道理：企业的发展一定要在各方面进行创新，而诸多创新中营销创新是最重要的创新。

富饶模式：富民强国，饶泽天下

富饶新商业模式借鉴了营销口碑相传的推广优势，电子商务的快捷方便等众多优点，并将企业发展与消费者切实利益紧密结合。富饶模式让企业得以生存发展，不仅惠及消费者，使消费者钱越花越多，同时还将对国家的富强做出贡献！

中国是世界上人口最多的国家，拥有世界最大的消费市场。目前国际各大商业寡头纷纷进入我国商品零售市场，已占据相当份额。这些国际零售商业寡头一方面巧立名目榨取我民族生产企业的利润，另一方面想方设法掏空中国消费者的口袋，将我国改革开放的经济成果席卷而去。

如何保住国人并不充裕的口袋，让更多的国人逐渐富裕起来？如何保住我国改革开放的经济成果，不为他人做嫁衣？答案只有一个：保护民族企业，保护中国消费市场！富饶模式给了我们一个很好的启迪，富饶企业给我们树立了一个榜样。

【责任历程】历史时刻 鉴证未来

1991年11月8日	孙景业、杨敬二人联手创办“大连业达行经销部”。
1992年底	“大连业达行经销部”正式更名为“大连业达行（私人）有限公司”，成为大连市第十三家注册的民营企业。当年营业额高达2900万元。
1993~1995年	业达行主要是经营杂豆出口业务。1993年，成功完成联合国粮农署援救非洲杂豆供货1500吨；1994年，年销售出口杂豆11000吨；1995年，年销售出口杂豆20000吨，并且多次完成联合国粮农署援救索马里、卢旺达、乌干达、波黑等非洲和东欧国家的出口任务。
1996年	业达行开始着手芽苗生产及芽苗浓缩营养素提取等项目的投资准备工作；并自1997年初始，进行长达两年的国外芽苗工厂的考察。
1998年12月26日	大连富饶食品有限公司工厂厂房正式建成。“豆豆豆”牌芽苗浓缩营养素开发试验。
1999年8月30日	芽苗工厂投产试运行，9月1日，富饶“豆豆豆”牌芽苗菜正式上市销售。
2001年	富饶芽苗浓缩素工厂扩建改造。
2002年5月	富饶“豆豆豆”牌芽苗浓缩营养素研发成功，并完成注册上市试运营。
2003年4月20日	大连富饶食品有限公司正式采用“电子商务分销模式”进行市场运营。
2003年8月6日	富饶在大连星海会展中心一号国际会议大厅成功举办第一次全国招商会，并参加了大连贸促会举办的“国际保健品展览会”。
2003年10月8日	富饶成功地协办中国首届非处方药（OTC）及保健品（大连）国际博览会。
2003年10月11日	富饶在大连星海会展中心一号国际会议大厅成功举办第二次全国招商大会；全国招商158家“豆豆豆“分销专卖店。
2004年1月5日	由中国轻工业出版社编辑出版的《富饶天下》一书出版发行。
2004年2月25日	全国优秀分销店长及高级分销商组成的富饶考察团，前往新加坡、马来西亚以及中国香港等国家和地区旅游考察并参加分销专卖培训，并与马来西亚直销协会进行了深度交流，探求合作。
2004年4月	斥资成功收购市内300亩土地，大连富饶健康产业园区建设拉开序幕，预计总投资5个多亿，包括“富饶健康食品工厂”、“富饶健康日化工厂” 、“富饶健康中药工厂”、“富饶健康生活用品工厂”、“富饶健康珠宝、金品工厂”等配套工厂。
2004年4月15日	大连富饶与中国邮政大连公司携手合作，成立大连富饶国际物流配送中心，富饶物流并入中国邮政全国十网开网仪式，富饶企业和大连邮政双方代表参加仪式并剪彩。
2004年6月18日	大连富饶企业集团成立。富饶集团开盘庆典隆重召开并成功举办了全国近2000年分销店店长招商培训大会。是日，大连富饶企业集团分别与中国联通大连分公司、中国平安大连分公司签约，合作推广网络电话业务和平安保险业务。
2009年	大连富饶国际贸易有限公司注册成立。富饶国际欲酝酿第二次直销风暴，再创中国民族直销品牌。
2010年3月13日	富饶国际全球化运作正式启动。

夏历 于智慧

弘扬千年养生文化，创造人类健康源泉

夏历先生，高级经济师，出身于著名医学世家。2005年，他与于智慧女士共同创办大连美罗国际生物有限公司并担任董事长至今。夏历先生从事企业经营管理和科学研发工作近30年，以其独特的人格魅力、抱负、责任感、使命感和价值观，成为集企业家、新产业开拓者于一身的人物，被业界誉为“真菌多糖产业的设计师”，先后荣获“中华长城英才”、“中国品牌建设特别贡献奖”、“中国构建和谐社会功勋企业家”等多项荣誉称号。

夏历董事长致辞

美罗国际秉持“只为健康而存在”的企业宗旨，是对责任的理解，是对使命的提升，是对价值的深化，是对高品质品牌风格的追求。

美罗国际以坚韧不拔的勇气和执着的追求，用沉稳、踏实的脚步去实现一个宏伟的目标：弘扬千年养生文化，创造人类健康源泉。

美罗国际建设以价值为核心的企业文化，是对中华悠久文化遗产的传承和发扬。“上善若水，厚德载物”，彰显出的是海纳百川的博大胸怀；“以人为本，以和为贵”，是致力于实现健康、快乐、财富和有价值的人生。

美罗国际主动承担引领复合营销行业未来发展的重任，率先在行业进行机制改革，第一个建立企业的系统——“智慧系统”，第一个在行业成立“感恩节”……与时俱进，创新改革，开辟具有美罗国际特色的复合营销；美罗国际企业文化确立的价值体系、道德规范和行为准则，是建立在企业和经销商深深的“鱼水关系”基础上。一切为了责任和使命，使美罗国际事业基业常青。

美罗国际尊重人才，善用人才，坚信高素质、专业化人才是企业发展的决定性因素，培养高素质、高绩效、高品位的企业管理团队和市场核心团队；以科学化、现代化、人性化的管理方式致力研发、生产、销售高品质的健康产品，以“和谐、忠诚、勤奋、绩效”实现双赢。我们倡导的新“鱼水关系论”，就是让每一个与美罗国际健康事业合作的伙伴，在和谐、双赢、共进的良好氛围中，都能得到自身价值的升华，就是企业敢于直面未来的信心基石。美罗国际崇尚“至刚、至柔、至净”的水文化，因为水善利万物而不争，以绵绵之势发挥无穷动力，以涤荡之姿对抗无数艰险，以涓涓之态展示不息的执着，象征着美罗国际人推动美罗国际健康事业惠及全球、造福人类的信念。

美罗国际“物尽其用，人尽其才”，以数字化的健康工程为全球加盟商提供了展示自己才华、实现自身价值的广阔平台。美罗国际健康事业肩负着责任与使命，承载着美好愿景，它以包容的胸怀，帮助经销商实现人生价值最大化。

美罗国际凭借美罗速度、美罗精神、美罗实力，以科学发展观为指导，把责任视为企业发展的本质，把责任演变为企业快速成长的动力和源泉，努力缔造世界健康产业的第一品牌，再创新辉煌！

于智慧总裁致辞

美罗国际健康事业的崛起和腾飞以及创造世界品牌的历程，这一切皆源于真挚的爱。爱是责任，是付出，是包容，是无私，是利他。

美罗国际发展，诠释了大爱无疆。践行着“责任在肩，使命在前”的理念，坚持 “以德筑基业，以德兴企业”的情操。这既是夏历董事长所倡导的“上善若水，厚德载物”企业文化范畴的延伸，也是企业发展遵循的最高原则。多年来，美罗国际倾力打造“品德、品质、品牌”工程，认真履行“亲情服务，感恩服务，协作服务”理念，正不断地向世界传递着它无与伦比的迷人魅力。

创建智慧系统是美罗国际责任建设的主体内容。美罗国际终结中国直销业由来已久的系统外挂历史，创办美罗国际智慧系统，首先是基于对行业、对社会的责任。其二，美罗国际创立企业系统，是基于对美罗国际合作伙伴、对市场团队的责任。其三，智慧系统的创办，是基于对消费者的责任，因为智慧系统是一个思想、目标、标准、模式、行动全部统一的文明直销体系，在产品上能让消费者放心、在服务上能让消费者舒心。

我相信，在“只为健康而存在”的企业宗旨引领下，在全球美罗国际家人的共同努力下，美罗国际的健康事业必将铸成千秋大业！

【公司介绍】

美罗是新中国第一家医药企业，历史沿革近百年（1925年成立），是从事药品（中、西药）、保健品研发、生产、销售的大型现代化企业，2000年以4000万流通股在上海证券交易所（A股）上市，下设15家分公司，6家控股子公司和3个研究院所，公司注册资本3.5亿元，总资产36亿元。“美罗”是驰名中外的品牌商标，是国家级高新技术企业，在发展过程中，美罗创造了无数个第一：成功研制生产红霉素并由此成为中国抗生素生产基地；代表中国将处方药品首次出口发达国家，标志着美罗产品正式参与国际市场竞争……多次荣获“全国五一劳动奖”和“全国医药行业优秀企业”等荣誉称号。

美罗国际传承了美罗旗下研发、生产、销售保健品、营养食品的健康产业，同时产品结构实现多样化，进军美容化妆品、生活日用品及高科技家用产品等系列产品的研发、制造及流通领域。美罗国际所属的生产、销售企业均获得国家级GMP和GSP首批认证；2005年通过CGMP标准，澳大利亚TGA国际认证。作为中国制药业和保健品生产的龙头企业，为在新时期实现“重点跨越，引领未来”的历史使命，美罗国际2009年实施大规模搬迁、改造、扩建工程，用震惊世界的“美罗精神”“美罗速度”和“美罗实力”——九个月时间就建成了总投资11亿元，占地面积23万平方米，年产值可达百亿元以上的美罗国际新产业基地，2010年一次性顺利通过GMP认证，同时，新建的桐乡科研中心也获得GMP认证，再创行业奇迹。美罗国际真菌多糖研发专利，成为世界真菌菌丝体多糖应用技术和检测的标准，获得中国卫生部唯一“新资源食品证书”，美罗国际真菌多糖保健品和营养食品，成为世界驰名品牌。

美罗国际是以健康屋（直营店）加推销员为主要销售模式的国际化企业，向消费者、经销商提供最优秀、最完美及最贴心的亲情、感恩、协作服务，实现了经销商合作伙伴的利益最大化。

美罗国际目前拥有国内国外三十多家分公司和众多国际、国内科研、生产、营销、管理等领域的杰出人才，已经建立了横跨欧亚大陆完善的市场服务体系，全球一体化市场战略实施工作已经高起点地步入长期、正规、有序、稳健的腾飞发展阶段，正以崭新的姿态，走向世界，为将药食同源的真菌多糖健康产品端上国际餐桌，造福全人类，把“健康、快乐、财富和价值”带给全世界更多的家庭奠定了良好的基础。

美罗国际崇尚“水文化”，“上善若水，厚德载物”是其崇高的道德追求，建设以价值为核心的企业文化，以“只为健康而存在”为企业宗旨，以“弘扬千年养生文化，创造人类健康源泉”为责任和使命，凭借企业品牌积淀的知名度、美誉度以及自身广阔深厚的事业发展平台，以其旺盛的斗志和活力，与时俱进，开拓进取，已经成为大潮兴起的健康产业和复合营销领域一颗璀璨的明珠！

美罗国际愿与全球有志之士达成共识，心手相连，共创人生价值！

【企业大事记】

2011年，美罗国际新健康产业基地二期工程奠基。

1925年，创始于大连满铁卫生研究所。

1948年，中华医药股份有限公司成立，这是新中国诞生的第一个国营医药企业，也是美罗药业集团的前身。

1958年，独立研发并制造红霉素，一举震惊世界，并从此发展为中国的抗生素生产基地。

2010年，美罗国际新健康产业基地、新办公大楼正式启用。

2009年美罗国际以敢为天下先的创新精神，主动承担责任，在行业第一个成立企业的系统——智慧系统。

2009年，大连美罗国际嘉兴开发区新建科研大楼和原料生产基地正式启用。

2009年，美罗国际第一个在行业中成立感恩节（4月6日）。

2009年，大连美罗国际实施大规模搬迁、改造、扩建工程项目，新建基地总投资 11亿元，占地面积23万平方米，建筑面积10万平方米，是国家、省、市重点工程之一。

2005年，大连美罗国际生物有限公司成立。

2004年，美罗国际生物（香港）集团有限公司成立。

2000年，大连美罗药业股份有限公司在上海证券交易所上市（A股）。

1999年，大连美罗药业股份有限公司成立。

1994年，嘉兴美罗天源生物制品有限公司成立，成为中国首家运用菌丝体生产保健品的企业。

1994年，倪宗耀教授在世界上首次将灵芝真菌丝体作为食品使用，并获得中国国家卫生部“新资源食品”证书，这个伟大的发明标志着灵芝多糖技术在经历了灵芝子实体、孢子粉应用时代后正式进入用灵芝菌丝体获取多糖时代。

1992年，大连医药集团公司成立。

1970年，倪宗耀教授开始致力于以灵芝为代表的真菌多糖研究。

【民生责任】

企业实力

科研基地

美罗国际高科技产品的生产销售及品牌知名度的迅速扩大和提升，来源于企业强大的科研实力和在研发方面的巨大投入。作为科研战略专家，董事长夏历先生一直在科技研发的第一线，保证企业科研战略的前瞻性和科研成果的高品质，同时在全国及海外形成了高效的科研开发和生产的合理布局，保证了美罗国际产品在科技含量和品质、品牌方面在同行业持续领先。

目前，美罗国际在浙江桐乡、辽宁大连、上海市拥有三大科研基地，并且在澳大利亚成立研发中心。其中大连和浙江基地具备世界一流的科研条件，拥有由国内一流生物工程、微生物、健康医学等方面专家组成的科研团队，并与国内许多大学和医疗机构进行合作，借助外脑，把握国际健康产业发展方向，保证高科技保健品实现“构思一代，开发一代，预研一代，储备一代”。

生产基地

美罗国际的生产基地坐落在大连市营城子高新技术园区，占地面积23万平方米，建筑面积10万平方米，总投资11亿元，是一所现代代的高新技术生产基地。美罗国际生产基地除生产保健品之外，更是一家综合性的国际性制药企业。美罗国际生产基地的厂内设置专门的管理、生产和仓储区域，执行专业的流程化管理；生产设备多由意大利、德国、日本、中国台湾等国家和地区引进。其产品结构、组织结构及现代化装备均达到国际先进水平。仅保健产品就拥有两条胶囊生产线、两条冲剂生产线、一条片剂生产线。生产过程中完全实现全自动化无菌操作，严格监控产品生产过程中的每一个环节，确保每一粒产品的优良品质。

物流中心

美罗国际物流中心于2009年11月建成并投入使用，位于大连营城子高新技术园区。物流中心内设检货区、冷冻仓储区、低温仓储区和常温仓储区四个区域，设备均从日本引进，并配备有强大的中央空调系统，全自动电子监控系统及通讯系统等配套设施。物流中心采取“门对门”的配送方式，中间过程招标选取第三方物流系统承接，力求为终端客户提供超值优化服务。目前，物流中心配送对象中心的管理系统将通过优化算法提供对货物的分析、配载的计算以及根据客户的要求，在海、陆、空三种方式中选择搭配最佳的配送路线，将货物安全、准确、快捷地送达目的地。在国内中心城市，物流中心可承诺将货物在两个工作日内配送完毕。物流中心落成后，先后接待过来自国内外经销商及几十个国家和地区的专家考察和参观。他们均对物流中心的硬件设备、管理系统、服务系统等表示赞赏，认为这是一个具备国际化一流水平的现代化、国际化、专业化的大型物流中心。

GMP管理

符合GMP药品认证标准的保健品生产环境

美罗国际生产基地

ACCORD WITH THE PRODUCTION BASES OF GMP STANDARD

【教育责任】

美罗国际智慧系统

——肩挑责任和使命 智慧发展和创新

人类因有梦想而伟大，因为实现梦想更伟大。然而实现梦想需要目标计划和行动，更需要强大科学的系统来支持。

美罗国际智慧系统由美罗国际两位创办人夏历董事长和于智慧总裁亲自倡导创办，是为了实现梦想而坚持不懈的美罗国际合作伙伴设立的，它将企业文化、直销规律有机地融为一体，立足于美罗国际的事业发展平台，浸润在美罗国际“上善若水，厚德载物”的、以价值为核心的企业文化中，为“只为健康而存在”的企业宗旨和“弘扬千年养生文化，创造人类健康源泉”的企业使命，以及“功在当代，利在千秋”的经营理念提供科学的世界观和方法论。

美罗国际智慧系统在尊重销售规律的基础上，对系统运作理论和实践进行改革创新，创造性地以企业名义创办教育系统，以对价值取向、行为准则、文化素质和道德修养的追求，树立企业和系统的品牌形象。

智慧系统文化是以水文化为核心；

“至柔、至刚、至净”是水文化的本质特征；

“上善若水、厚德载物”是企业文化的最高原则，表达了企业文化的根柢和追求，宣示了企业文化的道德理想；

“鱼水关系论”是企业文化的具体表述，标示了企业和经销商之间、企业和社会之间和谐共生的关系；

“品德、品质、品牌”的追求和“亲情、感恩、协作”服务理念是企业文化的具体体现，彰显了企业文化对共存、共荣、共赢市场理念以及对品牌经营战略的高度重视。

【经济责任】

引领真菌多糖时代

美罗国际生物有限公司采用倪宗耀教授30年研究成果，运用液体深层发酵生物技术生产真菌菌丝体，全面取代真菌子实体，成为中国首家应用真菌菌丝体生产保健食品的企业，在国内真菌保健品领域内具有垄断地位；在世界范围内该领域的发展，也具有领先地位。倪宗耀教授发明的灵芝菌丝体在生产技术，在世界上首次把灵芝菌丝体作为食品使用。这项伟大的成就开辟了真菌多糖领域的新纪元，将灵芝多糖技术在经历了子实体、孢子粉时代后，正式进入菌丝体提取多糖时代。

领先同侪的菌丝体多糖技术

美罗国际产品之所以在世界各地获得消费者的青睐，是因其拥有业界领先的菌丝体多糖技术。美罗国际的产品研发机构中有多位在生物科技领域中卓有成就、享有广泛知名度的权威性专家、教授，他们以其在专业领域内丰富的理论知识和实践经验担负起企业的研发工作，不断创新。除企业的专家、顾问团和下设的三个国内研究院和一个海外研发中心外，美罗国际在产品研发方面注重借用外脑联合研发，做到“构思一代、开发一代、预研一代、储备一代”。除此之外，企业通过与国际先进生物科技企业的交流，积极把握国际尖端前沿健康产品发展方向，把高科技健康产品作为企业未来发展的引擎。 美罗国际采用总工程师倪宗耀教授30多年研究成果，运用液体深层发酵生物技术生产真菌菌丝体，全面取代真菌子实体和抱子粉，将灵芝多糖技术带入灵芝菌丝体获取多糖时代，成为中国首家应用真菌菌丝

体生产保健食品的企业，在真菌多糖保健品领域具有权威地位。

美罗国际保健营养食品的特点

美罗国际真菌多糖系列营养保健食品，均采用高科技菌丝体及复合多糖等生物技术精制而成，属保健食品中的高端产品。具有如下特点：

真菌多糖含量高，易于吸收和利用。

美罗国际的保健营养食品以菌丝体为原料，其真菌多糖等有效成分含量比子实体显著提高，并且不含无药理作用的木质素，更易于人体吸收。

复合多糖技术新，营养保健更全面。

在原有多糖的基础上产生新的多糖——复合多糖，复合多糖不同于原有的多糖，它具备原有多糖所不具有的新功能，使产品的保健作用更全面。

高效细胞修复剂，增强人体自愈力。

细胞膜外的多糖，维护着细胞的健康，多糖减少到一定程度细胞就会受损，人体就会生病。美罗国际的多糖食品能及时地为细胞补充多糖，对细胞进行修复，使细胞生理功能正常，人体自愈能力增强。

配合增强药疗效，降低药物毒副性。

美罗国际保健营养食品，可配合中、西药一同服用，增强药物的疗效。同时，可有效提高人体对药物毒副作用的耐受力，降低药物的毒副作用。

基础营养且对症，整体综合来调理。

美罗国际保健营养食品从整体上调整人体机能。例如：一个失眠的人，服用产品一段时间后会发现，不但睡眠质量显著提高，同时解决了很多的身体问题。

清除垃圾与毒素，美容养颜抗衰老。

当人体机能衰退时会有一定数量的人体垃圾和毒素滞留体内，加速人体机能的衰退。美罗国际保健营养食品可强化人体的新陈代谢能力，加速人体垃圾和毒素的排泄，在改善人体健康状况的同时，还具有美容养颜延缓衰老的作用。

绿色安全无污染，长期服用保健康。

传统生产食用菌离不开土地和农药，食用菌不可避免的被污染，其产品无法达到“绿色”食品的要求。美罗国际的多糖食品是以高科技的液体深层发酵真菌菌丝体为原料，完全工业化生产，质量稳定可控，并且无污染，完全符合“绿色”食品要求，可长期服用。

健康屋

美罗国际的标志造型是由“Merro”的首字母“M”与“屋型”轮廓结合而来，既象征着美罗国际追求“健康、快乐、财富、价值”的企业理念，又寓意着美罗国际通过健康屋加推销员拓展服务全球市场的经营模式。

“屋”型的轮廓采用圆头造型，就像一个温馨的家。寓意着“美罗国际，我们永远的家”，寓意着美罗国际立足社区，服务民众的普世情怀，与美罗国际健康屋（直营店）的名称相得益彰，既有亲和力又不失高贵典雅。标志造型易于识别和记忆，动静结合，简洁大方。

橘红色：代表阳光、积极、活力有朝气。寓意美罗国际人积极推进人类健康观念和事业，同时也象征美罗国际人朝气蓬勃的工作热情。

绿色：代表生命、健康、快乐、水，代表美罗国际人倡导绿色健康而美好的生活，与“只为健康而存在”企业宗旨遥相呼应，同时也说明创造的人类健康源泉生生不息。

健康屋直营店/加盟店

美罗国际健康屋是美罗国际生物有限公司在全国各地区经销美罗国际系列产品的直营店、加盟店，面向社会大众提供服务和产品销售的窗口，实现企业与消费者之间双向信息沟通的一种运营形式。

美罗国际健康屋以“立足社区、服务民众”

为宗旨，是社区民众的健康服务中心。美罗国际健康屋关注着周边社区每个人的健康，通过健康咨询服务，提供健康指导，满足社区民众健康需求，在美罗国际健康屋内形成崇尚健康人生的交流平台。

美罗国际健康屋立足于社区，贴近消费者。它通过统一、专业、实用的健康理念，把最诚挚的服务、最优质的多元化健康产品带给消费者。消费者通过与美罗国际健康屋更多的接触，得到更多温馨的服务并参与更多健康的社区活动。美罗国际健康屋传递着健康生活知识，为社区民众提供健康、美容、养生等方面咨询、指导，与消费者一起分享健康快乐的人生，做社区民众的健康加油站。

在美罗国际健康事业中，始终坚持消费者利益为先的原则，透过美罗国际健康屋这样一个纽带和桥梁，做好顾客的服务工作，建立起忠诚的消费群体。按照美罗国际“只为健康而存在”的企业宗旨，通过美罗国际健康屋不断的努力，做到“亲情服务、感恩服务、协作服务”，把美罗国际健康屋建设成为覆盖全国的健康服务系统，从而实现“弘扬千年养生文化，创造人类健康源泉”的企业使命。

健康屋加盟店

美罗国际健康屋是美罗国际生物有限公司在全国各地区经销美罗国际系列产品的加盟店，面向社会大众提供服务和产品销售的窗口，实现企业与消费者之间双向信息沟通的一种运营形式。

美罗国际健康屋以“立足社区、服务民众”为宗旨，是社区民众的健康服务中心。美罗国际健康屋关注着周边社区每个人的健康，通过健康咨询服务，提供健康指导，满足社区民众健康需求，在美罗国际健康屋内形成崇尚健康人生的交流平台。

美罗国际健康屋立足于社区，贴近消费者。它通过统一、专业、实用的健康理念，把最诚挚的服务、最优质的多元化健康产品带给消费者。消费者通过与美罗国际健康屋更多的接触，得到更多温馨的服务并参与更多健康的社区活动。美罗国际健康屋传递着健康生活知识，为社区民众提供健康、美容、养生等方面咨询、指导，与消费者一起分享健康快乐的人生，做社区民众的健康加油站。

在美罗国际健康事业中，始终坚持消费者利益为先的原则，透过美罗国际健康屋这样一个纽带和桥梁，做好顾客的服务工作，建立起忠诚的消费群体。按照美罗国际“只为健康而存在”的企业宗旨，通过美罗国际健康屋不断的努力，做到“亲情服务、感恩服务、协作服务”，把美罗国际健康屋建设成为覆盖全国的健康服务系统，从而实现“弘扬千年养生文化，创造人类健康源泉”的企业使命。

1.美罗国际当选为红十字理事单位

2005年4月15日，大连红十字会第四次会员代表大会在大连棒棰岛宾馆召开。大连美罗国际生物有限公司凭其在人道主义救助义举中的杰出表现，从众多的候选单位中脱颖而出，光荣当选为理事单位。

2004年12月26日印度洋地震海啸引发的世纪性人类灾难引起了国际社会的极大关注，催生出一场全球大救援。短短的十几天，全球民间捐款总额超过18亿美元，在国际红十字会人道主义救助史上写下了生动的一笔。面对百年不遇的劫难，中国红十字会进行迄今为止最大规模的对内紧急呼吁、对外救援的活动。

美罗国际员工、推销员给予了积极响应，慷慨地伸出了援助之手，仅1月18日一天，美罗国际员工、推销员捐款就达四十多万元，并由此带动了美罗国际全国推销员踊跃献爱心，涌现出许许多多感人的事例。

有感于美罗国际人的爱心和义举，中国红十字会大连分会破例吸收美罗国际为中国红十字会会员单位，并在2005年大连红十字会理事单位换届选举中，选举美罗国际为理事单位。

辽宁省委副书记、大连市委书记孙春兰在会议期间亲切地接见了美罗国际总裁于智慧女士，对美罗国际人的善举给予了很高的评价。

2.美罗国际捐款40万 援助老区希望工程

——上海各界为希望工程募捐仪式暨纪念抗日战争胜利六十周年文艺晚会

2005年8月10日晚，上海展览中心友谊堂上演了一台为纪念抗日战争胜利六十周年的“大戏”。在这台晚会上，上海各界共为希望工程捐款660万元，为革命老区和贫困地区援建一批希望小学，支持当地的基础教育事业。上海的团员青年和社会各界以这种独特的方式，纪念抗日战争

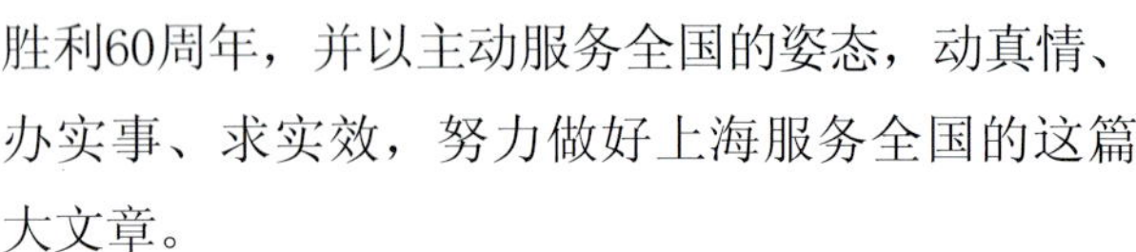
胜利60周年，并以主动服务全国的姿态，动真情、办实事、求实效，努力做好上海服务全国的这篇大文章。

大连美罗国际生物有限公司李光副总裁代表公司应邀出席了本次大会，并向纪念活动的主办方——上海市青基会、上海市希望办捐款40万，用于革命老区的基础教育事业。美罗国际公司此次捐款，期待借助上海市希望办，表达对抗日战争胜利60周年隆重纪念和对革命老区基础教育事业的关心与支持！

会议期间，上海市青基会理事长、上海市希望办主任吴仁杰对于大连美罗国际生物有限公司此次的捐款义举给予高度评价和赞赏。他说：“美罗国际不远千里从大连来到上海，在抗日战争胜利60周年纪念活动中，参与此次捐款活动，支持国家的希望工程，表达了对革命老区教育事业的关注，是一个具备大局观的企业，也是一个富有社会责任感的企业。”

3.美罗国际心系劳模

——美罗国际为大连市劳模捐赠14.1万元保健品

2007年9月1日，由大连市总工会、大连市慈善总会主办，美罗国际等企业赞助的“大连市劳模楼建成十周年新型之夜文艺晚会”在大连市劳模楼纪念广场隆重举行。

为了向新中国成立以来，在各条战线上涌现出的全国劳动模范、市劳动模范表达敬意，美罗国际向上百名劳动模范捐赠14.1万元的美罗牌保健品。曾在支援解放战争而光荣负伤的全国著名劳动模范赵桂兰代表所有劳模们接受美罗国际的捐赠。

4.捐助儿童蓓蕾救助工程项目200万元

美罗国际携手大连慈善总会，捐助儿童蓓蕾救助工程项目200万元。为了帮助贫困无援的重症儿童康复，企业联手慈善协会启动此项工程。

5.向汶川地震捐款赠药送物达3000余万元

在突如其来的汶川大地震面前，全体美罗国际人紧急行动起来，企业慷慨解囊向四川汶川地震灾区捐款赠药送物达3000余万元，第一时间向灾区空运15吨灾区急需药品。

【公司荣誉】

品牌历程

品牌是企业发展过程中的品德、品质和文化的积淀，它记录了美罗国际走向辉煌的历程。

1994年—2004年
荣获国家卫生部“新资源食品”证书
荣获“85国家星火计划优秀项目奖”
荣获“国际食品技术博览会金奖”
荣获“世界华人医学会优秀奖”
荣获“世界医学博览会金奖”
荣获“世界知名医家30年研究成果奖”
荣获“世界中西医学术成果奖”
被推介为“第三届华裔老人国际论坛唯一指定特选产品”
荣获“国际中西医结合学术交流会优秀奖”
荣膺“3.15荣誉品牌”
夏历董事长被评为“2004年辽宁省经济和社会发展十大新闻人物”
……
2005年—2006年
美罗国际真菌菌丝体系列保健产品荣膺“全国市场消费者放心购物可信产品”
荣获“中国爱心助教长城贡献奖”
被评为“中国保健品市场消费者（用户）十大满意品牌”
荣获“第八届中国国际友好文化节杰出贡献奖”
夏历董事长荣获“中国品牌建设特别贡献奖”
夏历董事长被推介为“辽宁省非公有制经济研究会会员”
夏历董事长荣膺“中华长城英才”
被授予“中国医药保健用户满意第一品牌”
被评为“2006年度学习型企业”
被评为“中国行业十大影响力品牌”
夏历董事长荣膺“中国品牌建设十大杰出企业家”
美罗国际真菌菌丝体系列产品被评为中国“消费者认可的优质信誉品牌”
艾茜娜系列化妆品被评为“中国消费市场知名品牌”
荣膺“辽宁工商联美容美发化妆品商会常务副会长单位”
被评为“2006亚太区最具品牌竞争力十佳保健品”

荣膺“2006亚太区最具公信力十强品牌复合营销企业”
被评为“中国行业十大影响力品牌”
夏历董事长荣膺“世界和谐文化使者”
被授予“中国保健品十大影响力品牌”
……
2007年—2011年
在“大连慈孝奖”评选活动中荣获“特别贡献奖”
荣获“大连市慈善事业贡献奖”
艾茜娜系列化妆品荣膺“2008中国美容院护肤最佳品牌”
于智慧总裁荣获“2009全国百佳自主创业明星奖”
美罗国际智慧系统荣膺“2010卓越企业系统品牌”
山莓根胶囊（蓝莓胶囊）被评为“2010年度中国复合营销最具潜力产品”
荣膺“2010年度中国复合营销最具潜力企业”
美罗国际智慧系统被评为“2010年度中国复合营销最具价值系统”
荣获中国自主创业大会“2010中国诚信创业示范企业金犁奖”
夏历董事长荣膺“中国构建和谐社会功勋企业家”
被授予“中国健康产业最具影响力品牌”
于智慧总裁荣膺“中国健康产业杰出人物”
……

武庆 刘杰

以"微生物、大产业"领衔生物科技、服务大众百姓

[人物介绍]

武庆

北京保罗集团副总裁，保罗生物副董事长、总裁，美国丹佛大学工商管理硕士（MBA），中科院管理学博士，北京市青联常委，北京市青年企业家协会理事，北京市保健协会副会长，北京市东城区政协委员，北京市东城区青联副主席，加拿大中国商会理事。

本着"健康人类，造福社会"的理念，融汇中西管理策略，实现了生产、营销、资源、资本运作整合经营。2003年创立了保罗生物，企业从零开始，在短时间内，发展为跨国经营的集团企业，其中保罗中国的经济板块中，千余家加盟连锁机构遍布中国，在成长企业百强中荣列第三名。在保罗国际的市场启动全面开始的同时，成功登陆资本运作市场。

从引进国外先进科技到形成自己核心技术，实现了从"中国制造"向"中国创造"的转化，其本人蜚声国际微生态制剂产业。曾获得"中国最具影响力创新人物奖"、"奋斗中国青年榜样杰出奖"等荣誉称号。

刘杰

北京保罗集团副总裁，保罗生物副董事长、执行总裁，保罗生物产业板块创始人，中国保罗国际商学院首任院长，中国著名市场策划专家、企业管理专家，清华大学国际化管理专业MBA，东北财经大学经济学学士，北京大学直销总裁联谊会常务副会长，夏威夷企业家协会终生会员。

营销事迹被收入《中国经典营销案例集》及《中国经济纪实》，成为中国二十多所大中专院校的参考教材。

作为清华大学、北京大学研修专业学者，优秀论著刊发于行业期刊杂志，并多次作为中国商业精英和清华学者代表赴美参加"全球金融危机下的瓶颈战略"国际学术交流活动，其在美期间发表的学术演讲被美国夏威夷大学、斯坦福大学、哥伦比亚大学等世界一流院校发布在校园网上，供研究中国经济的学者们做毕业论文的素材参考，曾当选"中国营销十大风云人物"。

【责任力基石】创造非凡平台

证 书

被评为二〇〇三年度十佳委员

东城区青年联合会
二〇〇四年四月

保罗（北京）科技发展股份有限公司总经理 武庆

荣获北京市青年企业家突出贡献奖

荣誉证书

武庆同志：

益生菌分子水平鉴定和联合发酵生产复合酶项目，获得通州区科学技术三等奖。你在该项工作中做出成绩，特颁此证。

北京市通州区人民政府
二〇一〇年十二月

编号：2008-3-10

荣誉证书

尊敬的武庆先生

鉴于您在专业领域取得的突出成绩以及在评选活动中的优异表现，2010奋斗中国青年榜样评审委员会，特授予您"2010奋斗中国青年榜样杰出奖"。

中国职业经理人
特级职业资格认证证书

Approved & Issued

保罗生物园科技股份有限公司是打造世界一流微生物制剂产品的高新技术企业，位于北京中关村国家院所通州产业园，总占地60亩，建有现代化商务办公大楼、千人会议中心、GMP认证标准的保健食品和化妆品生产流水线以及原菌发酵车间、菌肥研发生产车间。在行业屡获殊荣，蝉联了六届“消费者信得过产品”。公司在以总经理武庆先生和常务副总经理刘杰女士为核心的金牌管理团队的带领下，以“诚信销售、守信为本”为经营理念，以科技领先的产品为基础，创建了独特的营销模式和“物流配送、加盟连锁、专卖经营”的经营战略，被誉为“中国保健业的麦当劳”。其营销模式被选入《中国经典营销案例集》，向社会推广。几年来，吸引了千余家企业和机构倾情加盟，市场覆盖率迅速攀升，成为保健品行业的一支新秀。在稳固国内市场的同时，公司又远赴东欧、东南亚、非洲等地区的国家考察，着手开拓国际市场。

公司与中国科学院微生物研究所、北京工商大学以及日本、加拿大等世界顶尖的生物科技机构合作，形成了自己独特的核心技术。独家拥有7株菌株以及16个自主知识产权的保健食品、发酵食品的国家级批准文号；已经获得和正在审批中的专利达24种。

保罗生物已获得国家发改委2011年微生物制造高技术产业化专项项目以及科技部2011年度，

保罗生物园

保罗大连专卖店

保罗成都办事处

保罗石家庄办事处

“国家火炬计划”，建有260亩生态示范园，并在全国建设多家年产10万吨菌肥厂项目。

保罗生物凭借独特的微生物技术独家应邀在上海世博会温哥华案例馆举办世博专场活动。国内上市工作进展迅速，正在逐步实现全球经济一体化。

历史，在继往开来中前行；历史，在与时俱进中书写。

2003年11月，保罗生物首家专卖店在大连开业，随后，百余家站、千余家店相继建成。

2008年11月，保罗生物在加拿大多伦多证券交易所（TSX）上市。

2010年5月，保罗生物泰国、俄罗斯、印尼、马来西亚以及中国台湾地区的分公司相继成立。

2010年5月，保罗生物在北京市城八区直销申请获批，公司获得直销牌照指日可待。

目前，保罗生物国内市场已经成功覆盖全国，国际市场遍布欧洲、东南亚、美洲、非洲等地。外设机构成功建立数千家，年营业销售额不断突破。

2011年4月，保罗生物作为第七批被投资企业中的一员，成功地与中关村发展集团结成战略联盟。可观的发展资金注入企业账户，有力地推动企业的发展。

2011年底，保罗生物将正式在上海股权托管交易中心挂牌交易。继续扩张企业影响力及资本。

保罗生物配有强大的ERP现代化管理后台，更快、更准、更优质地提供全球一体化的市场运作平台。

保罗生物全方位投身于资本运作市场，打造资本市场双引擎，引领新的投资热潮，也让众多的投资者成就辉煌的个人事业。成功崛起的保罗生物成为投资业内巨头看好的潜力股，也成为投资赢利增长点的所在。

保罗生物必将把微生物做成大产业，开创一个时代的新纪元。

千人多功能会议中心

【责任力源泉】深邃的责任思维与企业文化

一、武庆先生对企业社会责任思想的解读：幸福、快乐、安全、健康

在抗生素泛滥、残留药害超标、食品安全问题日趋严峻的年代，保罗生物从源头打造生态、环保、健康的和谐生活理念，这就是企业的社会责任。

民以食为天，食以安为本。保罗生物260亩生态园示范建设、年耗10万吨秸秆原料酵素菌肥厂的开工、河北秦皇岛3万多亩的大樱桃酵素菌肥种植基地设立、辽宁朝阳10万吨酵素菌肥厂的扩建等项目，彰显一个企业的高度责任。

保罗生物已获得国家发改委2011年微生物制造高技术产业化专项项目以及科技部2011年度国家火炬计划。保罗微生物酵素技术，将为中国农业肥料的有机化、生态化播种希望。

幸福、快乐生活离不开食品安全，离不开身体健康，在这个大力提倡绿色、低碳、环保的生物科技时代，保罗生物倡导“告别药害，走进微生物酵素时代”，致力健康人类、造福社会。

致富思源，在保罗生物发展的历程中，保罗人一直用爱点亮希望，奉献着无私的爱心。从抗击非典到汶川灾区，从保罗爱心基金到保罗希望小学工程，保罗人不断用真情回馈社会，用爱心奉献大众。

因为我们的生活需要幸福快乐，因为我们的生活离不开安全健康。所以我们任重而道远。就让我们携手努力！

让生命美丽，让生活精彩！

二、刘杰女士对企业社会责任思想的解读：保罗梦想

我记得我们的董事长武力先生说过：“一个企业不仅仅要给渴望温饱和就业的人一个自我平台，更重要的是给有抱负、有理想的人提供一个可以实现梦想的平台。”一个没有梦想的企业以及不能给别人梦想的企业，是不能谈社会责任的。

我们的保罗生物，就是一个梦想工场！保罗生物的社会责任，就是放飞保罗人崇尚梦想，健康人类、造福社会、报效国家。

这梦想是对人类与大自然的拥抱，保罗生物从事的让人类告别、远离药害，“打造中华长寿民族”是保罗人永不放弃的追求。

这梦想是对人类与大自然的关爱，对所有关注和加盟保罗健康产业的从业者来说，我们的宗旨是“企业小的时候，存在着创业成功与否的风险，但这风险是股东的；企业做大了，荣誉和财富连年攀升，这财富是大家的、是社会的”。这梦想富含对社会的回报，保罗人始终恪尽爱心奉献之责任，从不间断对社会公益事业，包括参与抗击非典、军民共建、希望工程、赈济地震灾区、爱心基金和定期资助 “北京市残障儿童学校”里因药物致残的儿童们，发挥着自己的光和热。

这梦想是对民族产业的奉献，保罗生物自成立伊始，就一直遵循“产业报国”的宗旨，现在，已经代表中华民族填补了亚洲地区益生菌高端研制上游产品的空白，真正实现了保罗人“由中国制造走向中国创造”的宏伟梦想！

保罗全球市场一体化是保罗人的市场拓展梦想，伴随市场已经走进了东欧、东南亚等五国，接下来我们将把市场拓展到全球，一如既往地秉承健康人类、弘扬“远离药害，走进益生菌健康时代”的理念。

三、企业文化闪烁责任

“根之所系，脉之所维。”先进的企业文化是企业和谐发展的源泉，是企业实现发展战略目标、进行科学管理、广泛吸纳人才、不断创新进步的重要保证。

保罗生物秉承“产业报国，打造长寿民族”的理念，倡导“远离药害，走进微生物酵素时代”的绿色生活，坚持“诚信销售、守信为本”的经营理念，塑造企业精神；完善企业管理制度，规范保罗从业者行为；创新企业文化载体，丰富保罗文化生活，增强团队凝聚力，有效发挥团队作用。

让生命美丽，让生活精彩。勇往直前的保罗人追求的是“幸福、快乐、安全、健康”。

【产品、科研】保罗第一责任竞争力

生产科研中心

保罗生物一直遵循“产业报国，打造长寿民族”的理念，意在创造中国式“帝斯曼”企业。两大生产基地分别坐落于中国北京和加拿大温哥华市。

保健食品和化妆品生产线、益生菌、农资菌发酵生产线以及菌株培养车间、菌肥研发生产车间实现了自动化生产，保证了全球的产品供应。

严格管理，规范生产。生产线通过了GMP标准认证、QS生产认证、ISO14001环境管理体系认证、ISO9001质量管理体系认证，各项产品连年接受国家主管机构检查全部合格。

保罗生物现已研制生产出具有世界领先水平的益生菌（原菌上游产品）研制和终端产品的微生物制剂产品，目前形成了以微生物酵素系列为龙头，涵盖生物制剂、健康食品、个人护理、农业制剂等近200余种单品的产品体系。

保罗生物具有SFDA规定的益生菌全部16种菌种以及农业部规定的农业微生物9种菌种的研发和生产能力。

独家拥有7株菌株以及16个保健食品批准文号；已经获得和正在审批过程中的专利产品达24种。

保罗微生物酵素的推广和应用被载入卫生部直属的中央级医药卫生专业出版社——人民卫生出版社出版的《临床营养学》，成为全国高等医药学院临床、预防、康复、护理类专业指定使用教材。

国家发改委批准保罗生物万吨“高效环保型微生物酵素饲用高技术产业化示范工程”为2011年微生物制造高技术产业化专项项目。

领先世界的科研技术是保罗生物前进的动力。保罗生物坚持自主创新，生产出更多国际一流“中国创造”的生物产品，健康人类，造福社会。

2009年保罗获得环境管理体系认证证书、2009年保罗获得质量管理体系认证证书

【员工、经销商】以人为本

保罗生物在企业自身建设过程中，一直以人为本。不定期组织员工拓展训练、召开员工大会、邀请专家为员工和经销商进行义诊和健康资讯服务、帮扶在生活工作中遇到困难的员工，每月一次丰富多彩的员工庆生会更是让员工找到归属感。保罗生物的员工和经销商与企业共同成长。

公司董事、市场总监王铁民先生，直销板块首任市场总监张万发先生，河北分公司刘青丝女士，市场督导洪杰女士在公司的帮助下开始创业，以其坚持不懈、百折不挠的奋斗精神和不凡的工作业绩荣获了“当代创业标兵”、“最佳女性十杰”诸多荣誉称号。

保罗生物辽宁朝阳办事处主任马雪芹女士加盟到保罗之后，业绩突出，成绩斐然，用自己“名医”身份，把益生菌和微生物酵素系列产品大胆用于临床，先后建立和收集了临床应用病例近千个，她不断在生物医疗领域攀登，将专业的医疗知识与保罗微生物酵素的保健特点相结合，让微生物酵素的功效得到更好的发挥，被朝阳市卫生局任命为“先进医疗战线的楷模”，被当地百姓誉为“名医”、“神医”，《朝阳日报》曾多次报导过她的创业以及学术成就。

【教育责任】

保罗国际商学院成立于2005年7月10日，是保罗生物下属的教育培训机构，成立保罗国际商学院的主要目的是：提升企业的综合竞争力，进一步完善公司的培训机制，聚集业界一流的专业教育人才和健康领域专家。进一步增加外设机构的凝聚力；不仅为国内及国外市场提供及时的一流的教育培训服务。

教育的不断改革、更新，是保罗商学院教学的一大特色，学院不定期推出各种别开生面的大型主题活动、市场精英训练营活动以及组建爱心讲师团，利用走出去、请进来、在线视频、网络教育等多种灵活方式，给保罗同仁提供了丰富的精神食粮和成功的技巧。特别是在配合系统教育环节上，商学院在院长周颖女士的带领下，整合、创新，走出了一套全新的保罗特色教育模式。

2011年度伊始，学院再度推出“让生命绽放光彩”大型系列主题活动，将寓教于乐和现代化教学手法融为一体，深受市场喜爱和推崇，受众人数每月攀升，在充分地利用了代理商才艺展示特点的同时，发现和挖掘了一大批为学院所用的教育后备力量，保罗的舞台大家唱，保罗的教学大家讲，人人可以充分展示自我，团队PK竞技无穷，使学院的课程及课后评价赞誉不断。

教育的目的是为市场服务，教学的本身是培育自己的队伍，在专业人才吸纳和组建专业化教育团队方面，学院秉承“育人先育己、用人德优先”的原则，定期开展苦练内功的内部培训工作，包括由院长带队，广泛吸纳业界最新动态及教学手法，使讲师们每人都是多面手，能上能下，能讲能训，被保罗人誉为“一支能打硬仗的先锋团队”！

要做就做最好，人才是关键，方法是法宝，教学德为先，口碑最重要！保罗今天已经国际市场一体化，商学院的讲师们也将实现教学双语化，甚至多种语言化，以满足市场拓展全球的教育需求，国际化的产业平台一定打造一个国际化的教育机构。

保罗商学院讲师

培训现场

【公益责任】

“大商至诚，大道至信。”如果说创造利润是企业的立身之本，责任奉献就是企业社会价值的体现。致富思源，在保罗生物发展的历程中，保罗人始终恪尽爱心奉献之责任，一直热衷社会公益事业，积极参与抗击非典、军民共建、希望工程、赈济地震灾区、爱心基金，发挥着自己的光和热，不断用真情回馈社会，用爱心奉献大众。

道德赢财富，诚信筑未来。保罗生物用真诚回报社会，在奉献中塑造企业品牌，提升核心竞争力。

向部队捐赠100万

保罗为四川爱心捐赠，支持灾区人民重建家园

保罗在广元向灾区人民捐赠赈灾物资

保罗向北京市公安局捐赠10万元整

公司领导慰问里二泗村五保户及困难家庭

2007年11月10日“爱心基金会”揭牌仪式

2007年11月10日“爱心基金会”保罗生物园为北京启智智障儿童康复培训中心捐赠100万元

田肃

田肃来自冰城哈尔滨，自铁路单位退休，不甘于平淡的她缘定三生。回忆当初，她只是怀揣着一个简单的梦想，希望为家庭、为社会再做点贡献。谁也没有想到，这一做就一发不可收拾。

2005年3月，田肃、任秀文、王桂华等领袖牵头组成三生ACE体系，以“正确的人生观、价值观为基础，成为备受人尊敬和向往的体系，帮助更多的普通人成就非凡人生，培养社会精英，回报社会，为社会创造更多的就业和创业机遇”为体系愿景。ACE体系下属团队遍及全国，外加泰国、俄罗斯、中国台湾、印度、韩国等市场，并为三生的发展立下汗马功劳。ACE体系成立至今，即在2011年6月就产生两位二钻石级经销商、十二位一钻石经销商，数十位黄金五星经销商、五十余位四星级经销商、八十位三星经销商、百余位二星级、一星级、合格高级经理，业绩辉煌璀璨。

面对取得的所有成绩，田肃由衷地感谢三生公司、感谢董事长黄金宝、感谢事业伙伴。田肃如海，是心如海，如海般深沉。海纳百川，是一种气魄，更蕴含着独特的女性魅力。蔚蓝的大海如此广阔，一眼望不到边，任鱼儿自由跳跃。田肃的心如大海，容下所有的艰难，这正是大梦想者所表现出来的智慧。

田肃，首先以身作则，抱着方便大家的信念，团队伊始，她就个人投资成立三生专卖店，配合注册宁波三生黑龙江分公司，为团队日后发展打下基础；其次以诚信为根本，山东市场启动时，团队伙伴接触到当地人，她千里迢迢奔赴该地，守信、守时，山东市场也随之迅速启动；要有耐心和包容心，对新人耐心细致，对下属包容引导；再要有真诚，真心实意对待伙伴；最后各地保持紧密联系，达成百分百的同步。

三生年会现场，田肃激情发言，“金钱不是最终的追求，帮助更多人获得幸福才是我最大的成就。亲爱的伙伴们，如果你真的想给自己的子女提供一个良好的教育环境，如果你真的想更好地孝顺父母，如果你真的想为社会为家庭，创造财富，承担一份责任，那就拥抱三生吧！”　这样的团队责任，这样的团队使命，让ACE系统的所有人紧密的融合在一起。“我是公司的原始将，”田肃由衷地说，“团队也是具有高度忠诚度的。”

海纳百川，责行天下。仔细凝望，大海虽大，加上责任，才发现大海原是如此美丽，它的呼吸、它的脉动、它的一颦一笑，让人无法不为之着迷。田肃，这个海一样的女人，所过之处，吸引着所有人的目光。让人羡慕的是，田肃的老伴曾为她激情挥毫：莫道徐娘半老，爱直销事业，任步履踏遍神舟大地，尽显巾帼英雄本色。唱三生理念奋激热血满腔，让身心飞出家园国门，笑指酒肆文君无为。”

张博川

张博川把义气看做是自己团队成员所必不可少的品性之一。成员必须要单纯，人品好，只有这样，成员就会认准一个方向，全力以赴。“有能力的穷光蛋太多了”，博川谈到这说了这样一句话。的确，认真是能力的前提，如果不能全心全意地同团队保持一致，把义气同团队结合起来，再有能力亦是无用。

2006年10月，博川全力为隆力奇的事业而奋进的时候，他深刻地意识到一个优秀的团队必须要有一种优秀的文化作为支撑，换言之，文化就是团队的生命力，也是团队竞争力的源泉。随后，博川系统就在这样的背景下应运而生，正所谓“一石激起千层浪”，博川系统一出世就决定了其在团队中的绝对地位，用博川自己的话来形容就是“雷霆万钧”。系统的强力渗透让团队拥有了一项新的功能——“沉淀”，时间的不断推移让越来越多相同价值观的人都聚集在一起，不同价值的人在这沉淀中随之远去，最后留下的都是共同理想、共同目标的志同道合之士。自然而然，团队的凝聚力便会，越来越强劲。谈起目前行业沉淀、整合趋势的时候，博川认为团队一定要靠自身系统的沉淀，不同团队的整合往往带来一个烂摊子，所以依靠团队自身实力，稳定、持续地把握效益市场，坚持“自力更生”是博川所倡导的。

博川介绍说，2009年将是隆力奇定制营销的关键一年，也是隆力奇全面打造中华养生文化“航母”的关键一年。现在的当务之急就是要将中国古代劳动人民经过一代又一代不懈努力，以自己的聪明才智创造出的一系列与疾病和衰老抗衡的独特理论方法，以产品为媒介，以教育为渠道，造福更多的国人。在2007年的周年庆上，博川成为了隆力奇第一个“一星”董事，如今同样是第一个“三星”董事。2009年的周年庆上，博川也一样会成为隆力奇第一个“五星”董事，博川表示做出承诺就是要给自己一点压力，成就历史的一定是自己。一番豪言壮语过后，对他的霸气又有了更深的体会。

博川为人有着自己的原则，凡事都“照章办事”、说一不二。对于自己是这样，对于团队也是这样，这使得博川在博川系统中享有极高的威信。在日常的行为中，博川常常有意识地向自己的伙伴传输霸气的理念，“三张”之中的张笑华、张新华就深谙博川老师霸气之道，这让博川十分欢喜。同样，如果有谁没有能够达到要求，也是会受到批评、吃点苦头的。对于自己的目标，博川十分明确，对于团队，这目标照样明确。博川表示：“明年的周年庆，我将成为‘五星’董事，那么我的团队就会出现越来越多的‘一星’、甚至‘三星’董事，如果谁做不到，那我们就一定要找出问题。”

张博川，隆力奇定制营销的灵魂人物，博川系统的中枢核心，在这风云际会的直销市场振臂高呼——“舍我其谁”，这是一种能耐，更是一种气概！

刘玉荣

刘玉荣：1989年就读哈尔滨医大临床医学系，毕业后在图强林业局职工医院妇产科工作，1993年转眼科，在黑龙江省医院香坊住院处眼科学习两年，一直从事医务工作。1998年在去哈尔滨学习的过程中，结识了台湾直销界郑先生、吴先生走进了直销行业，一干就是十年到现在。

从黑龙江漠河的家乡走出来后，便在哈尔滨做全国的直销市场，用了短短两年多的时间，她就把她的直销事业做得风生水起，用十年的时间打造出了一个训练有素、战斗力强的好团队，自己系统打造出几十辆宝马车主。2009年6月加盟民族日化第一品牌隆力奇公司，感受到徐之伟董事长博大的爱国民族情怀，决定协助民族品牌屹立于直销之林，在全新的稳定平台与事业伙伴续写辉煌。

她的目标就是让穷人翻身，让富人更富，培养出一批有思想的“贵族”，“有修养又富贵的人才会受人尊敬”。

徐华

徐华：纵观历史，英雄豪杰很容易在世界舞台上崭露头角。每个领袖都凝聚了他的民族理念和梦想，使得大批军队愿意追随他的领导。

每个组织都有领导，但成为领导并不意味着能成为魅力领袖，有太多的组织只有领导，没有领袖。每个女人都要生活，但并非所有女人都能在家庭和事业之间找到最完美的平衡点。徐华做到了，事业上她精明干练，被誉为“绿之韵民族健康产业营销第一人”，表现出来的是“宁可抱香枝上老，不随黄叶舞秋风”的坚贞和执着，与团队伙伴荣辱相依，进退与共，尽展领袖魅力。

“有绿之韵生存的一天，就有徐华生存的一天。”这是徐华经常说的一句话。

2002年，面对多达5家直销公司的邀请，徐华最终选择了绿之韵，成为绿之韵第一批经销商。2003年3月8日 ，她在哈尔滨道里区最繁华的地段，开设了全国第一家绿之韵专卖店。仅仅一个月，徐华便开发了30家下属店，然后迅速向全国蔓延。黑龙江绿之韵集团总经理。绿之韵第一个豪华轿车得主。第一个价值138万豪华别墅得主。绿之韵集团最具爱心、重教乐捐爱心大使。绿之韵经销商咨询管理委员会会长、绿之韵策略发展委员会常务副会长、直销中国十大团队领袖、亚太区直销五十强优秀系统领导人、2010最受尊敬的直销领袖……诸多荣誉基于一身。

七年辛勤耕耘收获了累累的硕果，七年执著坚守换来了丰厚的回报，时至今日，徐华已登上了绿之韵集团公司最高领奖台，她于2004年5月18日创办的华晨系统也迅速成长为绿之韵集团实业突出、表现优异的杰出系统之一，绿之韵集团星级铂金钻石荣誉徽章、豪华轿车、豪华别墅等各项大奖，从来都不会缺少华晨系统精英的身影。伴随着绿之韵从起步到成长，再到辉煌，每一刻都见证了许多追随徐华、跟随系统获得成长和成就的系统成员的身影，华晨系统在2010年金秋十月召开的首届中国直销文化论坛上获得“2010最受尊敬的直销系统”的荣誉称号。

伍斌

直销精英——传奇人物三生钻石经理伍斌。

熟悉伍斌的人都知道，伍斌的经历颇具传奇色彩。伍斌原来是绿谷生命的副总，后来绿谷生命和三生战略合作，他随团队一起来到三生公司，并将原有团队重新组建为三生体系。个中曲折，是与三生无法割舍的渊源。

伍斌说，如果展现自己是我们人生的主题，那么直销不变的话题就是：需要一个好的平台展现自己。在他身为绿谷生命的领导层时，一直在为绿谷生命寻找一个很好的直销平台。伍斌与绿谷的高层当时考察了国内很多的直销公司，最终敲定了与有着合法身份和良好声誉的三生公司合作。伍斌在谈到当时为何选择三生时，他先是笑而不语，紧接着说了一个词：魅力。

伍斌加入三生时，是三生的运营副总。可他偏偏放弃了副总职位，直接下市场带团队，这让很多人不理解。试问在任何行业，有几个人能做到放弃公司高管的职位？但伍斌就做常人不敢做之事，行常人不敢行之举，放弃高薪的职位，全心投入市场开发。

而为了实现这个美好的愿景，三生体系还有相当长远的路要走。伍斌说只要永怀善心，矢志不渝，最终能达成心愿。三生体系这种对善文化的修炼则是三生文化魅力的最好诠释。

“若说真有优点，就是自己的眼光好，当初选择了三生。”他还说，若选择不对，努力就白费。一个人有再多的优点和再好的能力，若没有一个好的平台，很难实现自己的梦想。其实了解伍斌的人都知道，伍斌身上有很多优点。比如格局大，心境高，有团队凝聚力和韧性……直销行业就如一个江湖，高手云集，但只有具备这些优点的人才是这个江湖中真正的英雄。

伍斌说，是三生成就了他。他愿意这辈子与三生共进退，同成长。

而这，就是三生的魅力。

朱建军　施光辉　劳　嘉　张　崎　罗永亮　柯建民
张阳辉　戴三省　彭　铭　钟　辉　孙启航　张晓峰
何　健　徐梦夏　钟建和　刘彦明　耿海麒　顾庆华
蒋　冬　江文臣　张一斌　陶　磊　晁　龙　郭炳廷

陈婉芬

贺　同

孙　睿　毛　荐

陈姝榕　罗安琪　邓博中　国庆华

张笑华　张新华　刘兰香　付一平

叶根　吕涵格

李继前　谷方彤　曹凤华

吴宏伟　谭长发　易文革　任秀文　苏　永
章小军　姚红军　郑联军　王　健

吕志伍

刘建平　孙彩虹　宁朝霞　欧阳诚　邹乾龙　贺红博　刘文丽　薛海明　俞　玲
李　军　李长宇　贾国军　高元明　于怀声　常兴宇　周高峰

王宽明　萧文煌　蒋　莉　王　婷　刘红利

何　涛　王齐达　邓　盛　张　弘　姜玉娟　王国庆　王锡舜
黄汉明　张贵富　权禄斌　张晓典　张忠涛　王传美
吕秋兰　唐俊杰　李保勤　吴桂才　刘敏辉　廖　强

姜滨英　王　新　王　育　胡　建　毛建民
朱瑞华　闫春庆　孙国友

彭建辉　董晓琼　齐　露　马玉华　李晓翔

谢建君　仉　昊

陈丽英　屈　阳

胡英明　张红霞　韩　洁　王洪学　邵　曼　陈凤珍
王跃尊　李学春　张德君　王玉柱

郑志杰

魏肇阳　谢玲琴　王治平　苏钟萍　王凤翔　王福海　龙以承　李　冰　徐彦宇
徐彦杰

仝亚平

黄志林　李翠莲　杨树才　何玉根

来崇辉　孟庆会　郝晶晶　曾　媛

谢彦人

苏晓红

——“责任就是创业的动力。”

苏晓红，河南省漯河市康力F-营销体系创始人、商人。她开过商贸公司、超市，从商近20年。2010年年后接触生态纺织，通过看毛巾实验、体验袜子、内裤让她心里一亮，3月15日正式踏入竹纤维生态纺织事业的大门。短短一年，她的市场涵盖了几乎整个河南，同时扩展到山东淄博新疆珠海等地。她觉得是生态纺织又给了她一次新的创业机会，一桶新的财富。新眼光聚就新平台，新财富。

李春林

——“社会责任是一种义务。”

他出生在广东湛江，大学毕业那年，怀揣着梦想来到海南，在这个城市里，让他体会到了人生的五味，味味皆有。然而生活的磨难并没有让他退步，反而更坚定了他实现梦想的决心。

在他经营康力F营销体系生态纺织事业的两年时间里，让他看懂了生态纺织品不仅是低碳、绿色、环保、健康的产品，而且更是提高人们的生活品质，让人们远离洗涤剂的伤害污染，而且康力F营销体系生态纺织产品让他实现梦想，康力F营销系统让他在阳光下成长，创造致富，和更多的朋友走向成功辉煌。直销不仅让他建立了一支和谐的团队，实现了他的梦想，也给了他的亲人、朋友良好的事业平台，因此他们相信自己的选择、永不言败，坚持做下去就一定会迎来辉煌而灿烂的明天。

冯锦文

——“责任就是爱心”

她出生在头带桃花的属虎之年，生长在绿色生态四季如春的海南。这片热土又被人们称之为长寿的宝岛，琼海市万泉河边就是响誉世界的红色娘子军的故乡。她虽然只跨过而立之年，但在事业上也许选择过比同龄人都为多的职业，她学过医，做过单位电脑室文员，当过电脑辅导员，做过银行职员，行政部门办公室管理员，当过企业会计，保险和证券公司经纪人，房地产行业务员等等，但都不是她理想和梦想中的事业。

在2010年桃花盛开的季节里，一个偶然的机会，她接触到“绿色、健康、环保、时尚”的康力F营销体系的生态纺织系列产品，产生了很大的好奇心，在生活中人们都知道有“吃出健康”的保健产品，却从没听说过有“穿出健康”的康力F营销体系生态纺织服装系列等等的产品。她开办起了海南省琼海市第一家康力F营销体系生态纺织专卖店。她坚信只要有信心和坚持不懈的努力就会有黄金的出现，一份耕耘，一份付出就会有一份丰硕的收获。

陈雪花

——“责任就是趋势的指引。”

陈雪花，她出生在江南的鱼米之乡——太仓，走上工作岗位后一直从事着传统的羊绒生意，一干就是八年，原以为羊绒是这一辈子做的事。在今年三月，一个偶然的机会，她认识了竹纤维，对生态纺织产品产生了浓厚的兴趣，随后她立即加盟，成为了康力F营销体系的经销商。她相信竹纤维必将成为二十一世纪服装的主流。只要紧跟公司，听话，照做，相信康力F营销体系一定能带给她精彩的人生，现在只要肯付出与努力，将来的成功触手可及！

陆琴英

——“责任是一种角色。”

陆琴英的家乡在太仓港，是典型的江南“鱼米之乡”，也是最适宜居住的生态城市之一。她在从事康力F营销体系生态纺织之前，学过手艺，开过小店，做过生意，卖过产品，但这一切都只是她的一段经历或是说曾经的回忆，而康力F营销体系生态纺织却真正让她开始了人生的创业之旅。

在创业中，让她深深感受到生态纺织产品的独特魅力，它像一股清泉，滋润了她的心田；它又像一缕春风，带给她一丝暖意；它又像一把利剑，让你所向披靡！康力F营销体系的“八字方针”，丝丝入扣，接轨国际，体现了生态纺织龙头企业的豪迈与霸气！康力F营销体系的“六大功效”，方方面面，凸显神奇，显示出竹纤维必将取代传统棉、麻、丝、毛的第五次生态纺织革命必然趋势。公司的“三个理念”，实实在在，充分表现出公司为人类的生态健康文明而不懈努力的决心。

帅玉梅

——“责任感就是知道自己在做什么，以及这样做的意义。”

她来之于美丽的江海之城——南通。自小在乡村长大，从一个打工妹到建立自己的企业，经过了15年的打拼。这15年，是辛酸的的15年，是不平凡的15年，更是她永生难忘的15年。

2009年非常有幸接触到了生态家纺这个生意、这个全新的营销模式，让她再一次燃起了创业的激情。在这个行业里，从一开始她就非常的投入、非常的执着，也非常的有感觉。她感觉自己好象天生就是适合做这一行，一来自己很喜欢，二来自己做的也得心应手。和她手里的传统生意相比，这个生意没有那么多的烦恼、没有那么多的压力，这样心里很轻松心情就会好，更重要的是在成就自己的同时也带动了身边很多普普通通的亲人和朋友，这比她在传统生意上赚一千万还要有成就感。

孙川梅

——"企业的责任就是服务社会"

她来自辽阔美丽的大西北——新疆。1999年，世纪末，她怀揣着周游绿色世界之梦，来到风景宜人的海南岛。

她是一个永不满足于现状的人，她喜欢新鲜的事物和工作的挑战性，因此接触竹纤维产品后，她放亮了眼睛，原来这产品，蕴藏了诸多的学问，还带保健功能。

正是因为这样，她的精力开始专注于这个行业，她慢慢发现生态纺织品实而不华，以不张扬大气稳重为标杆，面料舒适，六大功效显著，是近些年来纺织业的一次大革新。给她们这些寻梦的人来说，无疑是提供了最火最有前景的大商机，因为目前它是以国内独家创新的F营销大法，面向全球招商。2011年3月5日，才刚刚运营本方案，那么试想一下，在一片空白的市场，她们作为前进军的开拓者，将来的宏业该有多么伟岸！所以她选择，她认定，只要她们跟着公司的步伐，努力付出，将来脚下的路就会越走越宽广，梦想一定会更辉煌！她相信！成功就会在眼前！

谢春秋

——"责任是大众的事情。"

他来自美丽的古城扬州市，一直在销售这个行业干了十几年，于2008年底进入生态纺织产业，在这个新营销行业是一个新人，他感觉到在直销这个行业平台上，有再次成长和快速提升的感觉！懂得了与人沟通交流，学会了关注公益活动，积极参与公益活动。

短短的几年时间里，他已经感到自身和以前有了很大变化，不论是能力和人的素质有了大的进步。

退回到以前他不敢想象今天的变化，要化多长时间。多大付出，才有现在的景况！在原来行业里他没有清晰的人生目标，也不知道自己的成长线路图，在直销这个环境里他知道了人生的追求和自己需要什么。在这个过程里，人生目标也在不断实现，超越自己的梦想！

范钢军

——"责任需要团队共同付出。"

在了解生态纺织之前，范钢军从未接触过直销行业，了解直销行业以后，却发现同样是在市场上奔波，别人做直销可以遍及全国市场，没有什么太多的准入限制；而他卖保险却只能被局限在一个很小的区域内，这种对比让范钢军难以接受。他相信自己的业务能力肯定能让自己在直销领域内有所收获，于是决定改弦更张，把直销作为终身的事业，在直销行业里大展宏图。这一年多的实践，证明他对自己的了解、对直销行业的了解、对生态纺织的了解都是正确的。

接触生态纺织以后，不但首先自己使用这些产品，也让家人朋友都来试用，发现生态纺织不但有产品上的优势，还能非常贴近顾客的生活。范钢军说：“做直销首先是选择产品，推销好的产品，会事半功倍。所以我只会选择家人用过以后都说好的产品来做，如果这种产品不好，有缺陷，我会告诉大家实际情况。这既是对顾客负责，也是对自己负责。”

唐于雪

——“责任是一种崇高的追求”

他从事营销工作30年。其中在直销业界中走过了近14年，14年如一日对直销这个行业始终不离不弃，坚定自己的信念。两年前他走进了生态纺织的行列，通过两年的努力，终于找到了他人生的价值，跟随他的伙伴也改变了自己和家人的生活品质。他始终坚信：“只要我们志存高远，把握好当下，永不气馁，最大的赢家一定属于我们的！”

他深深懂得：一个企业、一个团队，都应体现出自己的愿景价值之魂、企业的文化之魂、发展战略格局之魂以及产品之魂和凝聚力之魂等。

他深深懂得：思路决定财路，人一定要有高远的眼光，以自己独特的思路合理的布局，闯出属于自己的一条宽敞的成功之路。团队就是一艘船，领导者就是船长，策划航程，提供前进的目标和方向；但一艘船依然需要一些水手的配合，大家拥有共同的信念，配合船长的睿智的指挥，才能顺利地抵达目的地。身为一个领导人，一定要扮演好船长，通过传播理念信念来创造或发挥影响力，带领更多人往前走直至成功！

张成文 臧会君

——责任是一种人生态度。”

回顾既往的人生历程，其实是一个学习、探索、选择、努力、成长和提高的奋斗过程。不论是在单位工作，还是在传统行业拼打，都留下人生阅历的积淀，还有那酸甜苦辣的回忆。

进入康力F营销体系，经营生态家纺，与其说是一种偶然，不如说是一种必然；与其说是一种缘分，不如说是一种渴望。走进来，柳暗花明；走下去，前景光明。纺织革命，千年商机。此时不抓，更待何时？

生态家纺与众不同：生态功能保健养生；生态革命引领趋势；生态品牌全球闻名。风生水起，君临天下；周公吐哺，天下归心；众星捧月，光辉灿烂；百鸟朝凤，春光明媚。

立足生态家纺，缔造健康优雅。实现人生梦想，造福人类社会。他行，故他能。拥有康力F营销体系，他们夫妇充满信心。

APOLLO
太阳神
开一扇窗，蕴养一颗璀璨
连数家店，创造一片天地
广东太阳神集团有限公司
www.szapollo.com.cn

传承中华五千年养生文化
和谐
上善若水
水利万物而不争
上智若韵
韵传千古共和谐
绿之韵集团
RESGREEN GROUP
中国驰名商标

湖南华莱
HU NAN HUA LAI
亲情华莱
文化黑茶
安化黑茶
天尖
湖南华莱生物科技有限公司
HUNAN HUALAI BIOTECHNOLOGY CO., LTD
总部地址：中国・湖南省益阳市安化县冷市镇冷家嘴华莱黑茶产业园
电　　话：0737-7321678
行政中心：中国・长沙岳麓区高新开发区火炬城M7-2三楼
电　　话：0731-82237738　0731-82742878
传　　真：0731-82255061
公司官网：www.chinahualai.com

后 记

直销行业社会责任的考量具有特别意义

中国市场学会直销专家委员会秘书长 胡远江

进入21世纪以来，全球范围内企业社会责任运动蓬勃发展，持续深入履行社会责任已成为企业家共识。社会责任履行不仅是企业竞争中一张不可或缺的王牌，也是企业美好形象的风向标，更是消费者选择的指南针。

今年是中国直销业起步发展21年的纪念之年，我们深刻地感觉到，在全球企业社会责任风潮中，对中国直销行业社会责任的考量十分重要，它集中体现在该行业的参与企业、参与人员应当紧跟形势，突破把业绩与利润作为唯一目标的既往理念，通过实际措施在生产、营销、服务过程中全面关注人的价值，全面推进对消费者、对环境、对社会的贡献。

因此，这一考量源于三大背景：

第一是源于全球化社会责任的履行趋势。从世界范围来看，各行各业已经把社会责任当做新的名片，消费者也将自己的购买行为与企业的社会形象紧密地联系在一起。

第二是源于直销业在中国的曲折发展历程。在21年中之所以会产生诸多风雨，也是与该行业初期极不成熟息息相关的，一些参与企业以利益为导向，不考虑消费者承受力，不考虑市场环境的规范，不思量人文环境的和谐，泥沙俱下，产生了巨大的负面效应，差一点葬送了整个行业。因此，其教训十分深刻。

第三是源于在直销行业法制化以后，行业本身得到较快发展，直销整体业绩显著提升，涌现了众多责任企业和责任人物，创造了很多生动感人的履行社会责任的案例。

在此背景下，我们有理由在直销行业倡导社会责任的常规化、深入化、多元化，因此，这一考量集中体现在两个方面：

一是履行。通过社会责任理念的整体推广，敦促全行业的企业与相关参与人员树立社会责任意识，采取实际行动、以丰富多彩的形式积极参与社会责任的履行。

二是传播。通过直销行业社会责任履行成果的展示与传播，树立样板，带动整体。

基于以上考量直销行业社会责任的背景与方式，中国市场学会直销专家委员会联合中国华侨出版社，决定组织专门班子，编撰、出版、发行《中国直销行业社会责任报告（2006-2011）》。这一报告，选取的时段自2006年至2011年这五年，该时段是中国直销行业立法与批牌关键时期，是各直销企业以两个《条例》为指针、合法经营、健康发展、社会责任履行相当活跃的时期。因此，该报告自然成为中国直销立法以来行业与企业社会责任的一部白皮书，其战略价值非同凡响。

在当前鼓励创业、扩大就业以及拉动内需的宏观背景下，站在直销业发展21年这样一个里程碑式的时间节点，通过社会责任履行这一独特的视角来总结回顾中国直销行业的发展全貌，总结成果、提炼经验、树立样板，就具有特别的意义和非凡的价值，可以说是“展行业风采，立世纪丰碑”。